AF452851

L'ART DU RIRE

ET DE

LA CARICATURE

L'ART DU RIRE

ET DE

LA CARICATURE

PAR

ARSÈNE ALEXANDRE

300 FAC-SIMILÉS EN NOIR ET 12 PLANCHES EN COULEURS
D'APRÈS LES ORIGINAUX

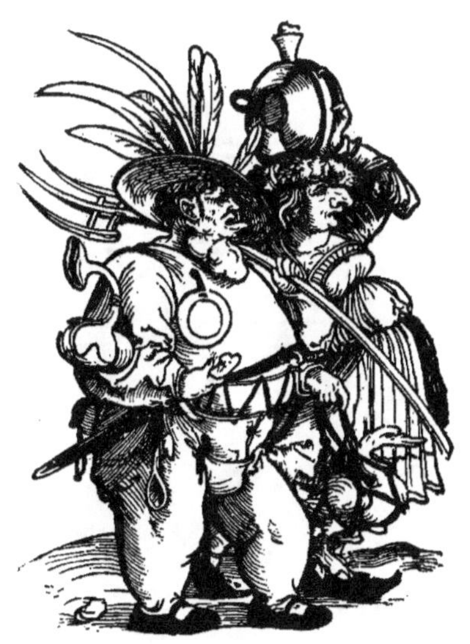

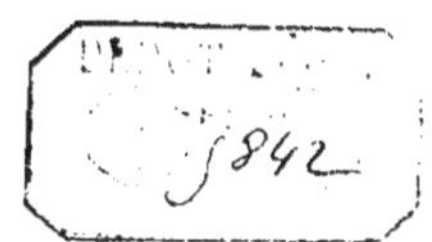

PARIS

ANCIENNE MAISON QUANTIN

LIBRAIRIES-IMPRIMERIES RÉUNIES

7, rue Saint-Benoît

MAY ET MOTTEROZ, DIRECTEURS

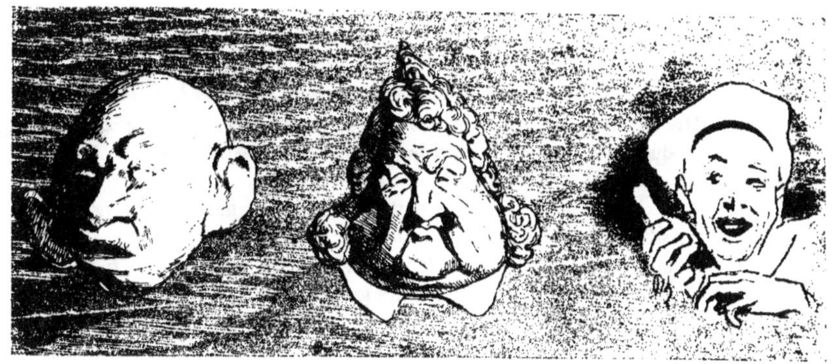

I

DE LA CARICATURE, DU RIRE
ET DE PLUSIEURS AUTRES CHOSES GRAVES.

Il ne s'agit pas de faire ici, mon camarade, une histoire savante, avec toute sorte de discussions et de chronologies. D'abord cela serait d'un médiocre amusement ; ensuite cela ne nous apprendrait pas grand'chose.

La seule raison d'être et nouveauté de ce livre consiste à présenter en trois cents pages le résumé de travaux qui forment une véritable bibliothèque, en éliminant ce qu'ils pourraient avoir de trop spécial et de trop touffu, c'est-à-dire à nous efforcer de voir plutôt en artistes qu'en savants.

Ce sera, si tu veux bien, toujours en gardant notre liberté d'appréciation, une promenade tantôt en flâneurs, tantôt au grand galop. Ce qui nous accrochera l'œil et nous divertira l'esprit, nous nous amuserons à le disséquer.

Le reste, nous le mentionnerons si c'est très nécessaire. Ou bien nous le passerons, au risque de nous faire accuser d'ignorance par les érudits de la Caricature. Car cette aimable personne est servie par des gens qui ne prennent pas les choses à la légère ; nous-même, nous avons eu à notre actif des considérations effroyablement graves sur un des plus grands maîtres de l'art humoristique. Dans le tableau que nous t'offrons ici, nous ne prétendons point contester à Champfleury le mérite de quelques-unes de ses découvertes, ni à M. Grand-Carteret celui de ses très complètes documentations. Ce que nous voulons tenter après que le premier a fait entrevoir la valeur de quelques artistes dédaignés par les privilégiés qui savent à un centimètre près où commence le Grand Art, et que l'autre a catalogué leurs moindres productions, c'est de dégager la philosophie et l'esthétique d'un tel monceau d'œuvres et d'une telle kyrielle de noms.

Ce sera encore, si tu préfères une autre comparaison, une sorte de panorama de l'art du risible et du satirique dans le dessin.

Sur ta plate-forme de lecteur, tu n'auras qu'à tourner sur toi-même; tu partiras des origines, et, siècle par siècle, tu verras les grands rieurs se donner la main. Alors tu constateras qu'on n'a peut-être pas toujours ri de la même façon, mais que le rire est éternel et de toute antiquité. Surtout que l'on a toujours ri des mêmes choses depuis que le monde est monde, ainsi que s'exprime un de nos meilleurs amis, M. Prudhomme.

Et j'espère pour toi que tu en sentiras quelque soulagement si, par hasard, tu te trouvais dans des dispositions pessimistes. Ah! rire, mon bon ami, rire de toute la force de tes poumons, de toute l'élasticité de ta rate! Rire à gorge déployée, à ventre déboutonné, rire à cœur perdu! C'est la seule bonne chose dans la vie, parce que c'est la plus rare, entends-tu? Le bon et sincère et franc rire, cela ne saurait se payer moins qu'au poids de l'or. Le beau mérite d'être grave, la belle affaire que d'être triste! Mais nous n'avons qu'à suivre notre nature pour prendre une figure renfrognée, pousser des soupirs, avoir du vague à l'âme. Nous en crevons, de cette maladie noire. Le bon Molière, de son temps, disait déjà que c'était une « étrange entreprise que de faire rire les honnêtes gens ». Aujourd'hui, il abandonnerait la partie. Nous mangeons du bout des dents, nous rions du bout des lèvres. Nous prenons tout au sérieux, même ce qui est drôle.

Ris de ton voisin, mon frère; ris de ta voisine (cela vaut mieux que de pleurer pour elle), ris de toi-même. C'est cela et non autre chose qui sera le commencement de la sagesse. Si tu ne trouves pas dans ton propre fonds les ressources nécessaires pour rire de tout et de tous, tu auras de fameux auxiliaires chez les dessinateurs de tous les temps que nous devons feuilleter ensemble. Tu n'auras guère qu'à changer les titres et à modifier un peu les costumes pour retrouver les idées et les personnages de ta propre époque. Et, comme dans tout panorama qui se respecte, nous verrons que les extrêmes se rejoignent : il y avait autrefois autant de vices et d'imbécilités qu'à présent, et il se trouvait, comme à présent, des philosophes plaisants pour nous inviter à nous en moquer.

Cela console toujours un peu de ses petits défauts et de ses petits tourments de savoir que d'autres en ont eu de pareils, ont été aussi ridicules et aussi mécontents. Nous rions d'eux, nous faisons un retour sur nous-mêmes, et ce retour est salutaire.

Tu es ambitieux? Bouche vite tes oreilles pour ne pas entendre les bordées de sifflets qui ont accueilli tous les ambitieux de jadis, leur gâtant les bravos et les flatteries. Dame, il ne fait pas bon rechercher les honneurs. Il se trouvera des irrespectueux qui découvriront une verrue au beau milieu du nez le plus majestueux, des cornes sur le front le plus couronné, des anatomies grotesques sous la redingote la plus parlementaire. Alors, il vaut mieux prendre les devants, et rire soi-même de bonne grâce. Si on a l'air de se fâcher, on ne fait que stimuler la verve de son persifleur.

Tu es distrait, gourmand, crédule, vaniteux, emporté, poltron, bravache, pénétré de mérites visibles seulement à tes yeux? Gare! gare! Les cent mille feuilles de la caricature seront cent mille miroirs impitoyables, de ces miroirs concaves ou convexes qui donneront à tes traits, à tes défauts, les exagérations les plus imprévues et les plus cocasses. Alors, combien plus sage est de rire, plutôt que de se fâcher tout rouge. Cela ennuiera toujours ceux qui s'attendaient à te voir faire grise mine.

Tu es amoureux?... Ah! mon pauvre ami, que Dieu ou le diable t'en préserve! Pourtant tu ne seras pas le seul dans ton genre, ni le seul ridicule. L'amour est même un des meilleurs et des plus assidus pourvoyeurs de la caricature. Que de fous, élégiaques ou furieux! Que de vainqueurs sans prestige et de battus sans gloire! Que d'éclopés que personne ne plaint! Que de larmes qui font rire tout le monde! Et des naïvetés, et des prétentions, et des fatuités, et des aveuglements! Roméo et Juliette, Daphnis et Chloé, Paul et Virginie sont gentils à croquer. Seulement derrière eux s'avance une armée formidable de Roméos à cheveux gris, de Chloés à toute épreuve, de Pauls efflanqués. Aussi, un caricaturiste attentif, quand il veut représenter un amoureux comique, n'a, la plupart du temps, qu'à représenter un amoureux tout simplement.

Enfin, nous verrons tout cela, et bien d'autres choses encore, allant au hasard de notre promenade. Pas de division méthodique. Cela nous gênerait sans nous rendre plus clairs; nous irons tantôt par époques, tantôt par pays, tantôt par artistes, suivant l'importance des sujets. Les dates s'arrangeront comme elles pourront; mais ce serait une singulière incohérence que de procéder régulièrement avec un art qui défie toutes les règles...

Pour commencer, voici qu'on va nous arrêter dès cette ligne et nous demander coup sur coup : La caricature est-elle un art? Existe-t-il un art de la caricature? Qu'est-ce que vous entendez par caricature?

Au diable les amateurs de définitions! Jamais on ne pourra s'entendre sur celle-ci. Bien malin celui qui pourra dire où commence la caricature, où elle finit.

Faut-il réserver le nom à tout ce qui fait rire? Alors comment appellera-t-on les caricatures qui ne sont pas risibles?

La caricature consiste-t-elle exclusivement dans l'exagération? Alors on devra classer caricaturistes des peintres de génie chez qui certaines exagérations sont l'équivalent d'une signature.

Il y a deux manières de prendre le mot caricature : dans le bon et dans le mauvais sens. Dans le premier, nous verrons une immense, une inépuisable littérature du rire, depuis la simple badinerie jusqu'à la plus vigoureuse satire. Dans le second, nous n'aurons affaire qu'à une sorte de fiente de l'esprit ; dessins par des gens qui ne savent pas dessiner ; plaisanteries tentées par de mauvais plaisants ; barbouillages grossiers, orduriers ou vides de sens. Et, d'une histoire de la caricature ainsi définie, il faudrait exclure Breughel, Rowlandson, Daumier.

La meilleure manière de trancher la question, c'est de dire, comme écrivait un jour Willette (encore un de nos amis qu'il serait téméraire d'étiqueter) : « Il n'y a pas à chercher un mot nouveau pour désigner l'œuvre du dessinateur, ni *fantaisie,* ni *caricature,* ni *charge ;* le mot dessin suffit. » Comme il y a de bons et de mauvais dessins, il y a deux caricatures : la bonne et la mauvaise. Nous serons bien forcé de mentionner celle-ci de temps en temps, et nous nous rattraperons avec délices sur celle-là.

Ou plutôt, il n'y a pas *une* Caricature, ce qui simplifie la définition ; il n'y a que des caricaturistes. Notre faculté de rire se manifeste de mille façons différentes, suivant le tempérament de chaque artiste. Il faudrait alors faire des classifications : admettre la caricature fine, la caricature large, la caricature grasse, la caricature amère, la caricature bienveillante, et, comme on l'a fait jadis, la caricature noble, ce qui est un comble.

Oh ! et puis, mon camarade, en voilà assez de vues plus ou moins philosophiques, de discussions plus ou moins profondes. Nous définirons la caricature tout simplement : l'art de faire rire par le dessin ; et si l'on est pas content, nous ne nous en préoccuperons pas davantage. On n'aurait qu'à nous demander encore de quel rire nous voulons parler. De tous, c'est bien simple. Depuis le sourire imperceptible que chatouille une très légère raillerie, jusqu'au rire amer qui cingle et insulte, en passant par le bon gros éclat qui fait tressauter le diaphragme.

C'est une grande force et une grande consolation que de savoir rire. Plus on avance dans la vie, plus on s'aperçoit combien est restreint le nombre des choses vraiment sérieuses. Quand on est revenu de bien des illusions, qu'on fait un retour sur soi-même, et qu'on établit la balance des profits et des pertes, on peut murmurer, en modifiant légèrement deux vers connus :

> Le seul bien qui me reste au monde,
> C'est d'avoir quelquefois pouffé !

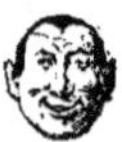

II

LE RIRE ET LA CARICATURE EN ÉGYPTE,
DE QUELQUES ANTIQUITÉS FORT IRRÉVÉRENCIEUSES.

S'il ne restait de nos monuments, une fois que Paris sera réduit en ruines à son tour, que Mazas, le Ministère de la Guerre, la Chambre des députés et la tour de trois cents mètres, les générations de l'an 4892 penseraient probablement : « Voilà des gens qui ne devaient pas être bien gais. » C'est ainsi qu'on écrit, ou plutôt qu'on rêve l'histoire. Sans faire la moindre comparaison entre ces affreux monuments et les puissantes reliques de l'art des Égyptiens, nous nous figurons ces braves gens comme effroyablement graves. Nous nous les représentons d'après leurs peintures murales et leurs synthétiques statues les mains sur les genoux, la tête droite, le regard perdu dans une contemplation sans fin.

Il faut en rabattre. Les Égyptiens aimaient la gaieté. Ils avaient même l'esprit porté au sarcasme et à la causticité. C'étaient des pince-sans-rire. Solennels dans les grandes occasions, il ne manquaient pas de se rattraper dans la vie privée. Nous les prenons comme point de départ de notre étude, parce que les documents commencent à peu près avec eux ; mais il est bien à parier que, s'ils connaissaient le rire, ils ne l'avaient pas inventé. Toujours est-il que les recherches des archéologues ont remis au jour certains papyrus, certaines peintures et statuettes qui nous permettent de nous faire une idée de leur genre caricatural.

Un papyrus conservé au musée de Turin retrace les amours d'un prêtre et d'une danseuse. Le galant est chauve, et ses exploits sont difficiles à conter. Comment ! ce peuple profondément religieux osait supposer de pareilles horreurs ! Il fallait que ce fût un mauvais sujet qui eût dessiné cette calomnie ! Les caricaturistes sont toujours de mauvais sujets..., au dire de leurs victimes.

Les femmes n'ont pas toujours été à l'abri, non plus, de la verve des satiriques égyptiens. Les murailles de Thèbes retracent des scènes de banquets, où les nobles invitées n'ont pas une tenue irréprochable. Elles ne se sont pas assez défiées de la capacité de leur estomac, et alors... les servantes apportent des cratères, qu'on appellerait en langue vulgaire des cuvettes. Ces coquines d'esclaves, en faisant leur office, détournent la tête, et nous croyons bien qu'elles ont l'audace de rire. Vous direz que cela n'est pas d'une gaieté très distinguée ; mais songez que ce document date de plusieurs milliers d'années, ce qui le rend respectable. Il est permis de supposer que ce n'était qu'une des moindres railleries à l'adresse des femmes, ou du moins que ce ne fut pas la seule.

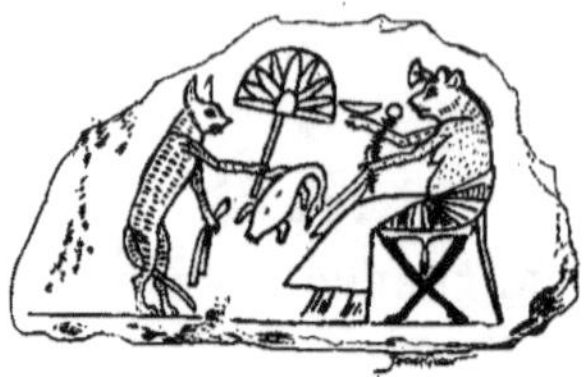

Caricature égyptienne sur un ostracon.

Il est une forme de caricature que nous retrouverons dans tous les temps et qui a déjà la faveur sur les bords du Nil. C'est celle qui consiste à attribuer aux animaux nos passions et nos ridicules. Les contemporains de notre Grandville lui attribuaient le mérite de l'invention, tandis que La Fontaine, plus ingénu, n'a éprouvé aucun embarras pour avouer ses emprunts à Ésope. Mais il est probable que le célèbre petit bossu avait puisé à son tour une partie de son invention dans les papyrus, lors d'un certain voyage en Égypte, où tout ne fut pas agrément pour lui. Tant il est vrai que dans le domaine de la caricature, il y a beau temps que tout se répète.

Le papyrus de Turin porte à son revers plusieurs de ces scènes comiques. Un lion joue aux échecs avec une gazelle. La gazelle, entre nous, à l'air de tricher, et le lion ne paraît pas content.

Autres scènes : la guerre des rats contre les chats. Ce sont, naturellement, les chats qui sont attaqués. Ils auront le dessous, car les rats ont les chiens pour auxiliaires. En revanche, voici une autre occasion où le genre félin a le dessus. Une dame chatte, des fleurs dans la chevelure, se dispute avec une oie. Il faut croire que la chatte n'est pas un adversaire commode, car *mother goose* tombe à la renverse. Ma foi, je me doute bien que tout cela a l'air un peu bébête, racontés de cette façon. Nous ne pouvons pas rire des chats et des oies des Égyptiens ; mais qu'un fantaisiste de nos jours, sans se mettre plus en peine, fasse un croquis des mêmes sujets ;

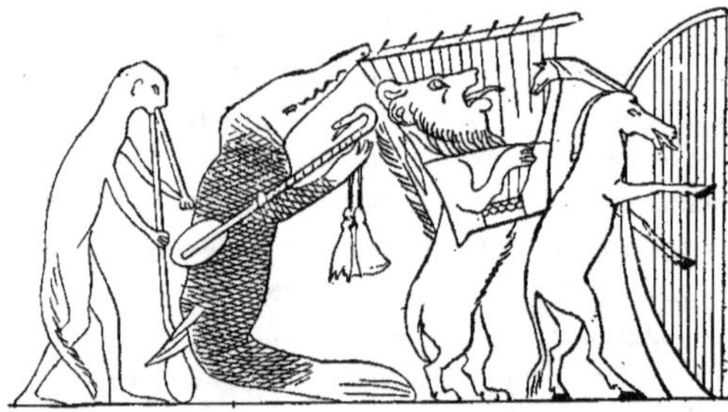

Concert comique (fragment de peintures égyptiennes).

que Caran d'Ache ou Oberländer imaginent des hautes écoles de lions ou d'hippopotames, nous trouverons cela suffisamment drôle.

Les Égyptiens ont poussé la caricature des animaux jusqu'à la satire sociale. Regardez notre vignette d'après une pièce du musée de New-York. Une autre chatte, une personne de qualité, ainsi que nous le racontent ses attributs, le luxe de son costume, l'importance de sa carrure, se rengorge dans un fauteuil, le verre à la main.

C'est une heureuse de ce monde. Un pauvre diable d'esclave ou de tributaire, efflanqué, la queue entre les pattes, lui apporte une oie grasse.

Il n'est pas inutile de remarquer que la caricature des animaux paraît être la forme préférée de la satire chez ce peuple ; et ce devait même être la forme la plus audacieuse. Les animaux étaient symboles divins ; et c'étaient des dieux que l'on raillait ainsi. Pour peu que l'on en doute, on n'aura qu'à regarder le *Concert comique*, reproduit ici. Ils sont tous à leur partie, ces amusants musiciens, et le crocodile n'est pas le moins divertissant, avec l'extase harmonique entr'ouvrant sa mâchoire. On serait tenté de ne voir là qu'un caprice de fantaisiste.

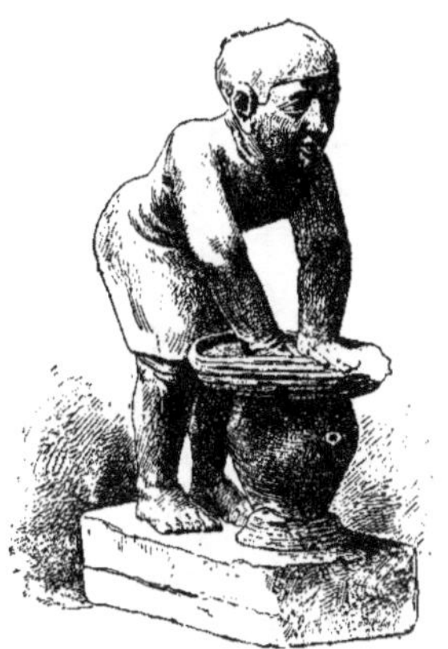

Boulanger égyptien.

Mais on a retrouvé des fresques qui représentent des concerts sacrés, avec cette fois, des figures humaines dans les mêmes postures.

Ce serait encore une joie de voir comment, quand ils étudiaient l'homme lui-même, ils fouillaient son expression, surprenaient ses tics et ses attitudes, consignaient ses grimaces plus ou moins volontaires. Il reste de bien rares spécimens de cet art *naturaliste* et caricatural ; mais ce que nous en avons nous fait regretter profondément la cruauté du temps destructeur. En voici deux spécimens charmants : un boulanger à l'ouvrage, bonassement affairé : « Pour bien pétrir la pâte, il n'y en a pas deux comme moi ! » Et un nain, pauvre petit avorton au ventre pointu, aux pattes épaisses, à la tête en poire. Cela est si juste d'observation, si fin d'indication comique, si sobrement vrai, que ces deux seules pièces suffiraient pour nous convaincre que les Égyptiens étaient des gens d'esprit, sensibles aux petits travers de l'humanité. Et dans ces deux statuettes nous voyons les prototypes des mille figurines de Tanagra et de Myrrhina, bijoux de l'art burlesque, dont nous allons tout à l'heure constater la floraison exquise, éternellement neuve !

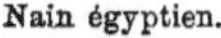

Nain égyptien.

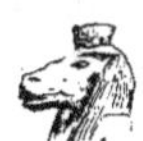

III

Voici, mesdames, un petit homme très laid. C'est moins encore qu'un homme, c'est un dieu.

Les Phéniciens l'ont probablement importé d'Égypte, ou d'ailleurs, car ces commis voyageurs de l'antiquité n'avaient pas par eux-mêmes grande imagination. Mais ils l'ont si bien adopté, si bien perfectionné, si multiplié sous toutes les formes et dans toutes les matières, qu'on peut leur en accorder la propriété.

Est-il assez hideux, ce petit monstre? Que dites-vous de ses oreilles en écuelles, de son front bas, de son nez épaté, de ses yeux de bête lubrique? Et sa bouche entr'ouverte, à la lèvre pendante qui semble faite pour baver? Et ce petit corps ramassé, trapu, obèse ; ces jambes massives et torses, toute la répugnance de son attitude? Cela est pétri de vigueur bestiale, d'inconsciente et basse sensualité. Il rit, le drôle, du dégoût qu'il inspire, et de la peur qu'il cause. Il se complaît dans son horreur grotesque.

Pygmée en terre-cuite.
(Musée du Louvre.)

En terre cuite, en terre émaillée, en pierre, en bois, vous le retrouverez partout. Il se prélassait dans les maisons ; il gardait, grossièrement sculpté, l'avant des navires, servant à la fois de jouet et d'épouvantail. Les Phéniciens le mettaient à leur proue pour effrayer les ennemis rencontrés en mer ; mais nous ne voulons pas croire qu'ils pussent en avoir peur eux-mêmes. Ils l'avaient fait, ils savaient donc ce qu'il valait ; seulement ils comptaient sur la naïveté de leurs adversaires. Quant à eux-mêmes ils devaient bien en rire, aussi l'avaient-ils rendu vilain et burlesque à souhait.

Tantôt il avait cette tranquille et ironique nudité d'un poussah fat, faisant glorieusement l'étalage de ses charmes repoussants. Tantôt, revêtant un appareil plus imposant, il s'armait d'un bouclier, arrangeait sa chevelure en forme de léonine crinière, donnait à sa petite gueule des airs terribles, et partait en guerre.

Sous quel nom le désigner? Le dieu grotesque Bès? Phtah, ou Pygmée? Ainsi, à travers les temps, ils nous apparaît énigmatique, avec sa double face belliqueuse ou plaisantine. Il était le caricatural Croquemitaine que les enfants redoutent sans y croire. Sous son nom de Phtah, il a été rencontré par Hérodote dans ses voyages, et le bon vieil historien l'a grécisé Patèque. En tant que pygmée, il a été le père d'une innombrable lignée de nains burlesques, Pygmées chez les Grecs et les Romains, Kobolds et Goblins chez les peuples du Nord. En cherchant bien, on retrouverait quelques rares spécimens de sa progéniture, encore aujourd'hui, sous quelque champignon de la Forêt Noire.

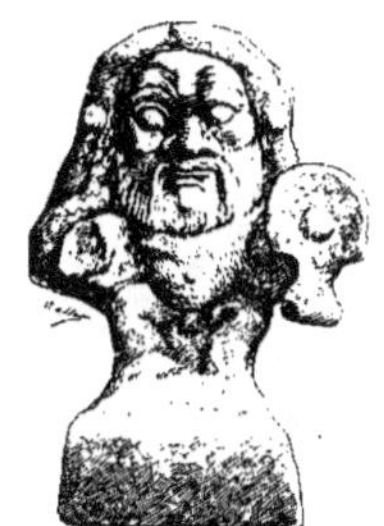

Pygmée guerrier.

Et maintenant, j'entends l'objection qu'on ne manquera pas de faire plusieurs fois au cours de ce livre : « Ce n'est pas une caricature. La naïveté et la maladresse des artisans ont seules donné à ce petit dieu ses lignes difformes. Il n'est une caricature qu'à nos yeux, comme le seraient aussi les idoles polynésiennes, objet de respect pourtant de la part des sauvages qui les ont taillées dans le bois. »

La comparaison serait inexacte. C'est une main expérimentée qui a façonné notre dieu Bès; les intentions de difformité et de bouffonne laideur sont évidentes. Tout au plus peut-on dire que c'est simplement une figure non comique, mais fantastique.

Nous nous emparons aussitôt de ce mot, et nous revendiquons nettement le fantastique comme un des tributaires de la caricature. Il est le frère du grotesque. Mais les frères, quoique issus de la même origine, ont parfois des dissemblances profondes. Le grotesque est la caricature pour faire rire ; le fantastique est la caricature pour faire peur.

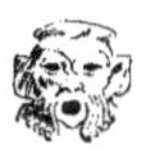

IV

LA GAIETÉ CHEZ LES GRECS.
CRÉATIONS BURLESQUES DE LA MYTHOLOGIE.
QUELQUES NEZ GRECS.

Il y a eu, naguère, une polémique entre un professeur et un écrivain. Le professeur s'appelait M. Chassang ; l'écrivain était Champfleury. Celui-ci venait de publier ses premières études sur la caricature antique, et le professeur Chassang, considérant que les dieux étaient outragés, avait furieusement remis à sa place le savant non agrégé qui se permettait de dire que les divins Hellènes avaient fait des caricatures. Il le nia, ce professeur, et invoqua gravement Phidias et Appelles !

Oh ! la bonne sottise de pédant ! Les Grecs, pas caricaturistes ! Ce peuple de fins rieurs, de flâneurs mobiles et frivoles, ces fantaisistes exquis et vivants, qui nous ressemblent, à nous Français, comme deux gouttes d'eau, soit dit sans fatuité ! Pas caricaturistes, ceux qui ont inventé l'épigramme, ceux qui applaudissaient Aristophane, ceux qui, joliment sceptiques, ne laissaient point passer le plus léger défaut sans lui décocher un trait piquant ! Mais quelle contrée vit naître plus de caricaturistes et de meilleurs ? C'est précisément parce qu'ils avaient plus que personne le sens et l'amour du beau, qu'ils avaient aussi celui de la laideur caricaturable. L'un ne va pas sans l'autre, et cela est de pure logique. Une caricature réussie est, dans son genre, un hommage à la beauté : elle la venge !

La littérature grecque est pleine de caricatures ; sa religion en fourmille ; son art nous en présente les plus gais et les plus décisifs spécimens.

Homère lui-même, l'immense et vénérable Homère, n'a pas eu peur de tracer la figure de Thersite, caricature du mauvais soldat, vantard et poltron.

Rappelez-vous le héros comique, avec sa tête pointue et toute sa personne mal bâtie. Puis, les larmes qu'il verse, au milieu des huées, lorsqu'il a été récompensé, à coups de triques, de son insolence.

Ainsi le voulut cette alliance suprême de la religion et de la poésie qui nous fait regretter parfois de n'être plus païens. La religion grecque était sereine et souriante ; mais, derrière les grandes et calmes ou terribles divinités, grouilla une foule innombrable de petits dieux familiers, amusants, prenant leur plaisir à faire peur aux gens. Dieux des bois, des champs ou des foyers ; dieux et déesses plus sombres de la mort et des abîmes. Les représentations de ces êtres capricieux furent des combinaisons caricaturales ; on les adora pour s'amuser. Silène fut la divine caricature de l'ivresse ; les Satyres et les Faunes furent les caricatures de la vie animale, des appétits craintifs qui peuplent les forêts ; Priape, la caricature effrontée de l'amour ; les Harpies et les Kères, les caricatures, adoucies et voilées par ce peuple artiste, de la mort elle-même.

Voyez les Satyres, leur inépuisable procession sur les vases grecs. Nous pouvons faire d'eux une complète physio-logie. Bouffis de graisse, les muscles lâches et mous, le front dénudé par une vieillesse précoce, la démarche furtive ou fanfa-ronne, les oreilles pointues et le nez écrasé révélant les instincts bas, cette queue de cheval enfin qui les rattache à l'animalité. Quelle mine de divertissantes fantaisies pour les dessinateurs ! Quelle série d'intermèdes pour les gens de théâtre ! Le Satyre, dans la comédie grecque, c'est le devan-cier de certains diables dans les mystères du moyen âge, c'est le *clown* dans la pantomime anglaise.

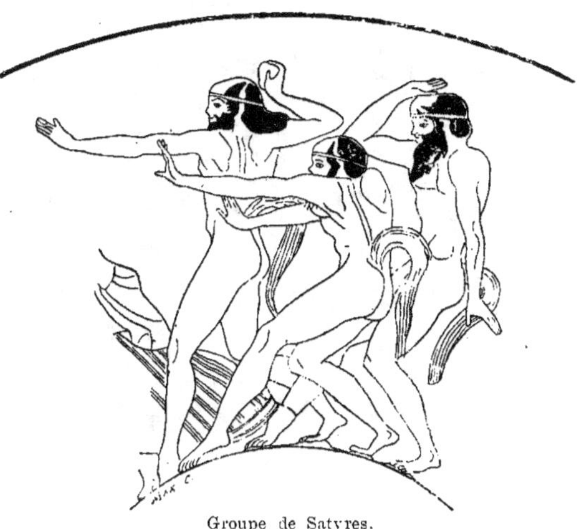

Groupe de Satyres.

Comment le bon M. Chassang aurait-il expliqué l'épisode comique des Satyres dans l'*Ulysse* du tragique Euri-pide ? Le héros les appelle à son aide pour crever l'œil de Polyphème. Après mûre délibération, ces braves se dérobent, suivant leur habitude.

Gourmands, libertins, peureux, ils sont complets, et si, aux époques raffinées, on les a représentés sous des formes plus gracieuses et plus pures, leur véritable, leur populaire personnalité, c'est la triomphante couardise que nous retracent les poteries.

Si nous disons aujourd'hui d'une femme : « C'est une Harpye », on rit, et on la voit d'ici. Tantôt vieille, avec d'aigres vertus intolérantes, des médisances perfides, d'inaltérables mauvaises humeurs ; tantôt jeune et séduisante, mais avec un affreux petit caractère, des griffes toujours prêtes à griffer, et des dents infatigables à mordre, bavarde, redoutable, discordante. Chez les Grecs, les Harpyes se tenaient plus au-dessus de la vie. Elles personnifiaient les tempêtes, les épidémies. Leur souffle contaminait et leur contact souillait. Rapides comme le vent, elles étaient sans cesse portées vers la besogne funeste à accomplir. « Oiseaux à visages de femmes », elles conservaient encore, dans les images qu'en traçaient les artistes, de vagues apparences caricaturales, de cette *caricature pour faire peur,* dont nous avons parlé. Le dessinateur, qui sur un vase a si bien saisi leur mouvement furibond, n'a pas omis un seul des traits de la mauvaise femme : le corps décharné et osseux, les mains crochues, le grand nez « en lame de couteau », le sourire faux, l'œil fixe et comme injecté de bile, la pâleur que l'on devine, tout enfin de ce qui doit nous mettre en garde contre ces horribles divinités.

Si nous poursuivions notre revue de toutes les conceptions comiques ou fantastiques, dont est tissue la mythologie grecque, depuis le Satyre jusqu'à la Gorgone, nous aurions bien d'autres types à faire défiler. Qu'il suffise d'en avoir mis deux des principaux en relief. D'ailleurs nous avons meilleure pâture : nous avons des caricatures des grands dieux eux-mêmes. Jupiter est ridiculisé comme un simple monarque constitutionnel, et le glorieux Phœbus-Apollon n'est pas sauvé des plaisanteries par tout l'éclat de ses rayons. C'est à croire que le respect n'a jamais eu, en aucun coin de la

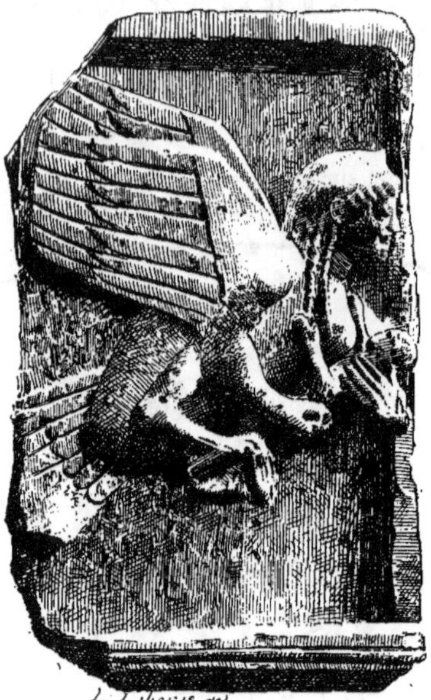

L. Liboiris del.

Harpye enlevant une âme.

terre ou de la pensée, un domaine où il soit maître absolu.

Oui, à côté des grotesques voulus de la religion antique, il y eut aussi des parodies des divinités sérieuses, des charges dont leurs exploits où leurs faiblesses fournirent le canevas et qui ne le cèdent pas en exubérance bouffonne à notre moderne *Belle Hélène.* Pauvre « Belle Hélène », d'ailleurs ! combien peu nouvelle, même quand elle fut joué pour la première fois aux Variétés ! La seule musiquette d'Offenbach en

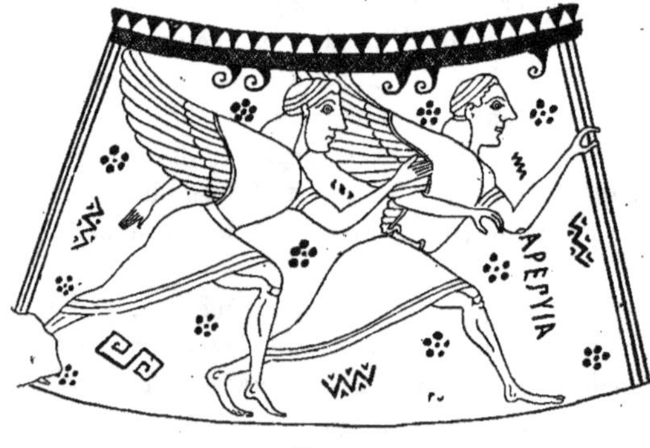

Harpyes.

faisait la fausse jeunesse. Tout le reste avait été ressassé de peuple en peuple, et il est plus que certain que la première parodie de l'*Iliade* fut contemporaine de l'*Iliade* elle-même.

Jupiter va rendre visite à Alcmène, nous raconte un vase antique. Ce n'est plus le dieu redoutable, armé de foudres, au noir sourcil et à la noire chevelure, mais bien un galantin ridicule, qui doit, pour gravir la fenêtre de sa bien-aimée, emprunter le secours d'une échelle. Encore Alcmène n'est-elle pas si facilement accessible, et le divin amoureux est obligé de lui présenter quelques pièces d'or. Une sorte de Mercure, valet de comédie, accompagne le roi des dieux, une torche à la main. Ainsi les grands romans et les poétiques légendes étaient travestis par de malins frondeurs. Il est dans la nature de l'homme de se moquer même de ce qu'il respecte ; sachons-lui gré quand il le fait avec esprit.

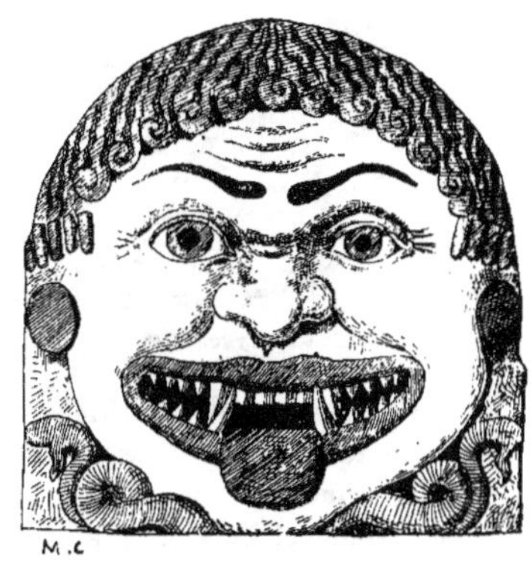

Gorgonéiou.
Antéfixe en terre cuite peinte, trouvée
à l'acropole d'Athènes.

Un autre vase, bien connu, et bien souvent cité par les érudits de la caricature, s'attaque à Apollon. Le dieu de la poésie est représenté arrivant à Delphes. Un cortège grotesque l'accompagne. On pense bien que la malice des caricaturistes ne dut pas se borner à ces deux seules plaisanteries, et

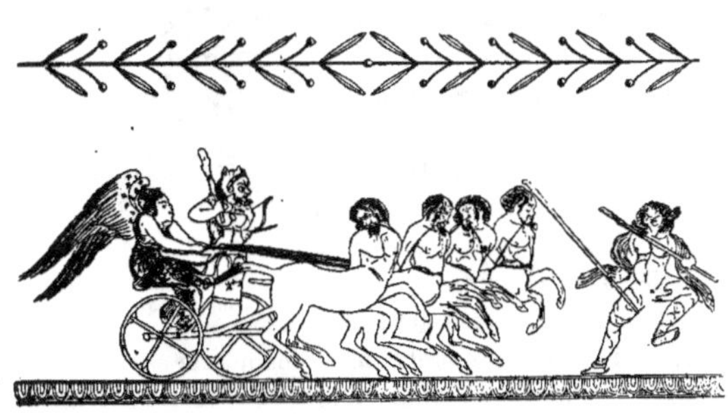

Parodie de l'apothéose d'Hercule sur un vase peint.

que tout l'Olympe y passa. Sans doute, les charmantes fictions de la mythologie grecque n'ont pas été atteintes par les plaisanteries, et elles sont parvenues radieuses jusqu'à nous malgré les figures comiques des potiers. Mais j'imagine que Socrate, et peut-être Platon lui-même, ne purent parfois réprimer un sourire quand, au cours de

leurs promenades rêveuses, ils rencontraient ces vases plaisants aux devantures des boutiques.

Laissons donc maintenant les dieux et les héros châtier, s'ils le peuvent, les irrévérencieux, et descendons tout simplement dans la vie. C'est là que le génie comique éclate et pétille. Pour la plus grande joie des badauds athéniens et autres (nous disons les Athéniens, parce que ceux-ci étaient les badauds par excellence), mille bateleurs, cent peintres ou modeleurs, vingt auteurs dramatiques conçoivent chaque jour les images ou les scènes les plus gaies. Aristophane, le plus grand de tous, du moins de ceux dont l'œuvre ait été conservée, s'attaque à tous les ridicules, met « sur les planches » les puissants du jour, bafoue ses contemporains entre deux envolées lyriques.

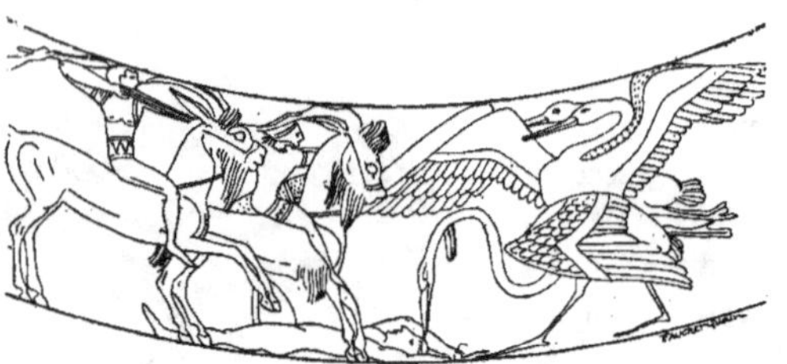

Combat de Pygmées et de grues sur le vase François.

Parmi les peintres satiriques, il en est un seul dont le nom nous ait été transmis, c'est le caricaturiste Pauson. Quel dommage que rien, pas un trait ne subsiste d'après lequel on puisse juger de ce précurseur d'Hogarth et de Daumier! Les gens graves le haïssaient et le vouaient à l'exécration publique. Les membres de l'Institut du temps, sous le nom d'Apelles ou de Zeuxis, le traitaient de barbouilleur. Enfin, pour que le succès fût plus grand et la situation plus piquante, Aristophane lui-même, de qui Pauson avait fait la *charge*, lui renvoyait en plein théâtre quelques amères plaisanteries! Chose comique, n'est-ce pas, que ces deux augures à rebours, ne pouvant se regarder, non sans rire, mais sans se décocher quelque épigramme, rythmée ou dessinée? Les gens d'esprit ont de ces susceptibilités; ils ne goûtent jamais les bons mots les uns des autres.

Un savant homme,
figurine grecque (Louvre).

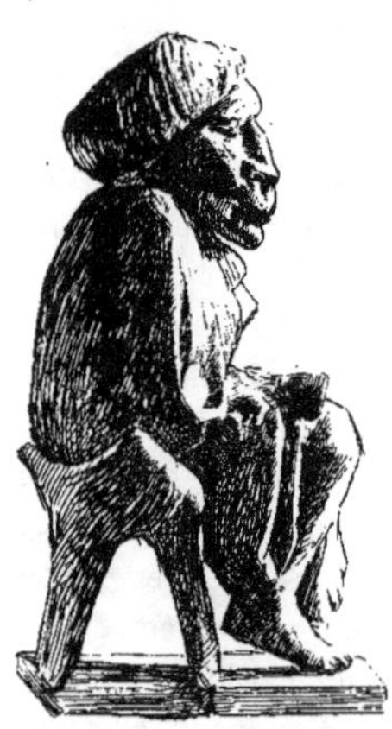

Deuxième « savant homme ».
(Louvre.)

Pauson dut trouver ample matière dans les mœurs et dans les manies de ses contemporains. Cette société avait, comme la nôtre, ses prétentions et ses vices; ses rues étaient bondées de naïfs, de roués, de coquettes, de fats, d'ambitieux et de coquins. Il nous en reste de précieux témoignages dans l'innombrable série des petites terres cuites de Tanagra et de Myrrhina. Cela marche, rit, babille, vit et respire de la façon la plus naturelle et la plus spirituelle du monde. Allez au Louvre, je vous en prie, au musée Campana ; ne vous dites point d'avance que ce sont des vieilleries archéologiques. Vous passerez quelques minutes exquises.

Vous verrez des femmes, sœurs de nos Parisiennes, surveillant leur traîne avec des mines gentilles, jouant de l'éventail et de la prunelle; des philosophes et des prêtres, bouffis d'importance sous leur barbe et dans leur manteau. Tous ces joujoux de quatre sous sont de petites merveilles d'art ; ils reconstituent à perte de vue toute une race rieuse, ne craignant pas, dans ses moments de gaieté, de pousser jusqu'à la plus dévergondée cocasserie.

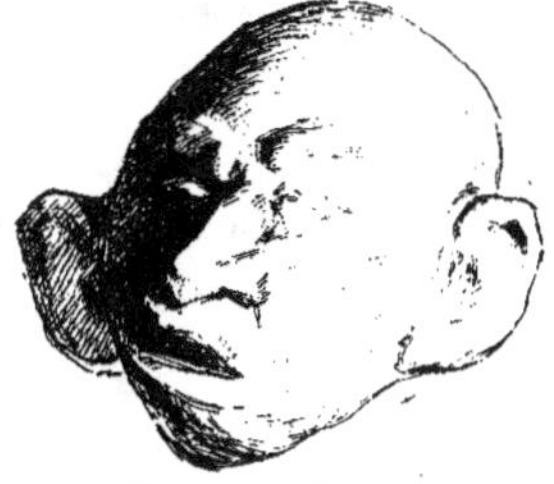

Premier nez (Louvre).

Il est une vitrine surtout que l'on vous recommandera. Elle contient une collection de petites têtes agrémentées de nez formidables, auprès desquels le nez de feu Hyacinthe, du Palais-Royal, était un simple enfantillage. Nez aquilins, nez solennels, nez monstrueux, qui détruisent singulièrement la légende du « Nez grec ».

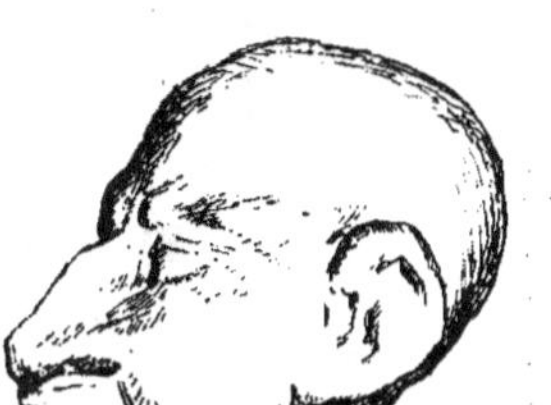

Deuxième nez (Louvre).

Du reste, l'appendice semble avoir excité chez les Grecs une particulière fascination hilare. L'*Anthologie* contient des épigrammes que l'on ne peut résister au plaisir de cueillir :

« La maison de Léogène brûlait ; lui, de sa fenêtre, cherchait à s'échapper à l'aide de cordes ; il ne pouvait en venir à bout; enfin il aperçut le nez d'Antimachus, il y posa une échelle et s'enfuit. »

Une autre : « Proclus ne peut pas moucher son nez avec sa main, car il a la main plus courte que le nez, et quand il éternue, il ne dit pas : « Que Jupiter me garde! » Il ne s'entend pas éternuer, car son nez est trop loin de son oreille. »

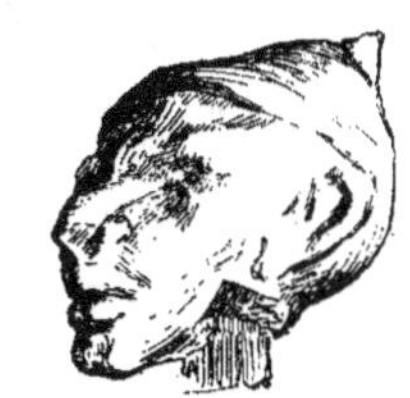

Troisième nez (Louvre).

Quatrième nez (Louvre).

Et encore une dernière sur la trompe humaine : « Mets ton nez devant le soleil, et tu auras ainsi un cadran solaire qui te dira l'heure à tout moment du jour. »

Cinquième nez (Louvre).

Gavroche, mon ami, tu peux saluer des frères aînés dans ces gamins du temps de Périclès. Avant toi, vois-tu, un pif réussi leur a arraché des

éclats de rire et des chansons, avant toi ils ont murmuré aux oreilles de promeneurs respectables :

Ah ! quel nez !
Ah ! quel nez !
Tout l'monde en est étonné !

Ce refrain n'a pas grande couleur antique, disent les gens à courte vue. Allons
donc ! Poésie lyrique ou scie de café-concert, c'est sur des faits vieux comme le monde que l'on fait des chants nouveaux.

Signalons encore, entre mille exemples, ce *Midas* du musée du Louvre, une des plus admirables charges qu'on ait jamais faites de la rhétorique, puis ce petit marchand forain pris au hasard. Tout est sobrement mais fortement comique en ce dernier, depuis sa' tête pointue, son cri professionnel, jusqu'à ses bras trop gros et ses jambes trop maigres. Camelot d'antan, marchand de nougats ou de brioches, il est une des plus jolies caricatures du menu commerce des rues : « Chauds ! les petits pâtés ! »

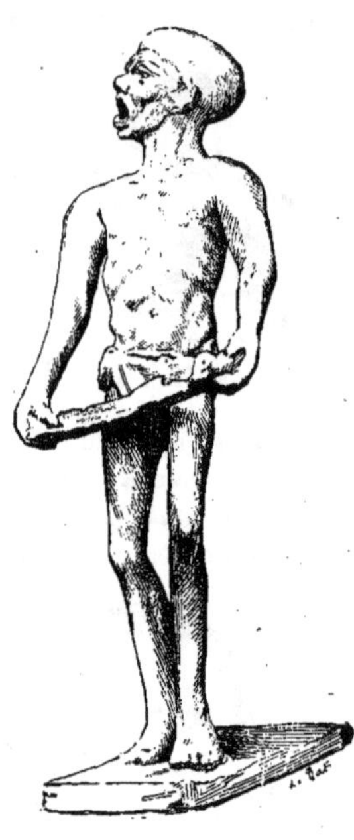

Midas (Louvre).

Marchand forain.

Je l'estime, ce brave homme, et je le remercie de tout cœur du témoignage qu'il vient apporter, à travers les siècles, que le Grec était plus amusant dans les rues d'Athènes que dans les chaires des Facultés de France.

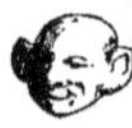

V

LES RIEURS DE ROME ET DE L'ÉTRURIE.

LES PEINTURES COMIQUES DE POMPÉI. — PYGMÉES.

VIRGILE PARODIÉ. — LA BIBLE AMUSANTE.

CARICATURES DE JÉSUS-CHRIST.

Cicéron a encore fait un calembour ! Il est incorrigible, cet homme ! C'est une façon de Tillancourt, avec l'éloquence en plus. Ils n'étaient pas toujours excellents, les calembours de Cicéron ; il en est un sur la sauce de cochon et la justice de Verrès, qui nous a toujours semblé un peu épais. Enfin, on fait ce qu'on peut ; il faut pardonner à Cicéron en faveur de l'intention, et surtout parce que sa manie de jeux de mots prouve encore le goût des Romains pour le rire. Un peuple qui cultive le calembour cultive fatalement la caricature ; et nous verrons plus loin un exemple remarquable de la rareté de caricatures risibles, dans l'art, accompagnant la rareté des jeux de mots, dans la langue.

Ainsi, malgré son esprit grave, positif, cette race a sacrifié aussi à la caricature. Elle n'a même pas, si pratique qu'elle fût, été l'ennemie d'un certain fantastique. Les plus anciennes populations de l'Italie nous ont laissé quelques monuments de la caricature du genre noir. Par exemple, cette peinture de Cornéto représentant Thésée et Pirithoüs aux enfers. Les deux aventuriers, venus pour enlever Proserpine, sont traités de façon sérieuse, mais derrière eux un démon, Tuculcha, cherche à leur faire bien peur. Avec ses ailes, son bec de perroquet, sa chevelure hérissée, il est un précurseur lointain des diables grotesques que nous retrouverons au moyen âge. De même, sur un vase étrusque les adieux d'Admète et d'Alceste sont troublés par deux personnages assez laids, caricatures d'enfer.

Suivre les évolutions de l'art burlesque à travers l'histoire de Rome serait chose bien spéciale, et peut-être sans attrait. Que servirait de procéder à une énumération de pierres gravées, de figurines, de vases et autres tessons dont les membres de l'Académie des Inscriptions pourraient faire un bien meilleur profit ? D'ailleurs la verve comique des Romains est moins franche et moins séduisante que celle des Grecs ; de plus elle en est souvent une inintelligente copie.

Elle est trop appuyée pour être drôle. C'est surtout dans le théâtre qu'il faut en trouver les échantillons les plus relevés, et cela sort de notre cadre. Donc, aux lettrés le plaisir de s'esclaffer aux comédies de Térence et de Plaute ; au populaire la grosse hilarité aux représentations de Polichinelle et d'Arlequin.

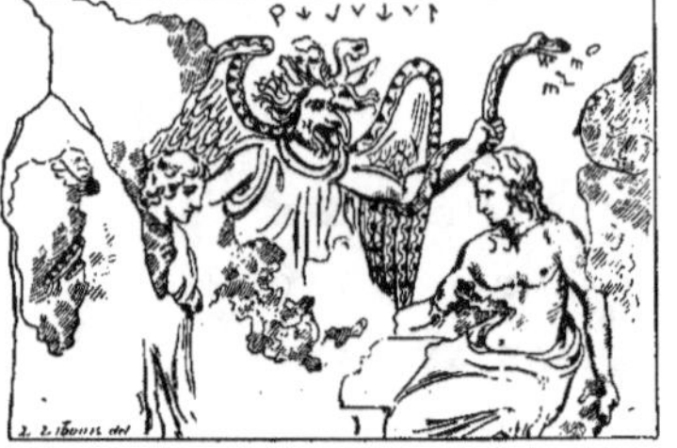
Thésée et Pirithoüs aux enfers.

Arlequin ? Polichinelle ? Mais oui ; seulement alors ils s'appellent Pappus et Maccus. Encore un regret, que l'on n'aie pas pu arracher au temps, pour les placer dans quelque musée, une ou deux de ces marionnettes ; Guignol, c'est une caricature en bois et en chiffons, à l'usage des grands et des petits enfants. Ce Maccus, d'après les descriptions, avait, lui aussi, un grand nez, une bosse, de l'effronterie plein celui-là, et des malices plein celle-ci. Mais, réduits aux conjectures, quant au reste, il faut nous contenter de ces insuffisantes indications.

Quant à la caricature politique, on devine qu'elle n'était point aisée sous cette république autoritaire. Aussi n'en trouvons-nous guère de traces. Un spécimen peut être signalé, sous le règne des empereurs. Le musée de Dijon possède une statuette de Caracalla, traitée en charge, montrant le despote sous la figure d'un marchand de gâteaux. Juvénal interprété par Dantan jeune.

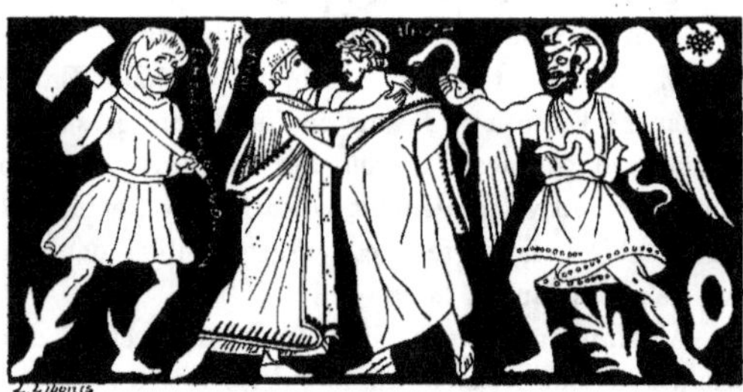
Admète et Alceste.

Tout cela n'est guère abondant au point de vue documentaire. En revanche nous pouvons, si nous laissons Rome, faire une riche moisson à Herculanum et à Pompéï. C'est là que, sous des aspects infiniment variés, se montre avec abandon l'esprit caricatural des artistes gréco-romains. Dans ces cités si longtemps ensevelies, tout s'est conservé avec d'inquiétantes apparences de vie, tout, même la chose la plus volatile, la gaieté ! Les parois des maisons et les murs des rues sont couverts de vives

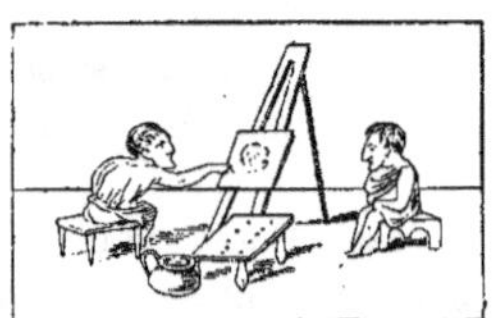
Un portraitiste (Pompéï.)

peintures ou d'inscriptions sans gêne. Celles-ci peuvent être considérées comme cette caricature inconsciente et rudimentaire innée en tout homme du peuple qui a sous la main un bout de charbon, et devant lui une muraille. C'est bien dommage qu'on

ne puisse pas, sans s'exposer à de trop mauvaises rencontres, consulter la littérature
murale. Pour notre compte, nous avons rêvé bien souvent, et peut-être ferons-nous
cette étude un jour, de montrer la drôlerie communicative de cet esprit des passants.

Pour les peintures décoratives, elles sont ravissantes d'enjouement dans l'idée,
de finesse dans l'exécution. Il est certains motifs qu'elles affectionnent : au premier
rang, la vie, les mœurs, les occupations des Pygmées. Nous les retrouvons, ces
diminutifs humains, dans toutes les situations et dans toutes les attitudes imagi-

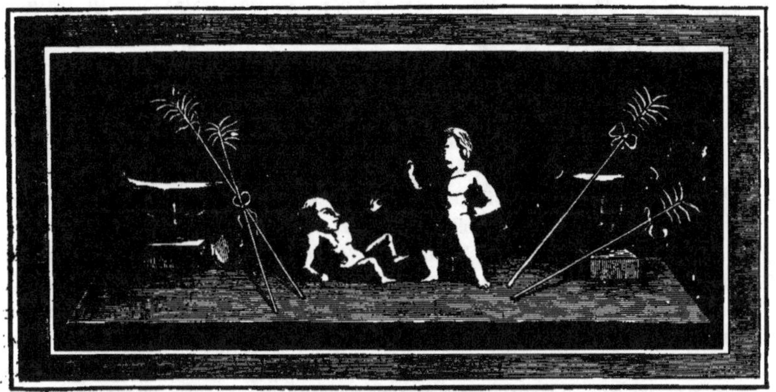

Pygmées combattant.

nablès. Ce sont comme des génies familiers dont on aime à voir l'image répétée.
Ils font penser, avec les besognes où ils s'affairent, aux nains complaisants que
nous dépeint le bon La Fontaine :

> Il est, au Mogol, des follets
> Qui font office de valets.

Ces petits « jean-bout-d'hommes », aurait dit notre illustre contemporain
Boquillon, combattent, font la cuisine, pêchent à la ligne, jouent aux jeux innocents
et autres, cultivent même la musique et la peinture. Il est une scène de Pygmées
amusante au possible, qui représente un atelier de peintre. Avec quelle ardeur le
petit artiste fait le portrait de son petit modèle, entouré de petits amateurs, d'élèves
et de curieux ! Toutes ces scènes sont traitées en pure caricature, très franche, très
verveuse et très drôlatique.

Les objets les plus humbles, les plus usuels, témoignent de cet ample besoin de
rire. Les poétiques légendes sont travesties jusque sur les lampes des ménagères.
Voici un de ces ustensiles qui présente en charge l'*Enlèvement de Ganimède*. Le
bel adolescent est affligé d'une paire de mains qu'en argot faubourien on nommerait
des battoirs.

Encore les légendes auxquelles on manque de respect ! Du moins la précédente peut-elle passer : elle vient de la Grèce, et l'Italien a une certaine ironie à l'égard

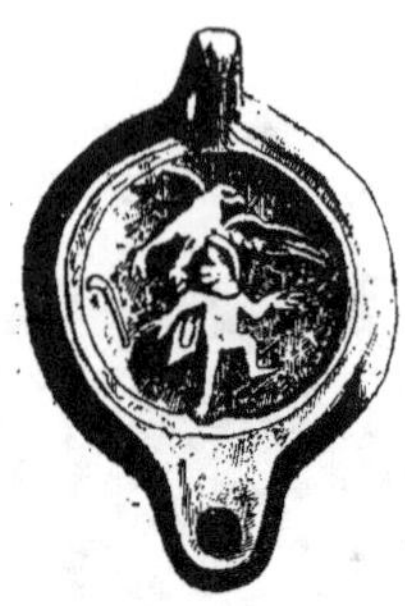

Parodie de l'enlèvement
de Ganymède.
(Lampe du Louvre).

des importations de son vaincu. Mais voici qui est plus grave : une légende nationale, par excellence, l'épopée du fondateur de l'État latin, le pieux Enée, est outrageusement bafouée. Le héros troyen, regardez-le, il est bien arrangé ! Il fuit de toute la vitesse de ses jambes, ou plutôt de ses pattes. Il porte son père Anchise et traîne son petit Ascagne, comme le veut le poème de Virgile, mais les trois personnages sont de simples mâtins. Ces caniches héroïques n'ont plus aucun prestige; le vieux, gravement juché sur l'épaule de son fils, se prélasse avec des airs de dignité; quant au gamin, il trottine, comme il peut, faisant quatre pas pour un, et poussant des ouah ! ouah ! à fendre l'âme ; et il n'a qu'une peur, sans doute, c'est de perdre son joujou. Et voilà l'envers de la gloire poétique !

Eh bien, ils étaient très amusants, ces gaillards-là ; tout ce que nous savons d'eux nous les fait connaître comme de bons compagnons, et c'est grand dommage que des gens aussi gais aient un beau jour trouvé une mort aussi affreuse. Ils avaient tellement le sens de la *blague,* il n'y a pas d'autre mot, qu'ils accueillaient toutes les légendes, indigènes ou étrangères, la bouche fendue d'un rire copieux. Imaginerait-on jamais que la légende du jugement de Salomon était venue jusqu'à eux, et qu'ils en avaient fait leur ébaudissement ? Regardez l'amusante peinture pompéïenne. Ah ! mon pauvre Daumier ! ah ! braves fantaisistes du *Charivari* et du *Journal amusant,* vous avez été rudement devancés, voyez-vous ! Que pensez-vous de ce Salomon à l'air abruti et de son assesseur pommadé ? Et de cette mère qui ouvre une bouche démesurée en levant ses bras maigres dans un geste de tragédienne des Bouffes-du-Nord ? Et ces guerriers d'opérette, sont-ils inférieurs aux deux gendarmes de *Geneviève de Brabant ?*

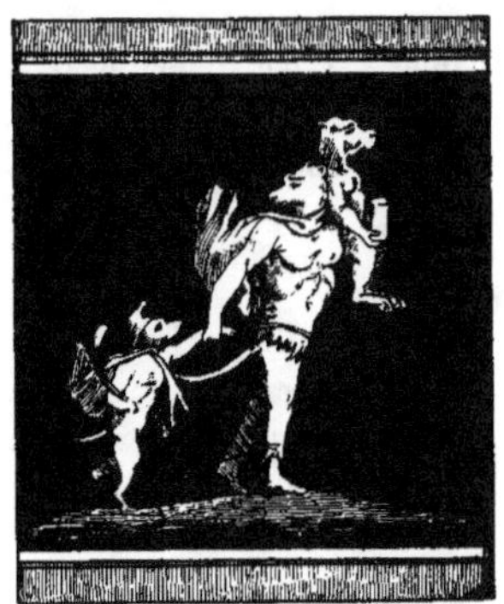

Parodie de la fuite d'Énée.
(Herculanum.)

Enfin, le trait horriblement bouffon de l'enfant qui va être tranché par un troisième soldat, à l'aide d'un hachoir, sur une table de cuisine, comme un simple cochon de lait ! Cela, avouez-le, est de la meilleure caricature, sinon comme exécution, du moins comme arrangement. Et savez-vous une idée affreuse qui nous vient ? C'est qu'il y en eut comme cela dans toutes les villes disparues, qu'elles fussent égyptiennes, assyriennes, grecques, étrusques ou romaines. Seulement, de par les jeux du hasard et du volcan, il se trouve que Pompéï a conservé des documents plus intacts et plus frais. Voilà tout. Mais on a ri, toujours et de tout, vous entendez bien. On a ri des choses les plus dangereuses, les plus vénérées, les plus touchantes parfois. Il faut bien que nous disions aussi à la caricature ses petites vérités. Elle n'est pas fille à s'en fâcher.

Nous disions un mot tout à l'heure des caricatures populaires sous la forme quasi enfantine d'un gribouillage de muraille. C'est par une de celles-là que nous finirons notre esquisse de la caricature gréco-romaine. Un homme à

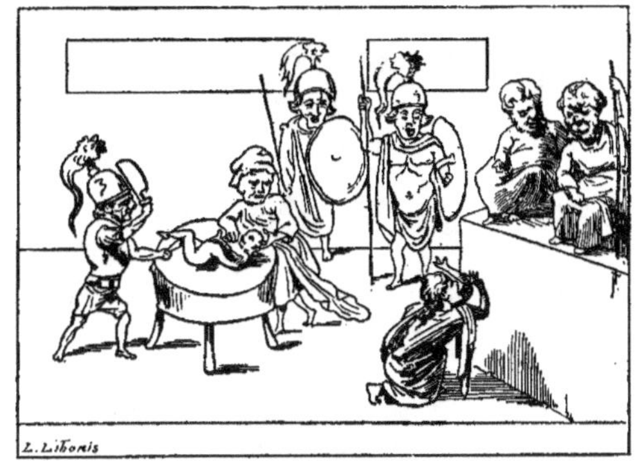

Parodie du jugement de Salomon. (Peinture de Pompéï.)

tête d'âne est attaché à une croix. Un autre est au pied de l'instrument de supplice dans une attitude pleine de déférence. Cet âne crucifié, c'est Jésus-Christ, et l'autre personnage, c'est quelque prosélyte de la nouvelle secte, un chrétien, Alexamenos, fervent obscur dont nous ne savons pas autre chose. Le naïf caricaturiste a griffonné, pour qu'on ne s'y méprenne pas : « Alexamenos adore son Dieu ».

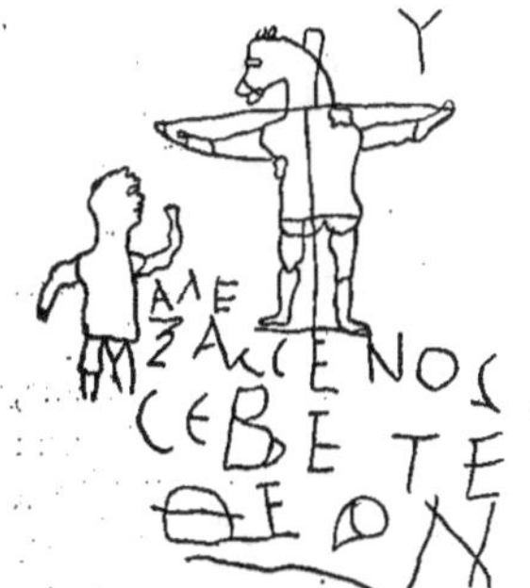

L'âne crucifié. (Pompéï).

Si grossièrement exécutée que soit cette *œuvre,* elle n'en est pas moins un vénérable document dans l'histoire caricaturale. Que les chrétiens zélés ne s'offusquent pas plus de cette parodie, que les admirateurs de Virgile de la grotesque fuite d'Enée. Il faut pardonner à la « charge ; » et se bien convaincre qu'elle ne donne tous ses effets que si on lui passe tous ses caprices. Quand elle va trop loin, c'est à ses dépens, la plus grande punition pour elle étant de rater le but ! Pour le reste, il est assez dans ses habitudes de s'en prendre aux puissances branlantes, aux poètes qui ont eu trop de succès, et aux religions naissantes.

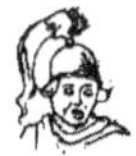

VI

LE MOYEN AGE ET LA CARICATURE DANS L'ÉGLISE.
LES ÉTAPES DU DIABLE.
ANIMAUX COMIQUES. — L'ANE, LE FOU, LE MOINE ET LA FEMME.

Un voile d'épaisse nuit sépare le moyen âge de la fin des temps antiques. Dans l'histoire de la pensée et de l'art, il y a de sombres lacunes. La destruction a passé par là. Dans ces temps laborieux et troublés, on ne distingue, d'ici, qu'un murmure confus, fait d'armes qui se choquent et de prières qu'on marmotte. Du rire ou des œuvres du rire il ne subsiste rien ; et nous en sommes réduits aux conjectures. De rares documents, plutôt littéraires, nous montrent, au milieu des tragiques secousses, quelques raffinements d'esprit, quelques subtilités de scholastique. Entre la bataille et la prière s'il est resté de la place pour le sourire, de ce sourire même les traces sont presque complètement effacées.

Les épaves gallo-romaines montrent quelques figurines grossièrement modelées, qu'à défaut de meilleur nom on a appelées images du dieu Risus. Un rire épanouit ces naïves effigies. Ce peuple de batailleurs et de beaux parleurs devait bien, en effet, avoir le culte de la gaieté. Mais qu'est-ce que c'est que cette vague indication ?

De même, en Italie, on voit dans la basilique romane de Saint-Fidèle, à Côme, un rudimentaire bas-relief représentant un ange qui tient un enfant par les cheveux et appelle son attention sur un agneau assis. Faute d'un sens plus clair, Wright a rangé cela dans les monuments primitifs de la caricature au moyen âge. Il paraît difficile de considérer cette œuvre comme un spécimen de la caricature au ve siècle. C'est quelque conception naïve, quelque commentaire ingénu d'un article de catéchisme.

Nous avons du moins quelque indication sur le rire des Anglo-Saxons. Ce sont d'intrépides buveurs, aimant, après l'orgie, à se lancer entre eux des défis de formidable hâblerie. Ils ont un bouffon préféré, un animal comique, un compagnon de joie, et c'est l'ours. Ils s'égayent de sa lourdeur titubante, de ses grâces épaisses et mal léchées.

Peu à peu, cependant, une force se dessine et se dégage, formidable. Elle s'empare de tout, domine tout. Elle est le principe de la pensée, de la politique, de la vie. Elle fait les guerres et décide la paix ; elle détruit et construit. A sa voix, des édifices nouveaux sortent de terre pour les nouveaux besoins. Véritable expression de sa pensée, les basiliques s'élèvent, se décorent, et elles ont leur langage complet. La cathédrale s'adresse à l'homme tout entier, elle parle à tous ses sentiments, depuis la peur de l'inconnu, par les menaces de l'enfer, jusqu'au besoin de détente des nerfs, par les fêtes et l'ornementation.

Chaque rosace, chaque motif, a sa signification propre. Un symbolisme compliqué préside à ces travaux ; et en première ligne, le grand ennemi, le péché, trouve son expression dans ce nouveau langage. Alors on vit ce spectacle incroyable de l'Église se faisant la puissante caricaturiste du diable, et par le diable elle entendit tout ce qui lui était hostile. C'est un immense répertoire grotesque, celui que nous offrent les cathédrales et leur floraison de pierre. Ceux qui les font construire semblent avoir voulu laisser quelque part à la faiblesse humaine, terrifier par les grandes lignes, égayer et distraire par les détails.

De là ces innombrables motifs où le fantastique le plus bouffon se déploie en caprices touffus. L'audace des sujets, la crudité des termes, l'étonnante absence de respéct, du moins en apparence. A l'abri des porches, se nichant sous les stalles ou dans les coins des chapiteaux, grouille une innombrable et vicieuse population de monstres ; cyniques, se livrant à toutes leurs fantaisies, satisfaisant tous leurs besoins, narguant toutes les autorités.

On a été frappé de cette apparente anomalie ; on a cherché à excuser une verve qui semble si déplacée, et l'on crut avoir tout expliqué par ce mot : symbolisme.

Des savants extrêmement subtils ont vu des intentions dans la plus petite griffe du plus petit diablotin. Les pierres elles-mêmes en arrivèrent à représenter pour eux les fidèles, le ciment était la charité, et mille folies profondes de ce genre. Dans toutes ces belles discussions, on n'a oublié qu'un mot qui expliquait tout : décoration. Les sculpteurs du moyen âge ont fait, avant tout, œuvre de décorateurs, et leur tempérament gaulois les poussant, ils ont fait cette décoration fantaisiste, imprévue, joviale. L'église les a laissés faire. Elle était plus intelligente et moins prude que nous ne sommes enclins à le supposer. Pourvu qu'elle détînt le pouvoir, que lui importait le reste ?

Les imagiers pouvaient excercer leur verve aux dépens des hommes, du diable, et du clergé lui-même (discrètement toutefois) ; tout cela était de bel effet et de bon amusement pour le populaire. Hors de l'Église, point de salut et point de joie permise.

De là cette étonnante effloraison satirique courant et grimpant le long des édifices. Le diable y tient la première place. On l'imagine horrible, avec toutes les laideurs, toutes les astuces ; il est à l'affût des âmes, et joue de mauvais tours aux corps. Sans cesse, on le retrouve dans quelque coin inattendu, d'où il vous tire la langue et darde sur vous des yeux méchants. Signez-vous, bonnes gens, invoquez une fois de plus les saints, dites vos litanies et déliez vos escarcelles dans les aumônières, sinon ce croquemitaine vous entraînera dans ses chaudières bouillantes.

Les bons tailleurs de pierres, gens de foi, avaient peur eux-mêmes des diables qu'ils avaient sculptés. Une vieille légende en conte un exemple significatif.

Le sculpteur était un moine qui, pour la chapelle de son couvent, avait façonné un démon tellement hideux que chacun, en le voyant, redoutait la damnation éternelle. Le diable lui-même prit mal la chose ; il se trouva si peu flatté qu'un jour il apparut dans la cellule de son imagier et lui enjoignit, sous les plus effroyables menaces, de lui donner meilleure tournure. Le bon moine le congédia avec un *Vade retro* indigné, et Satan se retira en jurant de se venger.

En effet, à quelque temps de là, l'artiste devint amoureux d'une dame du voisinage, et, pour mieux s'enfuir avec elle, emporta le trésor de la communauté. Il est arrêté, mis dans un cachot, où le diable lui rend une nouvelle visite, et lui enjoint encore de l'embellir. Cette fois le moine n'avait pas de raison de lui être désagréable. Le diable prit sa place pendant qu'il se rendit au travail. Quand le chapitre voulut juger le coupable, ceux qui l'allèrent chercher dans son cachot y trouvèrent le diable lui-même, qui s'évanouit à leur nez, laissant une affreuse odeur de soufre.

Moralité : ce moine statuaire paraît avoir été un assez joli mystificateur.

Autre moralité : dans ce fabliau, le satirique conteur du moyen âge avait trouvé le moyen de caricaturer en même temps le diable et les moines, et c'était faire d'une pierre deux coups.

On dit qu'il est avec le ciel des accommodements. Il en est davantage encore avec l'enfer. Le diable n'est pas si mauvais garçon qu'il en a l'air, et peu à peu, avec le progrès des temps, on en arriva à se familiariser avec lui. La terreur diminua en même temps que la foi. C'était fatal. Viollet-le-Duc, pour qui nos vieilles cathédrales n'avaient aucun secret, a joliment esquissé cette progression : « Dans la sculpture du xie siècle, en France, le diable commence à jouer un rôle important. Pendant la période romane, le diable est un être que les peintres ou sculpteurs s'efforcent de rendre terrible, effrayant, qui joue le rôle d'une puissance avec laquelle il n'est pas permis de prendre une liberté... Chez les sculpteurs du xiiie siècle, presque tous avancés comme artistes, l'esprit gaulois commence à percer. Le diable prend un caractère moins terrible, plus dépravé qu'effrayant. Parfois il triche, souvent il est dupé... Vers la fin du moyen âge, le diable a vieilli, il ne fait plus ses affaires. »

C'est qu'entre l'homme et lui, voyez-vous, il s'est établi des transactions et il ont fait plus d'un pas l'un vers l'autre. Le diable se simplifie à mesure que l'homme se complique, voilà tout.

Que de secrets humains n'est-il pas arrivé à connaître pendant ces quatre ou cinq cents ans ! Que de joies il a ressenties en voyant son œuvre s'accomplir, que de surprises aussi en constatant qu'elle dépasse ses espérances ! De ces diables de pierre, il en est un surtout qui a, dès longtemps, frappé les imaginatifs, été longuement interrogé par eux. A mi-hauteur d'une des tours de Notre-Dame de Paris, dans

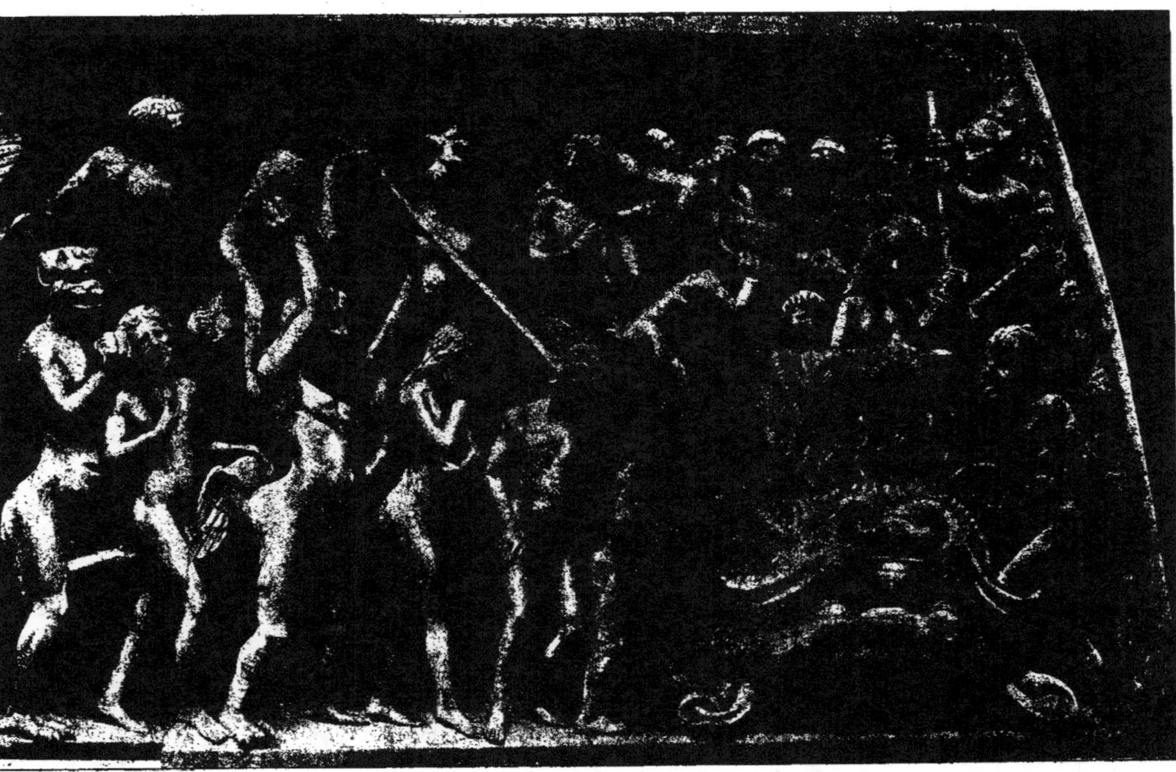

L'ENFER. — Fragment de la frise de la cathédrale de Bourges.

un des coins de la balustrade qui entoure la plate-forme, vous le verrez, accoudé, immobile et rêveur.

Fixement ironique, son regard porte aussi loin que Paris peut s'étendre. Des fêtes, des guerres, ont tour à tour coloré son horizon, sans que changeât l'expression de son sourire. Sa belle tête perverse, aux cornes de bouc, au nez crochu qui rejoint la lèvre, au menton enchâssé dans les mains griffues, respire la jouissance que peut faire éprouver au vrai sceptique la vue des turpitudes humaines. Pas un frémissement n'a agité ses longues ailes repliées ; il est fasciné dans sa contemplation.

Il a vu dégringoler Claude Frollo tout près de lui, et il a continué de sourire. En bas, Esmeralda fut torturée sous ses yeux, et il sourit. Non loin de lui, un palais s'élève où nous rendons notre justice, et cela n'élargit pas son sourire. Plus près encore, un bâtiment froid et nu où des hommes, des malades, se tordent sous la douleur physique et meurent comme mouches ; son sourire ne change pas. Un jour tout cela s'est empourpré d'un immense incendie : Paris se brûlait de ses propres mains ; les rouges reflets n'ont éclairé sur son visage que le même immuable sourire. C'était hier, que sera demain ? Il le sait, et c'est pour cela que sa bouche ne change pas. Il sourit du passé, du présent et de l'insondable avenir. Ah ! misérable démon de granit, quel homme aura jamais ta sagesse imperturbable ? Mais tu mordilles le bout de ta langue, et le caricaturiste de génie qui t'a taillé t'a défendu de jamais laisser échapper ton secret.

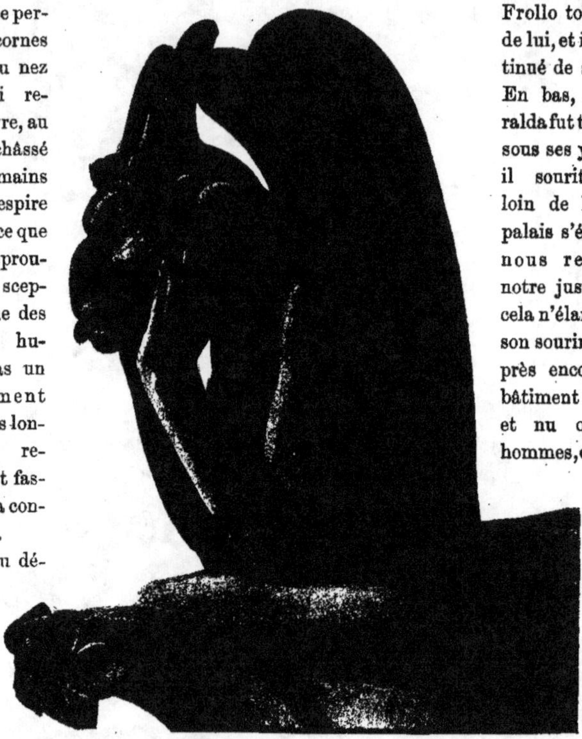

Après le diable, ce sont incontestablement les animaux qui ont eu la première place dans l'art caricatural au moyen âge. Une fantastique imagerie, telle que jamais les Égyptiens n'en avaient rêvé, se logea dans tous les recoins, s'envola des gargouilles, rampa le long des arceaux, se nicha sous les miséricordes. Ces audacieuses bêtes se rencontraient partout : on en trouva d'innombrables écrasées entre les pages enluminées des missels et des manuscrits, telles les fleurs que conserve dans ses livres quelque sentimentale jeune fille. Rien que les miniatures fournissent une inépuisable faune que l'on pourrait étudier à part. On y verrait combien spirituelle, combien capricieuse l'inspiration de nos vieux décorateurs. Mais les sculptures suffisent à nous indiquer les principales tendances de la satire.

On ne trouva point de moyen caricatural supérieur à cette animalisation. Toute idée marcha à quatre pattes ; tout personnage raillé prit un mufle ou un groin. L'on montra des renards et des cochons en chaire, des ânes au lutrin, des cerfs disant la messe. La cathédrale de Strasbourg, entre mille, était richissime de ces fantaisies.

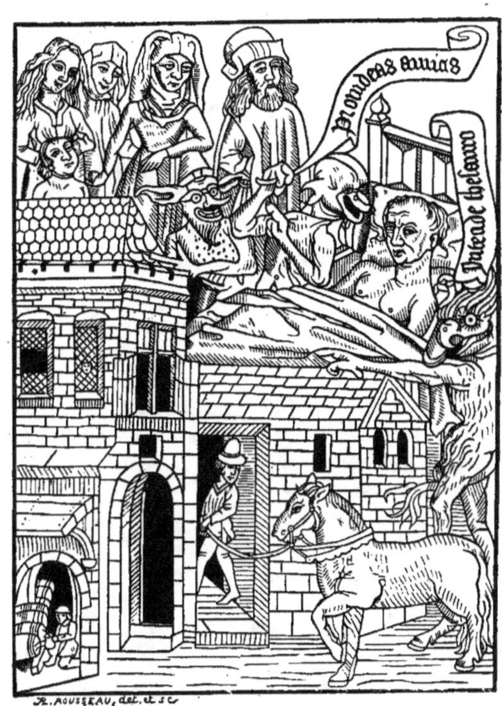

Gravure tirée de l'*Ars Moriendi* (XVᵉ siècle).

Une procession complète, d'ours, de chiens, de sangliers, d'écureuils, officiait avec des goupillons, des cierges et des ciboires. Des gens austères détruisirent ces images au XVIIᵉ siècle, et faillirent condamner à mort ceux qui en vendaient des reproductions gravées. Tout n'est pas rose dans le métier de marchand de caricatures. Qu'on juge du danger pour les caricaturistes eux-mêmes.

Oh ! la folle imagination dans la conception de ces bêtes étranges ! Que de hurlements, de contorsions et de bestiales bouffonneries ! Qui pourrait dresser la liste, faire la classification de cette monstrueuse zoologie ! « Figures joyeuses et frivoles, comme dit Rabelais, oisons bridés, lièvres cornus, canes bastées, boucs volants, cerfs limaciers et autres telles painctures contrefaictes à plaisir, pour exciter le monde à rire. »

De l'église, la troupe immonde et comique se répandit dans les maisons ainsi que dans les cabarets, où elle servit souvent d'enseigne. Les vieilles auberges hébergent des familles de « Chats qui pelotent » et de « Truies qui filent » Nos contemporains qui nocent à la *Grenouille en goguette* et au *Chat noir* ne se doutent pas jusqu'à quel point ils sont archaïques et moyen âge. Cela est profondément phi-

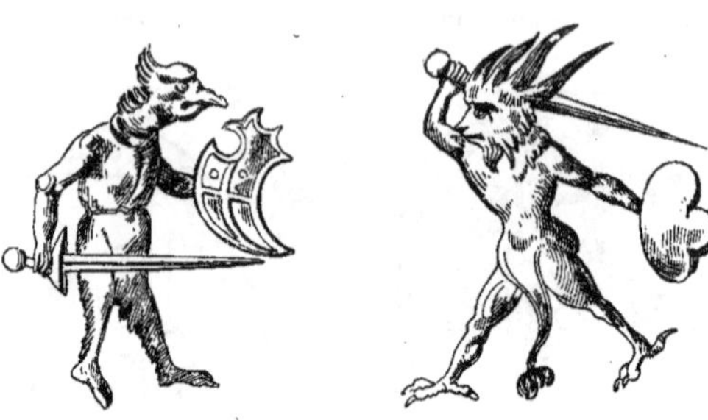

Animaux comiques, xv⁰ siècle. (Tiré d'un manuscrit de Laon.)

losophique. Pourquoi ne pas associer l'animal à un plaisir? Nous n'avons pas de meilleurs moments d'oubli que lorsque nous ne limitons pas la part à la bête qui sommeille en nous.

Quant au procédé qui consistait à affubler d'une tête velue ou cornue l'ennemi ou le voisin qu'on voulait ridiculiser, il n'était peut-être pas d'une extrême délicatesse, mais il était sûr. Le clergé, qui le permettait, et l'encourageait au besoin, en était bien convaincu. Il tolérait quelques ânes en chaire (encore étaient-ce de petites vengeances entre confrères clairement désignés), pourvu que le sculpteur n'omît pas de représenter bon nombre de loups et de sangliers, armés d'épées et casqués en guerre. Qu'on n'oubliât pas surtout les animaux musiciens, les porcs ou les singes joueurs de théorbe et de luth, pour bien faire entendre qu'on

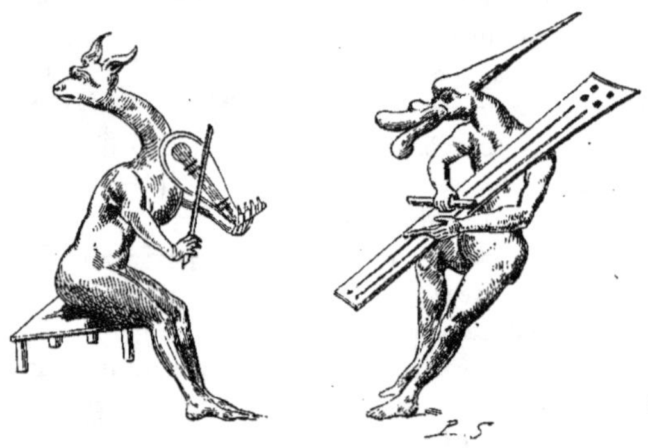

Animaux comiques, xv⁰ siècle. (Tiré d'un manuscrit de Laon.)

raillait ainsi les ménestrels corrupteurs. La poésie était l'ennemie ; elle favorisait la propagation de l'amour terrestre, la plus damnable des voluptés, puisqu'elle amène toutes les incrédulités, sauf une seule et justement la moins fondée. Pauvres rimeurs primitifs, bégayeurs de « transons » et de complaintes, vous ne fûtes pas épargnés par ces rudes mains. Mais peu à peu émancipés, vous prîtes un jour votre revanche, et c'est par vous que virent le jour les plus inoubliables caricatures d'animaux à dessous humains que nous ait léguées le moyen âge. Le roman de *Renard* résuma et engloba toutes ces charges empêtrées dans la pierre, les fit vivre, agir, et respirer à pleins poumons. L'astuce, la cruauté, la papelardise, la crédulité, trouvèrent leur personnification, et, grâce à ces caricatures rythmées, un immense éclat de rire traversa la société qui ne s'était jusque-là égayée qu'avec accompagnement de pâtenôtres.

Sans doute notre esprit éveillé et raillard avait donné naissance à maint gai fabliau qui n'avait rien à démêler avec la religion, ni même avec la morale. Mais c'était de la menue monnaie. Les grandes réjouissances, les fêtes solennelles où il était officiellement permis à la foule de se donner carrière, avaient lieu avec l'assentiment et le concours de l'Église elle-même. La fête de l'âne, la fête des fous, dont tout le monde a lu des descriptions détaillées, se célébraient comme des offices.

Sous les yeux des caricatures de pierre, les vivantes caricatures, bariolées d'ivresse et d'oripeaux, tandis que l'âne officiait à l'autel, braillaient à pleins poumons la prose célèbre :

> Hez, sire asne, car chantez
> Belle bouche, rechignez
> Vous aurez du foin assez,
> Et de l'avoine à planté.

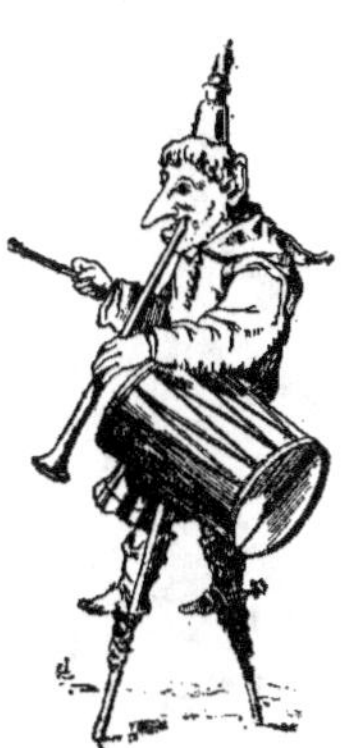

Musicien ambulant,
tambourin et galoubet,
XVe siècle.

Puis, c'étaient encore ces fêtes des fous, carnavals maladifs, dont l'exubérance sonnait comme une funèbre sarabande, sœur des danses macabres. C'était en pleine folie, en effet, que l'on se laissait vivre. On a voulu chercher encore à ces solennelles excentricités une explication savante, et il a fallu y voir un souvenir des Saturnales, mode antique pieusement conservée par des moines érudits. Foin des gens qui veulent voir l'antiquité partout ! On se souciait bien de l'antiquité, dans ces temps où jamais notre génie ne fut plus touffu et plus original. Il y avait simplement, en raison de cet incessant labeur, de ce lent accouchement des idées, des constitutions et des lois, en raison des secousses perpétuelles, douloureuses qu'il occasionnait, un prodigieux besoin de détente des nerfs. A distance, cela nous paraît empreint de quelque gravité. Cette médaille commémorative, reproduite plus loin, médaille de plomb que l'on distribuait à des milliers d'exemplaires, et où l'on voyait le pape des fous approchant cavalièrement son bonnet à grelots et sa marotte de la tiare et de la crosse du pape pour de bon, n'était qu'une pièce facétieuse. Nous ne saurions rire aujourd'hui de ce vénérable et humble document.

C'est que le rire vieillit. Il ne se transmet pas par générations, et c'est pour cela qu'une histoire de la caricature n'est pas forcément plaisante. On n'évoque pas plus la joie éteinte qu'on ne ranime la carcasse noircie d'un feu d'artifice. Pourtant, nos pères, au XIIᵉ, au XIVᵉ, au XVᵉ siècle, eurent leur fine et leur grosse gaieté. Sans doute, en raison des événements, leur verve eut parfois à s'exercer sur des sujets lugubres. Mais qui sait si les choses dont nous rions aujourd'hui ne paraîtront pas maussades à ceux qui nous suivront ?

Il y a cependant des ridicules communs à tous les siècles, ceux que l'homme lui-même se crée. C'est ainsi que les rapports entre les deux sexes, rapports toujours un peu tendus, donnèrent matière à leur contingent de caricatures arrangées suivant la mode du temps. L'on s'égaya pendant de longues séries d'années de la femme qui dispute à son mari le haut-de-chausses, emblème de la toute-puissance. La scène, taillée en pleine pierre, avait cours encore, comme nous le voyons, après l'invention de la gravure imprimée. Le « haut de chausses » est d'ailleurs dans la vieille littérature caricaturale une mine inépuisable de facéties. Non seulement la femme veut le dérober à son mari afin de le porter dans le ménage, mais encore on le prend comme une sorte de symbole, et « l'habitacle de la boussole humaine », ainsi que le dénomme Rabelais, est l'objet de luttes homériques entre femmes. Ce combat acharné

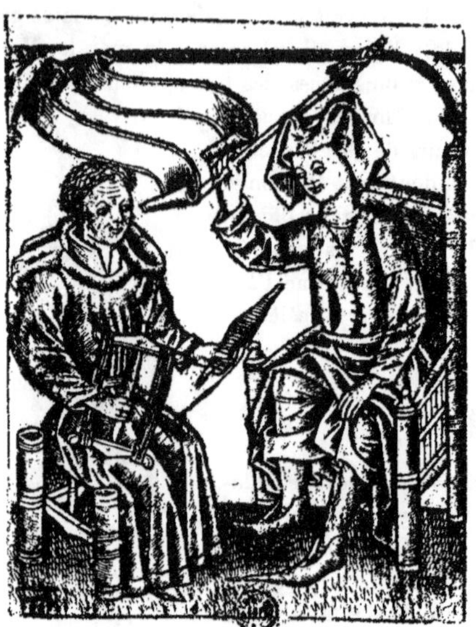

La dispute pour le haut-de-chausses (XVᵉ siècle).

donne lieu à gravures plus ou moins bouffonnes jusque fort avant dans le XVIIᵉ siècle.

On chansonnait gaiement les moines et les magistrats. *Maistre Pathelin* était la plus formidable caricature des justiciards qu'on eût tentée avant Rabelais, et au XVᵉ siècle, Villon, en effronté gamin de Paris, assistait, spectateur non voulu, aux ébats d'un « gras chanoine » avec « dame Sidoine ».

Et bien les vit par un trou de mortaise.

Et il ajoute que le saint personnage semblait « fort à son aise ».

De temps en temps, le plus souvent possible, pour rien, pour le plaisir, par besoin de folie, par cette nécessité de détendre les nerfs que nous avons signalée, des groupes de bons compères organisaient des *charivaris*. Un manuscrit du XVᵉ siècle, le *Roman de Fauvel*, nous en retrace l'image caricaturale. Quand on est de sang-froid, on peut ne pas rire de ces masques, de leurs entrechats, des sonorités de leurs casseroles et de leurs marmites. N'empêche qu'avant ou après boire, si un jour la fantaisie nous en prenait, nous jouerions aussi bravement qu'eux notre partie ; car il entre, quels que soient l'époque et le degré de culture, une dose égale de bestialité dans ce besoin de bruyante expansion.

Qu'aujourd'hui les mascarades soient moins éclatantes, ou qu'elles soient parfois inconscientes ; que les femmes s'y prennent plus adroitement pour s'emparer de l'autorité, et de façon moins ouverte, il n'en faut attribuer le mérite, si c'en est un, qu'à la civilisation. Et encore nos caricaturistes ne trouvent-ils pas moins abondante matière que ceux du moyen âge dans les ca-

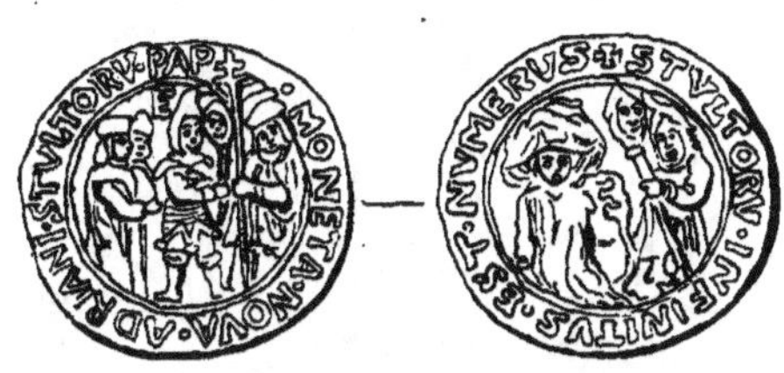

prices de la mode. Alors on retraça, en les exagérant encore, les hennins gigantesques et les poulaines démesurées ; on ne dit aujourd'hui rien de plus neuf sur les « tournures » les plus rebondies et les chapeaux tour à tour les plus échafaudés et les plus microscopiques. Avec la note plus brutale d'alors, on affublait de ces parures, bonnets, corsets, longues manches traînant à terre, des diables ou des animaux peu nobles. Notre galanterie s'offusquerait de cette forme, et Daumier trouvait la crinoline suffisamment drôle sur la femme elle-même ; Grévin montre mieux au philosophe boulevardier la vanité des poufs et des retroussis que s'il en parait les charmes d'une guenon. C'est toute la conquête de la caricature sur les temps : un peu plus de délicatesse.

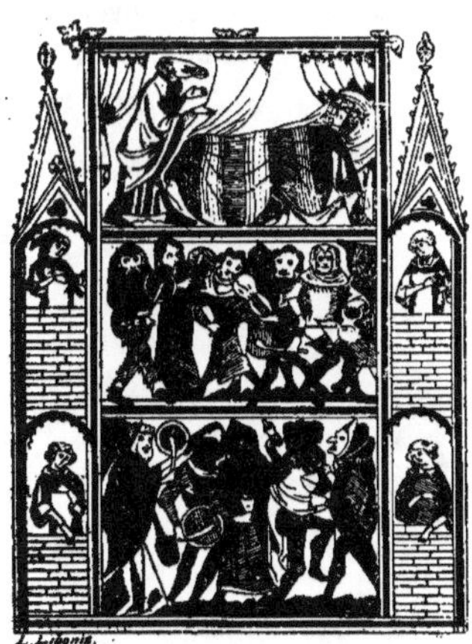

Charivari. (Roman de *Fauvel*.)

Et puis, nous traitons tant de choses avec égard qu'on eut jadis en souverain mépris ! Nous prenons la mort au sérieux ; elle revient à chaque instant dans nos conversations ; nous nous en préoccupons outre mesure ; nous philosophons sur elle à perte de vue ; nous sommes en coquetterie avec elle, et pour rien au monde nous ne lui manquerions de respect. Elle conduisit, au contraire, pendant ces siècles graves et insouciants, la ronde de la gaieté.

Les danses macabres se multiplièrent ; et la fameuse fresque de la Chaise-Dieu n'est qu'un des innombrables spécimens. On méditait sur ces mystères, mais on n'en perdait pas un éclat de rire en attendant son tour. Au son des ossements cliquetants, chacun dansait sa danse. Et l'on riait de l'ambitieux, de l'avare, de l'amoureux, du marchand, du moine, du pape et de l'empereur eux-mêmes, interrompus au milieu

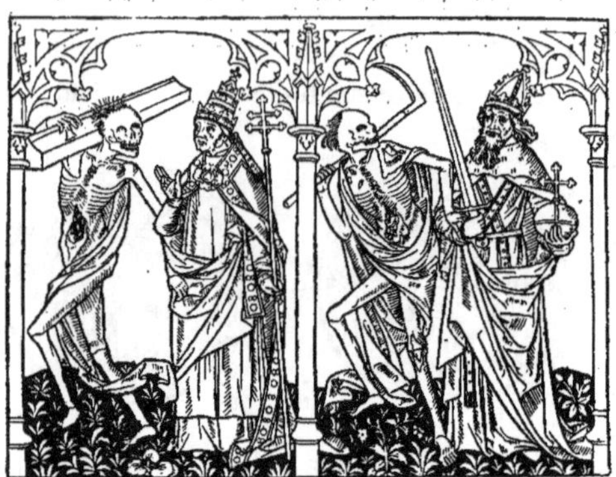

Danse macabre, dite de Vérard. — Le Pape et l'Empereur.

de leurs occupations ou de leurs projets. C'était, en lugubre, ce comique infaillible du siège qu'on retire à celui qui va s'asseoir, du plat qu'on subtilise sous les yeux de celui qui s'apprêtait à manger.

On s'étonne qu'on ait ainsi trouvé à rire de la mort. Mais elle était chose familière, alors. Les guerres, les superstitions, les épidémies en étaient les bonnes et infatigables pourvoyeuses. Mieux valait en rire ; et en cela, l'humanité prouvait son bon sens. Cette musique d'une gaieté froide domine tout le moyen âge. Elle durait encore au moment où tout allait être renouvelé et recréé, la caricature comme le reste, par la fulgurante invention de l'imprimerie.

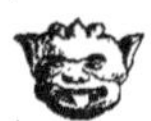

VII

COMMENCEMENTS DE LA CARICATURE MODERNE.

LES FOUS ENCORE A LA MODE. — LA RÉFORME. — LUTHER ET CALVIN

L'imprimerie n'a pas tardé à faire de la caricature une arme de polémique, lui donnant ainsi, dès le principe, une de ses formes les plus importantes. Cependant, au début, on constate une certaine hésitation, peut-être simplement faute d'entraînement : les premières caricatures imprimées et tirées à des centaines d'exemplaires, sont un peu froides et impersonnelles.

Une des plus anciennes est revendiquée par la France. C'est le *Revers du jeu des Suisses* (1499), estampe publiée au moment où Louis XII, méditant l'expédition en Italie pour réunir la couronne de Naples à celle de France, cherchait à se ménager les Suisses, que l'Angleterre et les Pays-Bas soutenaient contre lui. Ce n'est pas une caricature d'une gaieté folle, si même on peut appliquer le nom de caricature à cette naïve représentation d'une partie de cartes entre le roi et le Suisse. Les personnages qui entourent la table, les souverains intéressés dans la partie, sont assez gauchement disposés, dessinés sans aucune intention comique ; ce serait plutôt une espèce d'allégorie d'actualité. La seule pénurie de documents a pu faire ranger cela dans la caricature.

Tout au contraire, la *Nef des fous*, un volume imprimé à Bâle en 1497, abondait en caricatures franches et bouffonnes. Il faut donc saluer en Sébastien Brandt un des précurseurs. L'idée du livre est simple : reprenant, pour la transformer en satirique allégorie, cette ronde des fous qui avait tournoyé durant le moyen âge, l'auteur appliquait à chacun son genre de folie, le décrivait et le fustigeait. Par une ironique condescendance, c'était le fou bibliomane qui ouvrait la marche. On peut le voir ici, ce toqué dont l'innocente maladie consistait à « posséder des monceaux de volumes qu'il n'ouvrait que rarement », mais que du moins il époussetait en conscience. « Si je les lis, ajoutait-il, je les oublie et je n'en suis pas plus sage. » Il est assez plaisant avec ses énormes besicles, sa face émaciée, et son plumeau. Sans doute, ces bois ne sont point des chefs-d'œuvre ; ils sont cependant bien moins guindés, plus enlevés de verve que toute autre image populaire du temps. Toutes les folies humaines défilaient au cours du poème, accompagnées de leur représentation gravée ; et dans chaque

5

planche obstinément reparaissait, sur la tête des personnages, ou nichée dans quelque coin, la symbolique cape à grelots. Le fou juge qui vend la justice, le fou avare, imprévoyant, intempérant, amoureux ! Le père trop indulgent, le fauteur de discordes, chacun avait son tour et se voyait assigner son cabanon spécial. La *Navis stultifera,* ou le *Narrenschiff,* ou la *Nef des fols,* eut un succès... fou. On traduisit l'ouvrage dans toutes les langues. Les imprimeries naissantes un peu partout en firent des contre-façons et des imitations. On vit paraître le pendant obligé, la *Nef des folles.* Enfin, au commencement du XVIᵉ siècle, un penseur et un écrivain ne dédaignait pas de reprendre l'idée pour son compte : Erasme écrivait *l'Éloge de la Folie,* et un grand artiste, Holbein, griffonnait des croquis mouvementés sur les marges d'un exemplaire, associant ainsi la caricature dessinée à la caricature écrite.

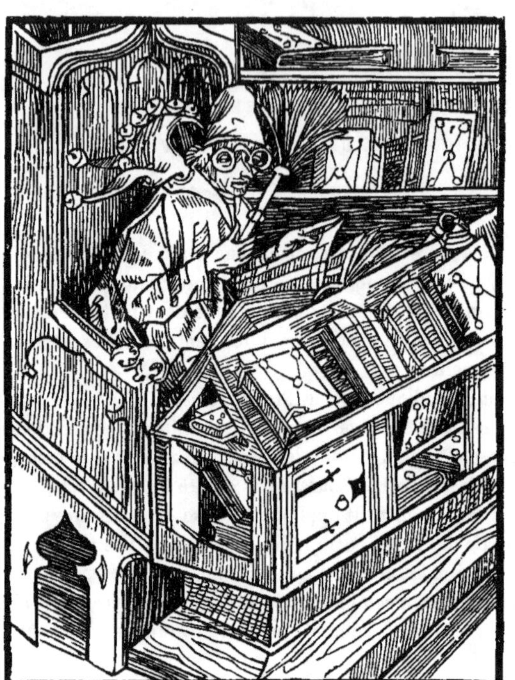

Fac-similé d'une estampe de la Nef des Fous.
Sébastien Brandt, 1847.

Le même peintre, séduit par un des thèmes favoris des siècles précédents, comme Erasme l'avait été par le défilé des maniaques, traçait également l'admirable série de la danse macabre, ou des *Simulachres de la mort,* que l'on gravait en des bois merveilleux. Elles sont précieuses, ces minuscules caricatures, précieuses de pensée et d'exécution. Chacune est un petit drame plein de couleur et de mouvement. Est-ce le soldat qu'il s'agit d'emporter ? La mort s'arme d'un énorme ossement, et elle aura raison de l'épée la mieux aiguisée. Plus loin, dans le fond, entendez-la qui bat le rappel, marchant à un enragé pas de charge. Un autre *simulachre,* ce sera la fin imprévue du laboureur. La camarde conduira elle-même la charrue que pousse le vieux paysan. Elle fouette les chevaux, elle se complaît à cette facétie ; et le petit drame, grandiose et poignant, se joue dans un superbe cadre, un paysage incendié de tous les feux matinaux du soleil qui se lève. Un autre simulacre encore combine peut-être la raillerie humaine et la satire politique, car on a cru voir, dans le *Roi et la Mort,* une allusion très marquée à François Iᵉʳ.

Mais un mouvement allait se produire qui devait faire sortir la caricature de ces ingénieuses généralités. La Réforme commençait son œuvre ; Luther surgissait intrépide, énorme, et devenait le but et la source d'innombrables charges d'une violence inouïe, d'une imagination débordante de colères et de venins.

Certes, c'est une belle chose que la politique, et lorsqu'on connaît de près ou de loin cette cuisine, il est permis d'être sceptique. Mais combien plus sceptique encore ne deviendrait-on pas quand on assiste à la fondation de cette chose grave, une religion ? Tout ce que l'attaque personnelle peut avoir d'acerbe et de brutal, tout ce

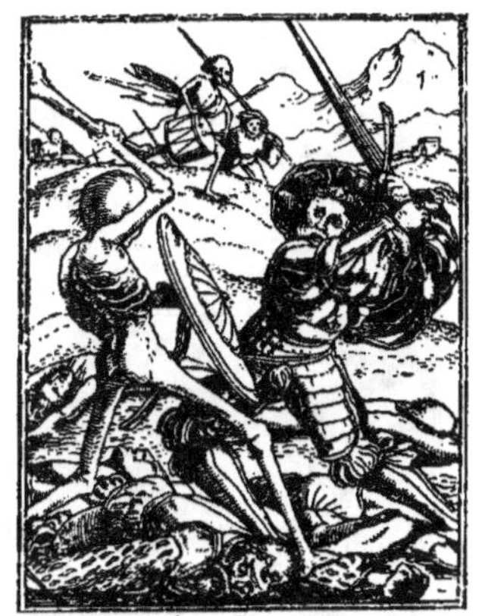

HOLBEIN. — Le Soldat.
Les Simulachres de la Mort.

que l'on peut jeter de boue sur la vie privée des hommes, toutes les calomnies et toutes les malédictions furent semées à foison dans les médiocres caricatures issues du mouvement de la Réforme. Les adversaires de Luther, au premier rang desquels se distinguent Mürner, Hans Sachs, etc., s'épuisent en pamphlets, se dépensent en gravures. Ce sera, par exemple, la *Conspiration des fous,* la *Confrérie des fripons,* ou bien encore « *Le grand fou Luthérien ; comment le docteur Mürner l'a exorcisé.* » Les caricatures antiluthériennes prennent à partie le réformateur, sa femme, ses amis. Tantôt ce sera le diable jouant de la cornemuse, et la vessie de l'instrument ne sera autre que la tête de Luther. Tantôt, au lendemain de son mariage avec la religieuse Catherine de Bora, on le représentera, dans sa chambre à coucher, dansant avec son épousée quelque ignoble sarabande. Tel était le ton aimable des exorciseurs de ce damné. Luther eut les rieurs de son côté.

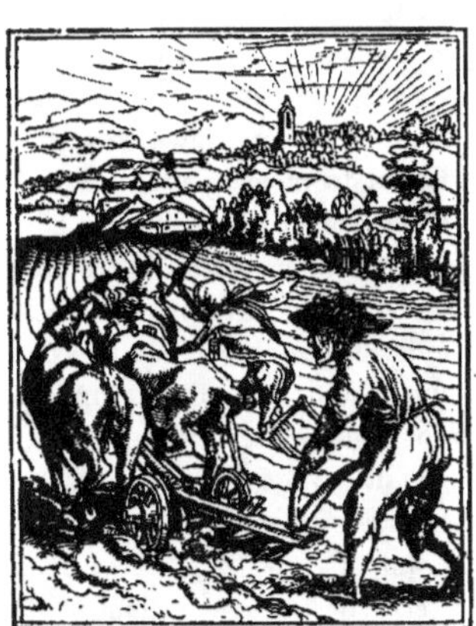

HOLBEIN. — Le laboureur.
Les Simulachres de la mort.

C'est un joyeux ; il rend fèves pour pois et pain blanc pour fouaces. A chaque caricature, il répond par une caricature nouvelle. Son ami, le peintre Cranach, compose pour lui la *Passion du Christ et de l'Antechrist.* Un jour un dominicain farouche, nommé Zetnel, lui propose l'épreuve de l'eau et du feu, et Luther répond par ce billet joyeusement ironique : « Au lieu d'eau, je te conseille le jus de la vigne ; au lieu du feu, la sauce d'une oie rôtie. Viens à Wittemberg si le cœur t'en dit ; moi, Martin Luther, à tout inquisiteur de la foi, à tout mangeur de fer rouge, je fais savoir qu'on trouve ici bonne hospitalité, porte ouverte, table mise, grâce à notre duc et prince l'électeur de Saxe. »

Cette bouffonne réponse est d'ailleurs la meilleure des caricatures luthériennes, car il faut rendre cette justice aux images satiriques inspirées par la Réforme,

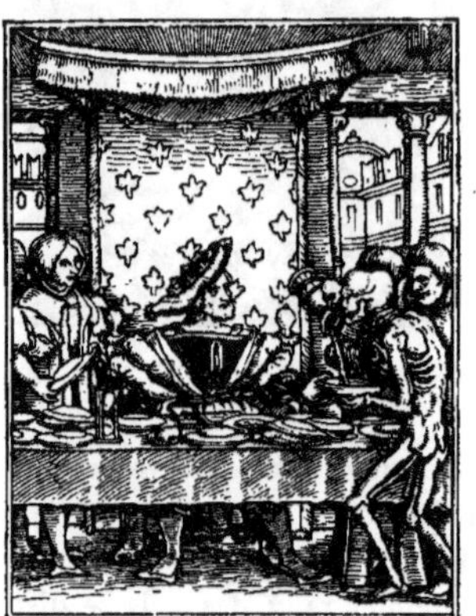
Le roi et la mort.

qu'elles sont simplement brutales ou effroyablement allégoriques. On peut donner une idée en quelques mots d'une des plus célèbres : l'*Ane pape* (frontispice d'une brochure de 1523, publiée à Wittemberg : *interprétation de deux monstrueuses figures*, etc). Le monstre hétéroclite trouvé à Rome a une tête d'âne, le corps couvert d'écailles, et divers attributs dont on chercherait longtemps l'explication aujourd'hui si le texte n'avait la charité de nous la fournir.

La main droite de l'âne pape a la forme d'un pied d'éléphant, pour montrer qu'il écrase les craintifs et les faibles. Sa main gauche est celle d'un homme ; c'est un symbole de la puissance temporelle. Le pied droit est d'un bœuf : cela représente, je ne sais trop pourquoi, les ministres de l'autorité spirituelle, docteurs, confesseurs, etc.

Le pied gauche, d'un griffon, fait allusion, pour un raison du même genre, aux ministres de la puissance civile. Le pape âne a les seins et le ventre d'une femme, afin que l'on comprenne bien jusqu'où vont les appétits sensuels de ce pontife et des prélats qui l'entourent. Les écailles de son corps représentent « les princes et les seigneurs qui soutiennent le papisme ». Une tête de vieillard est adhérente à une des cuisses : cela signifie que le pouvoir pontifical est caduc. Enfin, une sorte de dragon sort du derrière de ce charmant animal, exprès pour personnifier les bulles, excommunications, anathèmes, et exprimer le cas que l'on en fait à Wittemberg! Doux Jésus ! que la caricature théologique est donc une chose divertissante !

Laissons aux curieux de ces choses le soin de compulser les paperasses dans les bibliothèques, de se divertir aux diables, aux chaudières, aux mélanges de flammes et de fientes que ces gens se rejettent avec fureur. Cela durait encore au xviie siècle, et la *Mappe Romaine* (Genève, 1623) était un des plus beaux spécimens du genre. Nous avouons ne nous sentir aucun goût pour ces recherches, et nous ne voyons pas en quoi elles serviraient à l'édification ou à l'amusement du lecteur. Que ces gens se décernent le paradis, ou condamnent leurs adversaires aux souffrances éternelles, cela nous est absolument indifférent tant qu'ils le font sans esprit, à l'aide de dessins sans le plus léger accent artistique.

Luther a du moins, à nos yeux, certaines circonstances atténuantes ; sa rondeur bon enfant, dans certains cas, dont nous avons donné un exemple ; sa réserve digne lorsqu'on s'en prit à sa vie privée. Quand parut la caricature qui le représentait dansant avec sa femme, il répondit simplement: « C'est des femmes que viennent les enfants, par quoi se maintient le gouvernement de la famille et de l'État. Qui les méprise méprise Dieu et les hommes. » Et de fait, Luther a donné là une saine leçon à tous les caricaturistes. Rarement dessinateur satirique, lorsqu'il s'est attaqué à une femme, a fait autre chose qu'une œuvre révoltante. Qu'il étudie la femme, et d'un trait délicatement amer signale ses faiblesses si tyranniques, ses perfidies si ingénues, ses vices séduisants, ses éternelles perversités, cela est de mise, et nous verrons plus tard jusqu'à quel degré d'art cette étude a été poussée chez nous-mêmes. Mais *la* femme et *une* femme, c'est différent, et il est impossible d'attaquer une femme sans lâcheté.

Pour en finir avec ces choses théologiques, il faut dire deux mots de la Réforme en France. La satire, à l'occasion du calvinisme, y fut surtout littéraire. Quant au reste, on jugea qu'un bon bûcher valait mieux qu'une mauvaise caricature. C'était voir les choses de façon pratique. Toutefois on peut citer deux exemples que nous donnons pour ce qu'ils valent, c'est-à-dire pour peu de chose. L'église de Saint-Sernin, à Toulouse, contient une stalle de chœur où est grossièrement sculpté un animal en chaire. L'artiste était si habile que l'on ne saurait trop si on a affaire à un âne ou à un cochon. Une inscription à tout le moins nous renseigne : « C'est Calvin le porc preschant. » Cela manque un peu d'esprit.

L'autre caricature a du moins un mérite : elle se moque de tout le monde. C'est une estampe représentant « le pape, Luther et Calvin se prenant aux cheveux ». Débrouillez-vous, mes amis. C'est la bonne philosophie et c'est le bon sens français. Si on avait toujours pris les choses de cette façon, il n'y aurait pas eu de Saint-Barthélemy, comme dirait notre excellent Joseph Prudhomme.

VIII

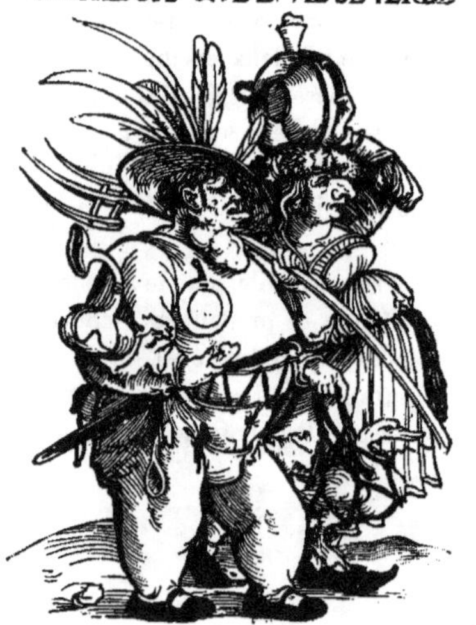

Mari et femme.

Au XVIᵉ siècle on peut constater dans l'art de la caricature et du rire deux courants bien distincts. L'un est italien, quintessencié et terriblement allégorique. L'autre est flamand, et il porte un caractère tantôt fantastique, tantôt réaliste, tantôt les deux à la fois. Chez nous, quelque sensible que soit l'influence du premier, on peut dire que la vraie renaissance de l'art caricatural vient du Nord et spécialement des Pays-Bas. Un homme qui vaudra bien dans notre panorama un portrait en pied, Brueghel le vieux, fait alors franchir à la caricature un pas considérable. C'est le premier parmi les maîtres illustres, qui adopte le genre pour lui-même et s'y consacre d'une façon exclusive.

Notre meilleur recueil de caricatures, au XVIᵉ siècle, les *Songes drolatiques de Pantagruel,* ne sont qu'un démarquage, une sorte de contrefaçon des imaginations de Brueghel.

Les *Songes drolatiques,* par un suberfuge d'éditeur, furent attribués à maistre François Rabelais lui-même. Le véritable auteur comprenant peut-être qu'il n'avait guère d'invention à revendiquer, a eu la modestie de demeurer anonyme. Chacune des figures grotesques qui composent le recueil forme un sujet séparé, et l'on a cherché en vain le lien qui pouvait exister entre elles. Mêmes difficultés pour reconnaître les originaux, si tant est que ces caricatures soient des portraits satiriques. Quelques-unes, à vrai dire, nous font repasser plusieurs fois sous les yeux certain personnage à grand nez fortement busqué, à barbe en pointe, à moustache en croc, qui a plus d'un point de ressemblance avec S. M. François Ier. Une surtout est frappante : le nez caractéristique, prolongé jusqu'au sol, est agrémenté d'une petite roulette; le personnage est coiffé d'une sorte de chapeau de cardinal; sa main droite tient des verges, sa gauche esquisse le geste de bénir. Tout le reste est bouffonnerie vague; créations assez monstrueuses, figures décharnées ou grimaçantes, déguisements incohérents, quelques attitudes atteignant réellement au cauchemar, d'ailleurs plus repoussantes que terribles; le principal effet comique consistant dans l'exagération sans mesure de certain attribut difficile à nommer. Tout cela est enlevé d'un trait assez net et d'une main assez habile; mais ces curieuses figures qui arrivent, comme on le verra plus loin, à une surprenante intensité d'hallucination réunies dans une planche de Brueghel, ne sont plus, ainsi isolées, que de la caricature sans but, sans

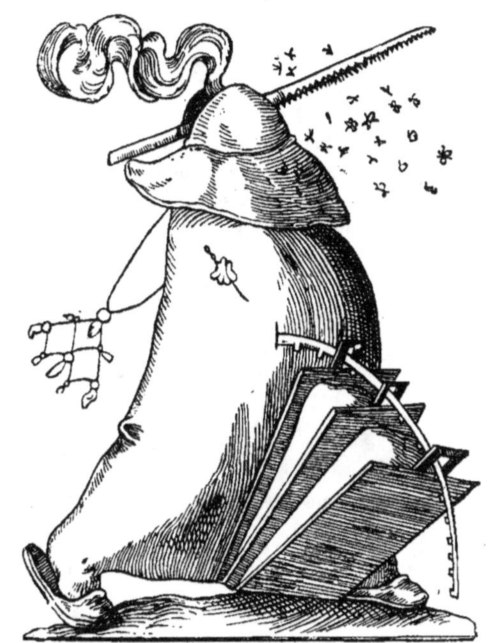

Extrait des *Songes drolatiques.*

signification précise, et par suite sans véritable drôlerie. Prenez par exemple, cette bizarre fantaisie, cette sorte d'outre ambulante qui se gonfle automatiquement au moyen d'un soufflet d'orgue; un coup de scie a fendu le chapeau de cardinal qui surmonte cet être informe; du vent s'en échappe avec un essaim de mouches. Des myopes verraient là matière à insinuations profondes. Le chapeau, le vent, les mouches, le coup de scie, tout leur paraîtrait allusion historique. Eh bien, cette figure est simplement extraite d'une diablerie de Brueghel, qui en contient, groupées, des centaines de ce genre, drôles à qui mieux mieux, et toutes sans autre pré-tention à la profondeur.

Combien supérieures les admirables caricatures littéraires qui abondent dans ce siècle audacieux, exubérant. Le rire, le grotesque, la bouffonnerie pleine de sens cachés, le véritable comique résident dans les satires de Régnier, dans les extraordinaires fictions de Rabelais, et les *Songes* apocryphes n'ajoutent rien à la philosophique drôlerie de Pantagruel. Mais cela nous entraînerait hors de notre domaine.

Il y a pourtant, dans la caricature dessinée, d'autres pièces que l'on peut signaler. Pas avec détails, quelques-unes : le fond en est un peu trop libre, et l'exécution en est risquée. Cela roule sur l'éternel féminin, vu avec la brutalitité de ces temps : par exemple, un groupe de matrones se crêpent le chignon pour se disputer la possession d'un haut-de-chausses. Et cette fois le vêtement viril n'est pas, comme nous l'avons vu au moyen âge, le symbole de l'autorité, ou tout au moins de l'autorité morale, mais de tout autre chose.

Les modes fournissent aussi quelques sujets aux caricaturistes. On retrouverait aisément quelques pièces sur l'ampleur et la rigidité des « fraises », sur la capacité des vertugadins. Cela ne dépasserait pas en intérêt artistique, une médiocre moyenne.

Comme nous l'avons vu, il n'y a pas de bonne littérature caricaturale, sans un petit chapitre pour les animaux. Le singe paraît avoir eu les honneurs au xvie siècle. On l'a mis à contribution dans la politique comme dans les simples divertissements. Il est une curieuse série de *Singeries,* composée de seize planches, qui montre fort affairées ces intelligentes bêtes. Chaque planche est accompagnée d'un distique destiné à bien faire comprendre qu'il s'agit de singes et non d'autres vertébrés.

> Quoy que les singes voyent, retiennent en mémoire
> Et veulent seconder, comme est ici notoire,

dit la première gravure. Une suivante les représente gobelotant et banquetant :

> Aux hommes contrefont en toute leur manière,
> Combatent, boivent moult, en faisant bonne chère.

Dame, les vers ne sont peut-être pas excellents, mais on saisit du premier coup leur malicieuse bonhomie. Voici encore une assemblée de singes dans la boutique du spécialiste qui joignait alors l'art d'accommoder les chevelures à la science de tirer une palette de sang.

> Chez le barbier se tondre et phlébotomer font
> Arracher dent, curer lorsque navrez ils sont.

Ce sont aussi les horreurs de la guerre, et les singes se livrent à des combats mouvementés, horrifiques. Les vers semblent façonnés à coup de hache d'armes :

> Ils mènent ci aussi guerre dessus la mer
> Et oppugnent l'un l'autre avec canons et fer.

Enfin, les singes ont aussi leurs plaisirs, pour que vous ne pensiez pas que tout est douleur en ce bas monde de singerie. Vous pouvez ici assister à leurs ébats : ils

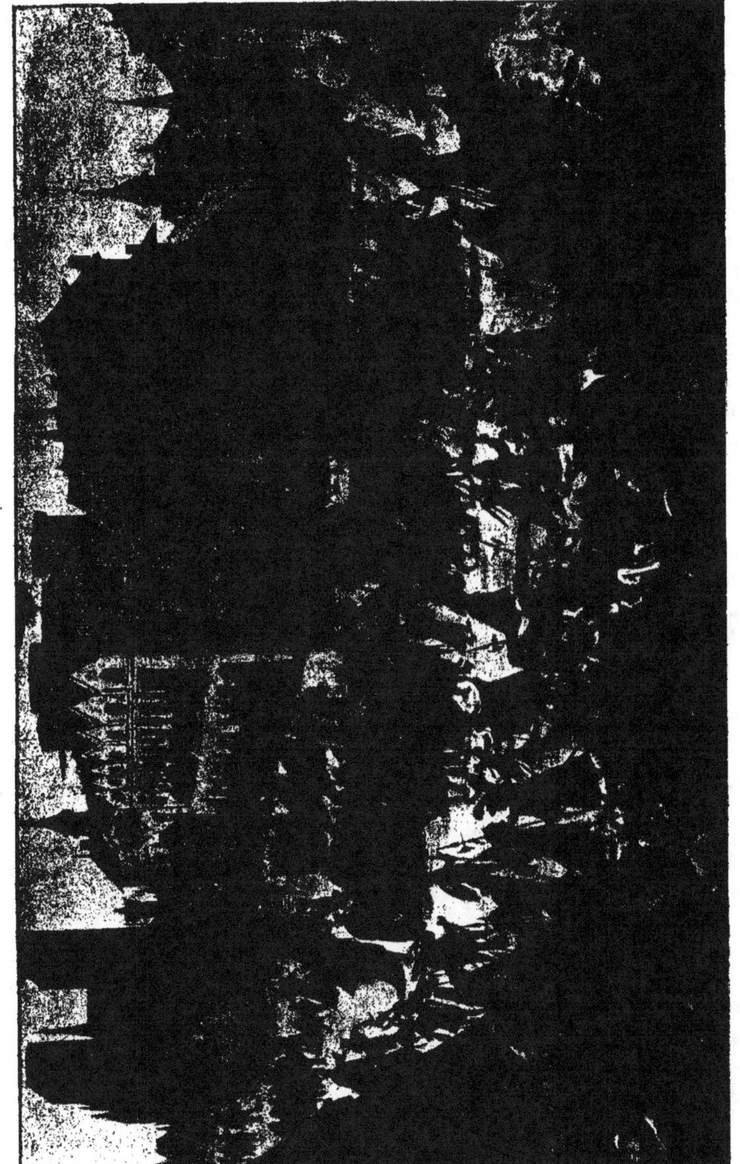

Procession et Orgie de la Ligue, 1625.

6

jouent à la boule comme de simples petits rentiers de la banlieue. Seulement personne ne saurait décrire leurs amusements avec plus l'élégance que le poète anonyme :

Ils boutent par le trou aussi dessus la rue
Et se mouillent si fort que l'eau de leur corps flue.

C'est de cette façon innocemment allégorique, qu'én ces temps peu analystes on concevait la caricature de mœurs. Tout ce qui n'avait pas une allure mythologique, une couleur d'érudition, n'était pas jugé comme du bon comique. Aussi, est-ce avec un certain étonnement que l'on signale quelques rares pièces qui tentent de nous faire rire de l'homme lui-même, dans son train-train de vie, sans accessoires et sans sauce pédantesque. Tel ce couple si rondement campé du mari et de la femme, revenant de faire leur marché, gras, gourmands, épanouis, et se délectant d'avance à la saveur escomptée de l'oie qu'ils portent avec sollicitude. Cette belle gravure sur bois, à la fois large et naïve, est-elle une épave unique de l'œuvre de quelque Daumier inconnu ?

De même que la véritable caricature de fantaisie ou de mœurs est dans Rabelais, Bonaventure des Perriers, Béroalde de Berville, ou Mathurin Régnier, il faut chercher la meilleure caricature politique dans les grands pamphets ou les cinglantes apostrophes : dans Agrippa d'Aubigné ou dans la *Satire Ménippée*. Ce n'est pas que les passions politiques ne se soient répandues en des milliers d'estampes. Mais la brutalité en est si écœurante, la forme si plate qu'on ne sait comment faire un choix ni s'il est bien utile de le faire. Il ressortirait, en tous les cas, une chose de cet examen, c'est que les plus violentes caricatures contemporaines sont, au prix de celle-ci, d'une extrême fadeur. Celles dont Henri III fait l'objet se distinguent entre toutes par l'atrocité, le caractère ordurier, sanguinaire, avec une certaine exaltation religieuse bien typique. Ce ne sont que damnations, excitations à l'assassinat, anathèmes contre les débauches royales formulées, sous prétexte de morale, en images terriblement licencieuses. Pour l'éducation artistique, il ne servirait de rien de reproduire ici l' « Adjournement du démon à Henri de Valois pour le convoquer à la réunion des États généraux en enfer », ou le « Soufflement et conseil diabolique de d'Épernon à Henri de Valois pour saccager les catholiques », ou encore l' « Outrecuidance guisarde » ou l'allégorie peu claire de la « Malengendrée. »

Les rancunes et les insultes se font plus acharnées encore, une fois Henri III tombé sous le couteau de Jacques Clément. Tout cela présente un intérêt pour ceux qui veulent écrire l'histoire. Mais nous, dans notre promenade à la recherche du sourire et du rire, ou de la satire appelant à son aide les talents véritables, nous arrêterons-nous à ces placards dont l'âpreté est jaunie par le temps et la flamme éteinte ?

Non certes ; et nous ne signalerons que pour mémoire la contre-partie, les caricatures dirigées contre la Ligue quand son influence prit fin : *La Singerie des États de la Ligue, la Procession de la Ligue, sa naissance, son déclin*. Il existe pourtant une réelle œuvre d'art inspirée par la Ligue. C'est l'Orgie et Procession dont nous

donnons un fac-similé, et une des peintures les plus précieuses du musée Carnavalet
dont nous devons la communication, ainsi que de divers autres documents, à l'obli-
geant et sagace conservateur-adjoint, M. Lucien Faucou. Ici, du moins, il y a une

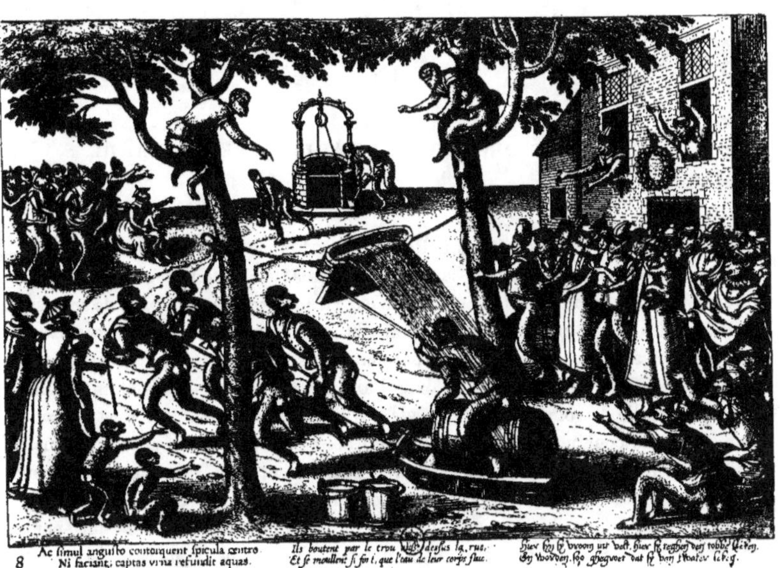

Singerie. — Jeu du Baquet.

largeur rabelaisienne dans la bouffonnerie, une puissance de couleur qu'on ne retrouve
guère dans les planches gravées, toutes plus ou moins allégoriques, sèches ou
guindées. Le rire, dans le dessin, avait décidément quelque peine à trouver sa voie,
et il était temps que des artistes vinssent la lui ouvrir plus aisée. Le XVIIe siècle allait
s'ouvrir, et il y avait plus d'art et de verve dans un tout petit fantoche de Callot que
dans cet amas de fureurs, bonnes pour l'oubli poudreux des bibliothèques.

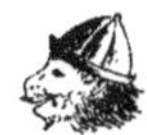

IX

BRUEGHEL LE DROLE ET LA CARICATURE FLAMANDE.

Si la France, au xvie siècle, a Rabelais, la Flandre a Brueghel le vieux, et ce sont deux gloires égales. Comme le rire de Rabelais, le rire de Brueghel est énorme, son invention débordante et démesurée, son exécution large, sa bouffonnerie colossale. C'est un des plus grands divertisseurs de tous les temps. Un de ces clowns immenses et sublimes, plus rares, et par suite plus précieux que les illustres hypocondriaques. Dans la littérature et dans l'art, les tristes de génie sont en majorité. Il est plus facile de voir l'homme et la vie par les côtés sombres, et il s'est rencontré moins de gens pour nous faire rire que pour nous faire penser. Et encore, parmi les artistes ou les écrivains joyeux, ceux qui simplement constatent les phénomènes risibles sont plus nombreux que ceux qui en inventent de nouveaux.

Brueghel est un de ceux qui ont ajouté du rire au rire ; aussi l'a-t-on spontanément surnommé le Drôle, et jamais surnom ne fut mieux mérité. Sa gamme comique est si vaste qu'elle va du rêve le plus biscornu et le plus incongru, parfois, jusqu'aux plus triviales et aux plus matérielles réalités. Toujours cela impressionne le diaphragme par une secousse de surprise joyeuse. Il y a tant d'inattendu dans sa vérité, tant de familier dans son rêve que cela forme le plus singulier et le plus irrésistible effet.

Nous parlerons des fines diableries de Callot, mais elles ne sont, auprès de la gigantesque diablerie de Brueghel, qu'un filet clair en comparaison d'un torrent. Dans la *Tentation de saint Antoine*, il y a bien mille et mille petits fantoches, éclats de rire à deux ou quatre pattes, chauves-souris cyniques, musiciens sans pudeur. Mais cela est un peu forcé, on sent l'invention ; tandis que, par exemple, dans les scènes de *Saint Jacques et le Magicien*, Brueghel ne nous présente que des impossibilités authentiques. Ces êtres monstrueux qui se traînent sur des ventres sans jambes ; ces nez et ces bouches déformées comme pour des usages inconnus ; ces créatures, qui ne rampent, ne nagent ni ne volent, c'est le dernier mot du fantastique vraisemblable. Il est des mathématiciens, des esprits positifs que cela peut laisser froids et déconcertés. Ils se privent du plaisir très particulier, sans but, mais chatouillant à l'extrême, que l'on peut ressentir aux heureuses déformations des lignes.

Dans les scènes fantastiques du vieux Brueghel, bien qu'on ait jamais rien vu

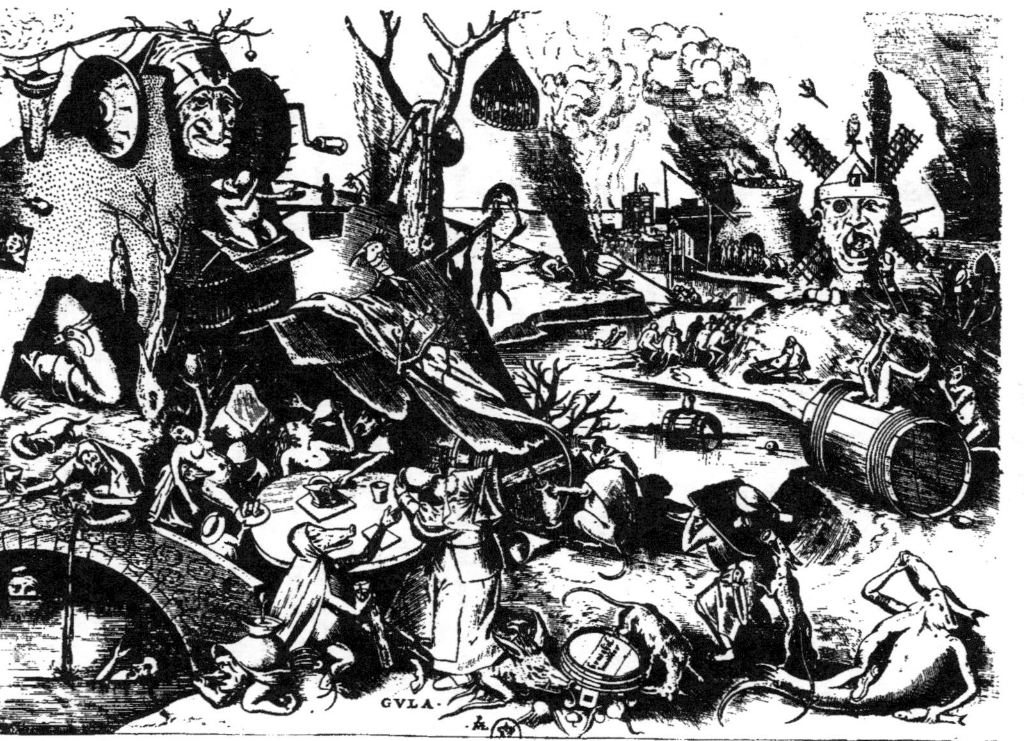

BRUEGHEL. — LA GOURMANDISE.

de semblable à ce qu'il nous montre, on comprend toujours ce qu'il a voulu dire, et c'est ce qui leur donne ce caractère d'*ajouté* dont nous parlions. Brueghel a possédé à un tel point le sens caricatural, qu'il s'est très souvent exercé dans un genre dont les spécimens heureux sont très rares : la caricature du paysage. Donner aux arbres, aux rochers ou aux maisons une drôlatique bonhomie ou une effrayante tournure ; faire que ces choses inanimées aient l'air de faire des efforts épouvantables pour se déraciner, grouiller, tournoyer dans des rondes, ou tituber dans des ivrogneries ! Une chaumière se précipite sur vous et va vous avaler de sa porte-gueule largement ouverte, vous fascinant de ses yeux-fenêtres qui flamboient ; un arbre, pris d'humeur folâtre, de son bras tortueux enlace par la taille une tourelle pudique et la force à danser un pas échevelé ; des grottes qui ronflaient d'un paisible sommeil regardent tout cela d'un air ahuri ; sur le fleuve glissent des bateaux-poissons pourvus de nageoires qui rament ; ffrt ! en voilà un qui monte dans les airs : c'était un poisson volant !

Dame tout ceci n'est peut être pas d'une parfaite clarté descriptive ; mais je vous assure que, dans Brueghel, cela s'explique très bien, et ce serait folie de vouloir décrire des choses pour lesquelles il n'existe pas de mots. Un artiste de notre siècle, Gustave Doré, s'est montré, toutes proportions gardées, également très curieux caricaturiste du paysage. Chez Gustave Doré, la caricature du paysage ne procède pas de cet ordre d'un sublime saugrenu. Elle est plus rationnelle, se contentant d'exagérer légèrement les apparences, sans rien y introduire d'inventif. Certainement, en vous promenant, vous avez souvent rencontré un bon gros chêne, tout hérissé et tout rugueux, qui ressemblait à un grand-père ; ou bien encore une vieille maison éclopée qui rappelait un invalide à emplâtres et à nez postiche. A quoi cela tenait-il ? A bien peu de chose, à une boursouflure de l'écorce, sur l'arbre ; à une crevasse, à des carreaux de papiers dans la façade de la maison. Gustave Doré, dans les merveilleuses caricatures de paysage que contiennent les *Contes drolatiques* de Balzac, ou les *Contes* de Perrault, ou le *Rabelais,* n'a pas fait autre chose que de mettre en relief ces détails matériels, noyant le tout dans un mystérieux clair-obscur. Brueghel, au contraire, n'a pas recours à cet artifice d'ombre et de lumière. Il exagère franchement, absurdement. Si l'arbre rencontré lui a paru avoir un nez postiche, il dessine le nez suivant les règles. Si la maison avait la colique, il n'oublie aucun des symptômes, et il les précise.

Malgré l'étrange puissance de son évocation, l'on peut dire que Brueghel avait vécu encore plus que rêvé, vécu de toutes les forces de son robuste tempérament de Flamand. Ses fantastiques caprices eux-mêmes n'étaient qu'une façon de se soulager du trop-plein de réalité qu'il portait en lui-même. Nous nous le représentons, avec son ami Franckert, tous deux courant les fêtes et les noces de village, se mêlant aux invités, les observant dans leurs grosses joies, buvant, lançant des brocards, faisant le coup de poing au besoin, observant, avec une suprême jouissance artistique,

La bestialité dans toute sa candeur.

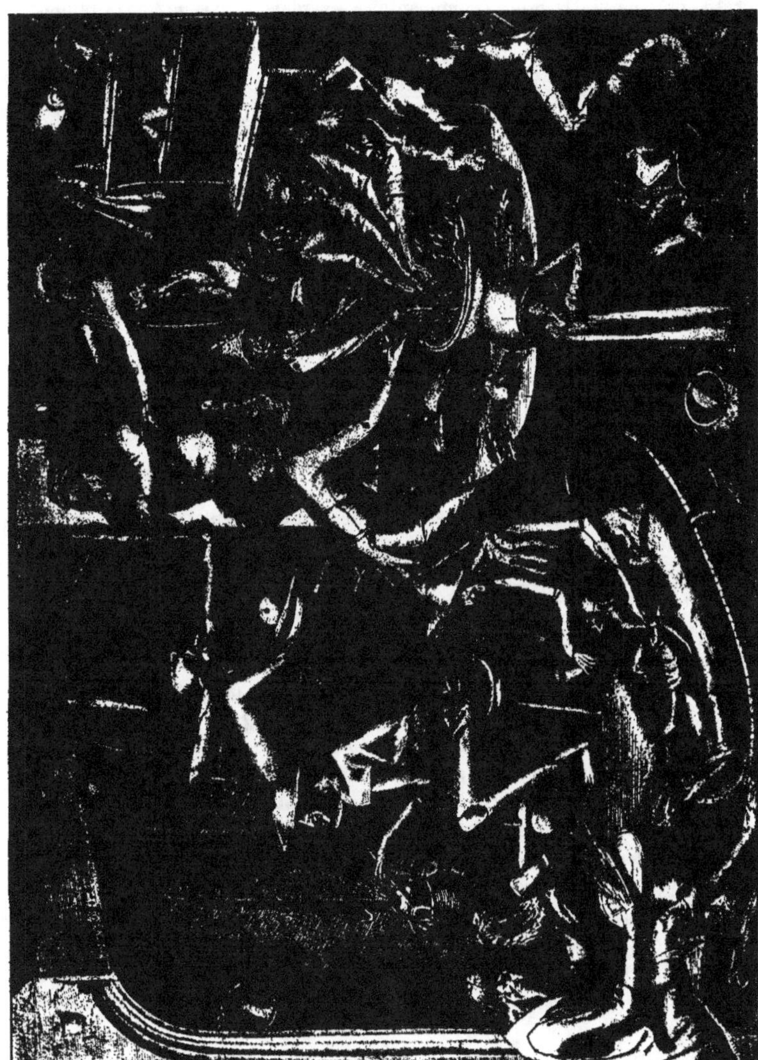

BRUEGHEL. — LES MAIGRES.

En un mot vivant quelques instants de la vie des brutes pour mieux connaître et peindre d'après nature la brute triomphante. Ne perdant jamais de vue la mimique éperdue des mouvements fous, des trognes grimaçantes, des attitudes passionnelles dans leurs plus instinctives expressions.

C'est de ce goût acharné de la vie active, de la vie à outrance que sont issues les plus belles études de Brueghel, celles qui l'ont aussi fait surnommer *Breughel des paysans*. Les cabanes où l'on travaille, où l'on ronfle, où l'on digère ; les abrutis vermeils, les carnations bestiales des femmes, la passivité agissante des hommes, l'amour inconscient, l'ivresse consolatrice, le travail accablant ; tout enfin ce qui constitue la vie animale des hommes, ce profond observateur l'a étudié et rendu. Il a dansé avec les danses, braillé avec les chansons, épousé toute les querelles, vibré à toutes les folies. Il n'est jusqu'aux infirmités mystérieuses qu'il n'ait étudiées. Il y a dans son œuvre d'étranges documents sur les fous, d'autres sur les épileptiques. A tel point exacts ces derniers, que le docteur Charcot a invoqué son témoignage pour son étude des *Démoniaques dans l'art*. C'était alors la terrifiante danse de Saint-Guy qui entraînait le long des routes, en quête du saint propice, de longues et désordonnées théories de paysans. Ces paysans flamands, lymphatiques et ardents, jamais peintre, même en comptant Rubens lorsqu'il fit tournoyer son étourdissante *Kermesse*, n'a rendu leur double caractère de dépravation et d'inconscience avec plus d'intensité. C'est pour cela que l'œuvre de Brueghel est hautement documentaire en même temps qu'elle est hautement fantaisiste.

Et ce rieur si énigmatique, — on ne sait vraiment pas, à de certains moments, s'il se rend compte de tout ce qu'il y a d'amer dans son exubérance, — est aussi un vigoureux philosophe. Un jour, il a donné, en deux planches, toute son expérience de l'humanité. Nous nous partageons en deux classes : les gras, les maigres. Du haut en bas, du bas en haut, nous ne sommes que des squelettes couverts de peau, ou des amas de graisse dissimulant des squelettes. « Je hais ces gens maigres », disait un flatteur de César enrichi, en parlant des compagnons de Brutus. C'est l'éternelle leçon de l'humanité, et la pensée n'a rien à faire ici. Les gras sont plus accueillants ; les maigres plus défiants. Ils sont tous pareillement égoïstes, avec des nuances différentes. Les gras sont des égoïstes roses ; les maigres sont des égoïstes noirs.

Dans ces deux superbes gravures des *Gras* et des *Maigres*, combien ces caractères sont sentis et creusés! Les maigres se préparent à contracter sur de vagues harengs saurs de lymphatiques indigestions. Un gras apparaît à la porte. C'est en vain que les maigres amis le hèlent, le tirent par la manche ; il n'enfuit, épouvanté de la sécheresse entrevue ; et pendant ce temps, les gémissements des enfants affamés, les appétits insatiables, féconds en borborygmes, ont des sons macabres, désolés.

Au contraire, dans une chaumière de gras, on se prépare à faire bombance. On a déjà, pour se mettre en train, écuré ses dents avec quelques pieds de porcs ou quelques jambons dodus. Les enfants vont éclater dans leurs berceaux ; les ménagères

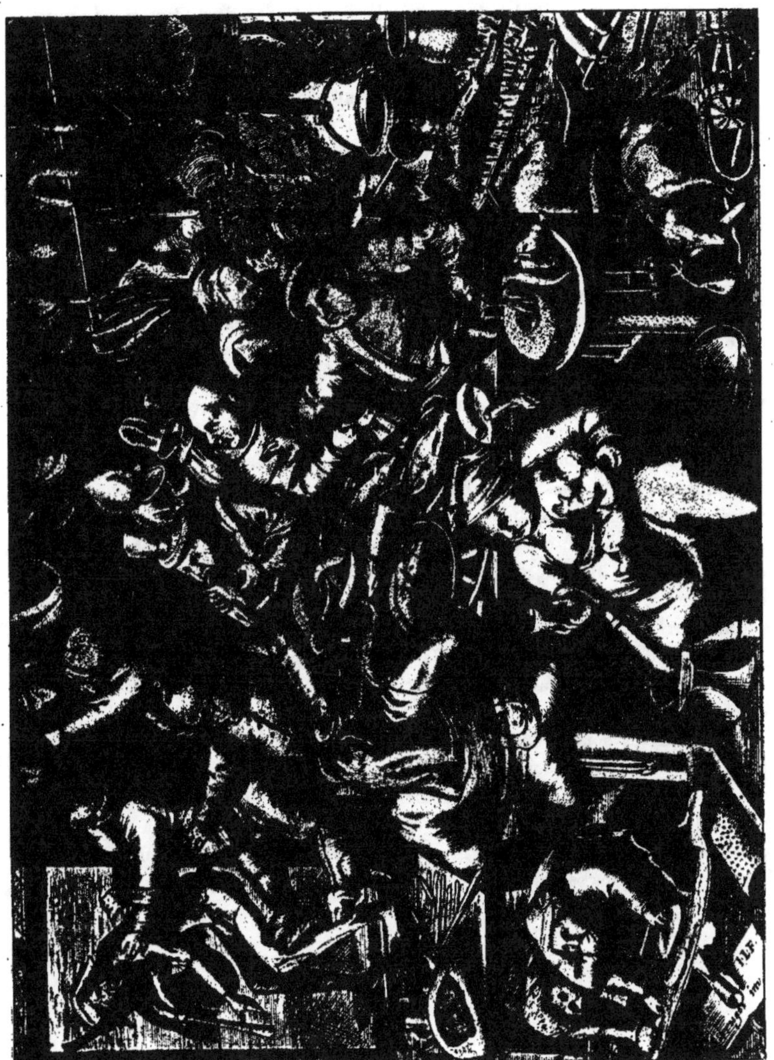

BRUEGHEL — LES GRAS.

dissimulent forcément leurs sourires dans les bouffissures de leurs joues. Les chiens eux-mêmes, n'en pouvant plus de mangeaille, s'apprêtent à des indigestions nouvelles. Un maigre profile sa silhouette sur le seuil. A bas ce sac de clous! A bas ce blème et ce diaphane! Mon Dieu, se peut-il qu'il existe des gens capables de mourir de faim tous les jours? Et la clameur grondeuse éclate de tous ces ventres, et le maigre s'enfuit sans demander son reste. Son reste! c'est une chose qu'il n'a jamais connue, le pauvre bougre, car il n'a jamais rêvé de plus savoureuses délices que de manger du pain sur son pain. Pour son dessert, il a depuis son enfance léché son assiette.

Si quelque chose peut achever de nous rendre sympathique cet étrange peintre, c'est que les rares documents que nous possédons sur lui nous le montrent beau cavalier, élégant, sceptique, tout à fait souriant et gentilhomme. Comme peintre, il a plu aux critiques minutieux de le trouver rude, sommaire et criard. Les amateurs ne se disputent point ses toiles et ses panneaux; cela n'est pas aussi coté que Téniers ou que Rubens. Et, cependant, le vieux Brueghel, élève lui-même d'un précurseur génial, Jérome Bosch, qui lui avait, de longues années auparavant, montré le chemin des diableries et des études d'après nature, Brueghel, dis-je, est le véritable maître de Rubens, de Jordaens et de Téniers. Ces beaux peintres ont puisé en lui chacun ce qui fait le meilleur de leur œuvre.

Rubens, le goût des luxuriances, de la chair qui éclate de santé et de volonté de vivre: la *Kermesse* n'est qu'une seconde édition, malgré son allure si folle, son rythme si grossièrement lascif, des orgies peintes par Brueghel. Quant aux *Saint Antoine* et aux *Cabarets* de Téniers, quelle que soit l'entraînante délicatesse, l'esprit lapidaire de la touche, peut-être n'auraient-ils pas vu le jour s'il n'y avait pas eu le grand précurseur. De même que chez nous Molière et la Fontaine procèdent directement de l'auteur de *Pantagruel* et de *Gargantua*, de même Rubens, Téniers, et tous les admirables artistes flamands qui se sont évertués à décorseter la nature ont profondément senti, étudié et réfléchi le vieux peintre des diables, des saints et des paysans.

Ses œuvres sont maintenant bien disséminées, bien battues en brèche par le temps; il en reste surtout les gravures si rudes et si expressives qu'en fit de son vivant le primitif buriniste Jérome Kock, son premier maître, qui se faisait gloire d'être son copiste. Mais à travers ces copies, on sent, avec la vivacité d'impressions que pourraient susciter les originaux eux-mêmes, un des plus entraînants esprits, un des plus sains rieurs, un des contemplateurs les plus féconds, et un des plus intrépides bien portants.

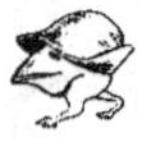

X

JACQUES CALLOT ET SA TROUPE.

On a dit de Callot (1593-1635) qu'il était le meilleur des caricaturistes italiens. Ce ne serait pas, malgré sa forme amusante, un éloge bien brillant ni bien complet. A la vérité, Callot est Français par tempérament (bien que la Lorraine sa patrie n'appartînt pas alors à la France) et Italien par goût et par éducation. Quant à son influence sur l'art de la gravure en France, et en particulier sur l'art humoristique, il faudrait de la partialité pour la nier. Un véritable artiste vouait un réel talent à la fantaisie, au sourire, au grotesque même, au lieu de l'appliquer comme tant d'autres, à la mode des sujets pompeux, déclamatoires et vides.

Callot, délibérément, prenait ses modèles dans la canaille, chez les loqueteux, les claquepatins, puisait son inspiration dans les délirantes excentricités des carnavals et des mascarades. Bien qu'il y ait encore dans sa manière une bonne part de convention, il s'intéressait, un des premiers, à la vie vivante, et se servait de l'autorité acquise pour forcer l'art à réserver une place à la gaieté. Deux sources de production distinctes dans son œuvre, en dehors, bien entendu, des compositions sérieuses : d'abord les Bohémiens et les gueux, pris sur le vif, au hasard des courses vagabondes, étudiés amoureusement dans leurs loques, leur insouciance et leur vermine ; puis les déguisés, les bouffons, les grotesques aux plaisantes difformités, enfantés par le rêve chantant du climat italien.

Nous avons pu nous blaser sur la fantaisie de Callot, trouver à la longue son comique un peu froid, son procédé monotone. Champfleury a exagéré ces critiques et s'est montré, à l'égard du maître de Nancy, d'une sévérité un peu inattendue. Que l'on se reporte, cependant, au temps où parurent pour la première fois ces fantaisies, d'un tour si aisé et si naturel, d'une veine si franche et si limpide. Et tous ces bonshommes si vivants sous leurs cocasses oripeaux, tout cela chantant, se trémoussant, ne songeant qu'à faire maintes folies, à se distribuer des coups de batte, à improviser sur des guitares enrhumées des rimes sans queue ni tête, à se lancer mille brocards, à rire enfin, sans cause, pour le plaisir de rire, de vivre une vie joyeuse, en dehors des sombres et belliqueuses préoccupations des temps. Mais c'était un rayon de soleil qui tombait à l'improviste sur l'art à cette époque guindée ou morose ; c'était le caprice qui égrenait en perles ses fugitives consolations ! Comment n'aurait-on pas acclamé tout ce précieux entrain, salué cette profusion de masques, fraternisé avec ces effrontés coquins ; comment ne se serait-on pas intéressé à la vie misérable et libre de ces aventuriers en guenilles ? Et indépendamment de ces mérites de conception, quel esprit dans la taille, quels jolis arrangements, quel ordre dans toute cette incohérence !

Quand on examine, par exemple, l'abondant et clair grouillement des innombrables figures de la *Tentation de saint Antoine*, on est surpris qu'on ait pu nier

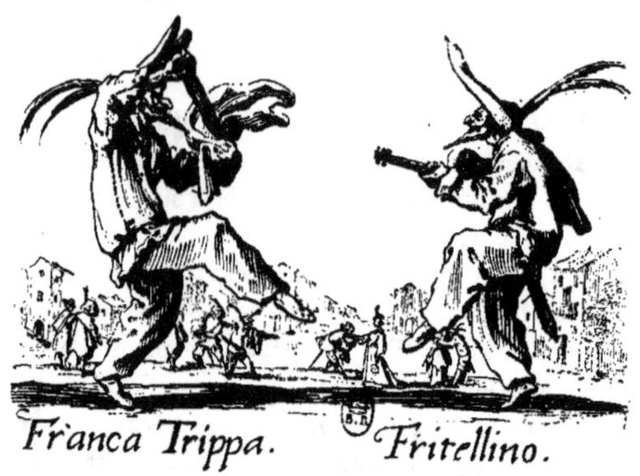

J. CALLOT. — Pièce tirée de la suite intitulée *Balli di Sfessania*.

le génie de ce metteur en scène. Sans doute nous avons vu des diableries plus pénétrantes et plus émues, avec le moyen âge, d'infiniment plus grandioses et plus surprenantes avec Jérome Bosch et Brueghel. Nous n'en verrons pas de plus divertissantes. Il semble que la meilleure condition pour bien représenter le diable, c'est de ne pas y croire. Diables crochus, diables squelettiques, diables hideux, diables venteux, vous êtes le dernier mot du fantastique sans conviction ; vous intéressez sans donner de mauvais rêves.

Quant à ces mascarilles et ces pasquins, tout Italiens qu'ils sont, je les adore. Trois coups d'une trompe burlesque ont donné le signal. Qu'est-ce là ?

> ... Monsieur, ce sont des masques
> Qui portent des crincrins et des tambours de Basques.

Ah ! qu'ils soient les bienvenus, ils nous reposeront des visages. Chapeaux à grandes ailes et à plumes de coq en colère ; manteaux à l'ampleur propice ; danses pyrrhiques parodiées ; soudaines inspirations de pas galamment érotiques ; allures martiales de fanfarons, qui savent que les sabres sont en bois et les fusils en paille ; comment, on répudierait tout cela du pays de la caricature ! mais alors, où serait la musique du dessin? Ces drôles sont irrésistibles de sympathie ; nous leur refusons carrément notre estime, mais nous ne pouvons leur enlever notre amitié. Ils portent si fièrement les titres extraordinaires, les noms sonores qu'ils se sont arrogés : Franca Trippa, Tagliacantoni, Fritellino, Fracassa, Capitan Zerbino, Capitan Cerimonia! Et leurs commères aux mines de grandes dames, qui vous imposeraient presque, si vous n'aviez pas soupé avec elles la veille. Signora Lucia, Fracischina, signora Lavinia, chères évaporées, roublardes élégantes et musquées, chanteuses de grands sentiments sur de petits airs de danse, toujours prêtes à mourir d'amour et à

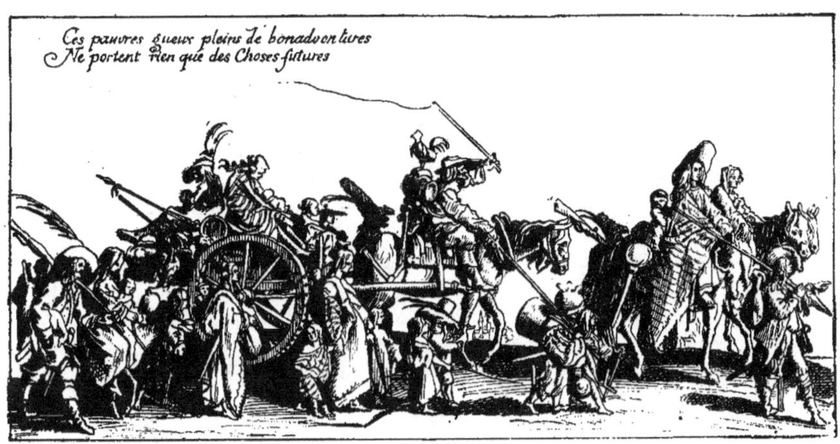

J. CALLOT. — Bohémiens en voyage.

en ressusciter, vous êtes la joie des cœurs rassasiés. Ah! que vous avez raison de n'être point raisonneuses profondes ; vous incarnez la meilleure et la plus spirituelle caricature de l'amour : la galanterie.

Mais il faut garder les meilleures tendresses pour les gueux voyageurs, porteurs de recettes admirables, sauf de celle pour faire fortune, marchands de bonnes aventures, interprètes infatigables de drames pharamineux, ingénues chargées de progéniture, matamores qui n'ont pas leurs pareils, entre deux estocades pour rire, pour dresser la tente et mettre la marmite en train :

> Ne voilà pas de braves messagers
> Qui vont errants par pays estrangers?

Callot les avait vus de près, ayant vécu de leur vie, souffert de leurs souffrances, palpité de leurs enthousiasmes en plein air. On sait, sans raconter son histoire à nouveau, que, gamin de onze ans, il avait fui le toit paternel et s'était mêlé à une de ces troupes de gueux accueillants, qui « ne portent rien que des choses futures ».

D'étapes en étapes, il était arrivé jusqu'en Italie, où il avait appris de Canta-Gallina les éléments du dessin et de la gravure. On sait aussi que l'Italie l'avait attiré à plusieurs reprises, et qu'il a toujours gardé d'elle ce particulier accent de gaieté pimpante et superficielle. Il a marqué une reconnaissance égale à ses premiers guides, les Bohémiens, et aux Italiens, ses premiers maîtres. Ces impressions du début gardent des enchantements attendris pour toute une vie. Peut-être est-ce toi, maître, qui portes, bambin résigné, la marmite qui te coiffe si élégamment. Bast! souffrir et être libre, c'est tout ce qu'on peut rêver de meilleur en cette étroite vie. Faire son roman comique, quitte à crever de faim ; chanter à s'époumonner pourvu qu'on soit maître de l'espace. On a toujours, comme ressource suprême, en cas de disette, le réveil-matin étique et emplumé, qui, sur le point culminant de la charrette, lance lui aussi son *coquerico!* Et après ?... La mort viendra peut-être, ou même la fortune.

Un des plus bizarres génies de la caricature étrangère, le conteur Hoffmann, s'écriait, apostrophant Callot : « O maître sublime, pourquoi ne puis-je me rassasier de tes œuvres fantasques? Pourquoi toutes tes figures, dont un seul trait hardi marque les contours, restent-elles si bien gravées dans mon esprit avec un aspect humain et surnaturel à la fois? »

Pourquoi? C'est parce qu'Hoffmann avait foi dans le rêve et dans ses réconfortants mensonges ; et nous qui n'y croyons plus, qui tournons obstinément le dos à la vérité des choses irréelles, nous ne voyons aujourd'hui de l'œuvre de Callot que la sèche propreté, l'invention petitement spirituelle. Mais il est quelques esprits accommodants pour lesquels ces écrins ternis ravivent tous leurs scintillements.

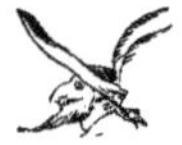

XI

LE XVIIᵉ SIÈCLE. — LES MAZARINADES.

LES ESPAGNOLS. — CARICATURES CONTRE LOUIS XIV ET SA COUR.

POURQUOI LE ROI SOLEIL N'AIMAIT PAS TÉNIERS.

QUELQUES ÉTUDES DE MŒURS. — MON OYE ET PATIENCE.

Le maréchal d'Ancre pouvait bien faire plier la noblesse qui était servile, gouverner la reine Marie de Médicis qui était faible d'esprit, et le roi Louis XIII qui était jeune et timide. Mais une classe nombreuse échappait à l'autorité de Concini et de sa femme : cette foule anonyme et maligne, qui juge et qui chansonne, inconsciente complice des intrigues. Aussi les caricatures furent-elles nombreuses contre l'illustre « Coyon ». Puis, ce pauvre Coyon, une fois assassiné, un grand silence se fit : Richelieu régnait sous le nom de Louis XIII. Se représente-t-on une caricature de Richelieu? j'entends une caricature qui frappe juste? La guerre oui ; mais le rire, la sévérité de l'homme rouge le désarme. Richelieu est une des uniques figures dans l'histoire qui ne prêtent pas à la plaisanterie ; ils sont bien peu comme cela : les très purs, les très joyeux, ou les très hautains. Ce n'était donc pas la peur seule qui causait ce silence; c'était aussi la difficulté de trouver prise.

Combien, par exemple, on se rattrape avec l'*Illustrissimo signor Facchino*, S. Em. le cardinal Mazarin. Ce n'est pas la robe rouge qui le préserve, cette fois, des chansons, des brocards et des coups de Fronde. Ah ! l'on s'en donne à cœur joie sur ce plat faquin d'étranger, sur ce ladre insinuant, sur cet Italien cupide et sinueux. Il n'est peut-être pas, dans toute notre histoire, de dossier plus volumineux contre un seul homme que celui des *Mazarinades*. Ses aventures amoureuses et ses mésaventures politiques, ses départs subreptices, ses retours en catimini, tout cela est crayonné et chansonné de la belle façon. Mais le matois, un jour, relevant son œil fin et grimaçant un joli sourire, fit connaître d'un mot son dédain pratique de cette guerre à coups d'épingle : « Qu'ils çantent, pourvou qu'ils payent. » La caricature était prise sans vert. Elle n'en continua pas moins de plus belle, car elle savait bien au fond que le Mazarin riait jaune.

D'ailleurs elle n'était pas à court de sujets, et elle avait matière à s'exercer, d'autre part, sur les Espagnols. Pendant toute la première partie du xviie siècle, des charges furent faites, de multiples satires gravées, qui échappaient à la morgue et à la vanité grave de ces hidalgos. A la vérité, c'était toujours un peu le même fonds de plaisanterie. Ces vainqueurs étaient représentés assez embarrassés de leur victoire, peu enrichis par leurs conquêtes. Et à chaque pas qu'ils perdaient, c'était une explosion de rires triomphants. Voici « l'Espagnol chastré de Dunkerque et d'Erquelines », et on le montre subissant la cruelle opération qui lui enlève ces deux places ; c'est assez dire que l'image est libre d'allures. Voici encore de nombreuses et bouffonnes commémorations de la prise d'Arras :

Quant les Franchots prindront Arras,
Les souris mingeront les chats,

avaient orgueilleusement écrit les défenseurs de la ville. Le siège levé, on devine combien de chats bottés et moustachés à l'Espagnole subissaient des souris les morsures aiguisées.

A toutes les sauces, les Espagnols. Le délabrement de leur uniforme, leurs appétits faméliques, les raves et les oignons dont ils doivent faire le plus gras de leur ordinaire, le métier de savetier que les plus nobles capitaines doivent

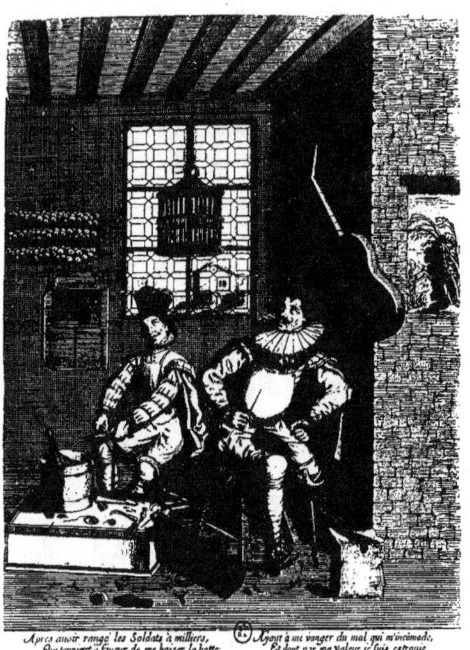

Les Espagnols savetiers.

exercer pour vivre, tout cela fournit une mine de bouffonneries dont on trouvera un exemple suffisant dans la planche que nous avons choisie entre tant d'autres. Il n'est pas d'aventures grotesques où on ne leur prête le principal rôle. Telle « l'Histoire véritable et facétieuse d'un Espagnol, lequel a eu le fouet et la fleur de lys dans la ville de Thoulouze pour avoir desrobé des raves et roigné des doubles », une des planches les plus sérieuses et les plus compliquées du recueil. Car ce sont encore des caricatures un peu nobles, de grands burins soignés et assez froids d'aspect. Toujours est-il que, malgré la monotonie du procédé et des plaisanteries, c'était d'assez bonne guerre, secondant uti-

lement la guerre au mousquet et entretenant la haine de l'ennemi. « Messieurs les
Espagnols, que Dieu vous accompagne, mais n'y revenez plus ! » avait dit naguère
Henri IV.

L'Espagnol n'est pas seulement le personnage favori de la caricature courante.
Il se rencontre encore dans l'œuvre de maîtres plus relevés. Tel Abraham Bosse, le
charmant et noble graveur peintre de mœurs, qui nous a laissé sur le costume, les
les intérieurs, la vie, sous le règne de Louis XIII, de si précises, spirituelles et fières estampes.

Dira-t-on que Bosse est un peintre du rire, malgré la tournure facétieuse ou satirique de certaines de ses planches ? Un caricaturiste ? Encore moins. Il est vrai que l'on peut, comme l'a fait très justement un de ses biographes, M. Antonin Valabrègue, assimiler l'enjouement particulier de cet artiste de mâle et distinguée tournure, au comique sévère de Corneille.

Voici s'avancer, enveloppé de tous ses rayons et du grand manteau d'hermine semé de fleurs de lis où l'a représenté Rigaud, du pas d'un danseur dans un ballet de Lulli, S. M. le Roi Soleil. Il a été bellement caricaturé, Louis le Grand..., mais à distance. Ses sujets n'osaient pas trop sur le sol de

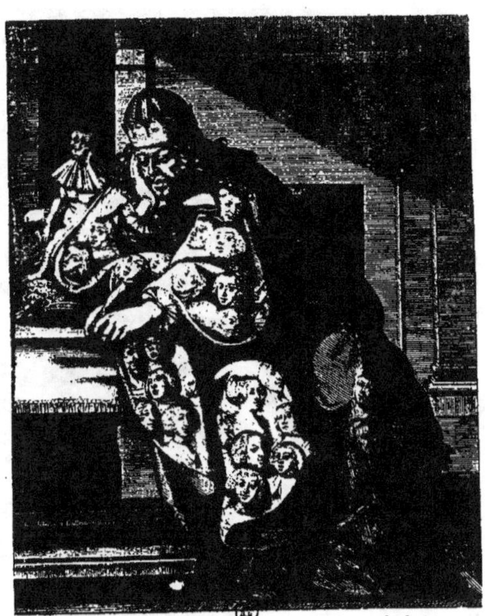

ABRAHAM BOSSE. — Le Resveur.

France, car il en coûtait gros, avec ce monarque qui n'aimait point toujours à rire.
Ce n'était pas qu'à des yeux exercés il n'eût prêté à la caricature. Se rappeler l'originale impression parlée de Théophile Gautier, sténographiée par les Goncourt :
« Un porc grêlé comme une écumoire et petit... Il n'avait pas cinq pieds, le Grand
Roi. Toujours à manger et à... Et borné avec cela... Parce qu'il donnait des pensions
pour qu'on le chantât !.. Une fistule dans le c... et une autre dans le nez, qui lui
correspondait avec le palais. Ça lui faisait juter par les fosses nasales les carottes
et toutes les juliennes de son temps. »

Dame, ce « Compliment au Roy » n'est peut-être pas tout à fait dans la tradition de Racine et de Boileau. Mais il y a quelque chose... Cet homme était trop vaniteux pour n'avoir pas ses côtés vulnérables, et si chez nous on les respecta pour de bonnes raisons, pour de non moins bonnes on ne les ménagea point de l'autre côté de la frontière.

L'édit de Nantes révoqué, des haines vivaces, nombreuses, s'étaient réfugiées

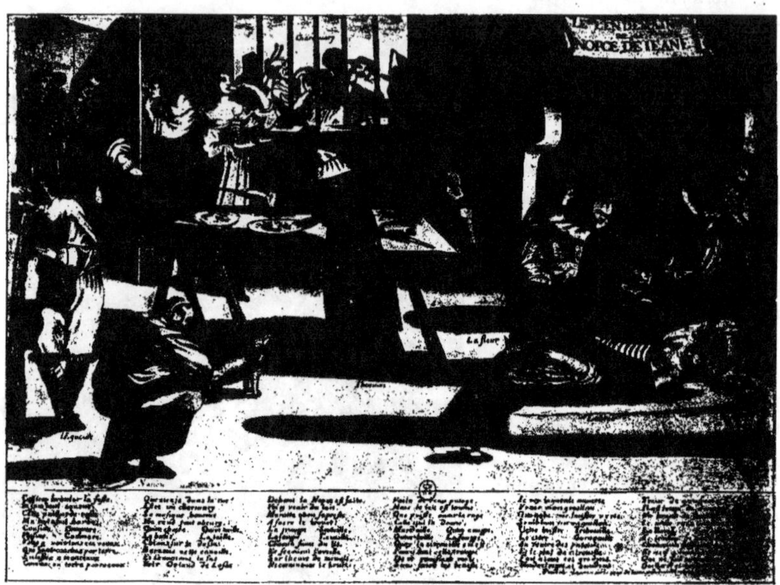

Le lendemain de la noce de Jeanne.

en Hollande, et de là pleuvaient les libelles et les placards. Un peu sous toutes les formes : depuis les petits pamphlets haineux que l'on colportait sous le manteau, jusqu'aux caricatures gravées, enluminées, pas fameuses, et aux médailles satiriques, circulant de main en main. Elles sont graves et allégoriques, ces médailles, et si l'intention en est piquante, le détail n'en est point fort risible. Les estampes sont encore ce qu'il y a de meilleur. On daube sur le roi, considéré comme homme d'affaires :

Nous vivons sous un prince ennemi de la fraude,

mais pas d'une bonne petite opération lucrative, c'est ce qu'ont prouvé les historiens de notre temps et constaté les caricaturistes du sien. Le *Calendrier indiquant le cours du soleil* est là pour relater ces royales transactions. L'image représente Louis XIV au centre d'un soleil flamboyant, dont chaque rayon porte la mention de combinaisons financières dans ce genre : « Hausser et baisser l'argent et faire semblant de le marquer pour ne point rendre. »

Le roi était fort au courant de tout ce qui se publiait contre lui, et il ne dédaignait point de répondre à la Hollande en payant à Eustache Le Noble des « Cahiers » de caricatures assez pauvres d'invention. Quant aux médailles satiriques, elles circulaient à la cour, et il n'en était pas une qui n'eût été communiquée à Louis XIV.

A la longue, pourtant, il n'était pas homme à souffrir qu'on le lardât.

Une suite de vingt-quatre planches parut un jour, qui dut faire cruellement souffrir sa vanité : la *Procession monacale,* ou les *Héros de la Ligue.* C'étaient autant de moines burlesques, aux mines hypocrites ou bêtement grimaçantes, qui étaient censés représenter chacun des personnages qui avaient participé à la révocation de l'édit de Nantes : Louvois, Mᵐᵉ de Maintenon, le Père la Chaise, enfin tous les conseillers du royaume.

Louis XIV ouvrait la marche, figuré par un soleil emburelucoqué. Chaque image était accompagnée

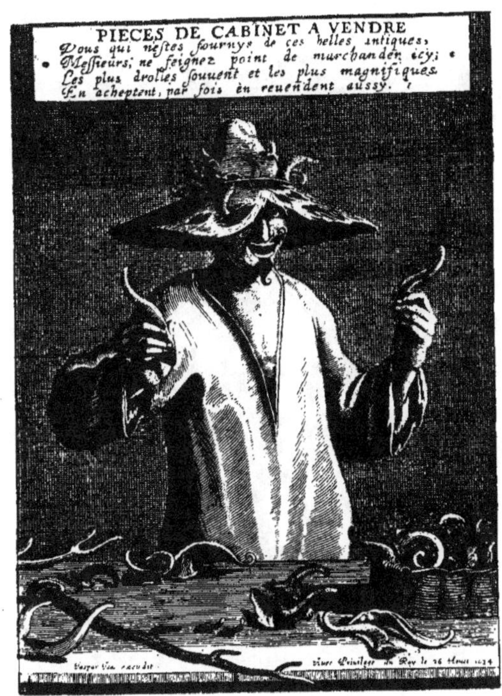

Pièces de cabinet à vendre.

d'un quatrain violent et précis, mais la ressemblance individuelle n'était pas cherchée ; il semblait que l'artiste anonyme eût simplement voulu faire hideux, dédaignant de donner des portraits de personnages détestés : « Vous voyez, paraissait-il dire, ce vilain frocard à museau sinistre, c'est Louvois ; et cette figure camarde, c'est Mᵐᵉ de Maintenon... Tiens ! vous croyez que ce n'est pas eux ? Eh bien, tant pis, je les avais rêvés aussi laids. » Ce procédé indirect ne réussirait pas toujours. Avec Louis XIV, il faut croire qu'il porta ; nous en avons une preuve, véritable trait de comédie bien célèbre qui pourtant ne nous paraît pas avoir été exactement interprété jusqu'ici.

Certes ce n'était pas un bien rusé courtisan que celui qui, un beau jour, s'avisa de placer dans les appartements royaux quelques-unes des exquises petites toiles des maîtres hollandais et flamands. Autant dire : « Plaise à Votre Majesté de jeter les yeux, d'avoir sans cesse pour récréation ces merveilles d'art qui viennent du pays où l'on vous représente si odieux et si ridicule. » Avec un joyeux sceptique, cela eût pu passer, mais avec un potentat à l'épiderme chatouilleux, à la vanité sans cesse à vif, c'était une assez jolie *gaffe*. « Otez-moi tous ces vilains magots! » s'écria Louis XIV, ne pouvant réprimer un mouvement d'humeur. Le mot a été précieusement conservé par les Dangeau et consorts. On en est parti pour faire de belles tirades sur les goûts exclusifs de majestueux et de noble, l'amour des belles déclamations raciniennes et des pompeuses machines à la Lebrun. C'est très littéraire et cela flatte les admirateurs du grand style. Malheureusement l'explication est incomplète : le « Calendrier du soleil » était la véritable cause de l'exil de Téniers, ainsi que la *Procession monacale*.

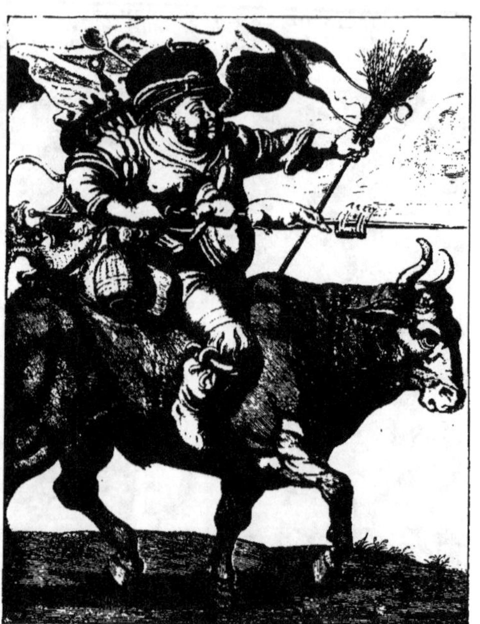
Carême-Prenant.

Sans cela, voyons, Louis n'eût pas ri à la comédie : Mascarille et M. Jourdain l'eussent laissé froid et sévère. Et l'on riait à la cour, dans le peuple aussi, et les rires étaient même assez gras. Les apothicaires étaient d'assez fidèles auxiliaires de la gaieté, et une bonne scatologie n'effrayait point les plus délicats. Les personnages de la comédie italienne, et les types si populaires et d'une vogue si longue, Grosguillaume, Turlupin, Gautier-Garguille; enfin l'intarissable Tabarin n'auraient pas sans cela fait leurs frais.

Ce fut le beau temps de ces gros rires dans la rue. Les indigérés et les cocus étaient présents à toute bonne farce, et il serait malaisé de donner quelque décente idée des caricatures familières qui eurent la vogue au commencement du grand siècle.

Les plus anodines avaient une particulière crudité d'expression, un sans-gêne qui nous offusquerait aujourd'hui. Certaines magnifiques *Noces de Jeanne,* le *Lendemain de noce de Jeanne,* nous montrent chez les invités les conséquences peu ragoûtantes de formidables goinfreries. Théophile Gautier n'est point si loin de la vérité quand il nous découvre les dessous du soleil : « Toujours à manger et à... ». De la cour, l'exemple est recueilli par la foule et fructifie.

Aussi, grande est la production des images qui se rapportent à l'empiffrement.

On exhume les vieilles figures de Caresme et de Caresme-Prenant ; l'un maigre et affamé, bardé de maquereaux et de harengs saurs ; l'autre vermeil et bedonnant, ceint de cervelas, troussé de chapons, monté sur un bœuf bouffi de graisse.

Dans l'ordre littéraire et fantaisiste, Scarron mène la ronde du burlesque. Bien avant Boileau, on avait esquissé les incidents mouvementés des *Embarras de Paris.* Plus vigoureuses que ses plaisanteries guindées contre Colletet, Chapelain et Cottin, certaines planches s'étaient attaquées aux pédants crottés et à la poésie de convention. Par exemple le *Parnasse ridicule de la*

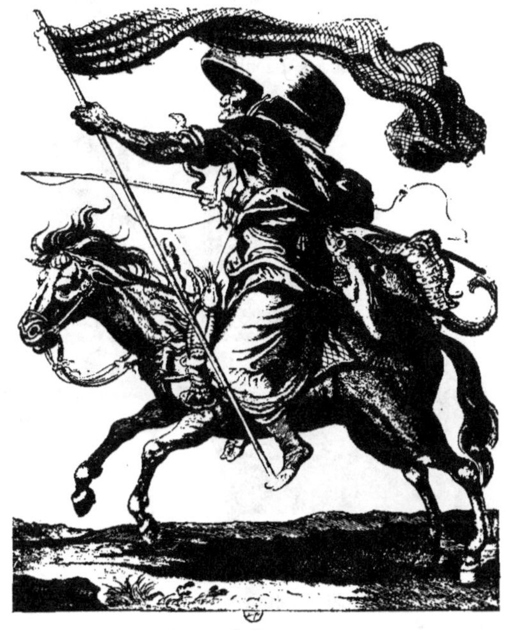

Carême.

Place Maubert, où l'on voyait, autour d'un Apollon rapiécé, neuf muses qui ne sentaient pas la rose :

Alis, vendeuse de poissons
Qui persuade en cent façons,
Représente la rhétorique ;
Et Lise qui fait, devant tous,
Un sanglant massacre de pous,
N'est-ce pas la muse tragique ?

La chronique était sinon aussi raffinée, aussi artiste qu'aujourd'hui, du moins presque aussi éveillée à toutes les nouveautés qui paraissaient. Les événements étaient tout aussitôt dessinés et gravés. Par exemple, à l'apparition des premières

gazettes, de grandes planches satiriques parurent. On y voyait, sur un trône, la
Renommée recevant la visite de tous les peuples, de toutes les classes de la société,
sollicitant un petit mot de réclame. Et à la mode du temps, des vers s'étalaient au
bas de cette caricature, du ton moitié sérieux moitié enjoué :

> Mille peuples divers parlent de mon mérite,
> Je cours dans tous les lieux de ce vaste univers,
> Mon sceptre sait régner sur la prose et les vers,
> Et pour mon throsne seul la terre est trop petite.

Maintenant nous disons cela en deux mots seulement : fil spécial.

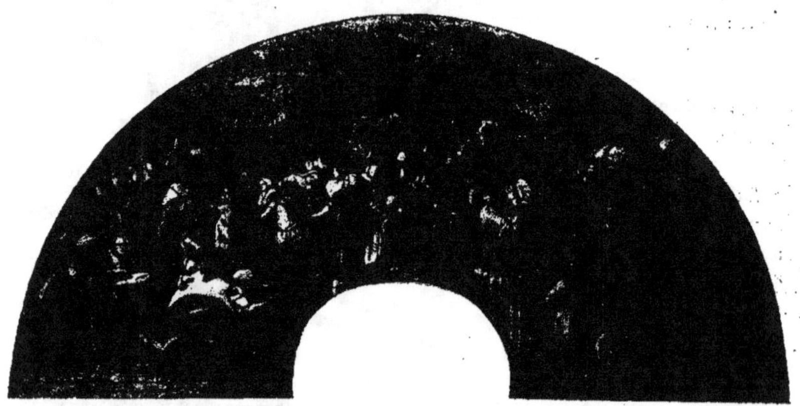

Halle au XVIIᵉ siècle. — La criée au poisson de mer.

Les préoccupations étaient les mêmes, et, si cela peut apporter quelque consolation,
plus âpres encore peut-être. Comme aujourd'hui un agiotage effréné, les inquiétudes
et la misère profonde en bas, les promptes et scandaleuses fortunes en haut, suivies
parfois de *krachs* analogues de tout point aux nôtres.

Une effrayante course à la richesse, retracée par maintes estampes, le *Diable
d'argent,* la *Défaite des Maltotiers,* la *Déroute des Cormorans* et surtout la fameuse chasse de *Mon-oye.*

C'étaient, depuis la servante jusqu'au noble, depuis le bourgeois et le paysan
jusqu'à l'homme de guerre, autant de gens qui traquaient, poursuivaient, le plus
souvent sans résultat, la fugitive et indispensable volaille :

> Descouvrant ainsy son devant,
> Alison veut bien que l'on croïe
> Qu'elle mettroit le reste au vent
> Pourvu qu'on lui donnast Mon-oye

Mon-oye fait tout ! s'écriaient le graveur et le poète, et ils tentaient, bien inutilement d'ailleurs, de protester au nom de la morale.

> Mon-oye, pourquoy t'en fuis-tu ?
> — Trop de gens font de moy leur proïe.
> Si on aimoit mieux la vertu,
> On n'aymeroit pas tant Mon-oye.

Il s'agissait bien de la vertu, alors qu'on ne savait si l'on mangerait le lendemain.

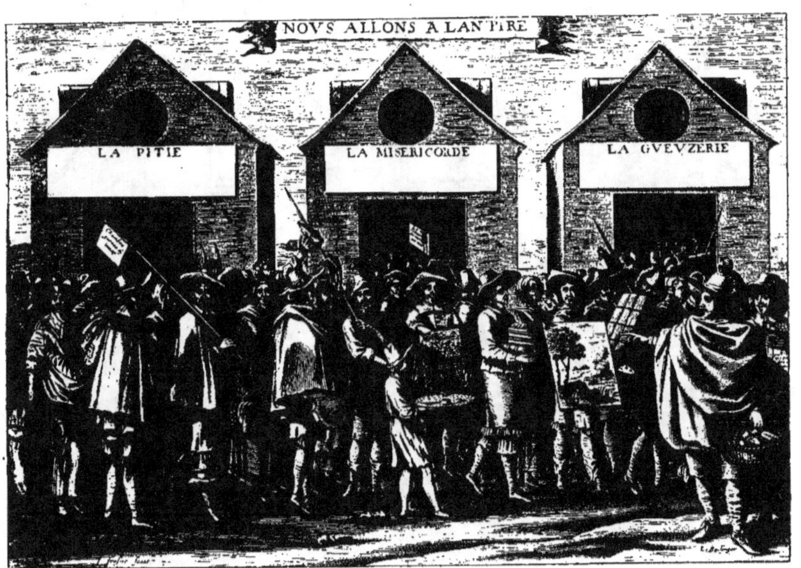

Nous allons à l'an pire.

Les commencements de ce siècle furent sombres, inquiets, faméliques. Les fêtes de cour, les carousels et les ballets de Versailles cachent mal pour l'historien, ou même pour le simple fureteur de documents humoristiques, de noires misères, des colères sourdement grondantes, mais encore résignées. Une gravure, que l'on peut moins appeler une caricature qu'une image populaire, nous transmet ces navrants échos avec un caractère singulièrement émouvant dans sa naïveté. C'est la gravure de *Patience*. Il en existe diverses variantes. Une d'elles est dessinée avec soin, finement et richement burinée. Mais je lui préfère de beaucoup l'humble et familière épreuve reproduite ici, tirée sur un papier à chandelles, avec les personnages disposés sans ordre, comme par un enfant. Rangés à la file, par groupes de deux, autour d'un dessin de feuilles fichées en terre, qui figure peut-être un jardin, les représentants des diverses classes de la société s'entretiennent gravement sur la dureté des temps et s'exhortent mutuellement à la patience. Chacun, bourgeois, seigneur, ouvrier, cultivateur, expose ses doléances, et son camarade lui répond par ce monotone refrain : « *Fault prendre patience* », qui sonne comme la consolation d'un ventre vide.

« *Patience passe science,* dit la légende inscrite en tête de la planche, *qui ne*

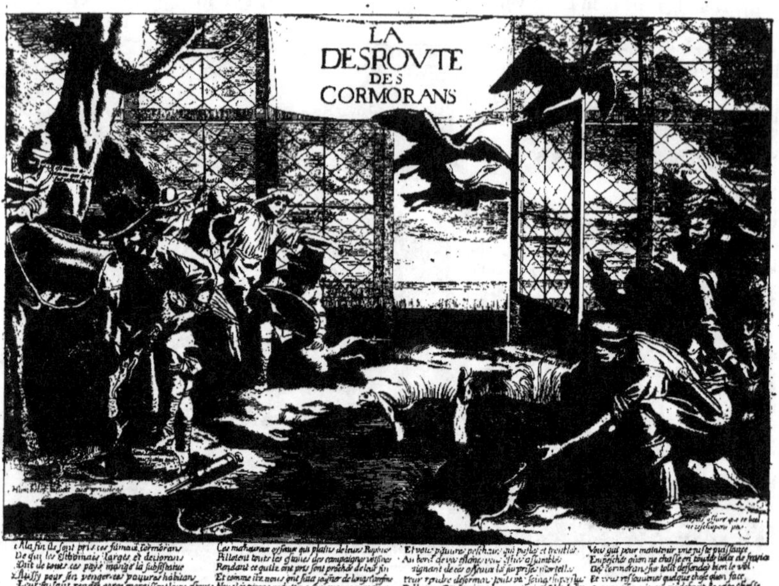

La desroute des Cormorans.

l'a pas n'a pas science. » Et au-dessous, une autre légende plus attristante encore :

Voyez, petits et grands,
La guerre quy tue le bon temps !

Il faudrait commenter ces couplets, où la compassion est si sincère, les maux si vivement sentis. Contentons-nous d'insister sur celui des artisans, d'une banalité douloureuse et inconsciemment sublime :

— Bonjour, Mr. la Veille,
Sçavez vous quelque merveille ?
— Mr. la Peine je ne say rien
Sinon que je ne say rien.
On a bien peu de la besogne,
Tous les ouvriers en grogne,
Lon a pas pour faire sa despense.
— Amy, fot prendre patience.

Connaissez-vous rien de plus émouvant que cette naïve caricature de la misère? On se plaignait doucement ; on chansonnait sur une psalmodie ses propres maux. Mais ce refrain de patience ne contenait pas seulement de la résignation ; il avait déjà,

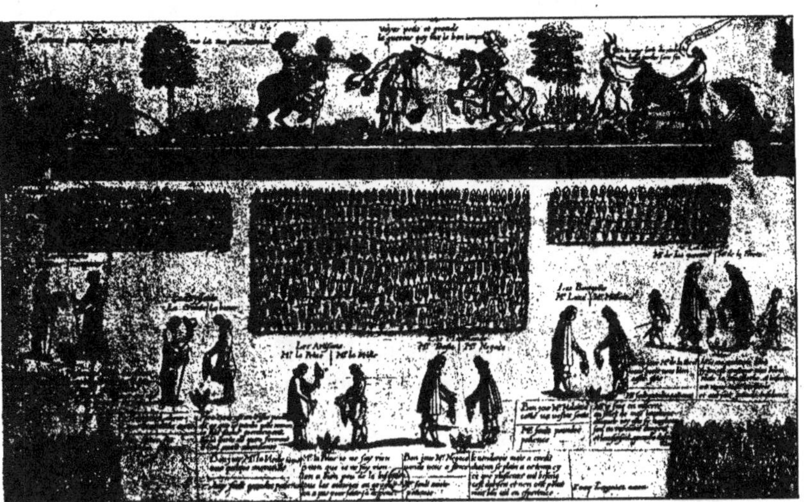

Patience.

pour les yeux attentifs d'un Vauban, révélé d'imperceptibles germes de menace. Faute d'avoir pris en considération l'estampe de *Patience*, la monarchie ne s'aperçut pas de la lente croissance de ces germes qui devaient, à la fin du siècle suivant, éclater en sang et en flammes.

XII

ROMYN DE HOOGHE ET LA CARICATURE HOLLANDAISE

Autant la caricature flamande est plantureuse, entraînante avec Brueghel, autant, au siècle suivant, la caricature hollandaise est minutieuse, froide, quasi-austère avec Romyn de Hooghe. Il faut prendre cet artiste comme type, et il est certainement le meilleur caricaturiste des Pays-Bas. Mais il occupe dans l'histoire de l'art un rang cent fois moins considérable que celui que nous avons assigné à Breughel. Celui-ci est le grand-père de Rubens et de Téniers. Romyn de Hooghe n'est pas même le cousin des charmants petits peintres de mœurs, Brouwer, les Van Ostade, Jean Steen, qui sont bien réellement des caricaturistes, mais que le cadre de ce livre nous empêche d'étudier plus à fond.

C'est un spécimen du caricaturiste à gages, changeant d'opinion au gré de ses intérêts ou de ses lubies. Un jour au service du prince d'Orange, le lendemain dirigeant contre lui ses plaisanteries compliquées. Le type du graveur par excellence ; j'entends qu'il a sans cesse le burin à la main, à l'exclusion de tout autre outil ; mais cela ne veut pas dire qu'il soit un excellent graveur. Il y a de tout dans son œuvre, des caricatures, des pièces sérieuses, des batailles, des paysages, des illustrations de livres et des dessins de métiers, enfin jusqu'à des prospectus et des cartes de géographie.

De ses changements successifs de convictions, il n'y a pas grand'chose à dire : c'est de la politique. D'ailleurs l'artiste lui-même en subit les conséquences. Il s'était attiré la haine des protestants, ses coreligionnaires, et il n'y eut pas de calomnies dont on ne le chargeât. On porta contre lui des accusations d'obscénité, alors qu'il était simplement un bon vivant ; d'impiété, tandis qu'il ne se préoccupait que fort peu de questions théologiques. Bref, on lui fit la vie dure, à cause de son indépendance et de sa causticité d'esprit. Cela ne l'embarrassa guère ; il sut côtoyer les difficultés, répondre aux invectives par de bons coups de pointe, et il eut la satisfaction, que doit envier tout caricaturiste soigneux de sa gloire, de mourir sur un bon mot.

Comme le pasteur qui le visitait à son lit de mort s'enquérait de lui s'il était vrai qu'il crût, entre autres hérésies, à la métempsychose, Romyn de Hooghe fit signe que oui. « Et où pensez-vous donc que doive passer votre âme? — Pour la mienne, je n'en sais rien, répondis le caricaturiste. Mais pour la vôtre, elle doit infailliblement passer dans le corps d'une cigogne, afin que vous puissiez continuer à faire sur l'église les ordures que, vivant, vous faites dans l'intérieur. »

Vous dites que ce n'est pas un bon mot? Soit, c'est affaire de goût. C'est un

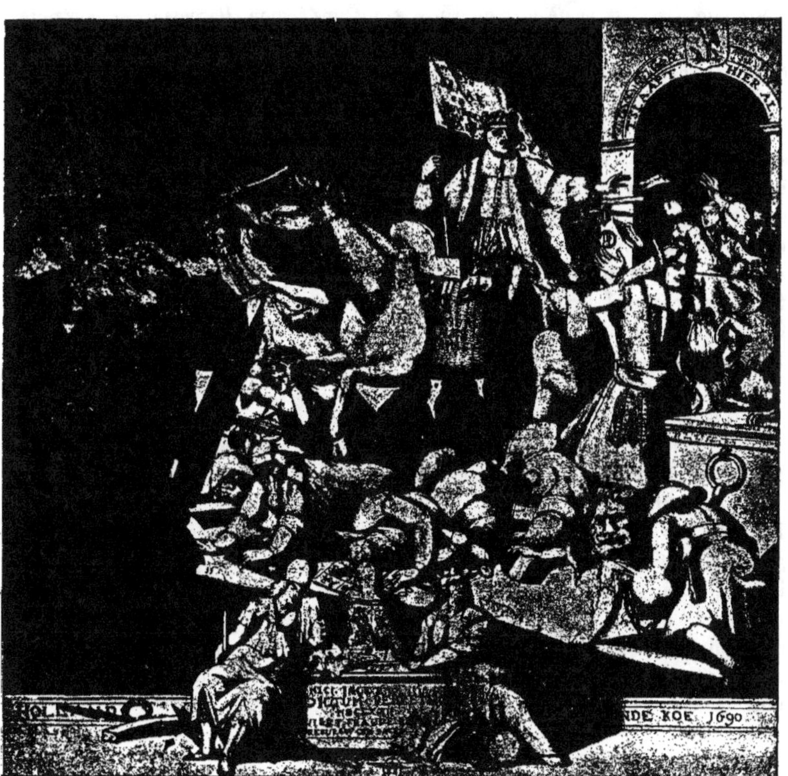

ROMYN DE HOOGHE. — La vache hollandaise le mors aux dents.

peu le genre d'esprit que Romyn a mis dans ses caricatures. Ce sont à proprement parler des satires dessinées, qui sont terriblement embrouillées, furieusement allégoriques. Une des plus célèbres, et une des plus claires en même temps, — que dirait-on des autres? — est cette planche de la *Vache hollandaise le mors aux dents*. Cela est tellement compliqué, chaque attribut, chaque personnage est si chargé de significations cachées, qu'il faudrait au moins cinq ou six pages pour expliquer en détail ce que veut dire la composition. En gros, cela veut dire que le stathouder était un usurpateur, qu'il fermait la bouche à certains magistrats en les corrompant, à d'autres en les renversant, que la vertu était opprimée et la foule asservie. Vous voyez tout ce qu'un dessin peut renfermer; c'est encore plus beau que le turc du *Bourgeois gentilhomme,* qui exprime tant de choses en si peu de mots.

Des caricaturistes hollandais, Romyn de Hooghe est le seul de qui le nom mérite d'être cité. Ce n'est pas à dire qu'il n'y en ait une légion. Rarement, au contraire, pendant le XVIIe et XVIIIe siècle, nation a été plus féconde en caricatures. C'était même un des meilleurs articles d'exportation du pays. Mais tout ce bagage n'a guère d'intérêt que pour les chercheurs de petites bêtes historiques.

C'est de la Hollande que partirent, au XVIIIe siècle, la plus grande partie des caricatures contre Law et l'agiotage. Il existe de volumineux recueils de ces caricatures; ils sont d'une extrême monotonie, et ne présentent que des allégories embrouillées ou des foules, plus ou moins étudiées d'après nature, qui se pressent dans la célèbre rue Quincampoix. Le succès en était grand pourtant. Les éditeurs, gens ingénieux et pratiques, ne pouvaient suffire aux commandes. Ils eurent alors une idée de génie : ils firent resservir, en les rafistolant, toutes les vieilles planches qu'ils avaient dans leur fond de boutique Ainsi l'on put voir des satires contre les financiers du temps de Louis XV, où les personnages portaient de magnifiques costumes à la dernière mode de la cour d'Henri IV.

Involontairement philosophes, ils enseignaient par là que l'histoire est faite de redites. Peut-être, si nous voulions, pourrions-nous retrouver, pour ridiculiser nos propres contemporains, quelques bonnes charges d'un siècle ou deux.

Quoiqu'il en soit, les caricatures hollandaises, qu'elles aient été dirigées contre Louis XIV, Louis XV ou Napoléon Ier, sont toutes à peu près égales en médiocrité ; heureusement, nous pouvons nous rattraper avec les admirables buveurs de Brouwer, les rustres en gaieté d'Ostade, ou les drôles effrontés, fils de l'intarissable bonne humeur de Jean Steen. On peut discuter à perte de vue, et sans résultats, sur la question de savoir si ces beaux peintres sont ou non des caricaturistes. Nous nous contenterons de maintenir que c'est dans leurs œuvres seules qu'on peut trouver le plus magistral épanouissement du rire du Nord.

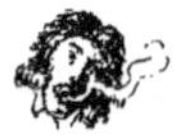

XIII

LA CARICATURE ITALIENNE. — MICHEL-ANGE ET LÉONARD

CARICATURISTES. — UN MOT SUR L'ESPAGNE

Dans la moyenne de leur art, les Italiens sont avant tout des mélodistes. Ils chantent leur *tralala* sans se soucier de l'enrichir de pénétrantes harmonies. Ils dessinent leurs personnages sans se préoccuper de nous apprendre s'ils ont une âme. Pourvu que le geste soit ample, la silhouette élégante, l'étoffe flatteuse à l'œil, la déclamation sonore, ils n'en demandent pas davantage. En un mot, dans les créations de l'esprit, ils ne se préoccupent pas des dessous. Ce que nous exigeons de profondeur dans la moindre émotion leur paraîtrait chose fatigante. Leurs personnages dansent, marchent, se campent ; nous ne savons pas s'ils vivent, et surtout s'ils pensent. Quand ils veulent faire de l'esprit, c'est tout en pointes et en amphigouris. Leur rire est éclatant et creux. Nous n'aurions pas l'audace de caractériser ainsi les grands peintres auxquels personne n'a la permission de toucher. Mais c'est surtout dans la caricature que ces tendances se retrouvent. Leurs inventions nous amusent par leur facile exagération, mais ne nous laissent aucun souvenir, parce qu'ils ne se sont attachés à y mettre aucun sens humain. Les Italiens sont des bouffes charmants, un peu fastidieux à la longue ; ce ne sont que de piètres comiques.

La vie leur est peut-être trop facile, le soleil trop abondant, l'emphase trop innée. La caricature, pour faire impression, demande une certaine amertume. Elle comporte surtout l'arrière-pensée. Le genre bouffe, tout en improvisations, en effets extérieurs, ne peut exciter qu'un rire fugitif, et en quelque sorte de complaisance. Ce n'est pas à dire que ces gens ne se donnent pas beaucoup de mal pour être drôles ; au contraire, ils y mettent beaucoup de conviction. Mais ils s'amusent trop eux-mêmes pour amuser les autres. Pour recourir à l'arsenal des grands mots de la critique, on pourrait dire que la caricature, en Italie, a été subjective, tandis que dans les pays où elle a atteint sa perfection, en Angleterre, en Allemagne ou en France, elle a été surtout objective. Pour être plus clairs, et pour n'employer pas des termes rébarbatifs à propos de choses légères, nous dirons que les caricaturistes italiens ont surtout cherché le risible en eux-mêmes, tandis que les autres l'ont cherché dans leurs modèles.

Maintenant, ce n'est pas une raison pour que ce peuple n'ait pas pris beaucoup de plaisir à de telles fantaisies. L'amusement est une affaire de latitude, il suppose une acclimatation. Si les bouffonneries italiennes ne nous paraissent plus aujourd'hui qu'un ensemble assez plat de *pasquinades*, elles eurent leur moment de vogue, même chez nous. Si le genre héroï-comique ne nous paraît pas comique du tout, il a prodigieusement diverti les compatriotes de l'Arioste.

Pasquinades, disons-nous, rappelant d'un mot les origines et le caractère. Pasquin, né un beau jour du XIVe siècle, dans un moment de bonne humeur du peuple de Rome, devint le père et le type de ces gaietés à fleur de peau. Sous le fragment de statue antique du palais Pamphili, ou écrivit, au jour le jour, de la caricature verbale et anonyme. Le compère Marforio tenait tête au joyeux railleur. C'était sous la forme rudimentaire le petit journalisme du temps. On daubait, en véritables « nouvelles à la main », sur les événements et les personnages du jour. Les

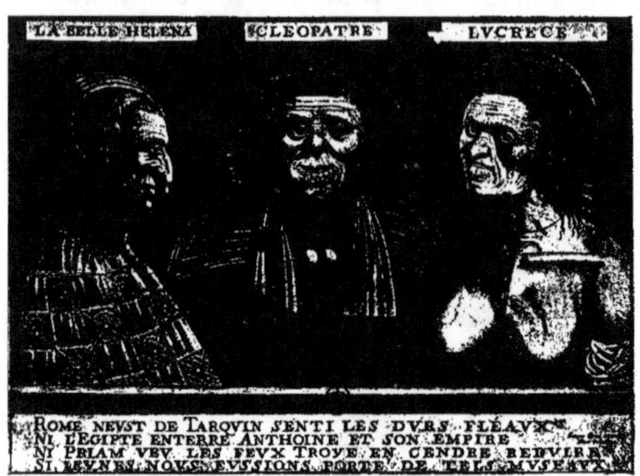

La belle Hélène, Cléopâtre et Lucrèce.
Estampe française inspirée par les caricatures italiennes.

papes n'étaient pas plus ménagés que les autres. Certains prenaient mal la plaisanterie, comme Adrien VI qui voulait un jour faire jeter au Tibre l'impertinente statue ; ses conseillers, mieux avisés, l'en dissuadèrent, ne voulant pas, au fond, être privés d'un amusement quotidien, et sachant bien que Pasquin noyé, un autre Pasquin prendrait vite sa place. Les épigrammes étaient d'ailleurs cinglantes, témoin celle que s'attira un autre pontife, Jules II, trop porté au commerce des indulgences : « Jules s'est fait marchand et veut tromper l'univers ; il vend ce qu'il n'aura jamais, le ciel. »

La religion et la politique ne furent pas la seule matière à caricatures. Le goût de l'antiquité, qui devenait, chez les princes et leurs protégés, une mode passionnée, prêta à mainte charge. Tous les dieux de la mythologie grecque et romaine furent de nouveau bafoués, à la mode des peintures de Pompéi, en des gravures d'un faible mérite. Toute la plaisanterie consistait à donner à ces divinités des figures grotesques de vieilles et de barbons, sans aucun souci de les ridiculiser dans leur caractère propre. *Il bello Narcisso*, la *divina Venere*, la *Castissima Diana*, etc., étaient autant de laiderons invraisemblables, baptisés au hasard.

On s'en prit aussi aux héros des romans et des poèmes en vogue, Angélique,

Roger, Bradamante, et autres princes et princesses de fictions. Et c'était toujours le même pauvre procédé de grimaces sans finesse et sans mesure. Les caricaturistes italiens du XVIᵉ siècle furent de pauvres rieurs et de détestables artistes.

Il y a pour cela une bonne raison : tout ce qui était vraiment capable de manier un burin ou un pinceau eût rougi, dans ce pays, de consacrer son talent à des productions estimées viles. Les ambitions étaient uniformément nobles, et l'on eût cru déroger en marchant sur les plates-bandes des amuseurs de la populace. Peu à peu, par trop de hauteur, on s'éloigna de la vérité, et à force de recherche, l'école italienne en tomba dans une grâce écœurante ou une majesté conventionnelle d'opéra. Ce fut alors la vengeance de la caricature dédaignée.

Voyez où va la pénurie des caricaturistes de valeur dans ce pays de bouffons. Nous en sommes réduits à citer comme les meilleurs caricaturistes italiens Michel-Ange et Léonard de Vinci ! Non pas pour le puéril plaisir de faire crier au paradoxe.

Les recherches caricaturales de Léonard de Vinci sont, du reste, assez

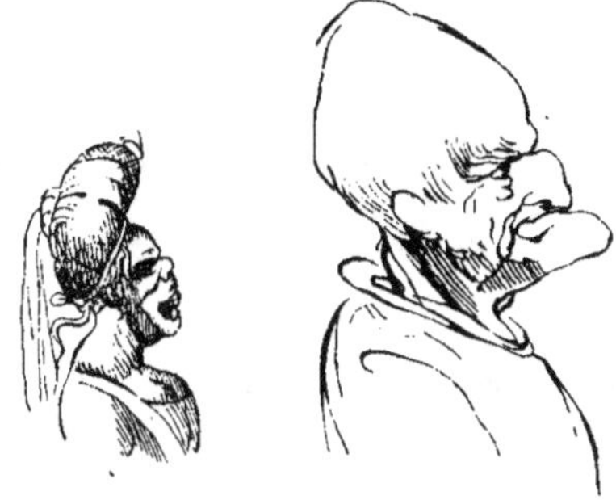

Caricatures dessinées par Léonard de Vinci.

connues pour que nous n'ayons pas cette critique à craindre. On leur a cependant discuté le titre de caricature ; des érudits bien intentionnés ont dit que c'étaient simplement des recherches, des études de la laideur humaine, avec quelques risibles exagérations. Ce n'est pas la peine d'écrire de longues pages pour en arriver à cette conclusion. A la vérité, Léonard était l'esprit curieux et artiste par excellence : la laideur l'intéressait, la beauté le captivait ; la caricature et le rire lui semblaient avoir quelques droits à son attention, dans les moments perdus où le sourire ensorcelant et profond des Jocondes et des Vierges cessait de le hanter.

Elles sont hideuses et grimaçantes à souhait, ces caricatures de Vinci, avec un certain air de famille entre elles toutes, qui ferait supposer que c'étaient des caprices plutôt que des observations de nature. Nez surplombant les bouches édentées, mentons en casse-noisette, gueules de sac, cous s'étageant en peaux ridochées et flétries, crânes pointus et dénudés. Malgré cette monotonie, ces griffonnements sont précieux, car ils nous permettent de faire la nique aux esprits guindés et aux partisans de la noblesse universelle. Vinci les a multipliés ; c'est donc que ce grand et pur rêveur y trouvait un réel plaisir. N'eût-il rencontré ses repoussantes vieilles et ses bonshommes hébétés que dans les crevasses des murailles ou les veines des marbres, c'était beaucoup déjà qu'il prît la peine de fixer leurs cocasseries. Il l'a fait d'ailleurs avec la particulière insouciance de l'Italien qui ne croit pas, comme l'artiste du Nord, que derrière la laideur il puisse y avoir un intérêt moral.

Pour Michel-Ange, on peut le prendre au moins deux fois en flagrant délit de caricature. Nous possédons, au Louvre, une de ces faiblesses. C'est un dessin bien connu, de la salle des boîtes : il représente une tête de faune grimaçant, nez busqué,

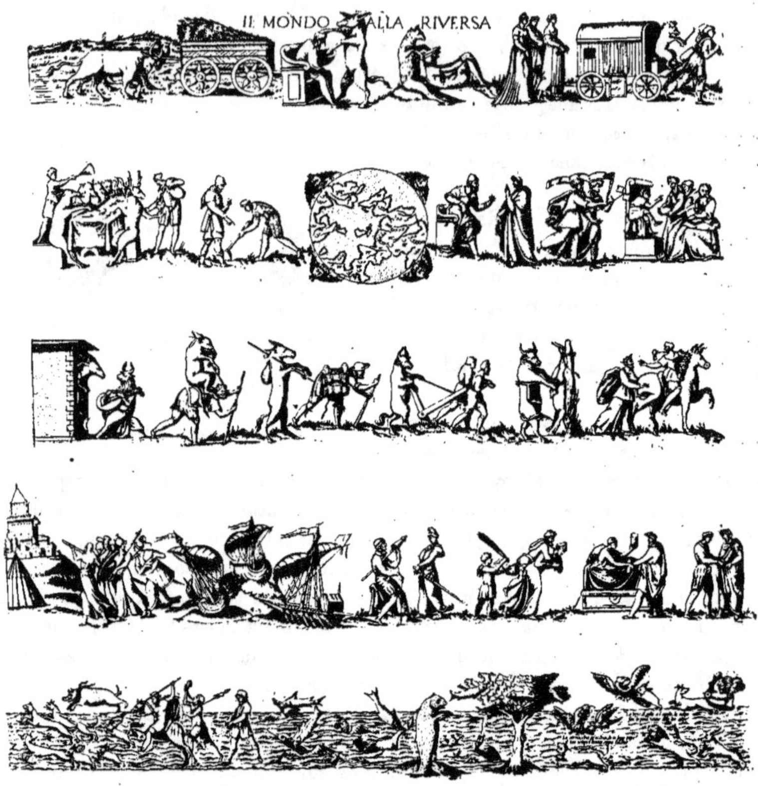

Il mondo à la riversa.

sourire libidineux, verrue au menton. Une inscription latine explique que le **maître** avait ainsi corrigé en charge le dessin d'un artiste maladroit qui avait cru faire un Adonis. A la place de cette explication latine, à laquelle la plupart des visiteurs ne comprennent goutte, il vaudrait mieux, n'est-il pas vrai, écrire franchement : *Caricature,* par Michel-Ange Buonarroti.

L'autre exemple est encore plus net. Le grand peintre n'a pas dédaigné de faire acte sinon de caricaturiste du moins de satirique dans son œuvre la plus formidable : le *Jugement dernier*. Bien en vue, au premier rang d'un groupe d'affreux damnés, se tient, enveloppé par les replis d'un serpent, un personnage enlaidi à plaisir, et enrichi d'une superbe paire d'oreilles d'âne. C'est ni plus ni moins que le maître des cérémonies du pape Paul III, Messer Biaggio. Un jour que ce fonctionnaire accompagnait le pontife dans une visite à la fresque que Michel-Ange exécutait, il se permit une critique incomprise. « Ces nudités, dit-il, étaient bonnes pour décorer plutôt une auberge ou un établissement de bains qu'une chapelle. » Le peintre ne répondit rien, mais quand le travail fut terminé, notre sot eut la joie mitigée de reconnaître son portrait dans le damné aux longues oreilles. Le pape éclata de rire, et il répondit aux doléances de son maître des cérémonies, qu'il n'avait pas pouvoir

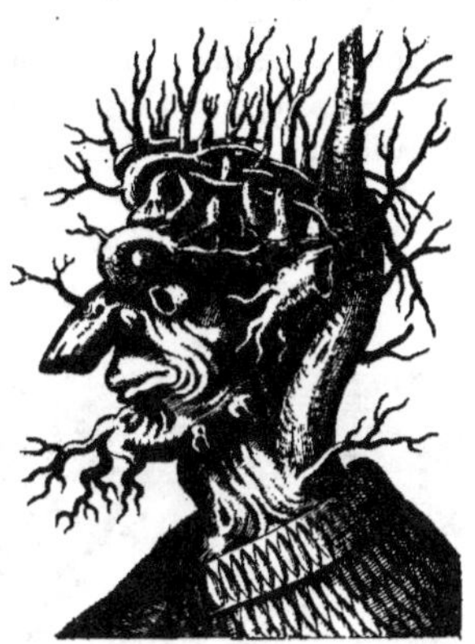

L'HIVER.

pour le tirer de l'enfer. « S'il avait été placé dans le purgatoire, on aurait pu essayer. » A la bonne heure, voilà un pape qui comprenait la caricature.

Malheureusement, il n'y a pas beaucoup d'exemples de ce genre dans l'art italien, et si nous continuons notre examen, nous ne trouvons que de maigres régals. Ce sont, par exemple, des bouffonneries à intentions morales : la *Barbaria del mundo;* ou bien encore des fantaisies saugrenues et d'une déplorable facilité comme cette série du « monde renversé » *Il mundo à la riversa,* où l'on voit des ânes maîtres d'école, des poussins qui se promènent la canne à la main, des bœufs qui dirigent la charrue, et autres inventions aussi spirituelles. Si encore cela se sauvait par quelque finesse de la pointe, par quelque grâce amusante du dessin. Mais non, c'est coulant, et plat comme une mauvaise musique *d'opéra-buffa.*

Voici encore les profondes créations d'une innombrable série de graveurs, qui se sont ingéniés à empiler des attributs divers pour figurer tant bien que mal des têtes humaines. Voulez-vous voir l'Hiver ? Voilà une sorte de visage formé de branches d'arbre sèches. L'Été, maintenant ? Un autre visage formé de fleurs et de feuilles. L'Automne aura pour

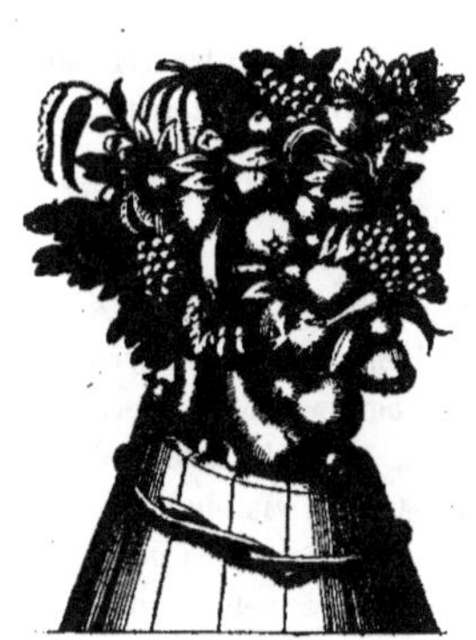

L'AUTOMNE.

nez une grappe de raisins et pour yeux deux prunes. On peut varier les plaisirs et passer aux professions et aux métiers. La chaudronnerie sera aussi facilement portraiturée à l'aide de quelques casseroles de formes diverses, que l'art d'écrire au moyen

10

d'encriers, de rouleaux de papiers et de plumes d'oies. Tel est le comique de ces pondeurs d'images.

On retrouvera dans le commun de nos estampes aux xvi⁰ et xvii⁰ siècles la plupart de ces inventions retournées, démarquées de cent manières, et accommodées à la française, mais elles n'en sont pas moins fastidieuses. Nous en finirions ici avec la caricature italienne si, pour rester sur une impression plus artistique, nous n'avions à citer quelques noms un peu relevés.

Salvator Rosa, fantasque et ami du chimérique, a laissé quelques eaux-fortes, amusants jeux de pointe qui confinent à la caricature. Telles ces disputes de tri-

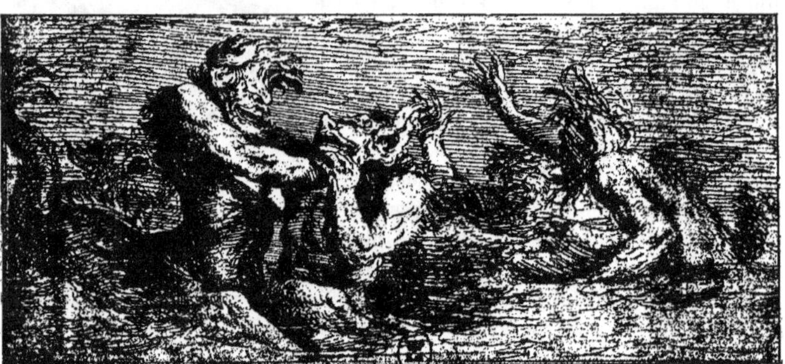

SALVATOR ROSA. — Dispute de Tritons.

tons, où l'ont voit des monstres marins assez grotesques se livrant à des combats bouffons. Si l'invention n'est pas encore d'un comique bien profond, du moins l'exécution a quelques charmes.

Que mentionnerons-nous encore? L'inépuisable Della Bella ou le fastidieux Pinelli. Ce sont ceux que l'on cite le plus souvent.

Della Bella est un graveur à coup sûr très varié et qui ne manque pas d'intérêt; mais comme caricaturiste, cela laisse à désirer. On trouve dans son œuvre, avec des réminicences flagrantes de Callot, beaucoup de ruines, de bergers, de campagnes, d'allégories, de mythologies, un certain esprit superficiel, le tout raconté d'une pointe un peu molle. Il y a même un portrait de l'Homme-Chien, visible il y a peu d'années aux Folies-Bergères. Rassurez-vous, ce n'était pas le même : les hommes-chiens ne vivent pas si vieux. Celui du temps de Della Bella s'appelait Horatius-Gingalès. Il n'y a rien de nouveau décidément et la badauderie humaine n'est qu'une ruminante.

Reste Pinelli. Est-ce bien utile?... Si nous en parlons, c'est la faute à Baudelaire, qui, dans ses belles études sur les caricaturistes étrangers, s'est donné la peine de le discuter. C'était, paraît-il, considéré encore dans sa jeunesse comme de la caricature noble. Mon Dieu, fallait-il avoir envie de s'amuser pour appeler cela de la caricature! Les illustrations de *l'Orlando Furioso* ont un cachet horriblement vieillot ; elles sont l'involontaire caricature du genre héroï-comique ; ce genre faux, où les personnages se croient obligés d'avoir de l'esprit par tirades de trois cents vers ; où l'on décrit gravement des choses que l'on croit drôles et qui ne sont que niaises. Ah! laissez pieusement ce genre à sa patrie.

Les illustrations que Pinelli a tentées du *Roland furieux* contiennent, naturellement, un certain nombre de monstres, dragons et hippogriffes. Pauvres monstres en carton, qui pourraient-ils bien effrayer? Il n'est pas nécessaire d'être fort héroïque pour les tailler en pièces ; il sont si piteux, si peu fantastiques, qu'il semble qu'il suffirait, pour les mettre en fuite, de leur donner du pied au derrière.

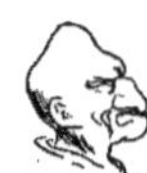

XIV

LE TEMPÉRAMENT ANGLAIS. — HOGARTH ET SON ŒUVRE.

Un vieux vaudeville a pour titre : l'*Anglais ou le Fou raisonnable*. C'est, tout autre rapprochement mis à part, le nom qui s'appliquerait le mieux à Hogarth. Jamais on ne saurait imaginer pareil débordement dans la composition, réuni à pareille raison dans la conception. Tout ce que l'on peut entasser de cruel et d'outré est mis en œuvre par son burin pour prêcher la morale et la vertu. Il ne recule pas devant le tableau effrayant, devant le détail hideux, pour mieux enfoncer la leçon qu'il a résolu de faire pénétrer dans l'esprit de son public.

C'est que les nerfs anglais ne sont pas de même essence que ceux de la race que nous venons d'étudier. Ils disparaissent sous les muscles durs ; les boîtes osseuses qui abritent les cervelles sont solides et épaisses. Il faut, pour que cela vibre ; frapper à outrance. Ce qui révolterait un homme du Midi ou choquerait un homme des zones tempérées qui sont les nôtres, est pour ceux-ci une distraction et un stimulant. En Italie on se désaltère avec d'excellente eau claire ; chez nous il faut du vin, dans ces pays de brouillard, le *brandy* le plus poivré cause seul aux gosiers quelque sensation.

Puis ce sont des protestants ; les images austères, sombres, leur sont familières ; ils sont durs pour les autres et durs pour eux-mêmes. Ils exigent, habitués aux méditations taciturnes, aux arguties farouches, que tout ce qu'on leur présente soit doublé d'un sens philosophique. Leurs imaginations saisiraient mal de légères fantaisies à propos de rien ; bien qu'en ce genre ils soient aussi parfois portés par leur nature complexe à se montrer exquis, ils ont des préférences pour les déploiements de force et les recherches de violence. Mesurez toute la différence entre un carnaval de Naples ou de Rome et un jour de courses à Epsom, entre un spectacle de *pupazzi* et un combat de coqs ou de boxeurs. Les deux foules racontent toute la physiologie des deux arts. Ici un tohu bohu joyeux et papillottant, des rires superlatifs et des bravos pâmés sur des niaiseries. Là, de rudes coudoiements, des sourcils froncés, des yeux fixes, des sourires amers, des poings qui se crispent, toute une tension des esprits et des corps. Les uns se délectent à quelque raffinement de galanterie ou à quelque jolie rencontre de mots sonores ; les autres ne sentent de jouissance que devant quelques horions furieux, et quelque côte savamment défoncée. A de pareils spectateurs on ne peut offrir une fade et légère pâture ; il faut frapper fort et à coups redoublés.

Mais il est aussi une toute autre classe, et c'est ce qui fait que, sans qu'il y ait de contradiction, l'art anglais présente tous les tons. Si dans le populaire la brute est désespérément épaisse, dans les classes plus élevées et plus cultivées on

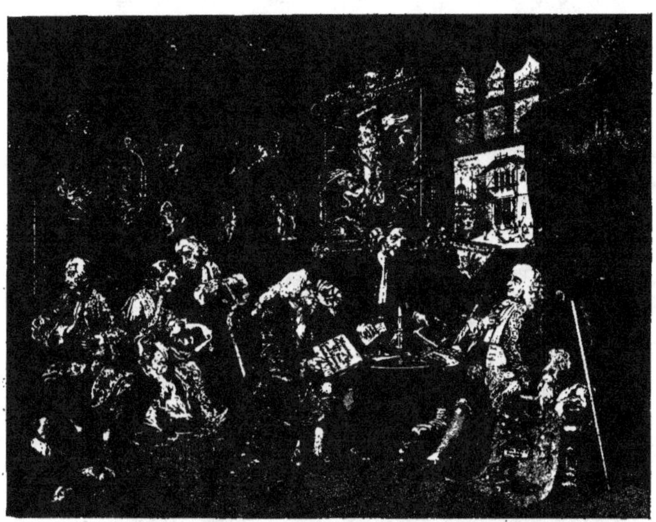

W. HOGARTH. — Le mariage à la mode.
I. — Le contrat de mariage.

peut sans crainte se livrer aux caprices les plus ténus, aux imaginations les plus immatérielles, aux plus sublimes et aux plus touchants élans de passions. Alors, les nerfs, au lieu d'être protégés par un massif système musculaire, sont au contraire à vif. C'est ce qui explique, dans le même pays, la possibilité d'un Hogarth et d'un Gainsborough ou d'un Turner ; c'est ce qui fait comprendre comment Shakespeare, qui réunit en lui tout ce que le génie de la race porte de plus exquis et de plus brutal, a pu façonner des sonnets qui ne le cèdent point en *concetti* mignards aux plus contournés sonnets italiens, et en même temps faire passer devant nos yeux les frayeurs d'*Hamlet,* les sorcières de *Macbeth,* gronder les orages du *Roi Lear.* Mais de tous les raffinements que préfère la race, c'est encore le raffinement dans l'horrible et dans l'outré. Et c'est Hogarth qui, le premier, a donné à ce besoin une satisfaction artistique.

William Hogarth naît en 1697. La caricature anglaise est donc d'origine assez moderne. A la vérité, il y avait bien des précédents, mais sans grande valeur d'art, sans cohésion et manquant d'un véritable caractère national. Les manuscrits anglo-saxons contenaient certaines miniatures à brutales intentions satiriques. Le règne de Charles Ier avait aussi donné l'essort à un mouvement considérable de pamphlets illustrés de façons plus ou moins rudimentaires. Wright, dans son histoire de la caricature, cite une des plus remarquables de ces gravures: *The Roaring boys* (les Tapageurs) ; ce n'est pas une pièce bien extraordinaire. Puis on sentait dans l'art

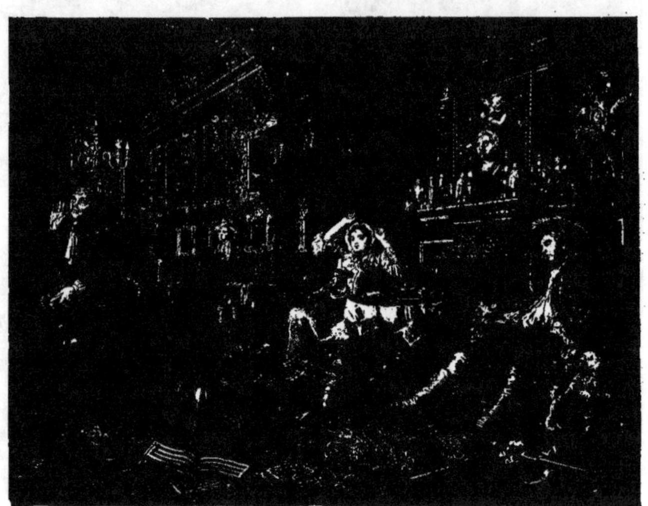

W. HOGARTH. — Le mariage à la mode.
II. — L'intérieur du jeune ménage.

anglais, avant Hogarth, l'influence étrangère. On importait le goût. Pour cela, on s'adressait à l'Italie ; ou bien on appelait Van Dyck ; avant, c'était Holbein. Les artistes indigènes n'étaient que des imitateurs.

Alors, voici ce qui arrive. Un gamin de Londres entre en apprentissage chez un graveur. Il occupe ses moments de loisirs à courir les rues et les places publiques ; il se mêle aux foules ; fraternise avec les matelots ivres de *porter,* assiste à des batailles, ou à des *meetings.* Pour obéir au préjugé, il fait quelques études académiques, s'essaye à de grandes compositions allégoriques dans le goût de son temps. Mais un jour, emporté par son tempérament, hanté par ses observations, il envoie promener tout cet attirail qui l'empêtre. Il grave avec un burin trempé dans la boue de Londres des scènes de filles et de proxénètes ; il fait grouiller à travers ce canevas tous les coquins, tous les ivrognes, tous les loqueteux dont il avait fait jadis la connaissance précieuse. Le succès est considérable ; le graveur est le premier grand artiste national.

Hogarth, en route pour faire fortune, réconcilié avec son beau-père (le peintre du roi, James Thornhill, dont il avait enlevé la fille pour être plus sûr que sa pauvreté

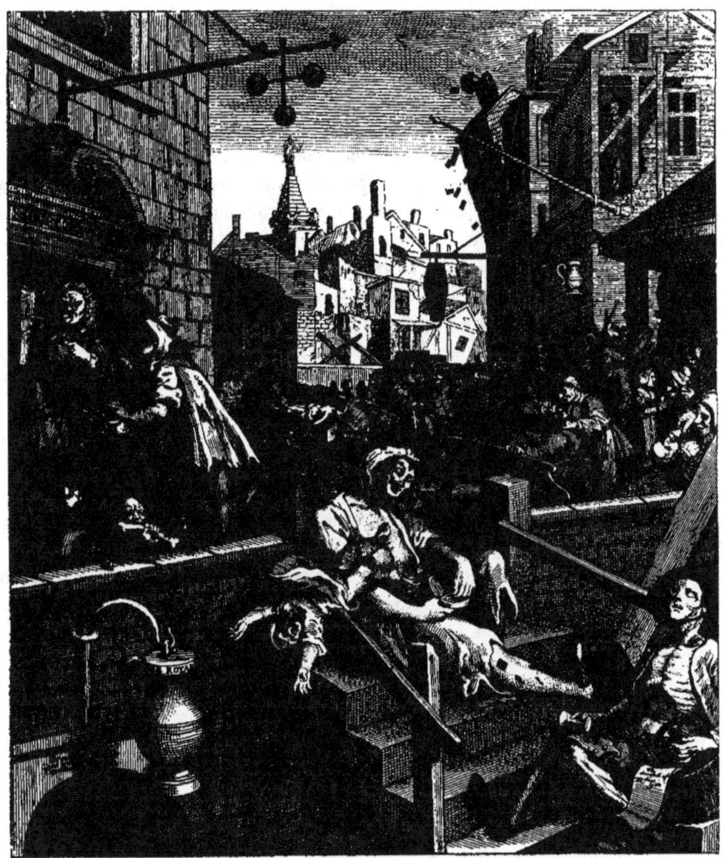

La rue au Gin.

ne serait pas un obstacle à son mariage), n'a plus qu'à continuer dans la voie qu'il s'est ouverte, et qu'à s'occuper de fouailler ses contemporains.

Ah ! il les fouaille de belle façon, et il faut reconnaître qu'il a la poigne dure. Les joueurs, les débauchés, les petits maîtres, les hommes politiques corrompus, les précieux ridicules, les fous, les filles et les voleurs, tout cela y passe et Hogarth les installe tout nus à son pilori. Il ne fera grâce ni d'une plaie ni d'une difformité. Soit pour faire passer la brutale ingénuité de ses exhibitions, soit par véritable conviction morale, chacune de ses gravures ou de ses peintures est un sermon ; et c'est ce qui nous ramène toujours à l'esprit l'obsession de notre surnom : le Fou raisonnable. Prenons-nous comme exemple la plus célèbre série : le *Harlot's progress* (la Carrière d'une prostituée) ; nous déroulerons avec lui toutes les scènes d'alcôve et toutes les scènes d'hôpital. Depuis la matrone hideuse, bouffie, habile en suggestions corruptrices qui vient chercher et pétrir au vice une ingénue de campagne, jusqu'à la vie de coups de poings, de raccrochages, d'orgies, de progressive et inconsciente pourriture où est perpétuellement ballotée cette loque vivante. Voulez-vous un chapitre de cette histoire ? C'est la mort de la fille. Elle est étendue dans un cercueil ouvert, et sa pauvre face est hideuse et décharnée, qui jadis pouvait donner envie d'acheter de la joie ; les compagnes qui veillent, cette dernière nuit, s'accoudent familièrement sur cette bière, vocifèrent, s'enivrent et s'empiffrent une funèbre et répugnante boustifaille.

Sans doute cela est grossier de conception, ces contorsions sont violentes, ces contours heurtés, ce dessin emporté et sommaire. Nous disons, nous, que c'est puissant, que cela prend en même temps au cœur et aux entrailles ; que cela vous a l'allure de ces musées pathologiques, où un simple coup d'œil vous contraint pour plusieurs jours à toutes les abstinences, et c'est pour cela que l'on encouragea Hogarth, car la leçon était forte et portait. Il y a toujours en Angleterre des armées du Salut et des sociétés de tempérance disposées à soutenir ces campagnes. Seulement ce n'était pas à coup de cantiques ni de versets de la Bible que Hogarth entreprenait la sienne. Il combattait les vices avec leur propre arsenal ; et c'étaient leurs ordures qu'il ramassait dans le ruisseau, pour les jeter à la tête de ses débauchés et les forcer à s'enfuir sous les huées.

Après le succès du *Harlot's progrest*, satire violente, mais impersonnelle, le graveur entreprit le *Rake's progress* (la Carrière du libertin), et cette fois il ne masqua pas ses modèles. Ces portraits peu ménagés lui attiraient des ennemis en nombre, tandis que son succès lui valait des envieux parmi les autres artistes. C'est le lot du satirique de marcher à la solitude. Hogarth s'inquiétait peu des conséquences de ses œuvres. Il avait la conviction qu'il faisait une besogne utile ; c'était un robuste, de plus un travailleur à la vie retirée et simple. Trois raisons excellentes pour qu'il continuât à cingler sans se décourager ni sans se laisser intimider.

De son dessin rude et exagéré, de son burin lourd et monotone, il traçait en tableaux singulièrement expressifs malgré ces défauts, les ridicules et les vices de son temps. Dans le *Mariage à la mode*, il montrait l'oisiveté, le manque d'amour, la dissipation de part et d'autre, amenant les plus dramatiques catastrophes, une union commencée par la frivolité, terminée par le désespoir et le crime. Sans doute ces scènes sont composées avec une passion et une conviction fortes ; mais elles nous laissent à nous l'impression à la fois d'un mélodrame et d'un prêche. Cette manie de prêcher va si loin dans Hogarth, qu'il a, dans une double série parallèle, retracé

les aventures du bon et du mauvais apprenti *(The industrious* et *the idle prentice)*,
qui feraient dormir debout, s'il les fallait raconter sans l'amusement de l'image. Le
mauvais apprenti, on le devine, finit en prison, à moins que ce soit à l'hôpital. Quant

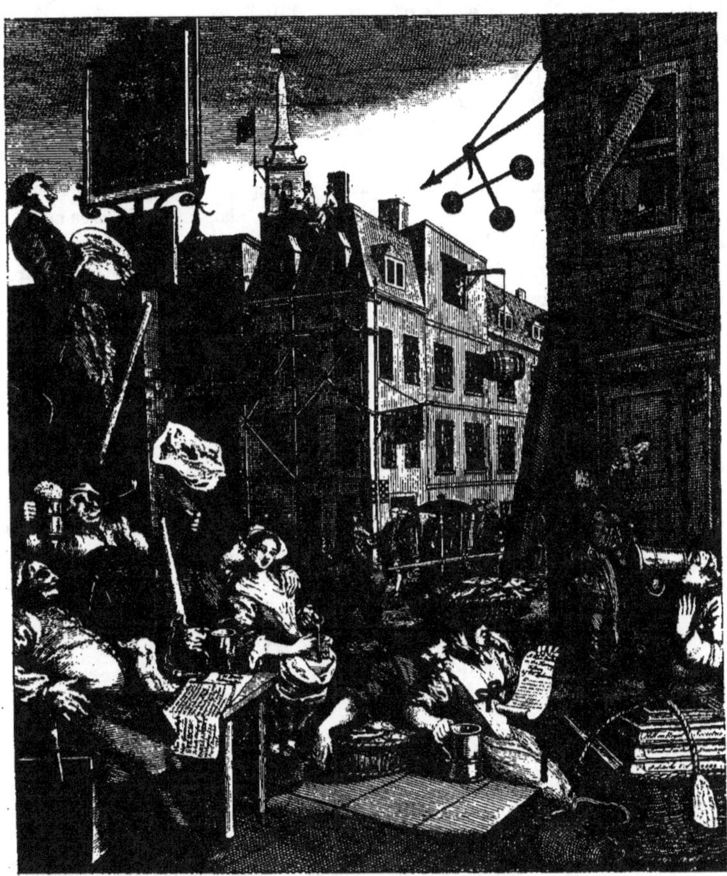

Beer Street.

à l'apprenti laborieux, il arrive à l'enviable situation de lord-maire, et il a la
récompense bien anglaise de présider un banquet monstre.

A cette satire si enfantine, on préférera les scènes si férocement réalistes où la
vie populacière est étudiée: le combat de coqs, les mœurs électorales, et cette
opposition sous forme de « pendants » entre la rue où l'on boit de la bière, où tout le

11

monde se porte joyeusement, en belle mine, belle humeur, et la rue où le gin exerce ses ravages sur une population de squelettes épileptiques, de femmes décharnées, de brutes et d'assassins.

Hogarth, en bon Anglais, a fait quelques caricatures contre la France; si elles étaient bonnes nous les goûterions, sans amour-propre aucun. Elles manquent de sel; il suffira d'en citer une : c'est le plan d'une invasion française sur les côtes britanniques. Le satirique offre à son public le terrible spectacle d'une troupe de mimes venant planter sa bannière au beau milieu d'un des quartiers de Londres. Des vers menaçants rassurent les envahis: « On leur montrera, à ces fanfarons, que le bœuf et la bière permettent d'asséner de bons coups, mieux que la soupe et les grenouilles rôties ». Chacun sait qu'en Angleterre, la plaisanterie la plus en faveur encore maintenant dans les basses classes — et peut-être un peu plus haut — est de nous représenter comme d'exclusifs mangeurs de grenouilles. On pourra remarquer en outre cette perpétuelle crainte de l'invasion qui a hanté de tout temps ces insulaires, pourtant si bien protégés par la nature et qui se traduisait encore il y a peu d'années, d'une façon comique par la célèbre brochure de la *Bataille de Dorking*.

Ceci n'est que pour indiquer quelques côtés faibles dans l'œuvre de ce jouteur si rude. La caricature politique fut aussi créée par lui de toutes pièces dans son pays. Nous citions à l'instant les scènes de mœurs électorales. Ce sont des compositions superbes de mouvement et de verve indignée. Les bureaux de corruption s'organisent en plein vent; on paye, on gorge et on soûle les électeurs; ou bien encôre ce sont des tournois d'éloquence populaire, des rixes entre partis opposés. Et tout cela, pour qui? Pour quelque vil intrigant, quelque John Wilkes, ambitieux, beau parleur, entraîneur de masses, défenseur de bons principes dont il se moque. Ce Wilkes est la bête noire d'Hogarth, et un jour, il grave de lui un portrait si âpre, une caricature si haineuse, où il fait transparaître dans toutes les rides du visage une âme si méchante et si basse, que cela reste comme un des plus beaux modèles de la satire dessinée.

Ce qui fait un des grands mérites d'Hogarth et ce qui donne à son œuvre cette saveur si forte, ce mouvement que l'art anglais n'avait pas encore rencontrés avant lui, c'est qu'il ne voulut pas comme ses prédécesseurs être l'esclave de conventions ou de règles : « Au lieu, écrivait-il, d'embarrasser ma mémoire de préceptes surannés, ou de fatiguer mes yeux à copier des peintures endommagées par le temps, j'ai toujours trouvé qu'étudier la nature même était la voie la plus directe et la moins périlleuse pour acquérir la connaissance de notre art. »

Ce n'est pas tout pourtant, car Hogarth, comme nous l'avons remarqué, tient à combiner toutes ces choses vues, à les composer en vue d'une idée à défendre, ou d'un travers à combattre. Il s'en est expliqué lui-même avec grande lucidité : « J'ai tâché de traiter mes sujets comme l'eût fait un auteur dramatique. Mon tableau est mon théâtre, les hommes et les femmes sont mes acteurs, et ceux-ci, au moyen de certaines poses et de certains gestes, ont charge de représenter un spectacle muet. »

L'admirable, le puissant collectionneur de laideurs grotesques, de vices hideux que fut Hogarth, ne devait pas, par un phénomène assez curieux, échapper lui-même aux attaques. Par certains côtés, ce caricaturiste impitoyable prêta à la

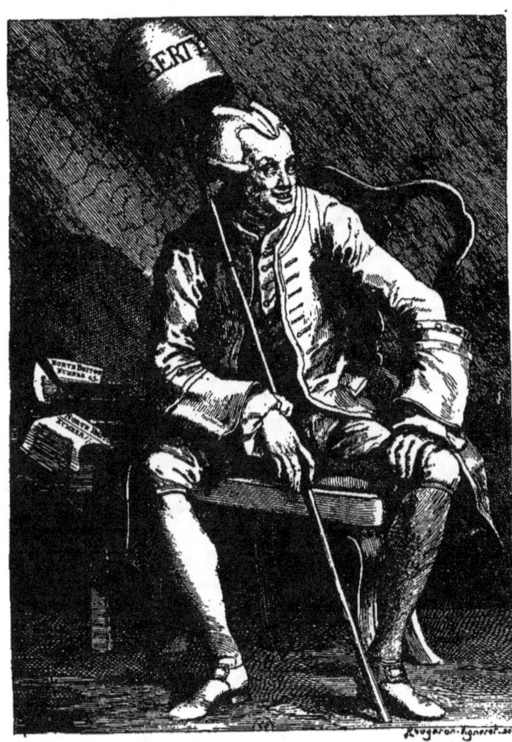

Portrait de John Wilkes.

caricature. Ses rivaux ne le ménagèrent point. Ne s'avisa-t-il pas un jour d'écrire ? N'eut-il pas l'ambition, lui qui avait si heureusement travaillé dans le difforme, de dire à la postérité, en quoi consiste le « beau absolu » ? L'*Analyse de la beauté*, tel fut le titre de l'ouvrage ; nous avons eu la patience de le lire ; après cette lecture touffue et peu claire, nous n'avons pas été, plus que les contemporains d'Hogarth, convaincus que le principe de la beauté fût la ligne *serpentine*, et que la lettre S, malgré ses courbes élégantes, donnât l'impression de l'idéal. Le traité, d'ailleurs, est orné de deux ou trois planches curieuses, où le graveur a entassé les exemples : calligraphie, anatomie, copie de l'antique ; tout cela forme un réjouissant pêle-mêle.

Bah ! on pouvait passer cette faiblesse à ce robuste. William Hogarth mourut à l'âge de soixante-sept ans, presque subitement. Une heure avant de faire le voyage, il avait mangé à son dîner une livre de roastbeef, sa ration ordinaire.

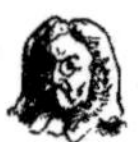

XV

LE SOURIRE ET LA CARICATURE AU XVIIIe SIÈCLE.
BADINERIES ET SCÈNES DE MŒURS. — CARICATURES DE VOLTAIRE.
LES SAINT-AUBIN. — COCHIN. — DEBUCOURT.

Le sourire, c'est le rire de ceux qui attendent, ou de ceux qui se souviennent. Précédé d'une assez longue suite d'événements pour avoir acquis l'expérience qui rend sceptique, travaillé par d'incessants symptômes de profondes transformations, le XVIIIe siècle devait être le siècle du sourire. A la fois très blasé et très ouvert aux sensations neuves, très roué et très sentimental, très incrédule et très exalté, très jeune et très vieux, il ne pouvait goûter les grosses gaietés et les éclats de bonne humeur. Frivole, insouciant, d'autant plus épris de naïveté qu'il lui était impossible d'être véritablement naïf, il n'eut que l'affolement de l'élégance. Pour bien sourire, il faut être ou très ingénu, ou très corrompu, ou bien avoir beaucoup souffert. Il faut être très tendre ou très désabusé. Tout le siècle (nous parlerons à part de la Révolution qui ouvrait pour ainsi dire dans le siècle un siècle nouveau) tient dans trois sourires : le sourire cynique du Régent et de Louis XV, le sourire railleur de Voltaire, le sourire mélancolique, élégiaque des bergères de Trianon, soudain figé sur des lèvres pâlissantes, dans un effroyable écroulement de ruines, parmi les éclats de rire rouge des *Ça-ira!*

Siècle exquis de fausseté et d'effronterie, de chansons et de déguisements jolis, élevant des autels à la nature et tournant d'un galant parti-pris le dos au naturel, comment aurais-tu ri, partagé que tu étais entre les deux grands ennemis du rire, l'incrédulité et la sensiblerie? Arrange qui voudra tes incessantes contradictions ; mais elles t'ont si bien accaparé, que l'on trouve une arrière-pensée sous toutes tes inspirations, un doigt de rouge sur toutes tes agaceries et au fond de tout cela, un découragement inquiet, ne pouvant supporter des choses que les apparences flattées.

Aussi la caricature est-elle simplement esquissée ; elle n'appuie pas ; elle tient souvent dans une vignette mignonne ; elle reflète les frivolités et les raffinements. Elle n'a ni la force, ni la volonté de mordre, de cingler, de déchirer. Tout cela serait du dernier fatigant. Une jolie épigramme qu'on se redit dans les ruelles, une chanson badine qui circule sous le manteau ; pour le reste, le plus possible de gentils travestissements. La laideur, élément de la caricature, devra en passer par le goût du temps, et se prêter aux amusements ; elle fera la belle, ou on ne s'en occupera pas. La politique, les revendications sourdes, les mécontentements, les protestations ? Il est toujours temps de songer à cela. Après nous le déluge. Puis, il y a la Hollande qui se charge de ces besognes : c'est de chez elle que partent toutes les caricatures contre Law, un bon nombre contre les jésuites, contre le Parlement, etc. Quant aux guerres, il faut laisser cela aux nouvellistes ; cela ne vaut pas les honneurs d'un coup de crayon ou d'un coup de langue. Si des nouvelles alarmantes arrivent, il faut s'en défier comme d'autant de « craques ». Si un général est battu, on fait un couplet de notre défaite :

Soubise dit, la lanterne à la main :
J'ai beau chercher ! Où diable est mon armée ?

Une seule chose vaut de se mettre en peine : c'est de chercher le plaisir. On jouera à tout, au philosophe, au savant, au lettré, à l'artiste ; et tous ces jeux seront prétextes à attifements et à galanteries.

On conçoit dès lors que dans le recueil des caricatures, celles qui visent la mode occupent la place la plus importante. Mais par où attaquer ces femmes si tendrement, si gracieusement femmes, avec tant d'abandon et de langueur ? Cela ne comporte pas la charge. Ce serait un meurtre, un blasphème. Elles ont toutes, depuis la petite bourgeoise de Chardin jusqu'à la grande amoureuse de Watteau, un laisser-aller si frais, des lèvres enroulées si entr'ouvertes pour le souriant baiser ; elles sont si tentantes en cornette et en négligé, si pimpantes et si grisantes dans leurs paniers ou sous leurs hautes coiffures poudrées, qu'il faut encore, toujours sourire. Dans les centaines de gravures, qui doucement s'égaient de ces monumentales architectures de cheveux, les femmes ont encore d'adorables séductions ; leurs hauts talons pointus les grandissent à peine, ces folles. Et La Bruyère a eu beau dire qu'il faut mesurer une femme entre la chaussure et la chevelure, comme un poisson entre la queue et la tête, ces atours font partie d'elle. Tout factices qu'ils soient, le sceptique chuchotte que ce n'est pas ce qu'il y a en elles de plus faux.

Il est piquant de remarquer, à propos de coiffures, que Louis XVI se fit à un moment, sinon caricaturiste, du moins inspirateur de caricatures, et que c'est lui qui commanda, sous main, quelques-unes de ces planches sur les ajustements monumentaux, afin de réfréner, si possible, les créations géniales de Mlle Bertin.

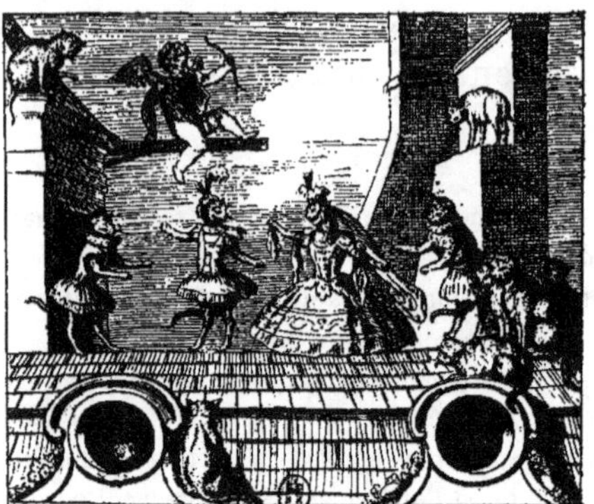

La tragédie sur les gouttières.

Ainsi va la vogue dans sa course capricieuse, du talon rouge de la marquise au soulier plat de la bergère, et c'est toujours la même femme, toujours grande dame sous tous ces déguisements. Elle garde quand elle s'encanaille, notre grand'mère, une grâce tendrement libertine. Le XVIIIe siècle a seul compris le décolletage et jeté de

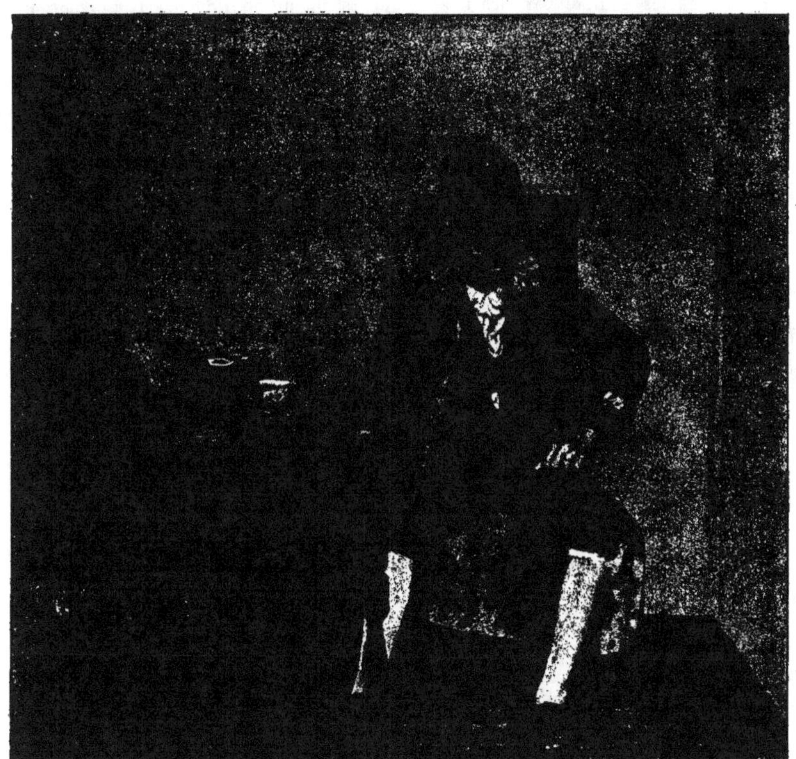

Voltaire dans son cabinet de travail.

l'art sur la grivoiserie. Le siècle précédent n'avait que de grasses gaietés, le nôtre même n'a pas autant le sens de la femme, bien qu'il en pousse plus et presque trop loin la préoccupation. Les estampes polissonnes, à sous-entendus peu voilés, villageoiseries gourmandes d'ébats pris dans les greniers, promenades à Cythère, parties d'escarpolette, tout cela s'empile à présent par milliers dans les cartons pour la plus grande joie des amateurs, qu'on scandaliserait en traitant cela de caricature. Sans doute cela n'est pas le mot propre! C'est, si l'on préfère, du badinage, c'est-à-dire la forme la plus délicate de l'art humoristique. Mais il faut pourtant lui faire sa part dans notre étude. Sans cela, que nous resterait-il pour le siècle des sourires ? Les estampes hollandaises ou les caricatures sur les aérostats, c'est ce qui ferait la plus grosse partie du recueil, mais non la plus significative.

On ne les compte pas, les images qui racontent ou ridiculisent l'invention nouvelle. Quel effet l'imagination des dessinateurs tire de ces voyages dans les airs, ou de la comparaison de la rotondité des mongolfières avec d'autres rotondités, on le

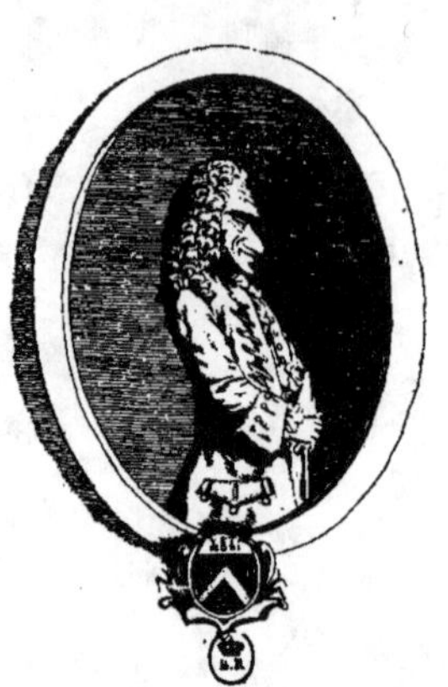

devine sans qu'il soit besoin d'entrer dans le détail. C'est de l'imagerie courante, qui indique toutefois la curiosité que ce siècle apporte à toutes les questions scientifiques ou philosophiques. On en trouve encore la preuve dans la passion que le public met à suivre les discussions des médecins ou des physiciens. Ici ce sont des caricatures sur le médecin Tronchin ; là, contre Mesmer et son magnétique baquet : de belles fanatiques s'abandonnent aux effluves mesmériens, s'endorment de confiance. Une estampe, plus violente, montre le célèbre magnétiseur, *l'hypnotiseur* en vogue, opérant sur une charmante petite patiente ; mais l'opérateur est gratifié d'une superbe tête d'âne.

Cette caricature n'est pas d'un sel exquis ; le XVIIIe siècle se sert peu des animaux comme l'a fait le moyen âge ; on s'intéresse bien plus à l'homme.

Il est pourtant un animal à qui l'on fait fête, qu'on répand à profusion dans les décorations, sur les caprices des trumeaux et des frises : c'est le singe. Ses instincts de malice, son tranquille sans-gêne, sa grimace spirituelle, amusent prodigieusement. Watteau, Chardin, ne dédaignent pas de le mettre dans ses meubles et de lui chiffonner des robes de chambre. Parfois cela va plus loin que la simple fantaisie : au château de Chantilly, les Condé s'amusent à faire décorer un salon des amours d'une guenon et d'un caniche. Cette libidineuse singesse n'est autre que Mme Du Barry, le caniche est Sa Majesté Louis le Bien-aimé.

Tout est singerie ou papillonnerie, grimace ou légèreté. Le roi de ces papillons, c'est le petit maître, triomphant de coquetterie et de suffisance, ou l'abbé, qui se multiplie, et partout fait l'agréable et le nécessaire. Quant au singe par excellence, au singe roi, singe de génie, comme on l'a appelé plus tard, c'est l'infatigable railleur, M. Arouet de Voltaire, qui est aussi, par un retour assez curieux, un des hommes les plus caricaturés du siècle. A tel point que l'on peut se demander si souvent ses plus cruelles moqueries ne sont pas de simples actes de légitime défense.

Une suite relative à Voltaire est célèbre : celle où le dessinateur suisse Hubert a représenté le patriarche de Ferney sous tous les aspects imaginables. De profil, de trois quarts, de face, de derrière, en bonnet, en perruque, en chapeau, souriant, morose, pensif, déclamatoire, ironique, bref un Voltaire presque aussi multiple et plus ressemblant que nature. On a rangé cela, un peu de force, dans la caricature : C'est... la faute à Voltaire, qui n'était point doué des grâces d'un bellâtre. Mais autant mettre la statue de Houdon au nombre des caricatures aussi. Ces croquis sont certes

charmants ; il faut sourire, et rire même chaque fois qu'on les regarde. Voltaire, lui, ne les goûtait point, considérant Hubert comme un ennemi qui le voulait rendre fort ridicule. Il n'y avait de la part du dessinateur que de la sincérité.

Les vraies caricatures de Voltaire, il faut les chercher dans l'illustration des brochures satiriques, des libelles, comme on dit. Par exemple dans la collection des publications de colportage. Et ce ne sont pas, parfois, des artistes de second ordre qui font ces charges. Cochin en a pour son compte un certain nombre, frontispices de la *Male Bosse,* ou des *Manteaux* et autres pamphlets contre le philosophe. Cela a une allure franchement caricaturale ;

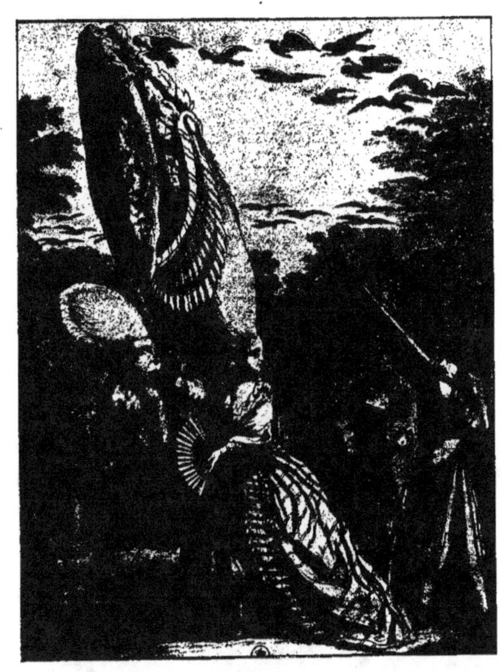

« Mlle des Faveurs à la promenade. »

la ressemblance est d'ailleurs moins frappante de beaucoup que dans les Voltaire d'Hubert.

Cette quantité de petites vignettes, de petites brochures plaisantes, prouve aussi combien d'intérêt on prend aux questions de littérature et d'art. Combien de gens de plume, combien de critiques, aujourd'hui profondément inconnus, dont on peut retrouver une silhouette comique, tracée d'un burin railleur ! Ces images ne les sauvent pas de l'oubli ; tel abbé famélique et hargneux, qui fit au moins autant de bruit dans le marécage écrivassier que le célèbre Fréron, ne saurait plus prétendre à la plus légère mention.

De même, dans le monde des porte-pinceaux et porte-palettes, on s'entre-crayonne gaîment. De ravissantes « calotines et charges » de peintres, Oppenord, de Troy, La Joue, etc., etc., forment une des plus jolies séries attribuée au peintre de Favanne. M. de Chennevière les a étudiées et reproduites dans les *Portraits d'artistes français*.

Grand est l'intérêt qu'on porte aux choses de théâtre ; la scie d'atelier n'est pas moins en faveur, et il ne faudrait pas croire qu'elle date de Cabrion. Les peintres les plus en vue ne dédaignent pas de tracer en vifs croquis ou en de faciles eaux-fortes des allusions aux événements du jour. Tel Noël Coypel, avec son amusant *Régime de Falconnet* (le malade fait une cure au clystère et à la guitare) ou son *Testament de Mlle Dupuy en faveur de son chat*, autant de joyeuses frivolités de gazettes, véritables nouvelles à la main, esprit de boulevard. De Coypel à mentionner aussi cette gentille badinerie de la *Tragédie sur les gouttières*, une scène d'*Iphigénie* déclamée sur un toit par des matous en costumes tragiques.

Cela ne vaut guère que pour donner le ton de la plaisanterie, le *la* de la caricature caricaturante. Mais pour la fantaisie souriante, pour l'estampe leste, gaillardement et artistement troussée, il y a mieux à citer et à étudier.

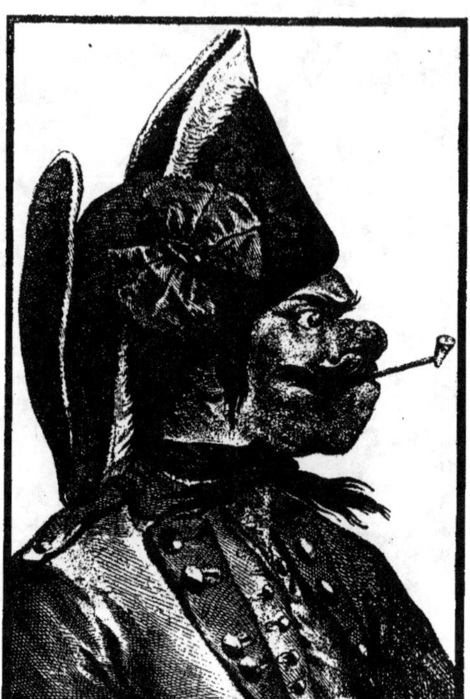

La Tulipe.

Ces adorables maîtres graveurs qui s'appellent Cochin, les Saint-Aubin, Debucourt.

Cochin, quand il imagine, quand il rêve, multiplie les rinceaux et les rocailles ; cela se contourne en volutes élégantes, en recherches d'arabesques pomponnées. Quand il se promène par les rues, il se fait naturaliste à sa façon, mettant encore, comme tous les artistes de ce temps, involontairement de la grâce dans la trivialité. Tels, le *Chanteur de cantiques*, qui en plein vent, psalmodie à son auditoire de bonnes femmes son répertoire pieux, ou la *Charmante Catin*, la virtuose mécanique accompagnée de sa gentille montreuse qui chante pour elle.

Cochin illustre aussi les Contes de La Fontaine avec une prédilection particulière. N'est-il pas curieux de remarquer que ces spirituelles égrillardises n'ont trouvé leur vrai commentaire que cent ans après leur publication ? Le bonhomme appartient au XVIII⁰ siècle par ses contes... et au XIX⁰ par ses fables. Car un auteur n'appartient qu'au siècle qui l'a compris.

Nous avons mentionné en passant les petites vignettes des publications contre

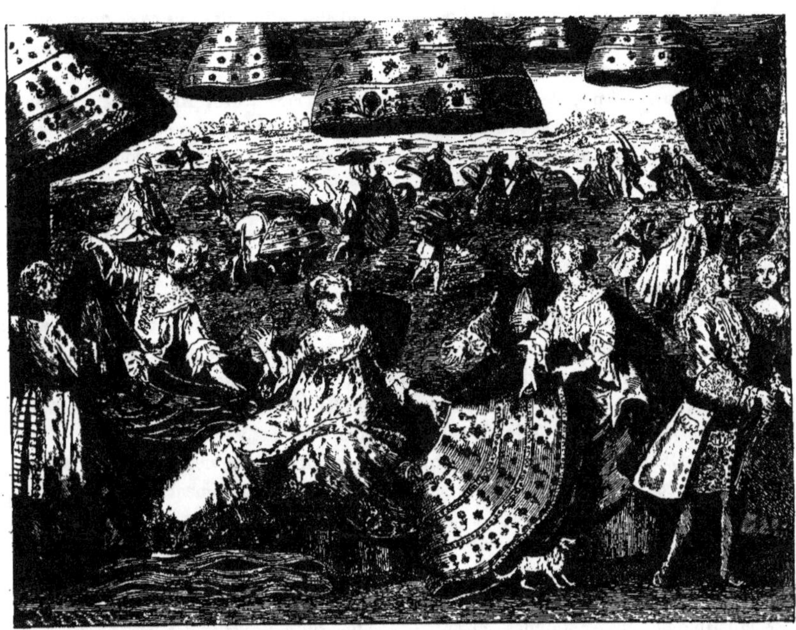

Distribution des paniers de toutes modes par ma mie Margot, aux environs de la ville de Paris, en 1735.

Voltaire. Mais où Cochin triomphe, c'est dans les grandes compositions où il lègue à la postérité le souvenir des réjouissances de cour. Il les dessinait, d'autres les gravaient sous sa direction ; quelquefois Madeleine Cochin ; parfois il s'en mêlait lui-même. Qui n'a pas vu au Louvre, et ne s'y est longuement arrêté, le ravissant, touffu, spirituel, animé, dessin à la plume rehaussé d'aquarelle, qui représente un bal masqué à Versailles? Ah ! par exemple, bien que rien n'en soit réellement caricaturé, nous le réclamons comme notre propriété, car c'est la quintescence du sourire du siècle. Tous ces masques langoureux intriguant ces bergères ; ce va-et-vient pressé des dominos, des capes et des habits, toutes ces conversations qui éclatent en fusées, ces grâces assassines, ces fanfaronnades de sentiment! Puis dans la foule circulent l'éclat de rire des Turcs monstrueux, la mystification des ifs : oui, pour égayer la fête, des écervelés ont arboré sur d'énormes têtes de carton, des turbans d'extraordinaires dimensions ; ou bien, s'inspirant d'une promenade dans le parc décoré par ce vieux pontife de Lenôtre, ont imaginé de se déguiser en ifs, ces faux arbres ridiculement condamnés à ignorer la poussée dépeignée des arbres véritables. Et c'est plaisir de voir, dominant de leur verte silhouette taillée à coups de serpe, ces ifs se promener gravement à travers l'élégance des falbalas. J'imagine que ce déguisement eût fait froncer le sourcil à Louis XIV, s'il l'avait vu arborer à une de ses fêtes, caricature ambulante de ses goûts décoratifs.

D'ailleurs qui peut échapper, dans la mode, à la caricature? Rien ne serait plus facile à charger que la décoration du xviiiᵉ siècle elle-même, dans certaines fureurs de draperies, de panaches et de tarabiscotages. En voici un exemple pour ceux qui voudraient tenter l'expérience. Dans l'œuvre de notre Cochin, je trouve encore une planche, sérieuse cette fois, qui représente la *Pompe funèbre de Marie-Thérèse d'Espagne, dauphine de France*. Cela se passa à Notre-Dame à grand renfort de cierges, de tentures et d'architures improvisées. Non, c'est extraordinaire la transformation que l'on a fait subir à la vieille nef gothique ; c'est un immense boudoir, une salle de spectacle, avec des loges pleines de dames en grandes toilettes, et au milieu, un catafalque merveilleusement troussé, où deux figures pleureuses prennent des poses. Si nous parlons de cette estampe, qui n'est point une caricature (pourtant on pourrait s'y tromper), c'est pour montrer simplement jusqu'où cette société poussa la frénésie du sourire : il le lui fallait jusque dans la mort.

Mon Dieu, sourire quand on meurt, c'est comprendre la vie de la bonne façon. Cela n'empêche pas de mettre, dans cette vie, beaucoup de sentiment. Le xviiiᵉ siècle en fit aussi une étonnante dépense. Il sentimentalisa sur tout et à propos de rien. C'est le propre de tous ceux qui ne sont pas très susceptibles d'impressions sincères. Il leur semble qu'en abusant de la forme, le fonds pourra leur venir par surcroît. Tout est matière à réflexions et à retours attendris d'une élégiaque philosophie. Augustin de Saint-Aubin nous dépeint-il dans une suite *Les jeux des petits polissons de Paris?* Il est flanqué d'un poète qui inscrit au bas de chaque planche un quatrain plein de soupirs. Celui-ci, par exemple, pour le jeu du *Sabot*.

> Je vois ici la vive image
> De mille amants, de mille époux :
> Exigeants, inquiets, jaloux,
> Ils tourmentent l'objet qui reçut leur hommage.

Tout cela pour une toupie !

Elle est d'ailleurs adorable, cette série ; des petits polissons, animés, courant, criant, riant, la culotte en loques, le coup de poing facile, et le coup de pied quelque part toujours prêt. Ils saute-moutonnent, jouent aux billes, à cache-cache, à la toupie, à ces mille jeux où le poète anonyme veut à toute force voir une image de la

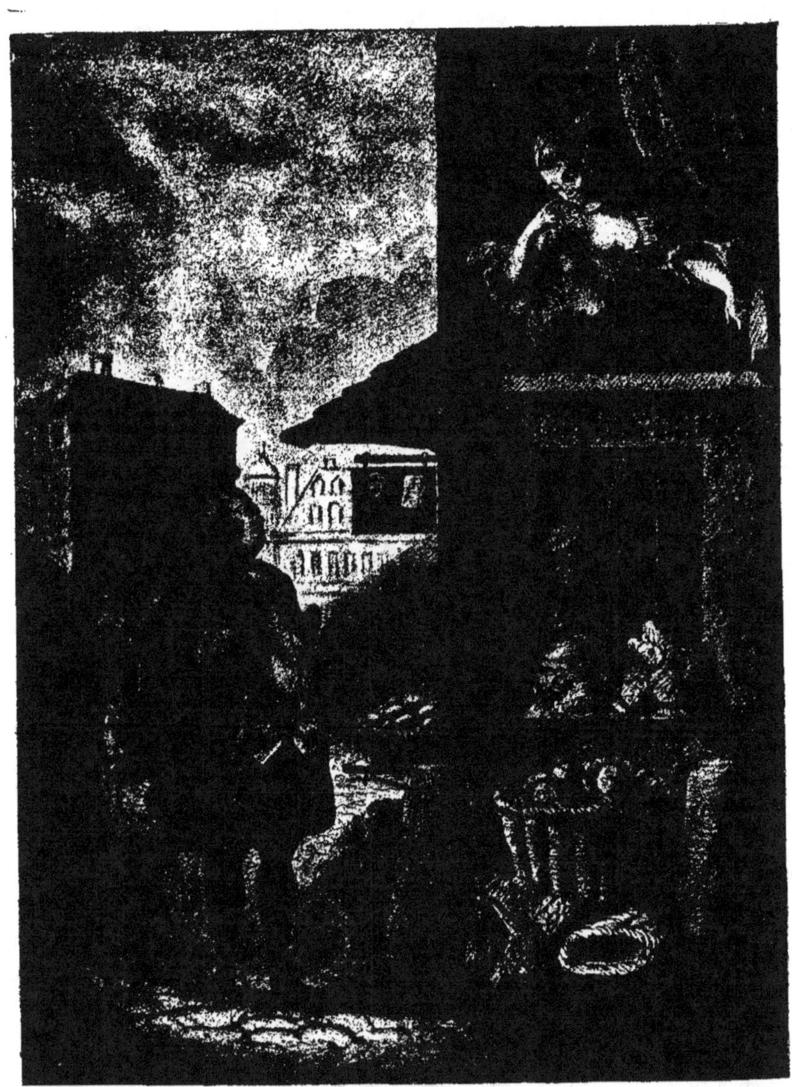

Le bon Logis.

vie, mais ici le dessinateur, plus pratique, se contente de montrer d'adorables et
sobres caricatures du gamin de Paris, vieux comme les pavés entre lesquels il pousse.

Gabriel de Saint-Aubin a une touche plus fine, comme graveur, mais une
verve peut-être moins franche; pourtant ses *Nouvellistes*, ses réunions d'amateurs
de tableaux sont des crayonnages éminemment artistes. Dans les *Papillonneries
humaines*, il caricature doucement des scènes de théâtre, les encadrant d'architectures
d'une délicatesse infinie, découpées dans des ailes de papillon, et édifiées sur de

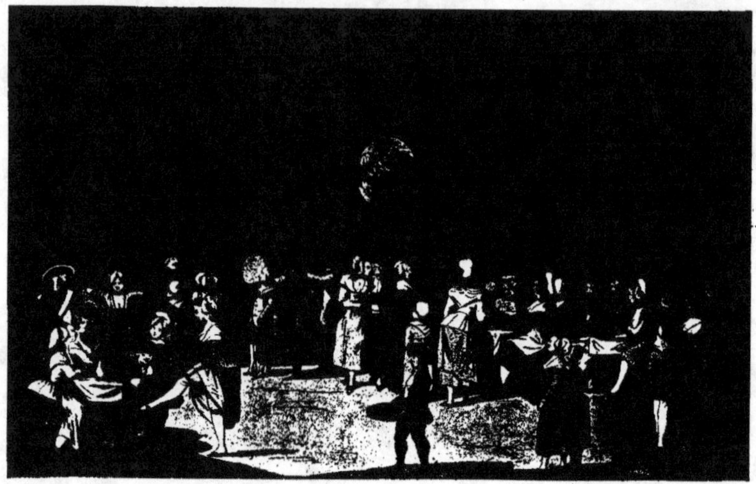

Cabaret Ramponneau (XVIIIᵉ siècle).

fragiles antennes. Pour en finir avec les Saint-Aubin, il serait dommage de ne pas
mentionner de jolies pièces d'une grivoiserie sentimentale gravées en couleurs par
Augustin.

Mais la gravure en couleur, c'est le domaine de Debucourt, et domaine presque
exclusif tant il s'y est montré maître. On comprend, malgré les incorrections du dessin,
malgré l'affectation musquée des attitudes et les grâces peu naturelles des sourires,
le ravissement passionné où peut plonger les amoureux du XVIIIᵉ siècle, la contemplation de ses estampes. Toute l'œuvre de tous les graveurs de ce temps supposée
détruite, s'il ne restait que Debucourt, c'en serait assez pour nous donner encore beaucoup de l'esprit du XVIIIᵉ siècle. Il n'y manquerait qu'une note peut-être : l'intime
simplicité de Chardin. Mais dans Debucourt vous retrouvez très en diminutif il est vrai
et à la portée d'intelligences moins artistes, un reflet de la gracieuserie souriante de
Greuze, de l'élégance de Watteau, de la sensualité de Boucher. Et cela est si séduisant
malgré son affectation, peut-être à cause de cette affectation elle-même, si vraisem-

blable de fausseté, qu'on passe sur toutes les faiblesses, car elles disparaissent dans tout le pimpant de l'ensemble.

Si nous mettons Debucourt dans ce chapitre, si nous parlons de sa célèbre *Promenade publique*, bien que cela dût être traité, chronologiquement, avec l'époque révolutionnaire, c'est que cet artiste et cette œuvre se rattachent beaucoup plus étroitement aux années précédentes. Le sentiment est le même, le même est le sourire.

Sans doute la foule qui grouille sous les arbres du Palais-Égalité, en 1792, n'est pas la même que celle qui se pressait, sous la plume de Cochin, dans les salons de Versailles quelques années auparavant. Mais Debucourt, à force d'élégance, aristocratise cette démocratie : les filles ont des airs abandonnés de duchesses ; les galantins s'exercent aux belles manières avec tant de conviction, que seuls des yeux exercés les discerneraient des gens de qualité. Ces experts en véritable distinction sont pour le moment émigrés. Nous n'avons donc qu'à admirer de bonne foi en Debucourt un dernier spécimen d'une grâce finissante, un écho affaibli d'une société déjà oubliée. C'est lui qui clôt définitivement l'ère des insouciances. Malgré tous ses efforts, il ne peut pas chanter la Révolution d'un ton assez sévère, l'Empire d'une voix assez mâle et rude ; et la Restauration le trouve languissant et épuisé.

Il incarne la décadence du XVIIIᵉ siècle, rappelant d'une façon affaiblie et énervée toutes ses élégances, toutes ses mignardises, toutes ses déclamations précieuses. C'est pour cela que, dans son œuvre, on lit plus couramment et plus ingénument les vices et les travers ; peu à peu tout cela s'est exagéré en se transmettant Et c'est pour cela aussi que Debucourt, arrivant le dernier, est le plus décidément caricatural.

On dira sans doute que tout ce que nous avons indiqué comme caricatures est très sujet à contestation. Nous ne pouvons que répéter ceci : un siècle qui a plutôt toujours souri que ri franchement ne pouvait faire de franches caricatures ; il n'en pouvait donner que des essais adoucis, des indications légères et souvent à peine sensibles. La caricature véritable est plus accentuée aux époques de passion et de violence. Or, tout ce siècle jusqu'à la Révolution, c'est-à-dire son dernier quart déjà très entamé, n'a connu ni la violence ni la passion extrêmes. A part de rares exceptions, sa gaieté n'a jamais été plus loin que le sourire, son chagrin plus loin que la pleurnicherie.

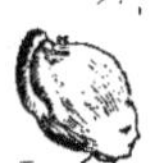

XVI

LA CARICATURE SOUS LA RÉVOLUTION FRANÇAISE.

Il faut savoir mettre l'art dans sa poche quand il n'a rien à voir aux événements. La place des joueurs de flûte n'est pas sur les barricades ni au seuil des comités de salut public. Certains temps de bouleversements, de combats, de sauve-qui-peut coupent brusquement la parole aux délicats, et le mieux qu'ils aient à faire, c'est de se garer ou de s'enrôler. Pendant cette période, l'art se tait. Il faut laisser passer la trombe, se vider les orages, et, pour le reste, se consoler de la certitude qu'il refleurira même sur des ruines !

L'époque de la Révolution française n'a pas produit d'œuvres raffinées ; est-ce qu'on avait le temps ? Elle en a fait naître d'âpres et de brutales, jusqu'à des extrémités qu'on ne soupçonnait plus ; est-ce que ce n'est pas une conséquence fatale des événements ? Regretter l'absence d'art et d'esprit dans les estampes révolutionnaires c'est les chercher où ils ne peuvent pas être, c'est s'étonner que les sans-culottes n'aient pas de talons rouges et de perruques à frimas ; que la poudre à canon ne sente point la bergamote et la frangipane. Si on veut bien ne pas juger ces estampes avec l'œil et le goût d'un collectionneur de Cochins ou de Latours, on reconnaîtra qu'elles parlent, et avec une singulière éloquence.

Les frères de Goncourt, dans leur *Histoire de la société française sous la Révolution*, se sont laissés aller à être un peu victimes de leurs préférences d'artistes et de raffinés. Ils se sont montrés à la fois juges et parties ; et peut-être dans cette occasion ont-ils poussé trop loin leurs exquises qualités d'historiens passionnés. Ils ont refusé en bloc, à cette imagerie : « le jet puissant, le crayon étrange, la tournure magistrale, la hardiesse, la bizarrerie des inventions rieuses. » D'accord, sauf pour la hardiesse ; mais à défaut de ces qualités recherchées, ne peut-on parfois demander autre chose à la caricature ? Ne peut-elle pas refléter avec une implacable netteté les entraînements, les haines, les colères, les enthousiasmes, quelle que soit la grossièreté de la forme, la pauvreté de l'exécution ? Y a-t-il la moindre trace d'art dans la pourtant admirable estampe de *Patience,* dont nous avons parlé ? Rattachez immédiatement cette plainte aux espoirs, aux revendications et aux excès dont l'estampe révolutionnaire se fit l'interprète, et vous avez, avec une puissance d'évocation

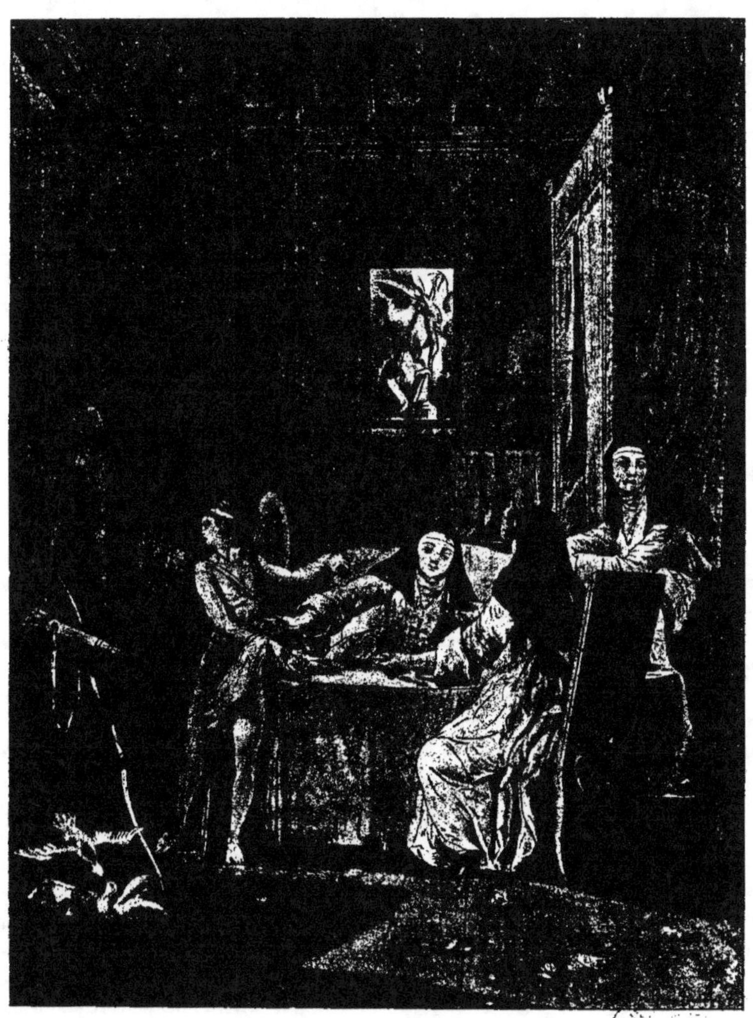

LES RELIGIEUSES ET L'AMOUR.

incroyable, tout un peuple qui revit sous vos yeux. Et c'est au fond la véritable vie, non pas notre vie factice de rêveurs et d'imaginatifs qui nous est si chère, mais la vie pour vivre, la vie pour le morceau de pain de chaque jour. Elle a des brutalités, des sauvageries de loup à jeun, des aveuglements de chien enragé, tout ce que vous voudrez, mais elle palpite encore à cent ans de distance, elle brûle! A tel point que sur un de ces papiers jaunissants, des discussions s'engagent même aujourd'hui, aussi ardentes que s'il s'agissait d'événements contemporains. Nous voulons les éviter par goût, accordant en principe l'absence de qualités d'art, et nous bornant à faire ressortir de ces documents l'indéniable éloquence.

Au début de la Révolution, ce sont des alternatives d'impatience, d'enthousiasme et d'espoir. La patience est à bout, mais un peu de respect subsiste : on attend beaucoup de la bonne volonté et de la justice des classes privilégiées. « *Il faut espérer que ce jeu-là finira bientôt!* » dit la légende d'une gravure qui représente une femme du peuple portant sur son dos une religieuse et une aristocrate. Il n'y a pas encore de révolte ni de colère menaçante, mais un simple appel à l'équité. Chaque conquête de la liberté est saluée par des transports de joie, et traduite aussitôt par de naïves et confiantes enluminures. « *Touchez-là, monsieur le curé, je savions bien que vous seriez des nôtres.* » On fait fête au clergé ; on mène gaiement le *Convoi funèbre du seigneur des abus.* De bonne foi, on espère que les *Trois ordres de France* supporteront sur leurs épaules une part égale du fardeau de la dette nationale et de l'impôt territorial. Au lendemain de la nuit du 4 Août, une autre image célèbre cette poussée de fraternité et s'écrie : « *Bon! nous voilà d'accord!* » Il y a pourtant quelques sceptiques, des prophètes de mauvais augure, ou simplement des prévoyants. Ils jugent que cela est trop beau pour être solide. *Ça durera-t-il? Ça ne durera pas toujours!*

La noblesse n'est pas sans trouver que le tiers accepte ses concessions forcées, avec trop d'empressement, et comme chose toute naturelle. Les arrière-pensées germent déjà, touffues. De son côté, le tiers, encouragé par ses victoires, conçoit des ambitions : « *Ma feinte, monsieur, je crois que votre habit d'officier m'irait bien.* » Et la cour, offusquée, trouve que la fraternité va trop vite en besogne, que la liberté se fait trop complète, et elle répugne à l'égalité. Peu à peu les imperceptibles fissures se font crevasses, puis abîmes. De l'ironie on passe vite à la provocation et de la provocation à l'insulte violente. Les défiances ont fait place aux récriminations. La caricature devient nettement anti-aristocratique et anti-cléricale. L'*Instituteur des aristocrates* sera un diable en costume ecclésiastique, enseignant à de petits aristocrates la manière de faire les Saint-Barthélemy. Le caricaturiste est factionnaire et il pousse ce qui-vive : *Halte-là! plus d'aristocratie.* On va plus loin ; il faut attaquer, traquer, faire la *Chasse patriotique à la grosse bête.* Et comme il faut toujours que la farce et la calembredaine conservent leurs droits dans les rues de Paris, circulera la charge des nobles sous formes de pots de grès, et ce sont les *Aristocruches.* Comme en un siècle les notions changent et se renversent! Cent ans auparavant le bon La Fontaine rimait sa fable du *Pot de terre et du pot de fer,* mais alors c'était le noble qui était le pot de fer.

Quant au clergé, le ton de cordiale déférence, de familière bonne humeur, de confiante sympathie que révélaient les estampes de 1789 s'aigrit et devient de plus en plus irrévérencieux et taquin, puis décidément hostile. Mais cette hostilité se manifeste d'une façon particulière. Avec le sens narquois, gouailleur, du gamin de

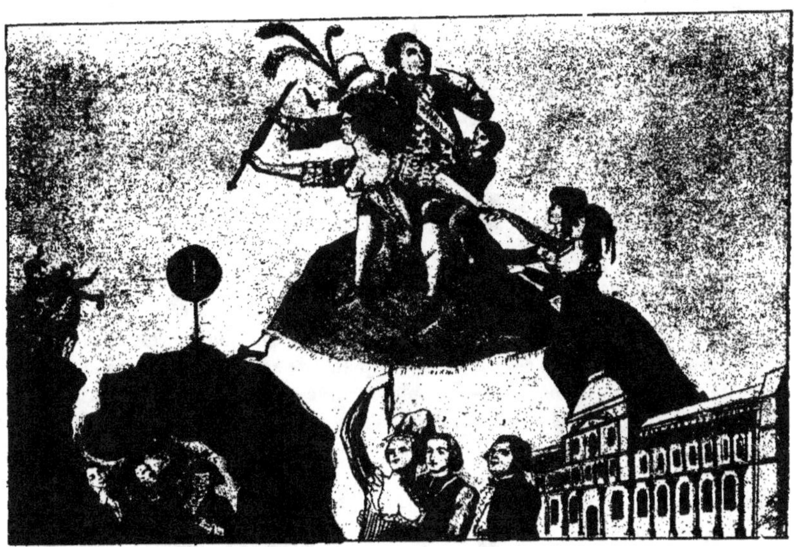

La fuite de la sainte famille à Montmédy.

Paris, on attaquera prêtres, nonnes et moines par le côté le plus sensible: la pudeur. Il ne sera d'avanie qu'on ne fasse au vœu de chasteté. La meilleure caricature sera celle qui amènera le mieux le rouge sur les joues de ces timides. Aussi, on en imagine d'énormes! On se grise à qui trouvera la plus triomphante saleté ; c'est un écho du rire de Rabelais, une provocation bouffonne à laquelle on n'attache pas d'autre méchanceté. Tant pis pour qui s'en fâche, et bon garçon qui en rit! On ne conçoit pas que ces mijaurés s'en offusquent ; il faut bien faire leur éducation.

Elles ne sont donc pas, à proprement parler, haineuses, ces caricatures; elles sont d'une bonne grosse obscénité gauloise et populacière. Ceux qui les font et les spectateurs qui s'en amusent ne comprennent pas, voilà tout, les délicats effarouchements de cette éducation. Supposez un séminariste dans une caserne : sans penser à mal, et sans vouloir lui faire de peine, les camarades croiront de leur devoir de le *dégourdir* et y trouveront un plaisir de drôlerie. Aussi, dans les estampes qui sont dirigées contre le clergé, les plus significatives ne sont-elles pas l'innombrable série des abbés : *l'abbé-tise, l'abbé-quille, l'abbé-ration,* etc., etc. Celles-ci sont pitoyablement niaises. Mais

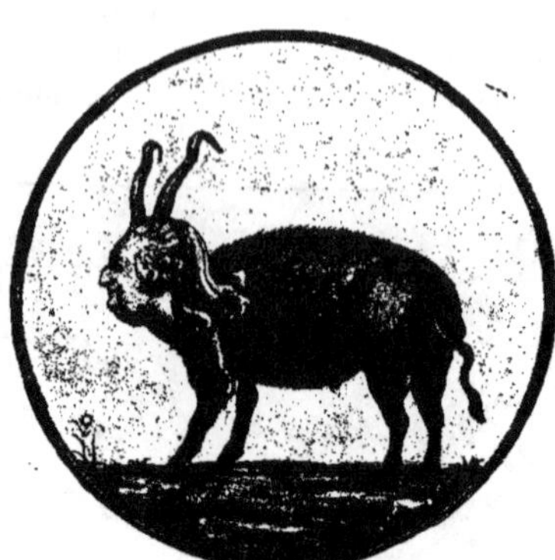

Caricature de Louis XVI.

les grivoiseries, les allusions polissonnes aux mariages rendus possibles, sinon obligatoires, par l'abolition des vœux; les mises en scène d'amour, le froc à peine jeté aux orties. Ici ce sont de gentilles nonnettes à table, servies par un petit Cupidon en grand costume; vous savez en quoi consiste cette tenue : en rien du tout. Là ce sont des capucins qui attendent leur tour dans la boutique d'un barbier, ou bien s'exerçant assez gauchement à marcher au pas sous la conduite de quelque caporal sans-culotte.

L'éditeur Villeneuve, que nous retrouverons tout à l'heure plus cruel, publie plusieurs de ces vignettes, très soignées, sur de jolis fonds rouges : « *On me rase aujourd'hui;* » c'est un moine qui fait couper sa barbe. « *On me marie ce soir;* » c'est une sœurette qui change sa guimpe contre un fichu (moins empesé, et plus facile à ôter). Et des titres où résonne encore faiblement un écho des galanteries d'antan : *Le joli moine profitant de l'occasion!* Et des recrudescences de gaieté inattendues quand on se met à être brutal : on donne la fessée aux récalcitrantes; pas bien fort, je souhaite; une estampe, libre d'allures, rappelle ces moyens coercitifs sous le titre au moins étrange de *Discipline patriotique!* La légende énumère le nombre de... patientes, et il se trouve que, contre toute vraisemblance, ce nombre est fractionnaire! C'est que « la trésorière des Miramiones »... (comment dire cela? pourtant la légende le dit)... n'a droit qu'à une demi-ration.

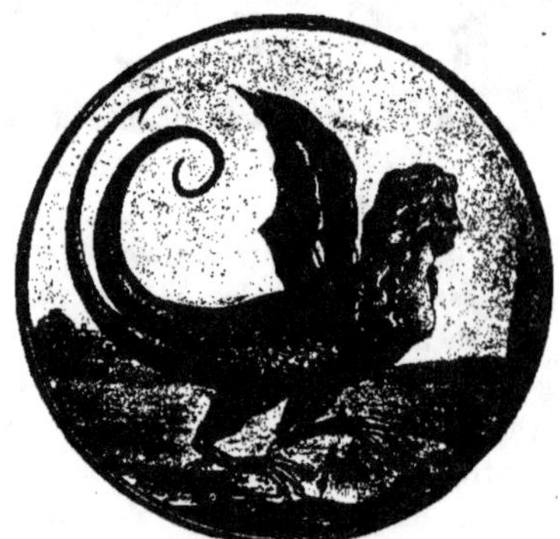

Caricature de Marie-Antoinette.

Ce sont aussi, dans la note politique, des caricatures nombreuses sur le serment ecclésiastique. Le *Français d'autrefois* et le *Français d'aujourd'hui :* un prêtre aristocrate refusant le serment, et un prêtre patriote le prêtant de bonne volonté, et de bonne foi.

La caricature politique, remarquons-le en passant, est encore en grande partie indépendante du journalisme. Elle reste image détachée. Pourtant les premiers essais, encore bien incertains et bien faibles, commencent avec les *Révolutions de France et de Brabant* ou les royalistes *Actes des Apôtres*. Peu à peu, le *Père Duchêne* aidant, singulier caricaturiste en paroles, au procédé uniforme qui consiste à faire de chaque adversaire un b... ou un j...-f..., le ton de la polémique s'abaisse, et la caricature suit le mouvement. *Ce que fait un patriote du bref du Pape*, on le devine peut-être, mais l'image ne le laisse pas ignorer. Nous ne donnons pas sans doute cela pour de l'esprit ; et nous n'éprouvons, cela va sans dire, pour ces griseries d'obscénité qu'une médiocre sympathie.

Mais nous voici arrivés à la série bien plus violente encore des caricatures contre Louis XVI et la famille royale.

M. et Mme Veto! c'est une chose terrible qu'un surnom pareil. Le surnom, quand il a de ces sonorités populaires, quand il est bref, comme découpé à l'emporte-pièce, et gros de signification en peu de syllabes, est un extraordinaire ferment de caricature. Il marque l'estampe comme d'un coin, et de son côté l'estampe trouve en lui une source toujours nouvelle d'inspirations haineuses. Cependant la haine n'éclata pas féroce pendant les premiers événe-

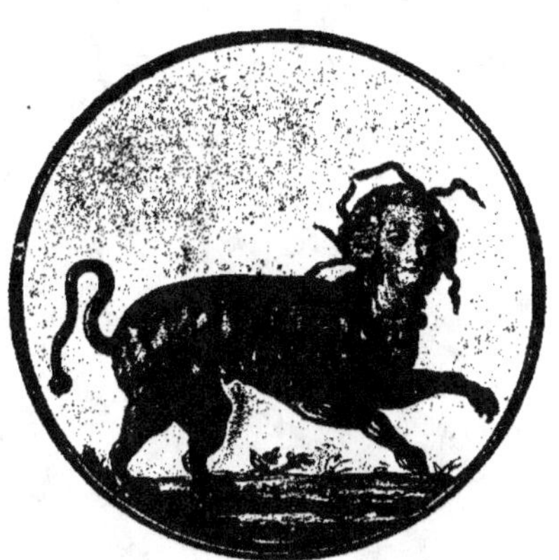

Caricature de la princesse de Lamballe.

ments. Il n'y avait de véritablement impopulaire que la pauvre Autrichienne. Quant au roi, on le considérait plutôt comme une « bonne pâte », un être faible, qui aurait pu être dirigé au mieux des intérêts du peuple. Une gravure est à cet égard significative, malgré son exécution presque enfantine : *Hé hu! dada!* dit la légende, et c'est Louis XVI tiraillé, mal guidé par le comte de Provence, par Marie-Antoinette, et tous autres conseillers néfastes.

Mais après la fuite à Varennes, toute bienveillance s'arrête; la colère verse alors des torrents d'injures. Rares sont les images simplement modérées dans la condamnation; une est à citer. Capet a engagé une partie de cartes avec un homme du peuple en bonnet phrygien : « J'ai écarté les cœurs, » dit-il mélancoliquement; il a les *piques;* je suis capot! » Pour les autres, est-il bien nécessaire d'entrer dans le détail, d'énumérer les nombreuses *Familles de cochons ramenées à l'étable*, les panthères, les hyènes, les louves sous les traits de la reine déchue? La composition dont nous donnons une reproduction : *Le Saut de la famille royale des Thuileries à Montmédy*, est de beaucoup une des plus courtoises.

Pauvre femme, aux dédains cruellement punis, vos yeux gonflés et rouges de larmes, toute votre élégance blonde, courbée jusqu'à terre par des mains brutales, vous avez du moins gagné à ces insultes, à ces malheurs qui accablaient votre grâce féminine, d'être, même par ceux qui vous jugent avec beaucoup de sévérité, saluée d'une pitié tendre. Quelle plus belle vengeance des caricatures?

MM. de Goncourt ont opposé à ces estampes grossières ou sanguinaires, combinaisons porcines ou *Descentes de Louis Capet aux enfers,* ou *Louis le Traître, lis ta sentence!* les magistrales satires que grava contre la Terreur l'anglais Gillray.

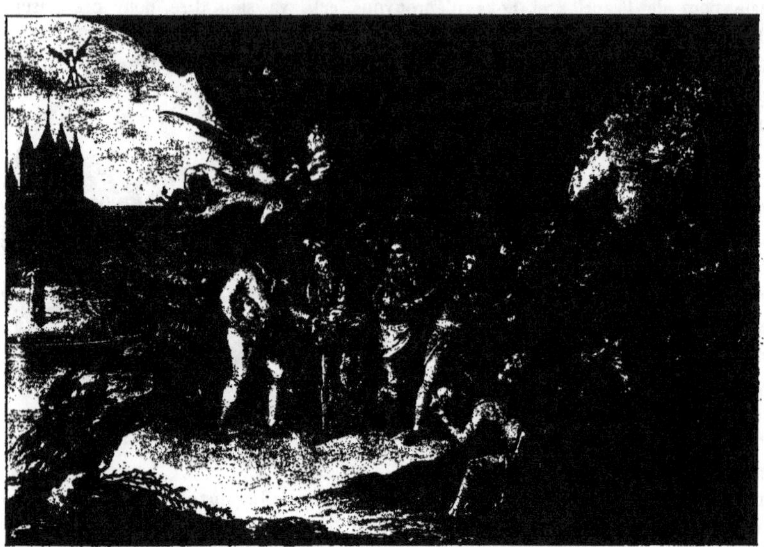

Réception de Louis Capet aux enfers.

On pourrait mentionner aussi pour donner le ton, et malgré son manque d'accent caricatural, une gravure anglaise représentant Louis XVI après son exécution avec cette légende extraordiaire d'emphase : « Louis XVI, accompagné par la Religion et la Charité, entre dans les Champs-Élysées ; Charles Ier lui présente la palme du martyr ; Socrate (!) lui donne la couronne de l'immortalité ; Diogène éteint sa lanterne ; et Mucius Curtius découvre le héros dès qu'il apparaît. » Mais il n'est pas besoin d'aller chercher à l'étranger l'expression des protestations. La caricature contre-révolutionnaire n'a pas cessé un seul instant en France même. Il est vrai qu'elle usa des mêmes armes et se montra aussi excessive. Mais il y avait mieux : la Commune elle-même (28 germinal an IV) flétrit ces compositions affreuses, et l'éditeur Villeneuve, qui s'était distingué par les plus violentes, se fit relativement modéré.

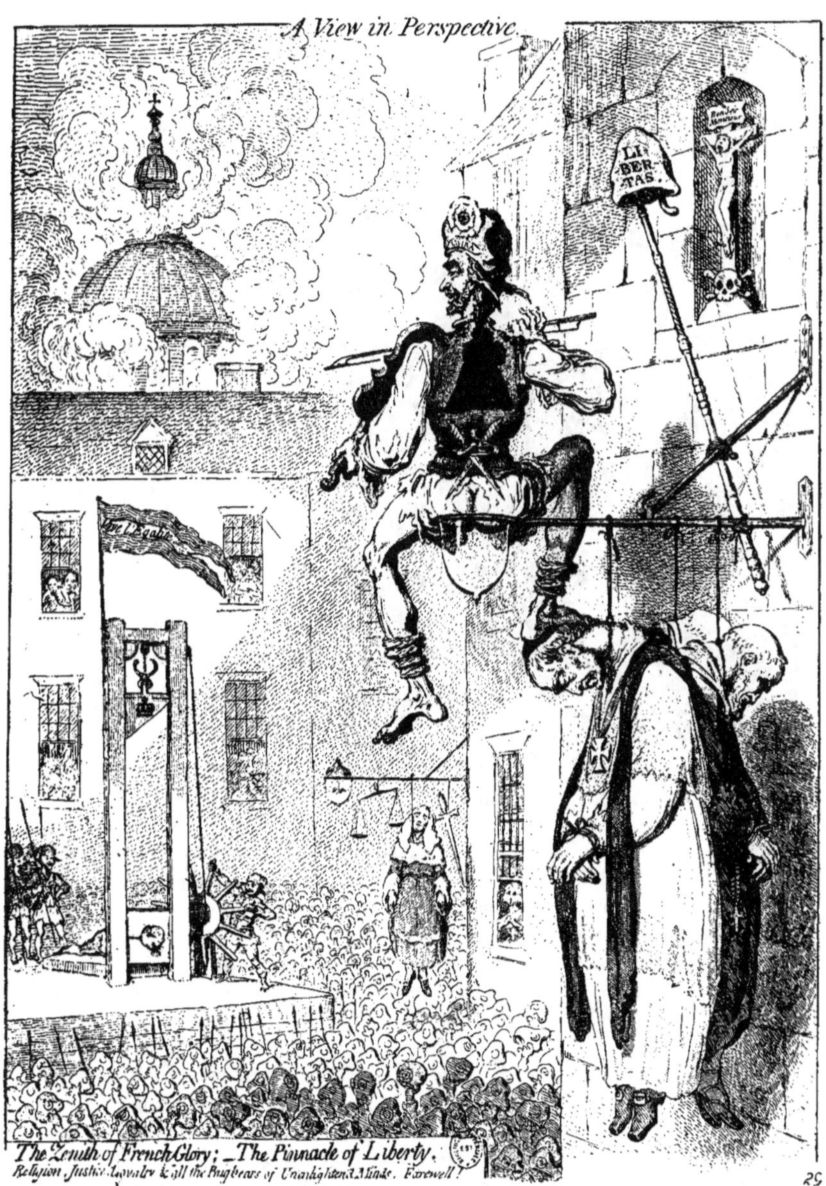

GILLRAY. — THE ZENITH OF FRENCH GLORY.

Toutefois il est curieux de noter, et peu d'écrivains l'ont fait à notre connaissance, qu'à l'étranger même, dans la patrie même de Gillray, il y eut parfois des
sympathies pour la Révolution, allant jusqu'à la caricature de la monarchie. A-t-on
cité cette curieuse charge anglaise : « *The grand monarch discovered in a pot-de-
chambre* »? Nous ne le croyons pas. D'une allure très bouffonne, elle représente
l'arrestation de Louis XVI à Varennes. Le « grand monarch » et sa famille, chargés à l'extravagance, bedonnants, ridicules, voient barrer le passage à leur cabriolet (pot-de-chambre) par une escouade de soldats républicains. Une banderolle (suivant le système des caricatures anglaises de l'époque), s'échappe de la bouche de la reine, avec cette énergique exclamation, en français : « Nous sommes foutus! » Le chef des patriotes, faisant le geste ironique de montrer son œil (cet Anglais avait sûrement voyagé à Paris), tient ce langage non moins éloquent : « Ah! bougre! croyez-vous échapper comme ça? » Mettons que cette estampe n'était

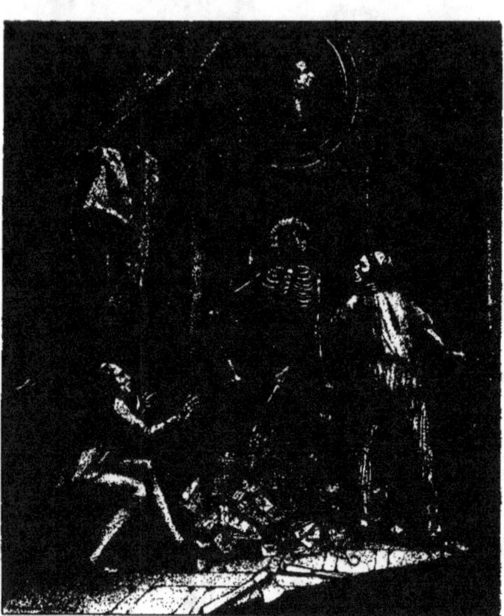

Apparition de l'ombre de Mirabeau.

pas plus sympathique à un parti qu'à l'autre, bien que l'accentuation caricaturale
soit très nettement dirigée contre les arrêtés. Elle était, alors, simplement impartiale, mais de cette impartialité familière à nos voisins des quatre points cardinaux :
applaudissant les deux adversaires, pourvu qu'ils se fassent beaucoup de mal.

Parmi les images contre-révolutionnaires, on aurait pu citer aussi une petite
vignette (voir page 108) d'une éloquence très sobre et très saisissante : elle est signée
Guttenberg, et représente le petit Louis Capet, conduit au pied de la guillotine où
on exécute son père!

Pour faire diversion aux choses de l'échafaud, on devra parcourir la suite des
caricatures, celles-là gaies et d'une verve bien française, qui étaient dirigées contre
les émigrés : *les Panniers percés,* par exemple, ou *la Grande armée du ci-devant
prince de Condé,* où l'état-major de l'émigration s'occupe gravement à déballer et à
ranger en bataille des régiments de soldats de plomb. Enfin les charges connues sur

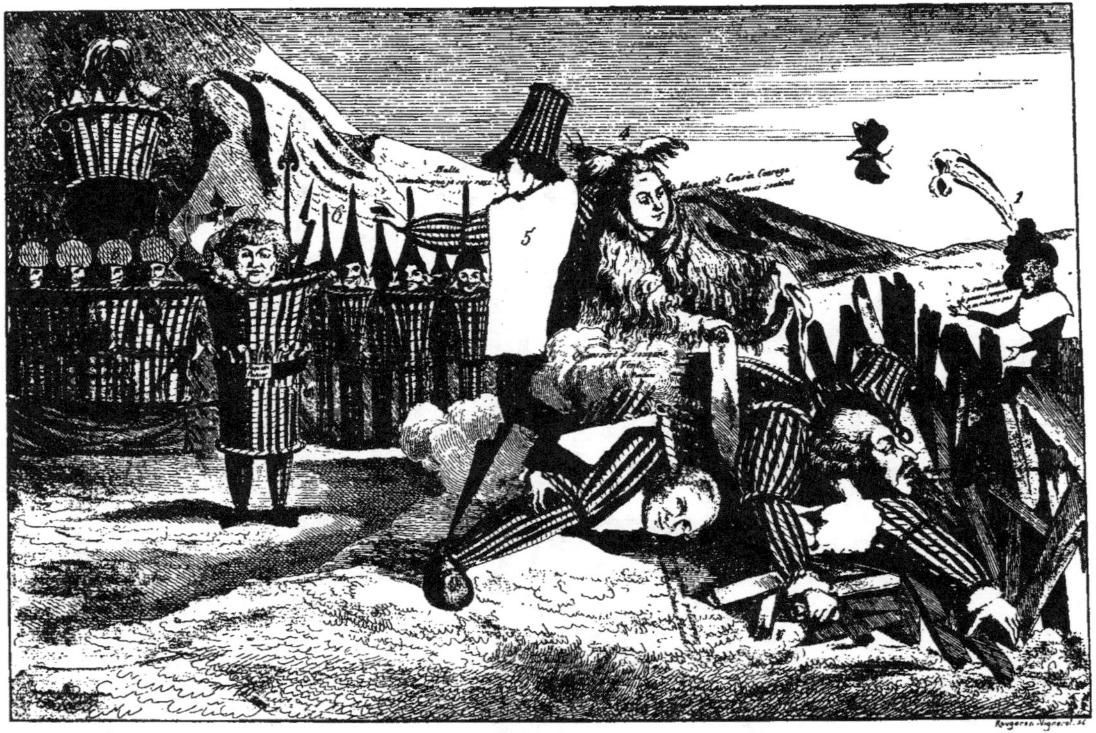

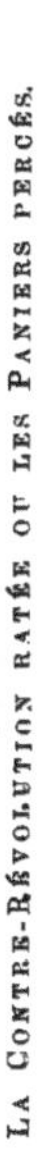

La Contre-Révolution ratée ou les Paniers percés.

Royal Bonbon et *Royal Pituite*. Quant à l'hostilité des caricaturistes anglais, elle n'est pas accueillie sans ripostes ; entre autres exemples, une planche est particulièrement vive, elle est intitulée : *le Charlatan politique ou le Léopard* (anglais) *apprivoisé*, et représente un sans-culottes faisant perdre l'équilibre au roi George et à sa famille, qui chevauchaient sur une sorte de plate-forme dont des ballots de marchandises forment l'instable piédestal.

Enfin, le *Congrès des rois coalisés ou les Tyrans découronnés,* montre que les caricaturistes français ne détestent pas, au nom de l'opinion, faire la morale aux nations.

Un grand silence pendant la période qui s'étend des derniers mois de 1793 aux premiers de 1794 ; à peine quelques pièces sur les exécutions capitales : elles sont sanglantes. La singulière insouciance des victimes aussi bien que des bourreaux a été notée en traits expressifs par les historiens. La caricature ne manque pas d'apporter son document à l'appui. « J'ai sous les yeux, écrivait un contemporain, le comte François Réal, deux caricatures fort curieuses ; elles prouvent qu'on s'était peu à peu accoutumé à l'existence telle que la faisait la guillotine en permanence. L'une de ces caricatures représente les Français se promenant aux Champs-Élysées avec leurs têtes sous le bras en forme de claque. Dans l'autre, on voit la place de la Révolution encombrée d'hommes et de femmes, ayant tous la tête coupée. Au milieu de la place on distingue la guillotine et le bourreau qui, voyant sa besogne terminée, puisqu'il n'y a plus de têtes à trancher, s'est placé lui-même dans la position d'un homme qu'on va exécuter, et se prépare à faire jouer le fatal ressort. »

Robespierre guillotinant le bourreau.

Cette dernière estampe fut reprise pour illustrer l'*Almanach des prisons* de 1794, et ce quatrain la résumait :

Admirez de Samson l'intelligence extrême :
Par le couteau fatal il a tout fait périr.
Dans cet affreux état que va-t-il devenir?
Il se guillotine lui-même !

Quelle étude, d'un comique glacial, on ferait avec ce titre : Les gaîtés de la guillotine !

Il fallait bien qu'elle se lassât, à la fin, la coupeuse de têtes. Après le 9 thermidor se produit ce qu'on pourrait appeler la revanche des guillotinés. Robespierre à bas, on le caricature à son tour et on ne lui ménage point les effets déjà employés pour ses victimes.

Pourtant, il avait, avant sa défaite, connu la piqûre de la satire. Un graveur,

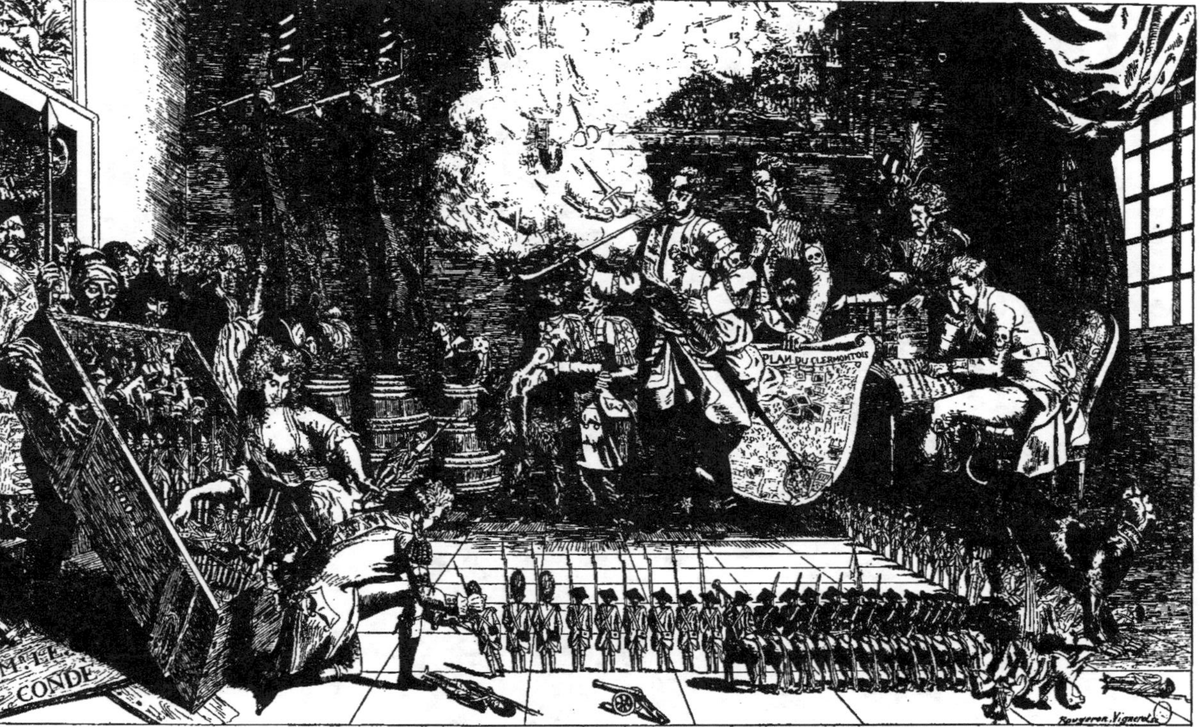

Grande Armée du ci-devant Prince de Condé.

Hercy, avait eu le courage de montrer, en une fine eau-forte, un peu froide d'exécution mais d'une pensée ingénieusement hardie, *Robespierre guillotinant le bourreau
après avoir fait guillotiner*. Le caricaturiste, pour salaire de son œuvre, apprit person-
nellement que le bourreau avait encore quelqu'un à exécuter. Quant à Robespierre, les
dessinateurs jouèrent à son tour avec sa tête, quand elle fut tombée. Une main tenait
cette tête et celle de Saint-Just, toutes dégouttantes de sang, et on lisait au bas de

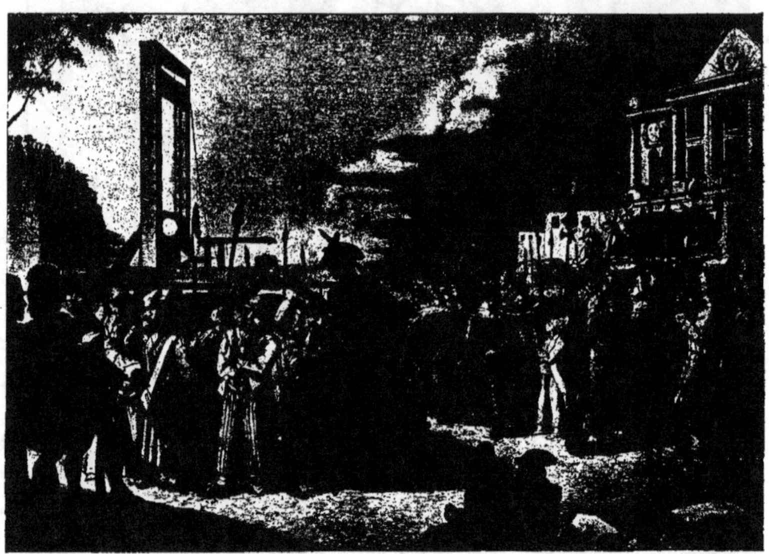

Le Dauphin conduit devant la guillotine.

la gravure cette inscription : *C'est ainsi qu'on punit les traîtres.* Ne ressentez-vous
pas cette impression pénible? Une telle légende, tout péril passé, nous semble la
pire des lâchetés.

Nous n'avons cité, au cours de cette revue des caricatures révolutionnaires,
presque aucun nom d'artiste. Elles sont en effet en majorité anonymes ; et d'ailleurs
leurs auteurs ne mériteraient en aucune façon d'être mis en lumière. Toute la gloire
revient aux éditeurs, aux Chéreau, aux Villeneuve, aux Basset. Ce dernier, infatigable,
avait eu à son tour les honneurs, dans l'*Almanach de 1790,* de ces lignes qui valent
une caricature: « Basset a servi la patrie en faisant des caricatures contre les aristocrates ; d'abord maigre et blême comme un abbé d'aujourd'hui, il a trouvé le
moyen de devenir gras comme un abbé d'autrefois. » Il n'est pas sans curiosité de
rappeler ici une des estampes révolutionnaires qui auraient dû être les plus éclatantes,
vu l'éditeur et l'auteur, et qui n'est que simplement ennuyeuse. L'éditeur n'était

autre que le Comité de Salut public, et l'auteur, David. La caricature était dirigée
contre le roi d'Angleterre « dirigeant un régiment de cruches. » Auteur et éditeur
cette fois gardèrent l'anonymat. Les amateurs de ces piquants dessous de l'histoire
trouveront des descriptions et des documents détaillés dans la collection de l'*Intermédiaire des Chercheurs*. Mais n'est-il pas amusant de voir échouer David dans son
unique tentative pour faire rire ?

Singulier, immense dossier, que celui de ces images de toutes sortes, depuis la

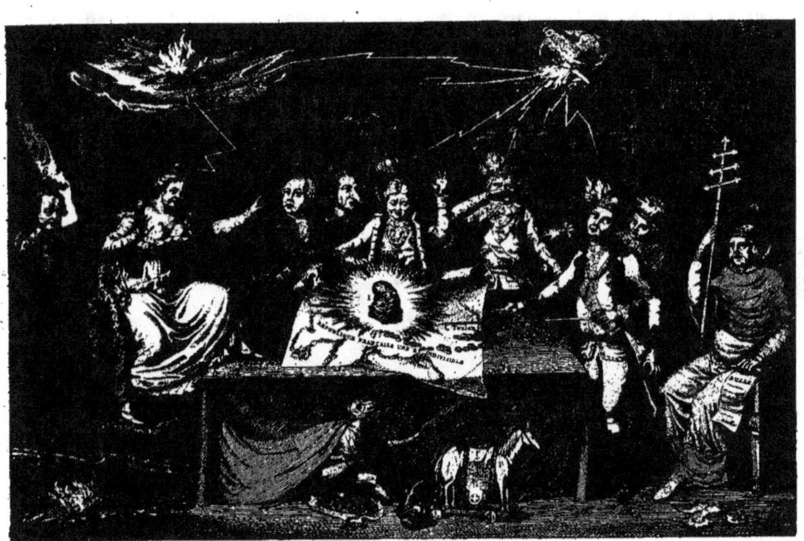

Congrès des rois coalisés.

vignette finement gravée, jusqu'à la rudimentaire enluminure rehaussant des bois
presque informes ; depuis la sentimentalité qui déclame, jusqu'à la passion inassouvie
qui réclame encore et toujours du sang. Rien de tout cela n'est indifférent ; cela
choque, cela répugne, souvent ; toujours cela remue comme le plus poignant des
drames. Et alors on se demande si ce n'est pas aussi de l'art. Un art spécial, populaire, où le moyen n'est rien, où l'émotion est tout. Les graveurs auraient été de
bien trop habiles gens s'ils avaient pu exprimer avec une telle force ces passions
sans les ressentir. Alors tout le monde jouait un rôle pour de bon, et notre indifférence politique, quand on procède par comparaisons, n'est que trop visible dans les
productions actuelles.

Cette passion, repue, étourdie par son propre entraînement, cette prodigieuse
ronde autour de la machine aux bras rouges, tomba tout d'un coup !

Le Directoire ne vit que des indignations réchauffées, des railleries mal aiguisées.

Les hommes au pouvoir n'en valaient plus la peine. Barras, le plus souvent visé, n'a pas inspiré de bien fameuses choses. On voulait d'autres distractions : ce fut alors une renaissance de la caricature de mœurs et de mode, dans des conditions que nous examinerons tout à l'heure.

Puis, une volonté naissait, et lasse de liberté, la foule jugeait qu'il était temps de reprendre le service. Les caricatures contre Bonaparte furent peu nombreuses, et les raisons n'ont pas besoin d'être développées. Il fut cependant représenté se disculpant de « jeter de la poudre aux yeux » et « s'élevant au-dessus de ses affaires », c'est-à-dire pendu. C'était une exécution en effigie bien intentionnée mais impuissante.

La Révolution avait donné véritablement ses deux dernières caricatures avec l'exécution véritable de Robespierre, le « tyran » de la veille, et la fausse pendaison de Bonaparte, le despote du lendemain.

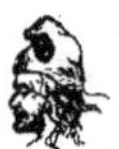

XVII

LE DIRECTOIRE, L'EMPIRE, LA RESTAURATION.
UNE ÉPOQUE TERNE : L'ÉCOLE DES ROQUENTINS.
QUELQUES COMPENSATIONS : CARLE VERNET, BOSIO, BOILLY.

Les gens d'un esprit vraiment délicat et simple sous le Directoire ont dû effroyablement souffrir. Il semble que la grande secousse de la Révolution ait frappé de stupeur toute cette société et l'ait plongée dans un doux gâtisme. C'est le beau temps des éreintés et des jouisseurs ; mais ce n'est pas l'éreintement spirituel, joliment cynique, du Régent et de son groupe ; la jouissance est bête : tout cela manque de verve, mais en revanche est assommant de prétention. Il s'est introduit dans les mœurs une sorte de corruption bêtement sentimentale ; les estampes sont froides et niaises. Pas une étincelle, pas une élégance captivante : rien que des conventions de modistes, des conversations de salons de province. Et cela non seulement dure pendant tout le Directoire, mais encore se prolonge durant tout l'Empire, toute la Restauration ! C'est un monotone et écœurant défilé de grivoiseries banales, de morale polissonne, de corruption sentencieuse ; on dirait que toutes ces choses sont faites exclusivement pour des vieux qui ont besoin de se monter l'imagination. Çà et là quelques rares artistes, mieux doués que le commun, font de vains efforts pour se distinguer au milieu de cette poisseuse médiocrité. Ils y restent englués, empêtrés dans les costumes étriqués, leur verve étouffée par la frénésie de platitude qui s'est emparée du public. Peut-être, en d'autres temps, se seraient-ils montrés plus brillants, les Carle Vernet, les Boilly et les Bosio ; mais en dépit de leur finesse native, ils sentent une invincible odeur de renfermé et de vieillot.

Carle Vernet est le plus attrayant et le plus habile des caricaturistes du Directoire. Il a un crayon facile, une invention assez agréable ; il s'intéresse à ce qui se passe autour de lui ; il étudie la vie, et ce n'est pas sa faute si elle n'est pas plus intéressante à ce moment : ses planches ne raconteraient pas des banalités en joli langage.

D'ailleurs, c'est un talent qui manque un peu d'accent ; son procédé caricatural accuse de façon manifeste l'influence d'Hogarth, mais compris à la française. Il ne reste du maître anglais que cette exagération des maigreurs ou des bouffissures, enveloppées dans des habits qui font des plis déraisonnables. Les scènes n'ont pas non plus la splendide bouffonnerie d'outre-Manche : la drôlerie en est moins franchement jaillissante. Tenez, c'est toute la différence qui existe entre les clowns anglais et les clowns français dans les cirques. Je ne connais rien de moins drôle qu'un clown français ; il prend, pour dire des trivialités de faubourg, un accent d'Anglais de vaudeville ; puis il rit lui-même de ses farces, au lieu de conserver le flegme si irrésistible de nos voisins. Ceux qui n'ont pas assisté à Londres aux pantomimes peuvent, à la rigueur, se contenter de cela ; sinon, il est impossible de seulement sourire. De même, après avoir feuilleté Hogarth, on ne peut admirer Vernet. Que serait-ce si on l'étudiait après les étonnants clowns que nous avons encore à examiner ?

Nous signalerons donc comme de la caricature simplement supportable, les types de rues ou d'estaminets, les voyages en diligence ou en tapecu qui forment le plus gros de l'œuvre de Carle Vernet. Une mention plus appuyée pour les *Incroyables* et les *Merveilleuses,* parce que c'est là toute l'époque racontée par le costume. On ne sait pas trop si Vernet a eu besoin d'exagérer le moins du monde pour faire des caricatures ; c'étaient d'ambulantes caricatures, ces désœuvrés, à la fois arrogants et veules, prétentieux et fripés ; on dirait qu'ils ont couché tout habillés. Quant aux femmes, si quelques-unes trouvent encore le moyen d'être jolies sous leurs ridicules coiffures, dans leurs robes aux proportions invraisemblables, tout en jambes, à peine de corsage, semblables à de grandes araignées, c'est que la beauté, chez la femme, a vraiment la vie dure. La fureur du retroussage est significative et n'a jamais été aussi grande à aucune époque. Elle indique, toutes voiles dehors, la soif générale de plaisirs qui suit les trop longues privations. Pour se détendre les nerfs, on éprouve le besoin de voir des jambes ; mais par une amusante hypocrisie on prend comme prétexte la renaissance du goût classique. On les connaît, vos goûts classiques, vieux polissons !

D'autres abordent plus franchement la question. Pour satisfaire à la curiosité libidineuse de leurs contemporains, ils multiplient les coups de vents qui s'engouffrent dans les jupes, improvisent des chutes sur le pavé, d'énormes accrocs aux robes pratiqués par quelque maladroit ou quelque aveugle : « *Ah! s'il y voyait!* » Mais les spectateurs y voient, eux, et cela les délecte. Une preuve que cette crise de nudité correspond à ce besoin de se remettre des terreurs éprouvées, c'est qu'on le voit reparaître sous la Restauration, après les grandes guerres de l'Empire, identique à ce qu'il était sous le Directoire, après la formidable secousse révolutionnaire. Le goût est le même, si le costume a quelque peu changé. Toujours les coups de vent, les ouragans facétieux et les faux pas savamment calculés. On pourrait croire que la Terreur et l'Empire ont enlevé tous les hommes robustes de corps et d'esprit et n'ont laissé que les très jeunes et les très vieux, les ardeurs qui s'éveillent et celles qui s'éteignent, la meilleure clientèle de l'amour à prix fixe.

Aussi nombre d'estampes du Directoire et de la Restauration retracent les

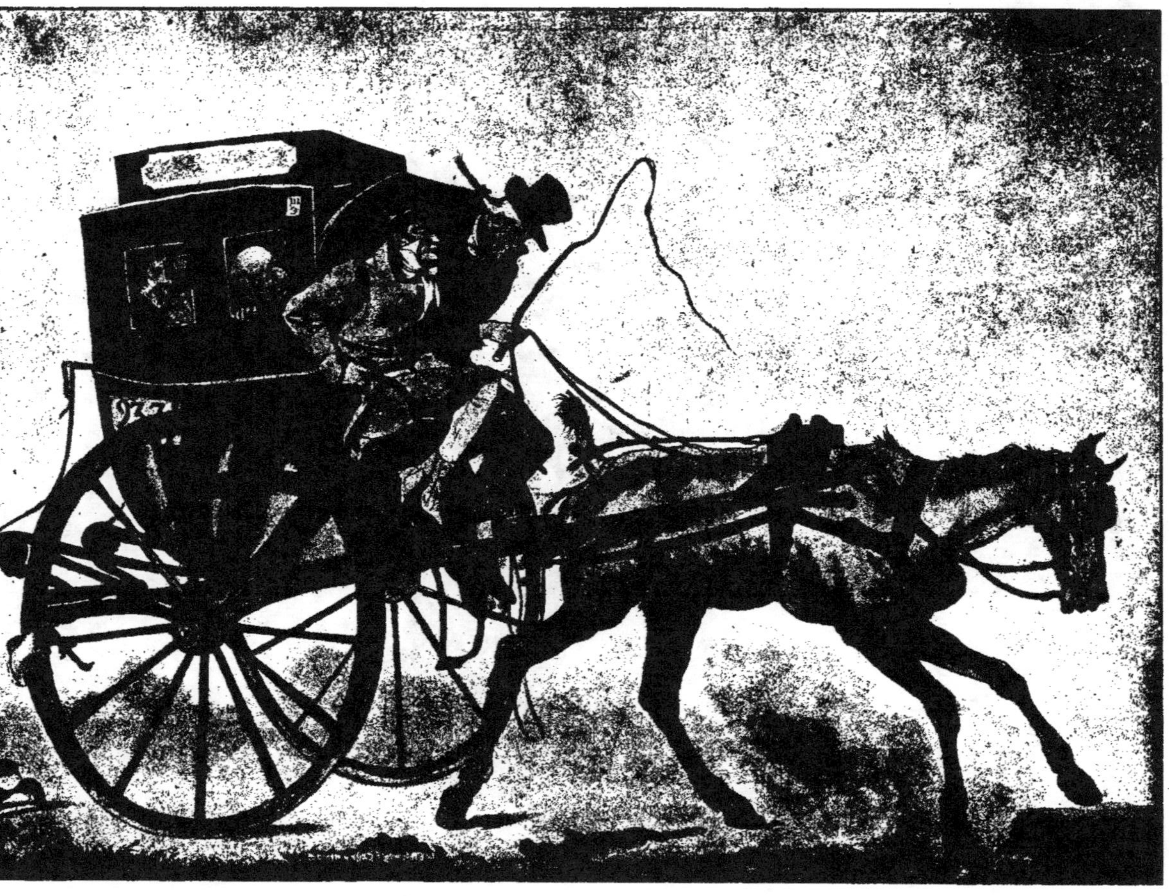

CARLE VERNET. — ROUTE DE SAINT-CLOUD.

15

splendeurs et les « appâts » des « nymphes ». Les galeries du Palais-Royal pullulent
de promeneuses déshabillées à la romaine ou à la grecque. Ce qui s'échange d'offres
et de demandes est incalculable dans cette particulière « bourse du commerce. » Il y a
des magasins de modes où l'on peut acheter des rubans d'une certaine couleur et une
marchande assortie à la nuance. Il y a d'autres *Sérails en boutique* où l'on ne vend
rien du tout d'autre que ce qu'on y vend. Les images nous montrent ingénument ces
mystères. Mon Dieu, ne faisons pas les vertueux ; sans doute notre temps n'est pas,
Dieu merci, diront quelques-uns, par trop austère ; mais il s'est opéré un renversement

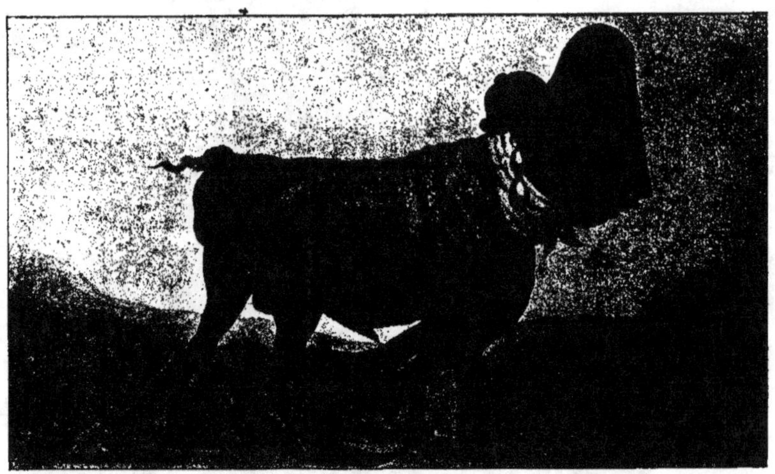

Le bœuf à la mode.

curieux. On ne raconte les détails crûment que dans les livres, tandis que l'image
voile les réalités. Alors c'était l'image qui était crue et le livre qui faisait disparaître les crudités sous des métaphores et des tirades sentimentales.

 C'est alors le triomphe du sentiment. Il y a des histoires lyriques, celle de la belle
et malheureuse Élisa, par exemple, un modèle de récit vieux jeu, à la manière des
romanciers rococos. Cette jeune personne n'appartenait pas à la classe des *nymphes*.
audacieuses, débraillées, à la voix rauque, à la provocation rudimentaire. Elle travaillait
dans le genre élégiaque. Dans le demi-jour d'un appartement à l'orientale, elle était
languissamment assise sur des coussins, vêtue à la turque de la façon la plus galante.
Lui rendait-on visite, elle décrochait une mandoline et commençait à vous bercer
avec une romance sentimentale où tous les parfums de l'Arabie brûlaient en faveur
des Zulmas et des Zétulbés. Un soir, un financier (vous connaissez le costume :
gilet à ramages et à breloques, canne à pomme d'or et souliers à boucles. Pourquoi ne

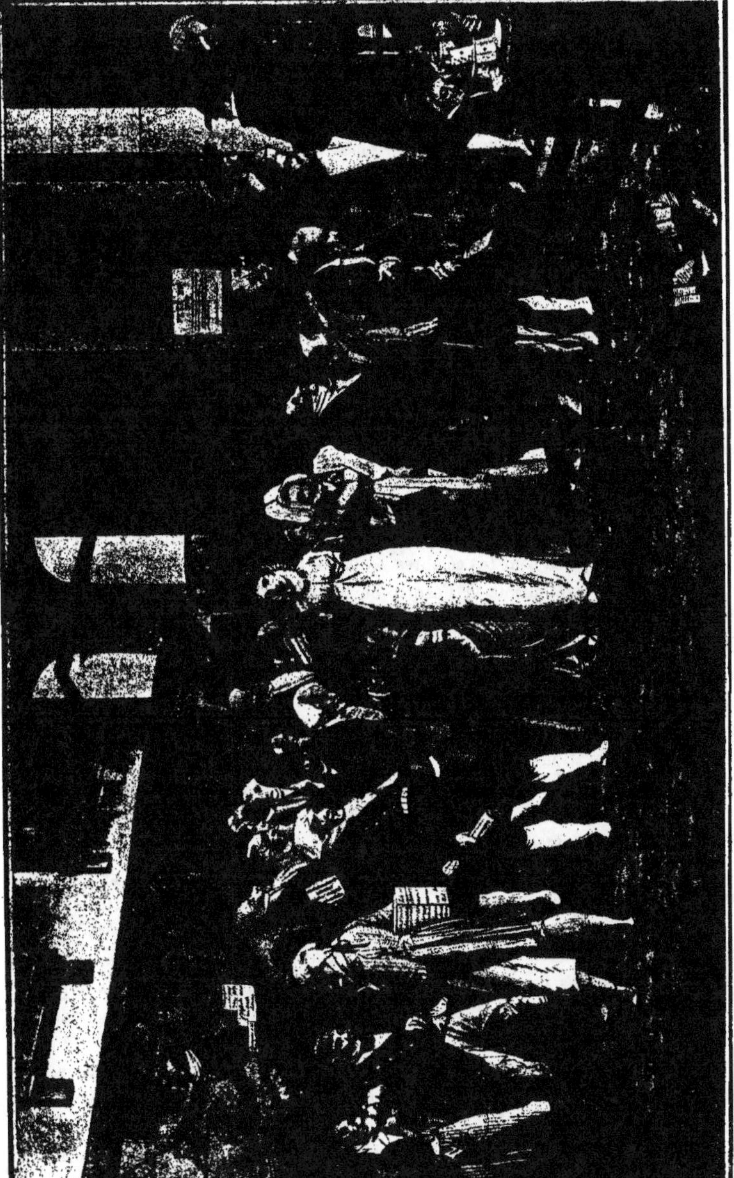

DEBUCOURT. — LES COURSES DU MATIN OU LA PORTE D'UN RICHE.

s'habillent-ils plus ainsi?) se laisse bercer à son tour. Le dernier soupir de la mandoline exhalé, il se met en devoir de donner à la romance une forme plus matérielle. Tout à coup la belle Élisa pousse un cri: elle a reconnu, *mais trop tard!* son propre père! Le digne vieillard succombe immédiatement à une attaque d'apoplexie, et sa fille infortunée « se perce le sein » avec un poignard qui n'était nullement préparé.

Cela donne le ton de l'époque : des élégies dans une maison de débauche.

Malgré l'énorme production caricaturale ou de sujets de *genre*, ce sont toujours les mêmes thèmes sur lesquels roule la verve monotone de ces voluptueux à froid.

Les politiques : avec leurs perruques de travers, leurs bas mal tirés, leur mine agitée ou profonde, leurs gazettes éployées sur les genoux. Toujours l'invariable contraste des maigreurs et des bedaines. Toujours les mêmes racontars de politique extérieure, peu divertissants à mentionner ici.

Les gourmands : on s'empiffre. Ce sont des indigestions égoïstes ; des goinfres attablés seuls devant des pâtés monstrueux ou des montagnes d'huîtres. La contre-partie est l'inévitable clystère ; cela est d'une gaieté exquise. On baptise l'instrument « la folie du jour ». Ces malades volontaires nous répugnent.

Les courtisanes toujours et partout : nous avons dit leurs manèges.

Les modes : une grande préoccupation. On invente chaque jour une nouvelle exagération ; on la plaisante, et elle fait fureur. Les modes fournissent, en somme, les plus jolies séries : ce sont les célèbres *Goût du jour* ou *Suprême bon ton.* Cela du moins n'a pas de prétentions à l'esprit ou à la profondeur. On raille les habits étriqués ou les immenses collets ; les capotes démesurées où se peuvent passer des colloques mystérieux en toute sécurité. Voir les *Invisibles en tête à tête.*

Puis ce sont enfin les petits jeux de société. Autant de matières à virginales égrillardises sous formes de « gages ». Le *Colin-Maillard assis* : « Monsieur! on ne tâte pas! » Et toutes sortes de pénitences : des baisers à travers des barreaux de chaises ; des déclarations obligées ; des transformations imposées en monture : un « cavalier » se faisant cheval pour une « dame » qui doit faire le tour de l'appartement. C'est une pénitence, cela? — Oh! monsieur! — Oh! madame! Mon Dieu que cela est donc joli et comme on devait s'amuser dans ce temps-là !

Mais avec cette fringale de plaisirs furtifs, c'est qu'ils ont la manie de faire de la morale. Une si bête de morale! Ce sont les *Suites effrayantes* de toutes sortes de choses : suites effrayantes du jeu, de l'ivresse, des « fréquentations du sérail ». Oh! ce mot de sérail, sent-il assez sa corruption ratatinée! Où sont les violentes, les cyniquement indignées peintures d'Hogarth? Il faut que, même dans ses prêchi-prêcha, ce temps ne rappelle que les devises des boîtes à bonbons ou des papillotes de confiseurs.

Quant aux séries plaisantines où le calembour s'étale, il faut y renoncer. Les *Abbés* reviennent sur le tapis, flanqués cette fois de non moins écœurantes *Ladys : Lady-mension, lady-gestion, lady-arrhée,* etc. etc. On a ri de cela!

Comme toute cette imagerie est pauvre d'invention, et sèche de contours ! On

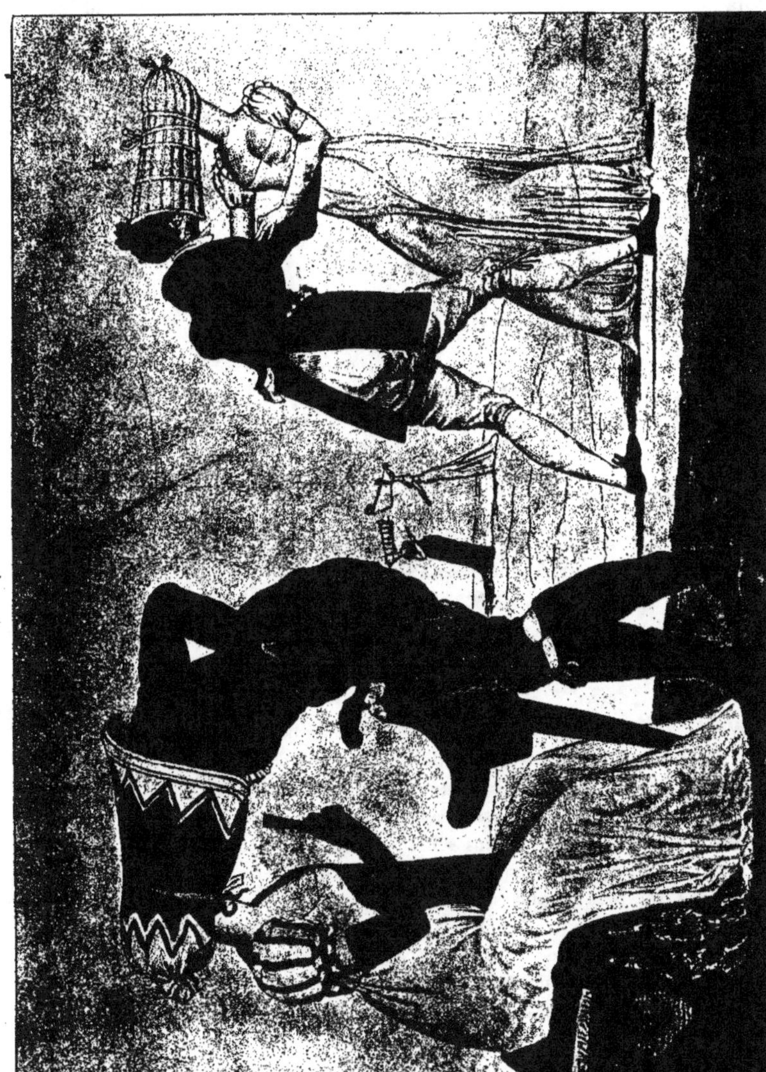

Les Invisibles en tête a tête.

cherche à grand'peine quelque chose qui ne fasse pas paraître trop ironique notre réputation d'esprit : on en est réduit à citer comme une originalité cette allégorie conjugale, assez mauvaise d'exécution d'ailleurs, *l'Oiseau-coiffeur* ou *le perche-tête,* dont les ailes, en forme de lyre, figurent assez bien les cornes consacrées, et dont la couleur est tendre ou sombre suivant que le coiffé prend bien ou mal son aventure. Le mari parisien tient un chandelier, et laisse tomber de ses lèvres ce distique insouciant :

> Me fâcher... on rirait. Le parti le plus sage
> Est de me résigner et de prendre courage.

La femme :

> Mari charmant ! Il a trois fois raison !

La manière anglaise ne se contente pas de si peu ; l'époux est surchargé de tas de procédures, de codes et de bills :

> Sachons mettre à profit chaque infidélité,
> Demandons en justice une ample indemnité.

La femme :

> Il mange tout l'argent sans m'en donner ma part.

Enfin la troisième *Manière de voir* appartient aux méridionaux. Un furieux qui brandit d'une main un poignard, de l'autre un pistolet :

> Ah ! monstres, redoutez ma fureur vengeresse !
> Vous périrez tous deux, perfide, et toi traîtresse !

Et la femme, à part, riposte par ce mot d'une charmante philosophie :

> Quand on voit aussi mal, il faut rester garçon.

Voilà, c'est de la comédie suivant la formule du bon Colin d'Harleville, et c'est à peu près ce que l'on peut trouver de plus profond dans la caricature de mœurs depuis le Directoire jusqu'à la Restauration inclusivement. C'est peu.

L'Empire, d'ailleurs, n'a pas beaucoup de caricatures à présenter. On avait d'autres préoccupations, et de plus sombres. Quant à la satire politique, on pense bien que le gouvernement impérial n'eût pas précisément encouragé ce mode de discussion. C'est tout au plus si on ose s'attaquer aux littérateurs et aux artistes. Quelques charges faisant allusion aux démêlés violents de Talma avec le critique Geoffroy, quelques brocards à l'adresse d'Étienne et d'autres écrivains oubliés. Une caricature contre « le jury musical du Grand-Opéra » dut être jugée un coup d'audace. N'était-ce point là critiquer les actes de l'autorité ?

Dans l'ordre politique, la seule chose permise est la caricature contre les étrangers. Encore faut-il qu'elle soit non pas seulement autorisée, mais encore inspirée par l'empereur.

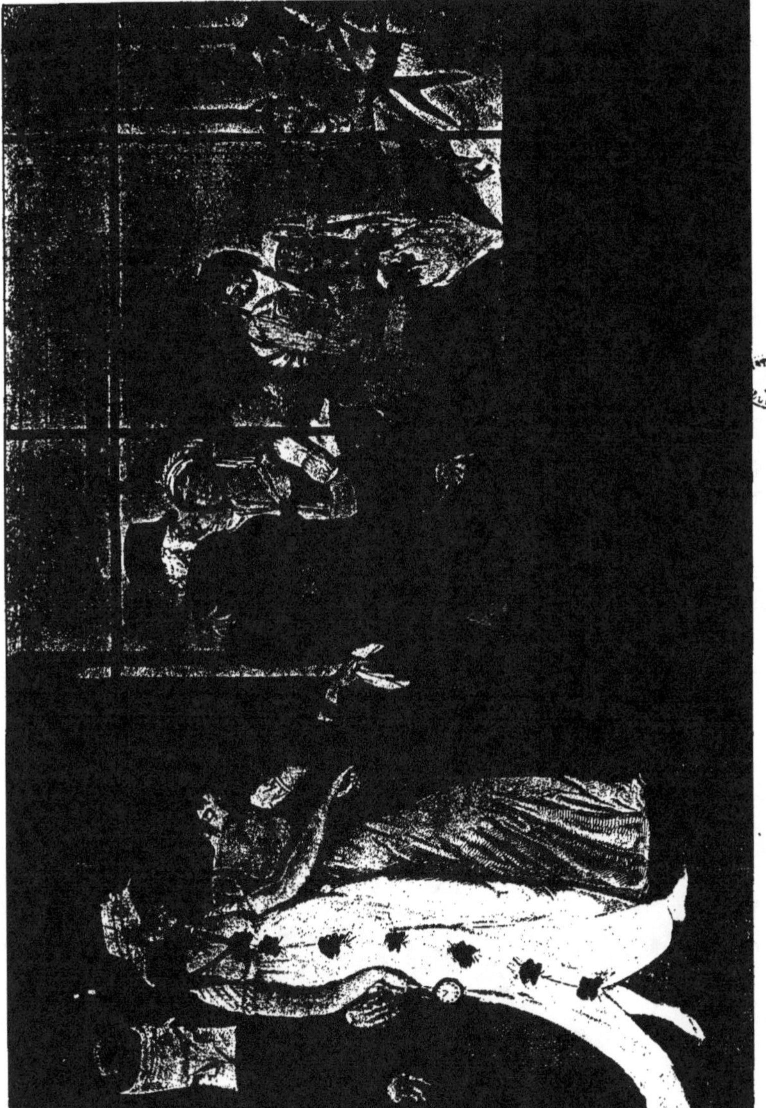

Le sérail en boutique.

Une des meilleures pièces de l'époque est, à coup sûr, la *Lecture du décret de blocus*, qui, dirigée contre l'Angleterre, doit précisément sa valeur à ce qu'elle reflète un peu de la largeur bouffonne d'un Rowlandson ou d'un Gillray. Ce n'est pas d'ailleurs la seule, comme on pense, qui ait été consacrée à ridiculiser les compatriotes de Pitt. Seulement, en général, elles ne brillent guère par l'esprit ; elles valent, ce qui n'est pas peu dire, celles que les Anglais ont imaginées contre nous. Ce sont des scènes d'indigestion et d'ivrognerie, pour la plupart.

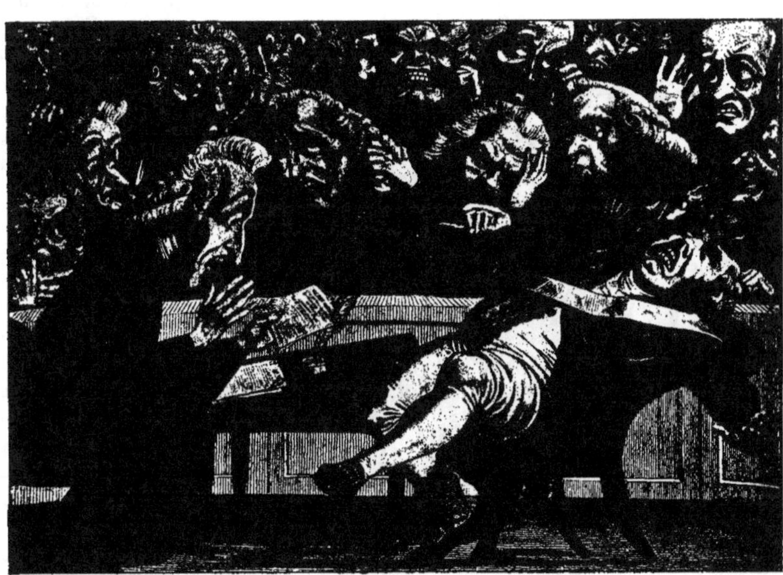

Lecture du décret de blocus.

On se tromperait singulièrement si on croyait, après ce que nous venons de dire, que l'Empire et l'Empereur n'ont pas fourni une ample matière à la caricature politique. Mais ce fut surtout une fois que l'Empire fut vaincu, et l'Empereur en exil. Une véritable avalanche, en un court espace de temps. Rien de moins flatteur pour notre dignité. L'aveu est pénible, mais il faut bien le faire, pour montrer que la caricature justifie parfois le mépris qu'on a pour elle.

Ce spectacle fut étalé en grossières enluminures, aux vitres des boutiques : des Français crachant l'insulte sur le maître qui les avait trouvés prêts pour dix ans de servitude. Si les caricaturistes pouvaient apprendre que la haine qui sait se taire dans certaines occasions est bien plus haineuse !...

Il faut cependant mentionner les principales de ces pièces. Les unes sont ordurières : ce ne sont pas les plus révoltantes. Elles contiennent des allusions rabelaisiennes à la violette, la fleur impériale. Une est intitulée : *le Serrement de nez* (ou le serment de Ney), et l'on voit le maréchal jurant, de très près, derrière l'empereur déculotté, que « ça sent la violette ». Une autre attaque Napoléon dans son amour paternel, et un enfant représentant grossièrement le roi de Rome tient une corde avec nœud coulant, qu'il appelle : *la Cravate à papa.*

Nous passons rapidement sur les caricatures qui, par une conséquence toute naturelle, s'attaquaient aux hommes du régime tombé. C'est ainsi que Cambacérès, à lui seul, fut le sujet de toute une série où s'étalait plaisamment son obésité.

Mais il en est qui choquent ceux-là même qui n'ont en aucune façon le fanatisme du conquérant ni des conquêtes : ce sont celles qui représentent Napoléon comme un lâche et un traître. Les légendes ne gardent pas la moindre pudeur : « *Bonaparte,* dit l'une, *fuit de l'île d'Elbe et ramène à sa suite la discorde, la guerre et la misère.* » Une seconde est intitulée le *Déserteur!* Une troisième campe Napoléon sur un ironique piédestal où sont inscrites dans des médaillons ces paroles non françaises : « *Il se sauva — d'Égipte* (sic) — *d'Espagne — de Moscou — de Liepsic — du mont Saint-Jean.* » Je ne sais pas si la dernière n'est pas la plus honteuse, car elle renferme une flatterie directe, autant qu'inconsciente, à l'adresse de l'ennemi : « *Enfin Bonaparte met à exécution son projet de descente en Angleterre!* » Et l'on voit le prisonnier, blême, les fers aux mains, conduit en captivité par les habits rouges. Ce qu'il y a de regrettable, et nous ne le dissimulons pas, c'est que toutes ces caricatures, au point de vue de l'exécution, sont presque bonnes. Elles ont de la largeur dans le dessin; elles sont mises en scène d'une façon simple et forte. Elles ne sont pas signées,

Enfin, Bonaparte met à exécution son projet
de descente en Angleterre.

mais notre conviction est qu'elles émanent de quelque élève de Gillray ou de Cruikshank ou tout au moins d'un artiste qui a étudié de près l'œuvre de ces caricaturistes. En revanche, il en est une qui serait une superbe satire…, si elle avait

paru sous le règne même de Napoléon : celle qui montre Talma donnant à Bonaparte une leçon de maintien.

Il y a bien quelques essais de réplique. Ils sont plus rares; on fait rarement appel quand les circonstances, plus fortes, ont condamné. Les caricatures grenadières et cocardières montrent le lion impérial se redressant sous les coups de pieds de l'âne; elles s'écrient : « *Respect au malheur!* » elles montrent des grognards plus fiers que jamais de leur croix depuis qu'elle est suspecte, et, se redressant avec orgueil : « *Je la portais à Marengo!* »

La note involontairement comique est donnée par les flagorneurs, retraçant en images enthousiastes la joie délirante du peuple français qui retrouve enfin « notre père de Gand ». Cela est déjà très drôle;

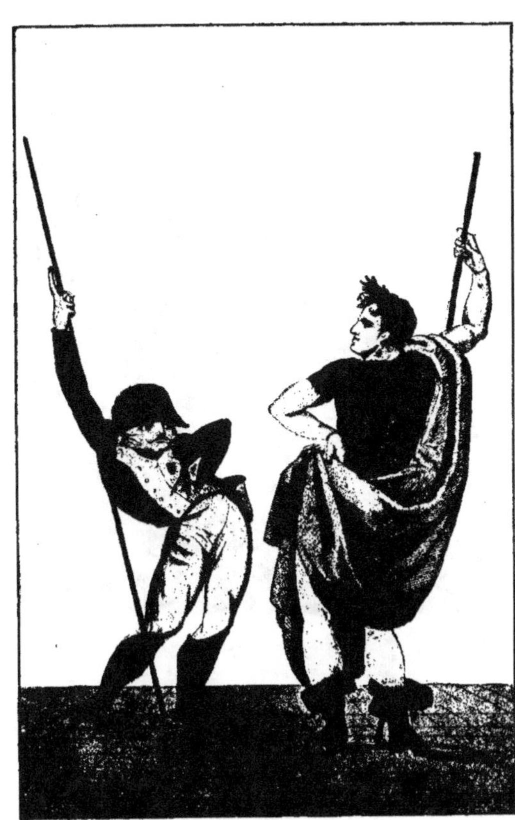

Talma donnant une leçon de maintien et de dignité impériale.

heureusement le comte de Provence était trop sceptique pour que Louis XVIII pût croire à la sincérité de ces images. Sinon, sa naïveté eût été cruellement surprise de voir qu'au retour de l'île d'Elbe surgissait aux étalages une nouvelle moisson de caricatures napoléoniennes et violemment antiroyalistes. Notre père de Gand est vite usé. C'est le *Désespoir de Gros-Louis :* « Ces maudits grenadiers écrasent toujours mes lys. » C'est une scène de pugilat entre l'empereur et le roi : « Je reprends mon bonnet et je te laisse ta calotte. » Ou bien encore le *Vœu des royalistes ou la seconde*

16

rentrée triomphante, sanglante celle-ci : elle montre Louis XVIII revenant en France avec un Cosaque qui le porte en croupe... Seulement une chose nous gâte ces belles satires chauvines et impérialistes : c'est qu'elles paraissent être de la même main qui osait dessiner le *Déserteur* et la *Descente en Angleterre.* Nous sommes loin de l'époque de la Révolution où chaque caricaturiste était un combattant qui risquait sa peau avec une joie farouche !

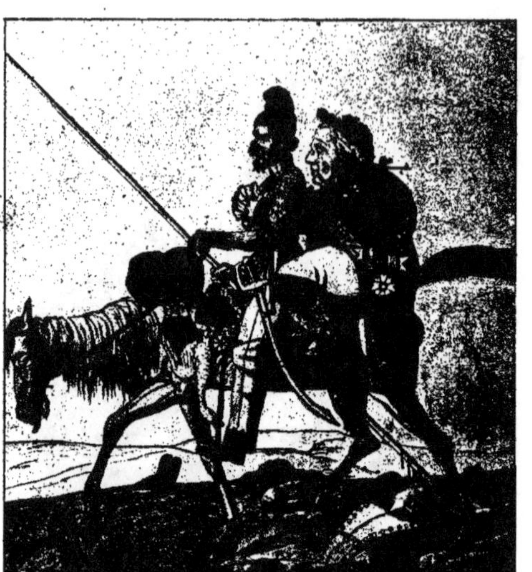

Vœu des royalistes.

Le gouvernement de la Restauration, de nouveau et plus solidement installé, ne permit plus que des caricatures politiques fussent publiées. Nous notons seulement, parmi des pièces insignifiantes, une charge contre Chateaubriand « se ralliant à ses souverains légitimes ». Elle représente une table plantureuse où sont installés le roi et sa famille. « M. Boursouflé de Maison-Terne » s'approche, et semble quêter un morceau. Cela n'est au reste que bien injuste, car on sait que Chateaubriand ne s'enrichit pas à ses ardentes fluctuations.

En revanche, d'innombrables pièces sur les envahisseurs étrangers. Carle Vernet en a dessiné de fort intéressantes ; elles représentent de curieuses familles anglaises, aux touches invraisemblables ; des officiers prussiens, sanglés et gourmés. Dans tous ces recueils, signés ou anonymes, les Cosaques tiennent une place d'honneur ; leurs goûts pour la chandelle, et la négligence de leur toilette sont le fond de ces caricatures. Certaines sont amusantes : elles représentent les Cosaques tondus, sur le Pont-Neuf, comme de vulgaires caniches. Les Russes, au contraire, sont traités avec plus de sympathie ; ils sont beaux : on constate leurs succès de femmes. Quant aux Anglais, on reprend contre eux la série des plaisanteries classiques : on les fait grotesques et goulus. On les baptise Milord Pif, Milord Pouf, Jacques Rosbif. Tout cela garde encore quelque curiosité, mais les pièces sont de valeur bien inégale.

Pour tempérer un peu la sévérité de nos jugements sur les caricatures de la longue période que nous venons d'examiner, nous n'avons pas que Carle Vernet à

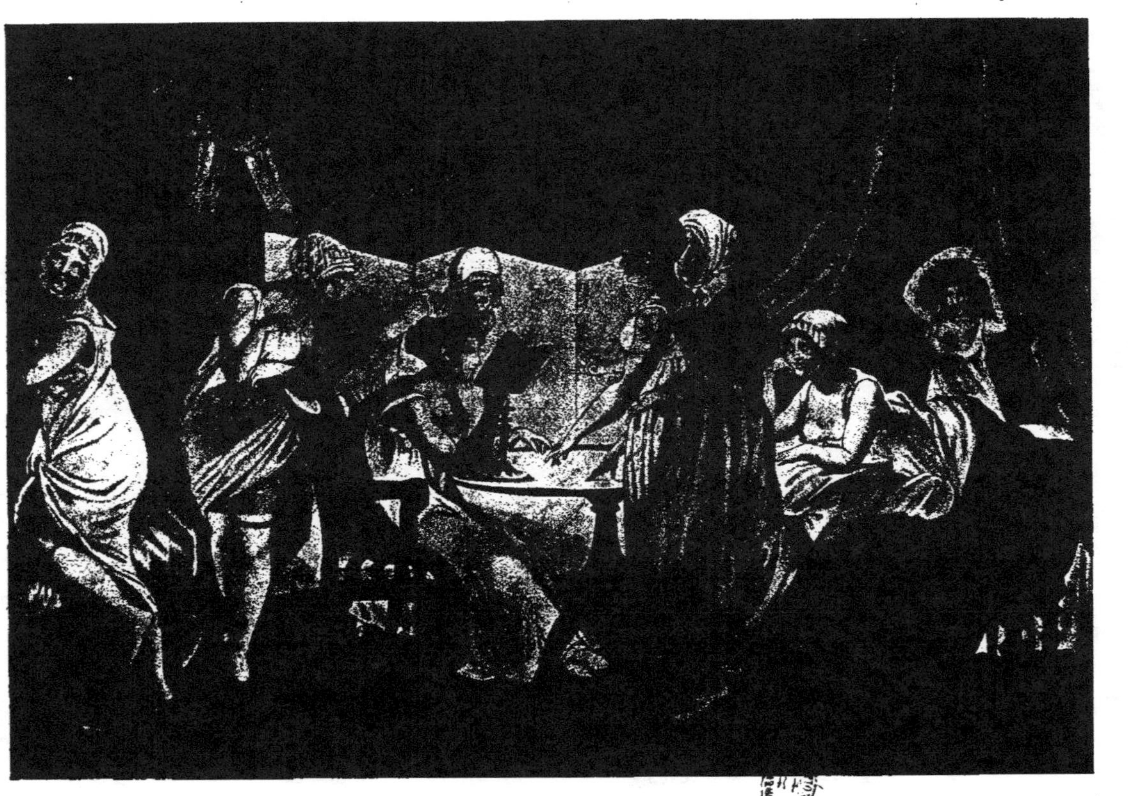

Le coucher des ouvrières en linge.

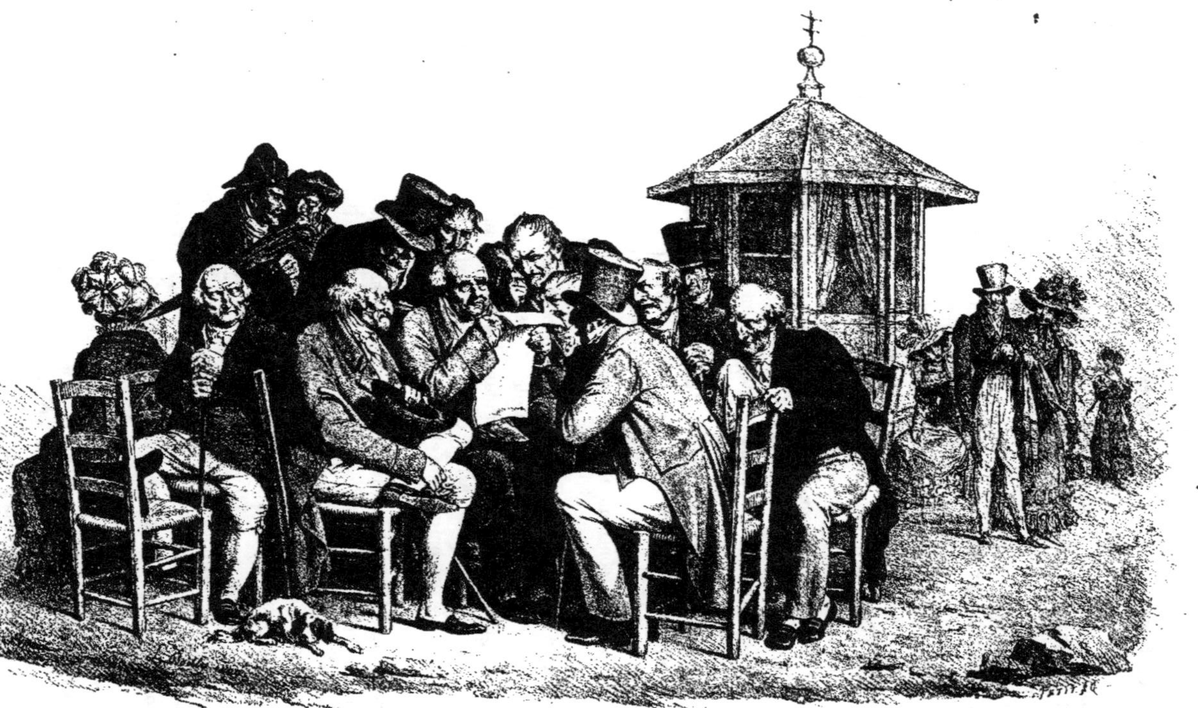

BOILLY. — L'ÉCONOMIE POLITIQUE.

pouvoir louer. Nous avons aussi deux artistes ingénieux qui possèdent certaines qualités de distinction et de finesse à un degré supérieur à la moyenne de l'époque. Nous voulons parler de Bosio et de Boilly.

Bosio (1767-1832) a fait des pièces légères et des pièces sérieuses. Les premières sont charmantes si l'on veut bien oublier ce qu'elles ont de vieillot et de conventionnel. Les autres... jamais, non jamais, rien de plus rococo ne pourra être rêvé que Corinne avec son turban, sa lyre atrocement bas-relief, le soupirant qui se pâme à ses genoux. L'extraordinaire sujet de pendule ! Mais dans les pièces de mœurs et de badinerie, on trouve des choses charmantes, en dépit d'un faux style classique, désespérément tenace. Bosio ne peut croquer une grisette sans la voir avec les yeux de David ; cela diminue de la gaieté. Une certaine élégance efflanquée et amincie, une polissonnerie qui a trop bonne tenue ; quelque chose d'un peu pédantesque et de très effronté en même temps, comme le dévergondage d'une institutrice : voilà un peu l'effet que nous produit l'œuvre de Bosio. Les cinq grandes scènes de mœurs : *Tableaux de costumes parisiens* contiennent des détails charmants, en tant que gravures de modes. Ces compositions sont trop connues, trop souvent exposées aux devantures des marchands d'estampes pour être décrites ici. Mais comment ne pas rappeler le charme d'intimité vieillotte de la *Bouillotte,* l'amusant groupement des types autour des tables de jeu ; ou bien encore les élégances étriquées et fanées du *Bal masqué?* Cela semble avoir le son d'un « caprice brillant » exécuté sur une épinette de Pleyel.

Quant aux deux célèbres planches : le *Lever* et le *Coucher des ouvrières en linge,* c'est le dernier mot de ce roquentinisme suave qui semble avoir été chez nos arrière-grands-pères l'expression de la galanterie. Enfin, dans les scènes de petits jeux, telles que les *Quatre-coins,* le *Colin-Maillard,* etc., il y a de véritables et séduisantes qualités de composition et d'arrangement de lignes grêles et de beautés pauvrettes.

Isabey a donné aussi de piquantes caricatures de modes et de mœurs ; celle que nous donnons ici en est une bien jolie preuve. Mais il a, relativement à Bosio et à Boilly, peu produit en ce genre. Aussi faut-il signaler son grand intérêt sans faire toutefois une étude développée.

Le style de Boilly (1768-1845) est plus large, et la recherche plus variée ; mais, dans un autre sens, son œuvre n'a pas moins vieilli. Boilly est, pour le public, l'homme des groupes de têtes. Il n'est personne qui n'ait vu aux boutiques des brocanteurs quelques-unes de ces lithographies qui rassemblent, dans un espace restreint, les unes serrées contre les autres, une vingtaine de têtes d'une fantaisie plus ou moins grimaçante. Par exemple, des gourmands qui hument, avec des expressions diverses, le fumet de victuailles ; ou, dans un autre groupe, des savants ridochés ; ou des avares soupçonneux ; ou des hommes et des femmes affligés de nez camards, etc., etc. Il n'est pas de caricature plus fausse, de drôlerie plus dépourvue d'objet. En dépit du proverbe : « Qui se ressemble s'assemble, » où a-t-on jamais vu la possibilité de

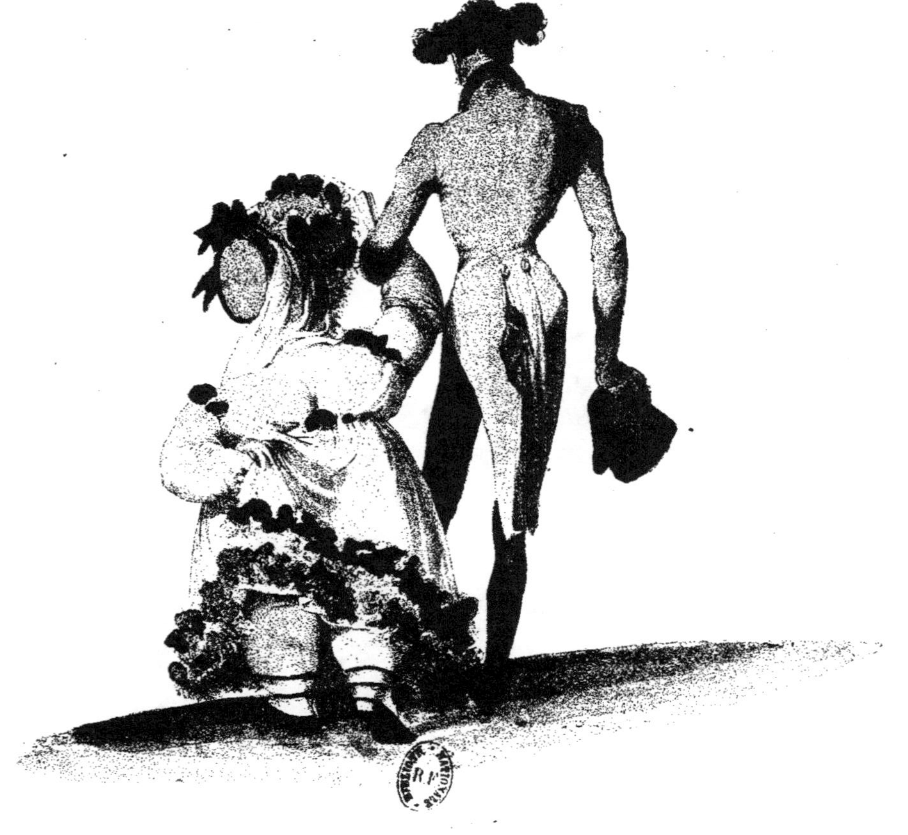

ISABEY

pareilles réunions ; sans compter que ces grotesques devraient, pour que la présentation fût vraisemblable, se tenir sur des gradins, vu l'étagement de leurs caboches. On dira que c'est de la fantaisie : elle est manquée, voilà tout ; et il n'y a rien de fatigant comme cela.

.· Heureusement, dans l'œuvre de Boilly, il y a des pages d'une observation plus juste et d'un comique plus fin. Par exemple, cette spirituelle scène de *l'Économie politique,* où l'on voit de vieux rentiers désœuvrés se livrer à de profondes considérations ; ou bien encore, une *Réjouissance publique,* pièce d'importantes dimensions, tout à fait gaie et mouvementée, avec maint incident d'un burlesque très communicatif. Et puis, dans Boilly, il y a un peintre de genre absolument délicieux. Peu à peu les tableaux de Boilly, dédaignés par nos goûts de truculences, se classent et prennent leur prix. On apprécie mieux le brillant maniéré de cette exécution trop propre mais si spirituelle, la variété des types, le va-et-vient des foules, si sincèrement analysées. Et ce sont de souriants et utiles documents sur la vie et les mœurs d'une époque déjà bien plus éloignée de la nôtre par l'esprit et les habitudes que par les années elles-mêmes. Étudier plus longuement Boilly comme peintre serait sortir un peu de notre cadre.

Toutefois il est utile de reproduire ici cette sorte de raccourci de son œuvre, d'après un excellent article de M. Montorgueil dans *l'Éclair* sur Boilly peintre de l'histoire de son temps :

« Il a dit le triomphe de Marat ; il peindra la « queue au lait » pendant la disette. Il ira à la diligence en 1804 et sera frappé par la comédie du départ. L'Empire est venu : tout le monde est soldat et nous le verrons par ses soins enseignant l'exercice à ses enfants. Les levées d'hommes se succèdent. En 1805, il peindra le départ des conscrits, qui est à Carnavalet. On se bat, il notera comment on lit un bulletin de la grande armée. Il s'assoira à la terrasse du Jardin-Turc et il n'y perdra pas son temps. Il ne perdra pas davantage son temps à examiner, en 1819, les types qui, un jour de représentation gratuite, se pressent à l'Ambigu. Il voit comment on distribue les victuailles aux Champs-Élysées pour la fête du roi. Le porte-drapeau d'une fête champêtre saluera le retour de Louis XVIII : il sera là. »

Nous n'aurions garde de laisser échapper un piquant détail révélé par le même écrivain. Boilly, de notre temps, a un admirateur enthousiaste et éclairé. C'est..... le greffier de la Morgue ! Et cet excellent fonctionnaire, M. Pierre, n'est pas si mauvais critique :

— Je regrette, s'écrie-t-il, que Boilly ne soit plus. Il aurait avec la Morgue actuelle un beau sujet de composition. Tenez, monsieur, je le mettrais dans un petit coin de la salle d'exposition. Il verrait, collées à la cloison vitrée, les têtes de ceux qui regardent. Que d'études à faire ! Que de traductions : l'horreur chez celui-ci, l'angoisse chez celui-là, la gouaillerie chez cet autre..... Que d'impressions à rendre sur un même plan, comme en ces bouquets de grimaces qu'il lithographiait vers la fin de sa vie ».

En somme, Boilly, Bosio et Carle Vernet suffiront peut-être à sauver cette période caricaturale du demi-dédain où les esprits artistes la tiennent. C'est un temps de production trop facile et trop médiocre, trop passionnément épris de fausses élégances, oscillant sans cesse entre une corruption sans esprit et une honnêteté sans conviction. Et il était grand temps, pour que nous ne fussions pas trop inférieurs à des voisins qui avaient mis de la puissance, du génie même, dans la gaieté dessinée, que le règne de Decamps, Monnier et Daumier arrivât.

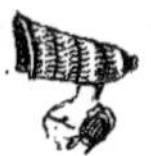

XVIII

SUITE DE LA CARICATURE EN ANGLETERRE. — GILLRAY.
ROWLANDSON. — CRUIKSHANK.

Tandis qu'en France la caricature s'amusait en de souriantes coquetteries, puis, laissant toute préoccupation d'art, se bornait à traduire en langage brûlant les passions populaires, et enfin se traînassant dans de plates sensualités, s'évertuait à chatouiller un idéal bourgeois, en Angleterre elle jaillissait, avec une verve extraordinaire, du crayon de trois bouffons géniaux. Cette trilogie, la plus puissante, la plus déconcertante de la caricature moderne, c'est l'œuvre de Gillray, de Rowlandson et de Cruikshank.

Il faut se borner à mentionner les successeurs, les imitateurs d'Hogarth, et tous les caricaturistes de second ordre, que seules les personnes désireuses de connaître à fond l'histoire de l'Angleterre auraient intérêt à feuilleter. Ce sont Sandby, Collet, Sayer, Bunbury, Woodward, John Kay, etc. Sans doute on pourrait trouver chez eux bien des traits curieux pour compléter la psychologie du rire britannique, mais les trois maîtres nous fournissent assez de quoi faire ce tableau, et leur production est même si touffue que c'est plutôt par élimination qu'il faudrait procéder.

Seulement, il est charitable de prévenir. Avant d'entrer dans la baraque de ces farceurs colossaux, il est de toute nécessité de laisser les préjugés au vestiaire. Il faut s'apprêter à considérer comme toutes naturelles les plus énormes excentricités, et surtout se défaire de ces habitudes de modération que nous gardons jusque dans nos folies. Ici tout est déséquilibré, ou le paraît; la moindre chiquenaude assommerait un bœuf; la plus légère grimace est la transformation de l'homme en un fantoche épileptique. Et malgré cette outrance, cela reste toujours précis; malgré ce débordement de verve, c'est toujours voulu, et dans sa course par bonds clownesques, par cabrioles vertigineuses, l'artiste sait où il va. En un mot, c'est avec une logique froide, la caricature poussée aux extrêmes limites de la charge. Il ne faut pas résister; il est inutile d'analyser; la seule chose à faire, c'est de regarder, et de ne prendre conseil que de ses nerfs.

Gillray est le premier des trois par ordre de naissance (1757-1815). Il naît à Chelsea, d'un invalide. Le père Gillray avait perdu un bras à Fontenoy; son fils exécuta contre la France assez de caricatures, et assez haineuses, pour que nous puissions considérer l'amputé comme suffisamment vengé.

C'est un drôle de corps, ce Gillray, et un diable assez joyeux. Une vie de polichinelle pour commencer. Au rebours des autres artistes du rire, écrivains, dessinateurs ou acteurs comiques, qui sont assez fréquemment des tristes dans leur privé, celui-ci se lance follement dans la vie. Il est d'abord apprenti chez un graveur de lettres ; mais il lâche bientôt l'atelier pour s'engager dans une troupe de comédiens ambulants. Puis quand il a bien roulé, il se décide à se ranger ; il entre à la *Royal Academy*. Le grand art ne répondant pas à ses espérances, il lui tourne bientôt le dos et se lance délibérément dans la caricature. Il y trouve un succès énorme, sa fortune assurée, et pour achever, une existence désormais paisible.

Gillray avait un éditeur, un éditeur en jupons, miss Humphrey, avec qui il entretenait des relations un peu mieux que cordiales. Au bout de quelques années, soit pour se rendre aux conseils de ses amis, soit pour écouter quelques scrupules de conscience, il se décida à épouser son éditeur. On était en route pour l'église, quand, en chemin, le caricaturiste tint à sa compagne ce petit discours : « *This is a foolish affair, me thinks, miss Humphrey. We live very confortably together. We had better let well alone.* » Et l'on s'en retourna chez soi, vivre tranquillement sans autre consécration.

Les caricatures politiques forment la plus grosse part du bagage de Gillray. Les unes ont trait à la politique intérieure ; les autres nous attaquent avec acharnement.

Le roi George III, un assez brave homme, une sorte de roi fermier, est, ainsi que sa digne moitié, l'objet des rancunières moqueries de Gillray. Il avait, un jour, parlé assez brutalement de ces « caricatures » et trop laissé percer son mépris pour les artistes en général, et celui-ci en particulier. Alors, ce furent d'intarissables plaisanteries sur la ladrerie du souverain et la simplicité de son intellect. Un jour, c'est l'estampe des *Antisaccharites*, où l'on voit le roi et la reine enseignant gravement à leurs filles l'art de prendre le thé sans sucre. Un autre jour, ce sera une gravure commémorative d'un trait de finesse que la légende attribue à ce pauvre George. En se promenant par ses métairies, il avait vu une vieille femme qui faisait cuire des chaussons aux pommes, et il lui avait demandé avec un vif intérêt comment elle s'y prenait pour introduire les fruits dans la pâte sans avoir besoin de faire de couture.

Dans une autre caricature, enfin, la rancune poussait Gillray assez loin pour le mettre en contradiction avec lui-même. Il représentait le roi examinant avec une expression d'inquiétude un portrait de Cromwell, allusion assez claire au peu de stabilité du trône, dans un royaume où l'on faisait bon marché de la tête des rois ; et Gillray publiait cette planche au moment même où il ne croyait pas trouver d'accents assez forts pour blâmer les excès de la révolution française. La caricature, de même que la passion qui l'inspire, n'est pas toujours logique.

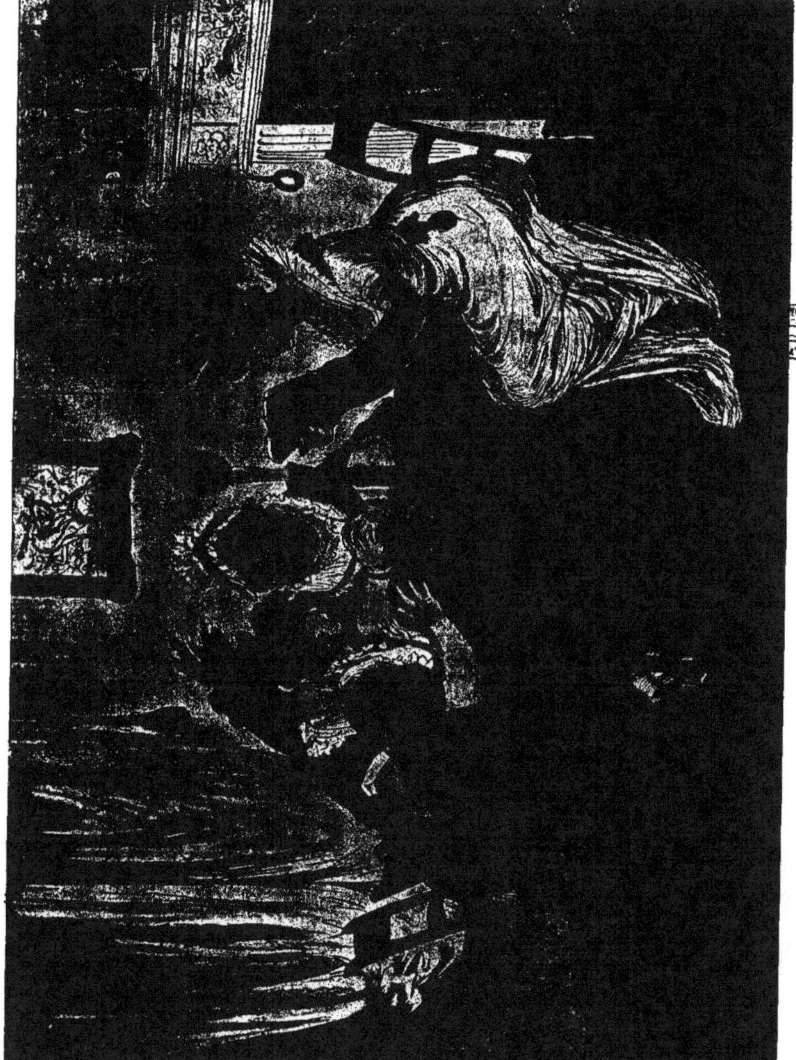

Tales of wonder.

Elles sont d'une singulière outrance, les caricatures antirévolutionnaires de
Gillray. Tout ce qu'il a pu imaginer d'accusations de cruauté, de sanguinaires orgies,
il l'a entassé dans ses gravures, d'un trait emporté, d'un coloriage férocement cru.
Tantôt il oppose la *Liberté Française* à l'*Esclavage britannique*, et tandis que l'esclave
au teint vermeil savoure tranquillement le roastbeef patriarcal, l'homme libre, blême,
se jette avec avidité sur le traditionnel plat de grenouilles et se contente pour dessert
d'un couplet de la *Carmagnole*. Tantôt, il montre, avec une mise en scène emphatique,

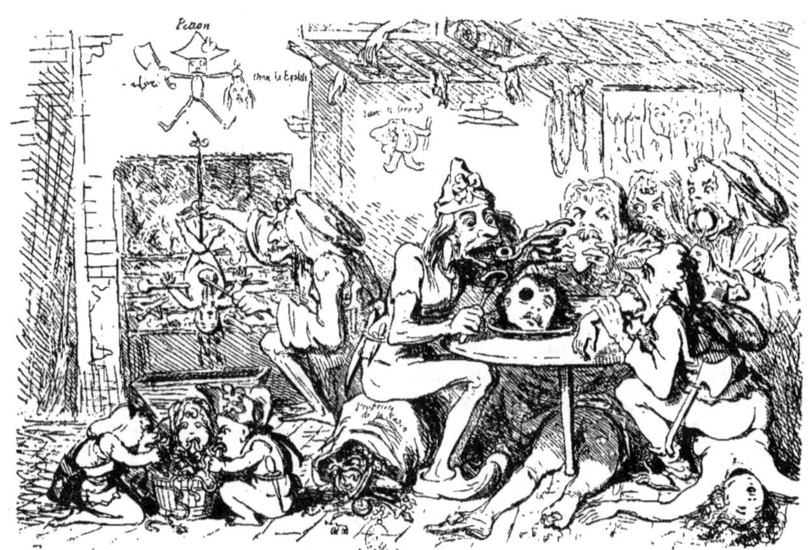

G I L L R A Y. — Un petit souper à la parisienne.

Louis XVI guillotiné au milieu d'une foule d'énergumènes ignobles. Un Élégant parisien et une Parisienne du bel-air (*A Paris beau* et *A Paris belle*) seront d'affreux
sans-culottes que l'artiste aura rendus hideux au delà de toute imagination. La planche
peut-être la plus passionnée, en même temps que la scène la mieux composée de cette
suite interminable, c'est le *Petit souper à la Parisienne,* où l'on voit une famille
de patriotes poussant leurs convictions jusqu'au cannibalisme, dévorant à belles
dents, attablés dans un affreux taudis, un quartier de dauphin, rongeant des tibias
d'aristocrates.

Toutes ces gravures sont exécutées avec une grosse verve, une largeur dans le
lâché, qui trahit l'impatience de la main, le bouillonnement du cerveau. Dans beaucoup
de caricatures de Gillray, d'énormes légendes couvrent parfois plus de la moitié du
dessin, s'échappant en banderolles de la bouche des personnages, zigzaguant le long

du décor, soit que la pensée ne soit pas toujours très claire au point de vue graphique, soit que l'écriture paraisse au caricaturiste un moyen plus rapide d'expulser le trop plein de l'imagination.

Il y a, pour un œil impartial, bien des pages inégales dans cette œuvre, mais cette verve bourbeuse et furieuse, comme un torrent qui dériboule des montagnes à la suite d'un orage, vous entraîne malgré vous. Les réserves de l'amour-propre national, c'est tout au plus si on songe à les faire, en présence des énormes cocasseries de cette indignation. Il est certain, par exemple, que la vaste planche qui représente l'*Apothéose de Hoche,* nous saisit tout d'abord d'une inexplicable surprise, vous suffoque pour ainsi dire au point de retarder le rire, et de prévenir toute protestation de colère.

C'est un morceau prodigieux. Le général français s'élève au ciel, transfiguré, avec, entre les bras, un instrument dont il se sert comme d'un luth, mais que l'on reconnaît bientôt pour une petite guillotine. Le héros est vêtu simplement d'un peplum et d'une ceinture où deux pistolets sont passés ; ses bottes, deux monstrueuses bottes de hussard, abandonnent ses jambes et retombent sur la terre. Et cette Ascension s'accomplit au milieu de centaines de figures grimaçantes, sortes de hideux chérubins coiffés du bonnet phrygien. L'effet, soutenu par un vigoureux clair-obscur, est réellement surprenant.

Gillray continue, cela va sans dire, ses campagnes à l'avènement de Bonaparte. Ce sont alors des pantalonnades démesurées, avec les légendes à dévidoir, bourrées de « Diable ! » de « Sacré-Dieu ! » et d'effets de prononciation à peu près aussi français que sont britanniques notre *goddem* ou nos baragouins d'Anglais du Palais-Royal.

Ces caricatures pouvaient fort amuser les compatriotes de Gillray ; elle nous amusent aussi, mais à un autre point de vue : ce sont des bravades qui trahissent un peu trop visiblement l'inquiétude, et à chaque instant revient, sous des formes diverses, l'éternelle préoccupation d'une descente sur les côtes britanniques. Parmi les charges sur Napoléon, il en est une d'un haut comique : c'est une immense bande, représentant le *Sacre,* et qu'il serait bien divertissant de comparer avec le tableau de notre David.

En somme, cela représente, quelle que soit la facilité de l'exécution, une production incessante, une verve infatigable. D'autant plus que la politique laisse encore à Gillray assez de loisirs pour graver une assez grande quantité de caricatures de mœurs vraiment réjouissantes. Par exemple, un *Concert d'amateurs,* qui force l'éclat de rire ; des danseurs d'opéra ; des Allemands se bourrant de choucroute ; des charges sur la mode, avec d'étonnants déploiements de panaches ; *Tales of wonder,* des commères se racontant, à l'heure du thé, des histoires de fantômes tellement effrayantes, qu'elles n'osent plus bouger de leurs chaises. En résumé, la caricature de Gillray apporte, après celle d'Hogarth, une note nouvelle ; un dessin plus simplifié, mais une drôlerie égale, plus abondante peut-être, une gaieté moins amère, moins cruelle. Hogarth pourtant était un observateur, parfois profond, bien que dépassant

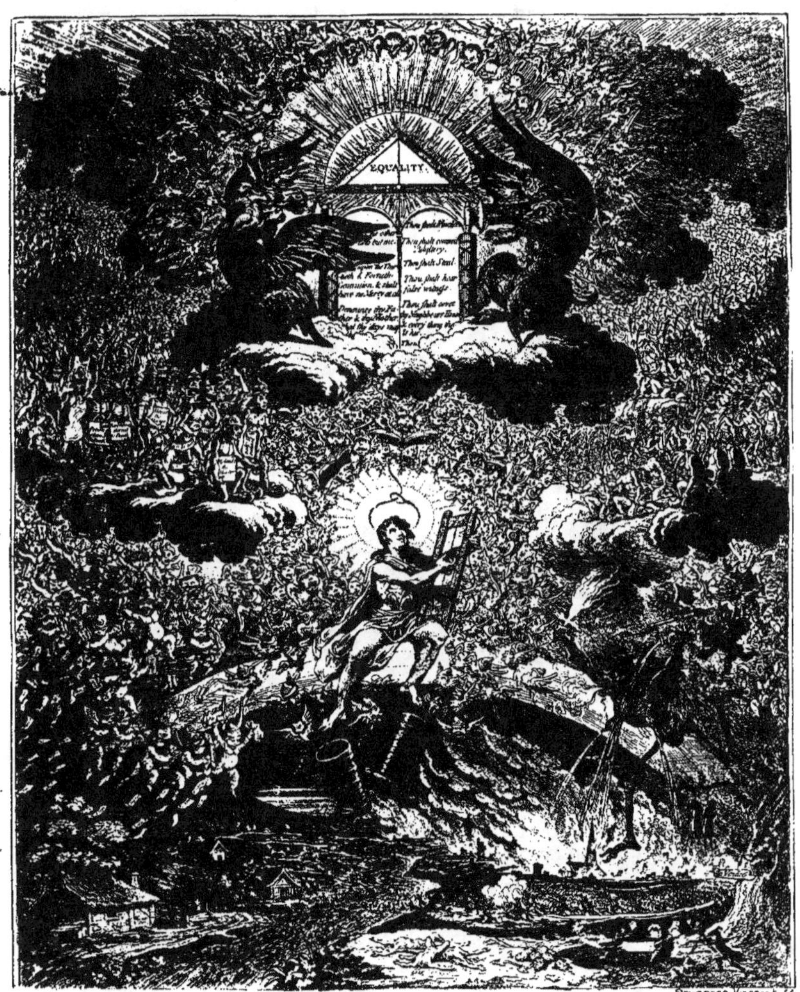

L'Apothéose de Hoche.

souvent le but. Gillray, lui, n'a presque aucune observation ; mais quand on a une cervelle aussi féconde en imaginations saugrenues, en grimaces irrésistibles, l'observation serait un luxe bien inutile.

Rowlandson (1756-1827) est plus artiste, et non moins inventif. C'est aussi un débordant, mais avec certaines concessions, parfois des recherches de joliesse, des caresses de touche pour la beauté féminine. On sent qu'il a vu Paris et qu'il a été touché de la grâce fine de l'école de Watteau et de Boucher.

Imaginez, se promenant au bras d'un poussah au triple menton, à la trogne exémateuse et lubrique, au ventre proéminent, une fille de vingt ans, élancée, gracieuse,

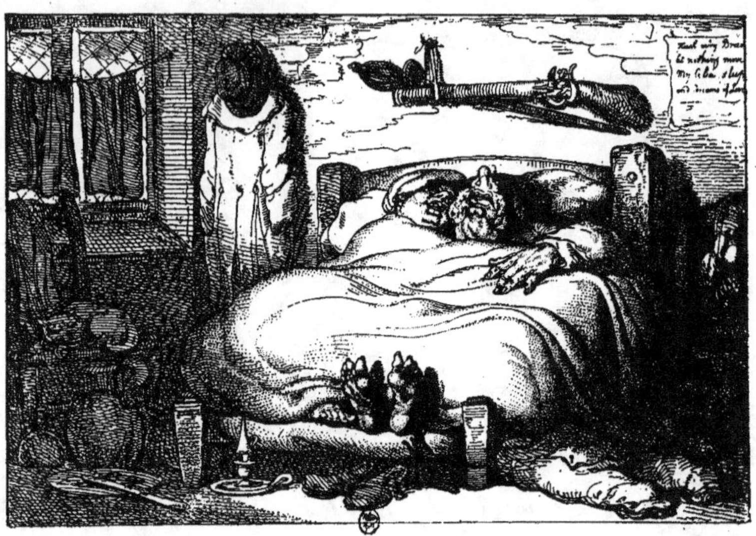

ROWLANDSON. — Cor et Basson.

qui a, sous sa poudre et sous les panaches de son chapeau à grands bords relevés, des œillades de langueur et de coquinerie ; sous son corset à taille serrée, ses paniers à falbalas, le corps robuste et nerveux de l'Anglaise, avec des souplesses de Parisienne. Vous aurez un peu l'idée du mélange particulier de mièvre et de bouffon, de précieux et de farce que l'on rencontre souvent dans Rowlandson.

Il met dans certaines énormités une coquetterie inattendue. Il fait songer à certains de ces jolis clowns anglais qui ne paraissent jamais sur la piste, sans être irréprochablement gantés de blanc pour se livrer à de surprenantes acrobaties.

C'est, bien évidemment, un seul côté de Rowlandson ; car il est des pages de son œuvre qui sont d'un procédé beaucoup plus gros, et où l'on ne trouve pas la recherche habituelle. Par exemple la caricature exhilarante que nous avons reproduite, le célèbre duo de *Cor et Basson*. Il ne les a point flattés ces horribles tourtereaux, dormant amoureusement côte à côte. Comme ils ronflent leur bonheur ! Quelle effroyable succession de bémols gutturaux, de dièzes enchiffrenés ! Cette surprenante caricature fait bien comprendre jusqu'où on peut s'éloigner de la nature sans abandonner le naturel. Certes jamais de pareils nez, des bouches ainsi fendues, des extrémités aux semblables proportions, n'ont été donnés en partage à aucun être humain : pourtant cela paraît tout simple chez ces deux dormeurs, tant ils sont dans

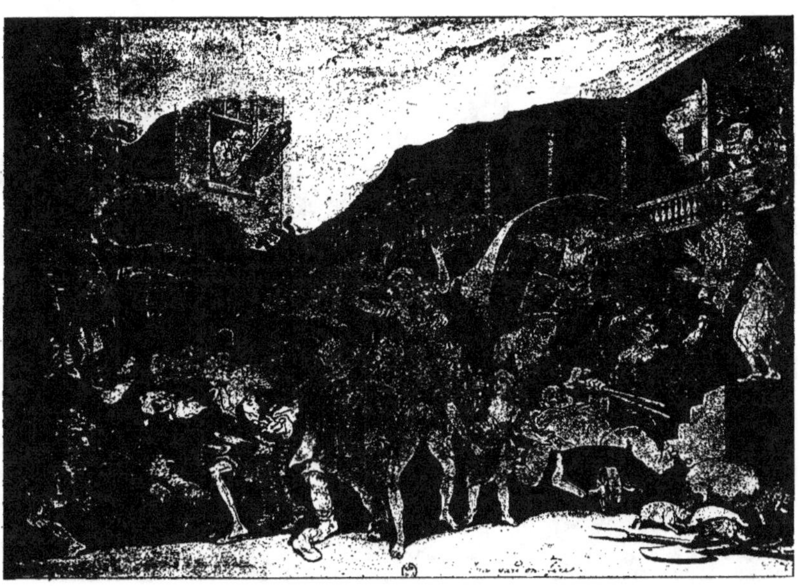

ROWLANDSON. — Le feu à l'auberge.

leur cadre, tant ils poursuivent avec conviction leur nasal entretien. Il n'est rien de tel que de faire les choses simplement, et trésor que de vivre à son aise.

Avec ce goût d'observation supercoquentieuse, on devine que Rowlandson devait préférer à la politique la fantaisie et l'étude de mœurs. Une bonne scène de taverne ou de clapier lui semblait plus intéressante, plus suggestive en drôlerie, qu'une description du Parlement ou un épisode de la Terreur. La femme, dans toutes les conditions, montait mieux sa verve, grisait plus sûrement son caprice, que les tirades sur l'égalité ou l'inégalité des hommes. Avant tout, la caricature est pour lui un moyen de faire rire de la vie courante, plaisirs, fonctions plus ou moins naturelles, contretemps et quiproquos.

La vie facile qu'il avait menée lui-même ne l'avait pas préparé à une bien profonde philosophie. Né d'une famille de négociants aisés, il avait pu de bonne heure faire des études artistiques qui manquent davantage à Gillray ; aucun obstacle ne s'était opposé à une précoce vocation. Remarque en passant : tous les caricaturistes sont précoces ; peut-être en faisant cette constatation fournissons-nous des armes contre eux ; ils n'auraient qu'à répondre que bien d'autres ont été précoces qui ne sont même pas caricaturistes.

D'ailleurs on ne s'improvise pas caricaturiste comme on apprend à être peintre

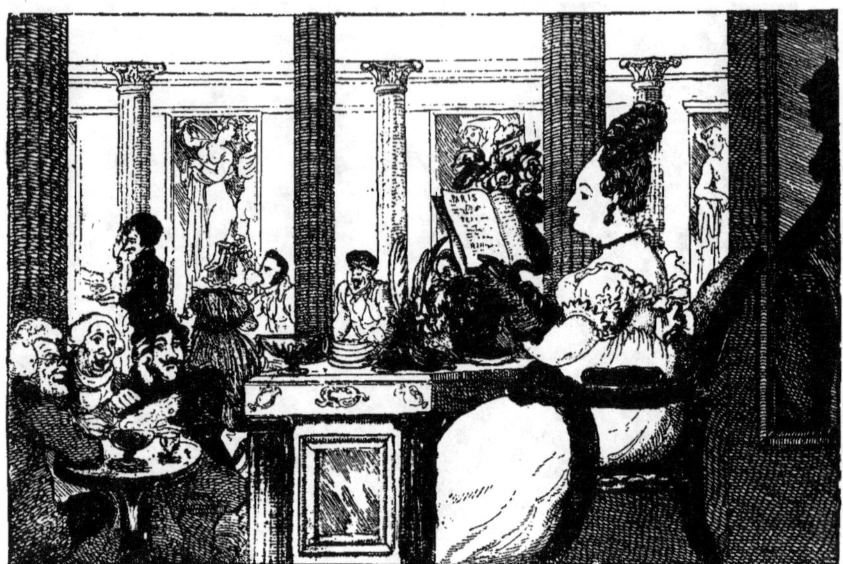

ROWLANDSON. — La belle limonadière.

d'histoire. Pour celui-ci, il y a des procédés invariables, pour l'autre il faut une nature ; et encore est-il quelquefois nécessaire qu'une circonstance déterminante se produise. Chez Callot, c'est la rencontre, pendant une fugue, d'une troupe de saltimbanques ; chez Brueghel, c'est quelque invitation à une noce de village ; chez Gillray, c'est une rancune politique, et ainsi des autres, suivant le hasard ou la passion. Chez Rowlandson, ce fut une cause assez inattendue : un héritage. Il faut s'entendre. L'artiste anglais était encore élève de la *Royal Academy* et venait même de se mesurer avec un *Samson et Dalila* des plus présomptueux, lorsqu'il hérita. L'héritage le rendit joueur ; le jeu le ruina ; la ruine l'amena à chercher sa vie dans des productions amusantes et de vente facile ; et c'est grâce à cet entraînement qu'il dut de graver des feuilles volantes plus durables peut-être dans l'histoire de l'art que tous les Samsons et toutes les Dalilas qu'il aurait pu faire à l'Académie.

Au cours de sa vie de prodigue, il avait vagabondé dans tous les milieux :

maisons de jeux, cabarets louches, boudoirs interlopes, carrefours pavés de séductions à bon marché. Il en garda un souvenir précis, un goût de sensualité très personnel. De tous les caricaturistes anglais des deux derniers siècles — et pourtant, vous avez vu qu'ils ne reculent pas devant le détail cru — Rowlandson est le plus égrillard. Son

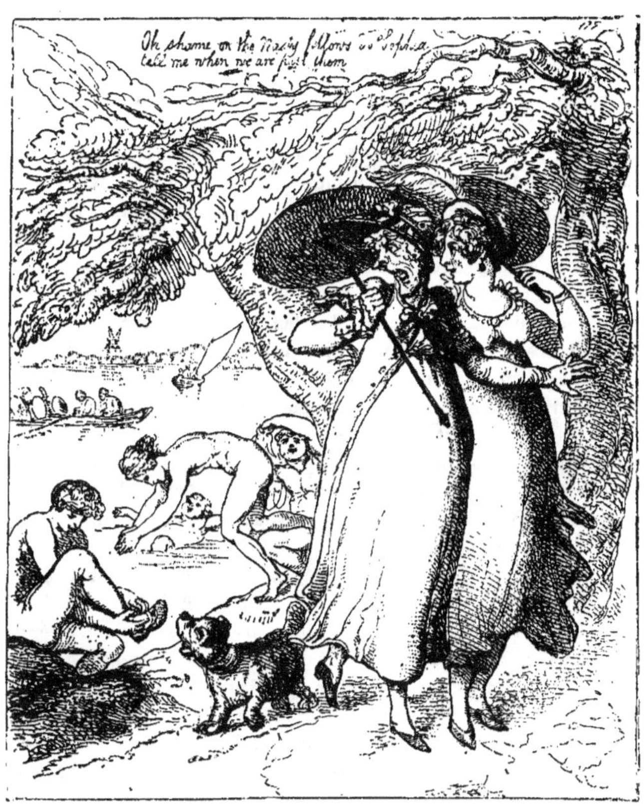

ROWLANDSON. — Les bords de la Tamise.

égrillardise est très basse, très impudente ; d'ailleurs il ne lui donne pas pour théâtre les salons de bonne compagnie, le trottoir suffit. Des filles débraillées, au coin d'une rue entraînent quelque marchand de bœufs qui vient de faire une bonne affaire. D'autres, gueuses effrontées prennent de force la vertu d'un quaker, et se mettent quatre pour accomplir cette besogne impie. Une autre fois, s'élevant d'un degré au-dessus du ruisseau, le caricaturiste nous introduit sous les ombrages du *Waux-Hall,* et ce sera une magnifique cohue de promeneurs de toutes conditions : aigrefins, coquettes, traîneurs de sabres, pigeons bons à plumer, grues de bas et de haut vol, dupeurs et dupés.

Et ce sont à chaque instant des trouvailles d'une bouffonnerie qui confine à la profondeur. Savez-vous, par exemple, ce que Rowlandson appelle le *Triomphe du sentiment?* C'est, dans sa boutique où des quartiers de cochons fraîchement égorgés dégouttent de sang, un charcutier sentimental qui lit *Werther* les larmes aux yeux, mais le couteau à la main. Quelle caricature du romanesque! Combien d'âmes exaltées ont rêvé de suivre les traces de Werther ou de Charlotte, qui n'ont jamais été capables d'être autre chose que d'ordinaires charcutiers !

Rowlandson raille de son temps les travers de mode aussi bien que les travers d'esprit. Sous le titre d'*Hocuspocus,* il montre un naïf qui a voulu assister à des scènes de magie noire. Des charlatans ingénieux font apparaître devant lui, au sortir d'une trappe, un diable costumé à grand renfort d'ustensiles de ménage, et, pendant que son attention est absorbée par ce miracle, on lui subtilise sa bourse.

Est-ce au moment où l'opéra fait fureur? *John Bull at the Italian opera,* nous dit ce qu'il faut penser de cette mélomanie. Pendant que le ténor braille, les honnêtes insulaires bâillent, à se décrocher la mâchoire ; cela vaut bien une guinée. Parfois, nous assistons à des scènes plus mouvementées, des combats de boxeurs, par exemple, et rien n'est plus brutalement éloquent que ce plaidoyer d'un Anglais contre le sport national. Il faut citer aussi l'extraordinaire scène de jeu reproduite ici ; des visages convulsés, des mains qui se cramponnent au tapis vert, ou, affolées, cherchent à râfler l'enjeu, tandis que le perdant, au dernier degré de la rage, braque deux pistolets sur celui qui vient de le dépouiller, et l'effroi des voisins, qui craignent une erreur de la balle, avant qu'ils aient pu se mettre à l'abri.

Encore une série particulièrement significative, bien qu'elle soit d'une valeur médiocre comme exécution, c'est celle qui est intitulée : *A bill of fare for Bond street epicures* (Une carte des plats pour les épicuriens de Bond street). En guise de numéros d'un menu, ce sont des types divers de femmes, galamment comparés à de respectifs comestibles. Celle-ci, quelque peu lymphatique, est baptisée côtelette de veau ; celle-là, plus forte en chair, sera un rumpsteack ; une troisième, débutante à peine déniaisée, symbolisera le quartier d'agneau. Cette caricature dut avoir un prodigieux succès auprès de l'importante partie du gros public anglais, chez laquelle l'organe prédominant est l'estomac.

Tantôt Rowlandson se promène par les rues de Londres, tantôt dans les auberges ou les foires de village, et il a toujours la chance d'y rencontrer des scènes burlesques. Il a aussi fait quelques études sur Paris ; mais Mme *Véry,* ou bien encore la *Belle limonadière du caffée de mille collonne,* ne suffiraient pas pour donner une idée de ce talent si varié et de cette gaieté si communicative. C'est un Anglais, et c'est dans des scènes anglaises qu'il faut le voir triompher. Soit qu'il descende jusqu'aux bas-fonds, et qu'il aille jusqu'à reproduire la répugnante idylle d'un chiffonnier et d'une boueuse roucoulant sur un tas d'ordures, et que, pour ces sortes de récits, il emploie la

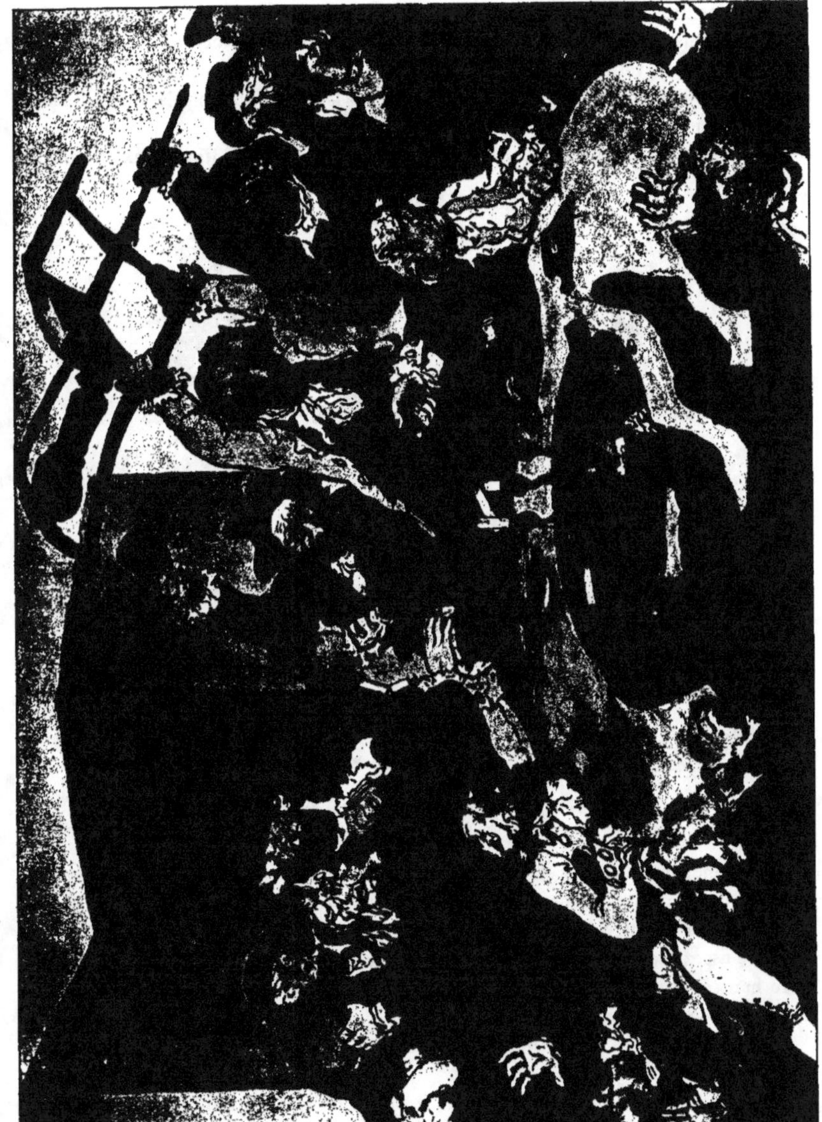

ROWLANDSON. — QUERELLE DANS UN TRIPOT.

manière des grosses têtes, barbouillées d'un crayon fou ; soit qu'il se complaise aux peintures plus élégantes, plus finies, d'une société équivoque aux belles manières ; il est toujours merveilleux de tranquille effronterie, gentleman au milieu de l'outrance, flegmatique en donnant un corps aux imaginations les plus dévergondées qui puissent traverser une cervelle humaine.

Bien qu'ils se distinguent par des talents infiniment moins impétueux et affinés

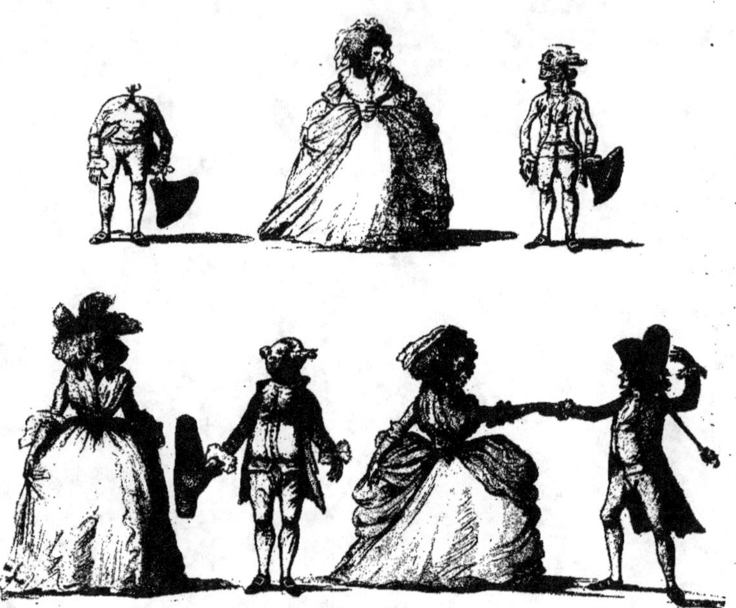

Épisodes de la vie d'Olivier Goldsmih, d'après sa correspondance
et des documents nouveaux.

que Rowlandson, il pourra être, ici, dit quelques mots de certains caricaturistes de son époque et qui procèdent de lui de façon manifeste.

Woodward, entre 1790 et 1801, publie des planches de mœurs dans une grosse manière assez lâchée, mais non sans force comique : la lecture d'un testament, la cave hantée, etc., ainsi qu'une assez jolie série de « caractères de la campagne, scènes de mœurs, élections, etc. ».

Newton, vers le même temps, est encore plus gros, quoiqu'avec parfois une certaine recherche d'élégance féminine.

Heath est extrêmement abondant. Il publie de fort amusantes caricatures de modes, et rien n'est plaisant comme certaines exagérations de chapeaux, de jupes ou de manches.

Enfin, Seymour sera retenu pour une bien ingénieuse série : *Living made easy :* la vie rendue facile. Ce sont de bizarrement invraisemblables inventions pour nous procurer plus de confortable ou pour nous éviter des efforts : par exemple, une machine pour faire marcher les chevaux poussifs, une autre pour faire conserver bonne contenance aux duellistes nerveux, une cloche de verre pour mettre les enfants bruyants, etc., etc. Baudelaire, dans ses admirables études sur les caricaturistes,

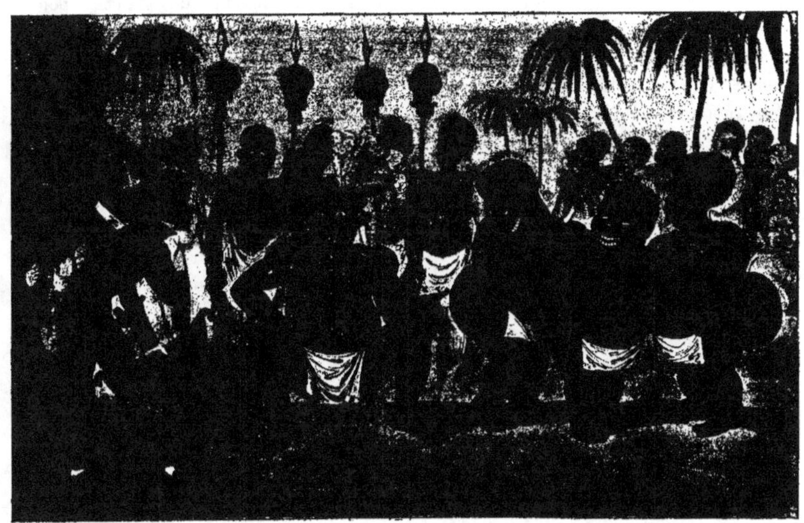

CRUIKSHANK. — L'embarras du choix.

signale également ses plaisantes charges de la chasse et de la pêche, à la fois bouffonnes observées.

Mais en résumé tout cela ou bien procède de Rowlandson, ou se résume dans l'artiste dont il nous reste à parler.

Une jolie figure, fine, en lame de couteau, avec un sourire froid et mince de pince-sans-rire, encadré de favoris corrects, la mine, en un mot, d'un véritable gentleman ; de gros effets, auprès desquels ceux de Gillray sont miniatures, un bariolage cru, qui ferait paraître suave l'enluminure du même caricaturiste : tel apparaissent G. Cruikshank et son bagage. Ils sont tous comme cela : flegmatiques et désarticulés ; toujours le clown aux gants blancs. Des trois dessinateurs qui portent le nom de Cruikshank, Georges est le plus justement célèbre. Isaac est un violent aussi, mais moins génial ; Robert est plus distingué et plus effacé. Georges Cruikshank (1794-1882), travaille pour la foule, et il sait faire vibrer la grosse corde. Qu'il s'occupe de politique intérieure et qu'il charge le prince de Galles, représenté en baleine (jeu de mots sur *prince of Wales* et *prince of Whale*), ou qu'il flatte les passions antifrançaises de ses compatriotes dans une suite contre Napoléon, c'est toujours la même rondeur brutale, populaire et même populacière. Si nous prenons, par exemple, cette *Vie de Napoléon,* publiée en 1815, nous verrons que le caricaturiste a mis en œuvre les plus calomnieuses ou les plus absurdes allégations, celles, précisément, qui ont cours dans la masse. Cette caricature ne recule devant rien ; elle est aveugle comme la haine des foules ; elle invente des inepties pour pouvoir les huer tout aussitôt. Cruikshank n'hésitera pas, entre autres scènes, à nous montrer ce fameux homme rouge « cette menaçante et fatale apparition qui, suivant la légende, avertit fidèlement l'empereur des malheurs à venir », et devant ce fantôme, nous voyons Napoléon blême et claquant des dents. Une autre nous prouvera que Bonaparte faisait administrer du poison aux pestiférés de Jaffa, singulière contre-partie du fameux tableau de Gros. N'importe, le but est rempli.

Heureusement, Cruikshank a d'autres titres à notre admiration que ses planches politiques ; il est aussi un caricaturiste de mœurs inépuisable, et des plus divertissants. Il a le sens très prononcé du ridicule des modes, de la société qui hante les salons. Ce sont des promenades, dans Hyde-Park, de toilettes et de coiffures extravagantes ; ou encore, des danses mouvementées dans des appartements trop petits. Parfois, il cherchera des effets dans une déformation systématique des traits de la physionomie : ainsi, des assemblées de gens, tous pourvus de têtes allongées outre mesure. Parfois aussi, il trouvera, on ne sait comment, des bouffonneries désopilantes comme celle-ci, l'*Embarras du choix,* ou « le roi de Tombouctou offrant une de ses filles en mariage au capitaine *** », et, de fait, il y a de quoi être embarrassé. Cela, c'est bien le comique anglais, large, secouant, funambulesque. Qui penserait à grouper ainsi trois guenons aussi épouvantables, à leur faire faire de ces grâces inquiétantes, et à présenter cela comme la plus haute faveur qui puisse être accordée à un Européen ?

Cruikshank a produit de nombreuses histoires de ce genre. Cela n'a sans doute, ni la férocité d'Hogarth, ni la passion forcenée de Gillray, ni la grâce insolente de Rowlandson ; mais c'est d'une grosse ingéniosité qui secoue. Il s'attache aussi au sens strict des mots qui composent une locution, et il en tire des effets curieux ; c'est donc de la caricature déjà beaucoup plus fantaisiste. Exemple, la planche qui a pour titre : *What an unpleasant weather. (Quel sale temps) !* De même que chez nous on dit : il pleut des hallebardes, les Anglais disent parfois : il pleut des chats, ou bien des chiens, ou encore des fourchettes. Cruikshank s'empare de ces termes figurés, les inscrit en sous-titre, et les traduit au propre dans son image. Des conséquences inattendues résultent de cette conception ; entre mille épisodes amusants : ce sera un invalide renversé sur le dos par cette averse trop solide, et empalant de sa jambe de bois un des chiens qui tombent du ciel ; ce seront, encore, ces chiens et ces chats qui sont traversés eux-mêmes par les fourchettes qui pleuvent en même temps qu'eux.

Il faut dire le mot, malgré son grand talent d'illustrateur, Cruikshank sent déjà le caricaturiste de la décadence : il est obligé de se mettre la cervelle à la torture

pour trouver des effets nouveaux. Les effets trop cherchés sont précisément faibles
Vers le milieu de la carrière de Cruikshank débutait un humoriste, John Leech, un
fin et un délicat, mais bien mince à côté des colosses, qui furent Hogarth et
Rowlandson. C'est ainsi que, peu à peu, pendant la première partie de ce siècle, la
caricature anglaise s'acheminait du large rire à ventre déboutonné au sourire dou-
cereux et vague, de la nature en joie aux conventions mondaines guindées et figées,
ou, ce qui vaut mieux, aux recherchés raffinées, aux délicats archaïsmes ou aux
verveux tableaux de vie dont nous aurons encore à déguster la piquante saveur.

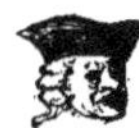

XIX

LES ESPAGNOLS NE SONT PAS CARICATURISTES.
GOYA ET LES CAPRICES.

L'art espagnol n'est pas gai : il va rarement jusqu'au sonrire. Ceux qui prennent le pinceau ou le crayon se plaisent surtout à retracer des scènes graves dans une tonalité sombre. Ils ont, pour la plupart, du musulman, du hidalgo et du gastralgique :

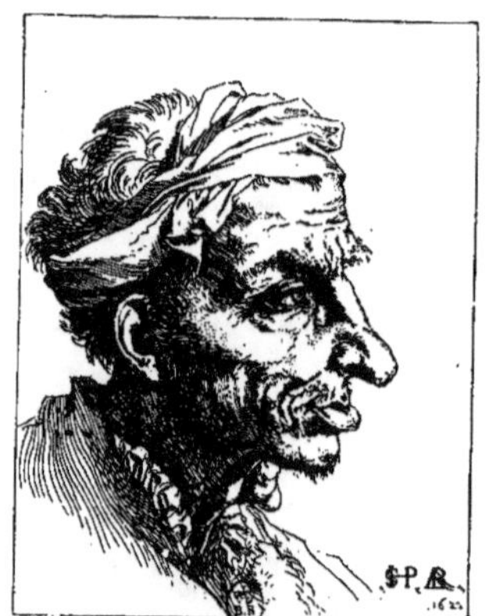

Tête grotesque, par Ribera.

d'où leur gravité, leur morgue et leur ascétisme. Quand on étudie leurs œuvres, il faut se pénétrer non pas des sentiments d'un curieux ou d'un rêveur, mais d'un pèlerin. Cela étonne dans ce pays de soleil, de romans, de sérénades, à première vue du moins. Mais est-ce que le romanesque n'est pas l'ennemi de la caricature, bien qu'il soit lui-même une inconsciente caricature du sentiment et de la vie ? La contradiction n'est donc qu'apparente : la passion ardente ne comporte pas le rire, ou du moins ce ne sera que parfois un rire sardonique, amer.

Oui, dans le pays des Cervantès, il y eut peu de notables peintres du rire, et ceux qui s'y exercèrent par rares occasions, furent encore plus nobles que gais. Prenez comme exemple cette figure grotesque dessinée par le tragique Ribera d'un coup de pointe léger : elle n'est point drôle, et ses difformités sont plutôt racontées gravement. De même, devant les petits pouilleux ou les petits mendiants de Murillo, c'est plutôt un sentiment de respect que l'on éprouve.

A proprement parler, les Espagnols n'ont qu'un exceptionnel caricaturiste, encore ce n'est pas sans appréhension que nous inscrivons ici son nom, de peur d'abord de qualifier un grand artiste d'une façon incomplète, puis, de nous exposer à des protestations indignées de ses admirateurs.

Nous dirons donc que Goya (1746-1828) est avant tout un puissant peintre.

Cela fait, nous revendiquerons énergiquement la série de ses eaux-fortes, et particulièrement les *Caprices,* comme ce que la caricature a produit de plus rare et de plus élevé. Quelqu'un a écrit que Goya était « un Rabelais espagnol, sérieux, dont les plaisanteries font frémir ». C'est en effet, si l'on veut, Rabelais tourné au noir,

transformant la force comique en force d'effroi. Il s'en prend comme lui aux sots, aux hypocrites, mais, au lieu de les asperger d'un rire énorme, il les cingle et les fait hurler dans les ténèbres. Dans l'ombre mystérieuse de ses lavis s'agitent des figures difformes, nains aux membres pattus, moines au visage abject, concupiscent, duègnes barbues et édentées, ou au contraire coquines troublantes d'élégance et de perversité, sorcières sensuelles ; tout cela apparaissant par éclairs, et disparaissant soudain dans le caprice d'un clair obscur surhumain. Ces visions ont un caractère d'exagération fantastique si prononcé, elles rentrent tellement dans cette caricature pour terrifier dont nous avons déjà parlé, qu'on les baptisa, du vivant même de l'artiste, d'une façon significative : en 1824, on publia en France un recueil de lithographies, assez médiocres

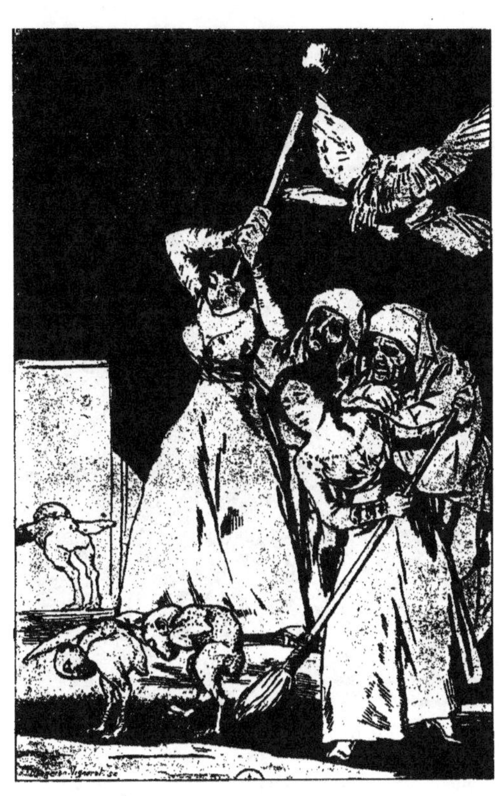

GOYA. — Ya van des plumados.

d'ailleurs, d'après les principales pièces des *Caprices* sous le titre : *Caricatures espagnoles, par Goya.*

Si la forme est caricaturale, l'inspiration est satirique, et c'est là peut-être la source des malentendus. De beaucoup de gravures, justement admirées, on a souvent dit, croyant en faire un meilleur éloge : « Ce n'est pas de la caricature, c'est de la satire. » A notre avis, il vaudrait mieux, et ce serait plus conforme à la vérité, conserver le mot caricature pour la forme, le mot satire pour l'esprit.

Satires donc, si l'on veut, les sublimes *Caprices* de Goya, mais caricatures aussi, et s'il fallait donner des preuves, nous n'aurions que l'embarras du choix. Il faut seulement citer quelques exemples. Le n° 20, *Ya van desplumados* (Déjà ils s'en vont déplumés) n'est-il pas une poignante caricature de l'éternelle guerre entre les deux sexes, guerre où l'homme, poulet piteux, est toujours sûr de se voir plumer jusqu'au sang ?

Esto si que es leer! s'écrie un âne qui apprend gravement l'alphabet à des ânons. Voilà qui s'appelle rire ! C'est la caricature de toute éducation humaine : des ânes se transmettant un savoir rudimentaire. Le plus ou moins de science se mesure à la longueur des oreilles. C'est tellement la pensée de Goya, qu'en une autre planche, il nous montre les mêmes aliborons, avec cette question mélancolique: *Si sabra mas el discipulo?* L'élève en saura-t-il davantage ?

Sa rêverie amère se promène à travers toutes les tristesses, toutes les misères de la vie : elle va de l'ignorant à l'inassouvi, sous la

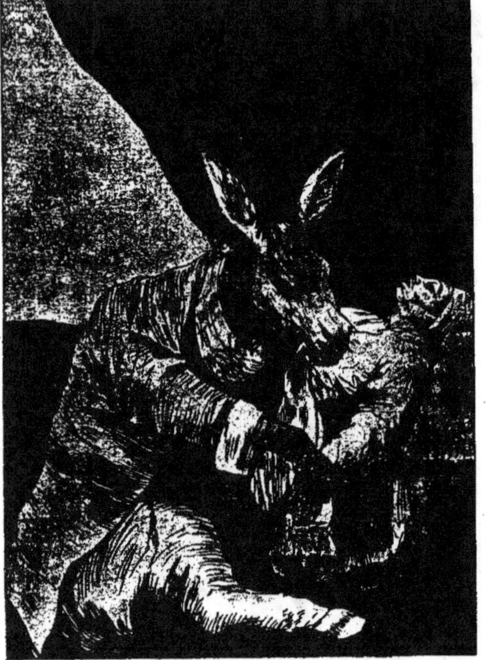

G o y a. — De quel mal morira.

forme d'un admirable *Tantale;* de la plumeuse de poulets humains à la femme cette fois vaincue ; et pour celle-ci il trouve une note rare, la pitié. *Parce qu'elle fut sensible!* une des plus merveilleuses eaux-fortes du recueil, pas caricaturale, il est vrai, mais qu'on ne peut omettre, tant le dessin en est étonnant, insaisissable, l'impression poignante. Goya, qui a parfois annoté ses Caprices, crayonne en marge de celui-ci, qui représente, noyée dans l'ombre sinistre du cachot, une fille que le désespoir accable : « Les chagrins suivent de près les plaisirs et la vie qu'elle menait ne pouvait avoir une autre fin. »

De cette lugubre satire de la *Noce,* Goya revient bientôt à ses sots et à ses ignorants. *Brabissimo!* s'écrie un baudet, transporté d'aise aux sons d'une guitare que gratte quelque macaque prétentieux. Cette fois, c’était l’artiste qui se vengeait sans doute : des singes qui recueillent des applaudissements des ânes, c’est un phénomène qui s’est produit parfois dans l’histoire de l’art.

Et celle-ci sur les médecins : Toujours des ânes qui tâtent gravement le pouls d’un malade, et s’interrogent gravement pour savoir *De que mal morira?* Des ânes, partout, toujours ânerie sur toute la ligne ; la vie est une ânerie gigantesque.

Et contre la coquetterie, et contre la bassesse, et contre la superstition, toutes ces scènes de débauche, de vile courtisanerie, de sorcellerie burlesque. Dans la planche des Farfadets, (*Duencitos*) le procédé caricatural est indéniable, avec l’énorme main qui se projette en avant, la déformation hideusement bouffonne des traits ? Goya accentue son intention par une petite note railleuse : « Ceux-ci, c’est autre chose ; ils sont gais, badins officieux, un peu friands, enclins à faire des niches ; cependant ils sont tous de fort honnêtes gens. » Le vieux poète français n’avait-il pas dit :

« Au demeurant, le meilleur fils du monde ! »

Encore une superbe

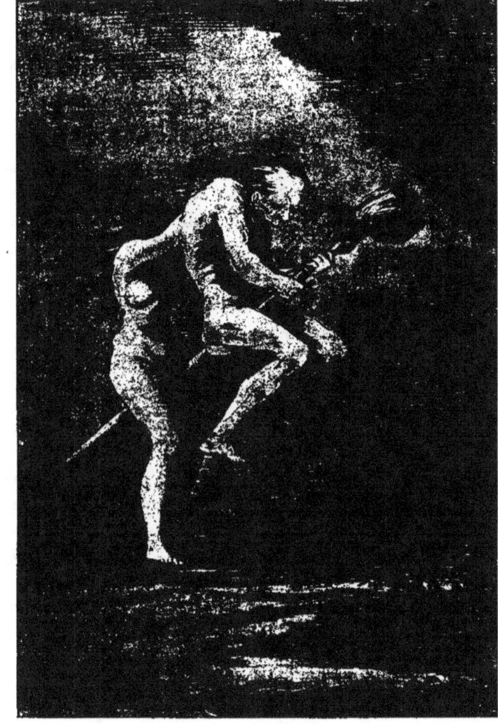

caricature des passions séniles, cette manola entourée de galantins allumés. *Quel sacrifice!* écrit le caricaturiste en guise de titre. Bah ! Le sacrifice n’est peut-être pas si grand. La contre-partie : une jeune fille se débat contre l’étreinte baveuse d’un de ces barbons, et une ignoble duègne, la patte bien graissée, se penche à son oreille et murmure ce menaçant conseil : « *No grites, tonta !* » Tais-toi donc, petite sotte !

Mais les plus violentes, les plus cinglantes caricatures des Caprices sont peut-être celles qui visent la cruauté de l’Inquisition ou l’hypocrisie et la sensualité des moines.

La gent encapuchonnée est rendue hideuse de gloutonnerie et bestiale à écœurer. Ces goulus boivent comme des entonnoirs, se gavent de friandises trop chaudes qui les font autant hurler sous la brûlure que se délecter de la déglutition. Ils s'assemblent dans des endroits clos pour ces saints offices, et gonflant leurs joues, se lançant des coups d'œil sournoisement joyeux, ils laissent échapper ce cri du cœur *Nadie nos ha visto !* Personne nous a vus. Leur salut est assuré. C'est la traduction burinée de l'aphorisme cher aux tartufes de tout temps et de tous pays.

> Le scandale du monde est ce qui fait l'offense,
> Et ce n'est pas pécher que pécher en silence.

Goya était hardi cavalier, esprit aventureux, intrépide, et on l'aimait vivement. Sans cela, il aurait pu lui en coûter de ces audaces. Il réussit à jouer à l'Inquisition, qui se préparait à anéantir ses *Caprices* diaboliques, un tour qui vaut presque un de leurs feuillets, ce qui n'est pas peu dire. Grâce à ses protections de cour, il put faire acheter toutes les planches par Charles VI. Les *Caprices* devenant propriété royale, il n'y avait plus de prise sur eux !

Quant on parle Goya et satire, comment ne pas dire un mot des *Misères de la Guerre?* C'est la bien plus effroyable satire qui ait jamais été imaginée, des tueries, des bestialités, des choses sans nom que multiplient ces intermittentes démences des hommes. Nous disions plus haut que sous le règne de Napoléon Ier, il n'avait pas été publié de caricatures contre sa politique et ses gloires. La vraie caricature, cuisante, déchirante des guerres de l'Empire, ce serait cette série d'eaux-fortes. Ah ! dans Goya, cette vision de la mort, du massacre, de l'épouvante, cette confusion affreuse des viols, avec les convulsions pires encore chez le bourreau que chez la victime !

C'est encore vraiment le sublime dans la caricature sombre, et jamais, jamais artiste n'a atteint pareille hauteur dans l'atrocité des cauchemars !

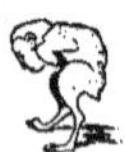

XX

LA CARICATURE ALLEMANDE. — DE CHODOWIECKI
A KAULBACH

On voit de bien belles choses dans la fumée d'une pipe ; mais ces visions sont molles, indécises, fugitives. Elles invitent au rêve par leur contour changeant. On peut y voir, selon son caprice du moment, des figures ailées, suaves et mélancoliques, qui s'envolent en soupirant vers le ciel, ou des gnômes brumeux, aux barbes chenues, qui dansent, en riant silencieusement, des rondes mystérieuses. Et que ce soit une de ces vaporeuses apparitions de femmes, ou la difformité de ces nains railleurs que vous montre votre illusion, la passion ne va pas plus loin qu'un vague désir, la gaîté s'arrête à l'esquisse d'un sourire.

La caricature allemande, — nous ne parlons point de celle qu'inaugurèrent au milieu de ce siècle les humoristes de Munich, — s'est tenu avec quelque prédilection dans cet indéterminé charmant de la fumée de pipe. Elle préféra le thème que l'on peut varier à l'infini, l'idée que l'on poursuit toujours sans complètement l'étreindre. Chaque objet, bien que nettement présenté, fut présenté de telle sorte qu'il donnât encore matière à maintes interprétations. Il fallait pour les intéresser, qu'un fait pût se transformer en généralité. Dans l'amour, par exemple ce qui lui plaira c'est le préliminaire sentimental, ou le souvenir doucement poignant. De toute façon, la bonne humeur allemande ne saurait s'accommoder de la sauvage et brutale épilepsie des pantomimes que nous avons vu se trémousser en Angleterre. L'épigramme, la satire ne sont pas cruelles, ni cinglantes ; elles sont allégoriques et enveloppées comme le reste.

Ce n'est point d'ailleurs que les caricaturistes allemands aient ignoré le gros bruyant éclat de rire qui dilate les rates, mais ce rire est profondément inoffensif. Il porte la marque d'heureux tempérament, d'une foncière honnêteté, et l'humoriste allemand est presque le seul qui ait le don de rire sans amertume, sans corruption ou sans préciosité.

Nous ne verrons donc pas dans la caricature allemande du siècle dernier l'outrance d'un Hogarth, le déconcertant fantastique d'un Brueghel ; nous n'y trouverons ni la propreté sèche et coupante qui distingue notre satire, ni le flegme carnavalesque des clowns d'outre-Manche. Cette caricature est en un mot, *rhénane ;* elle évoque à son aide, en les adoucissant, les créations fantastiques du moyen âge, qui hantent les vieux burgs ou se sont fait des huttes dans la Forêt Noire, des tannières dans les grottes moussues. Elle est de saveur à la fois sûre et fade, comme le *Sauer Krout,* doucement pétillante comme le vin du Rhin. Elle est, de plus, familiale, et locale. Elle sent, en quelque sorte, la province ; souvent elle ne dépasse pas en portée la frontière d'une principauté de second ordre, mais si l'on veut bien se laisser aller à son charme d'intimité, elle vous fait passer d'excellents moments.

Dans les âges précédents, pourtant, un grand courant d'opinions, un de ces événe-

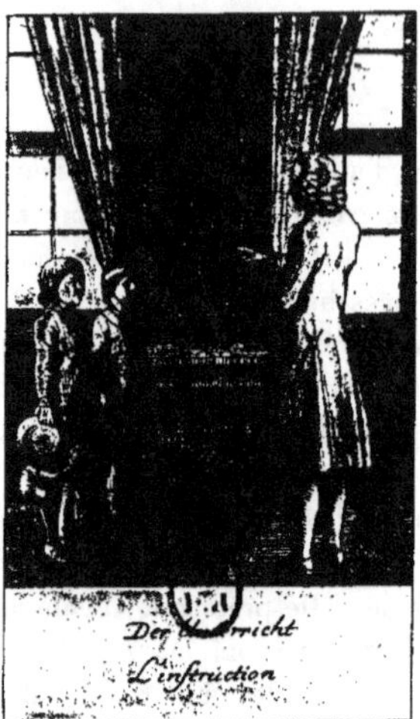

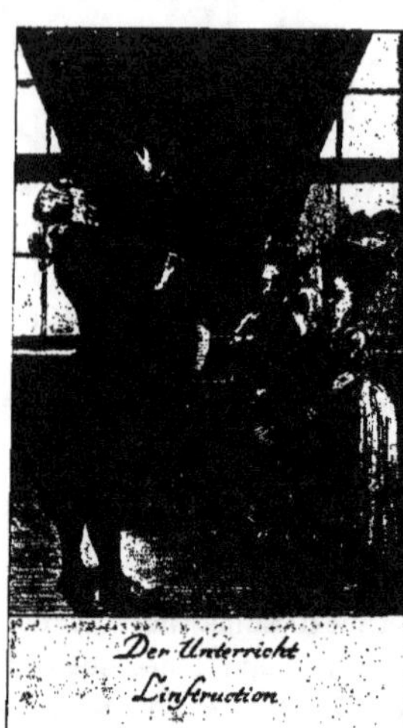

Vignettes de CHODOWIECKI.

ments qui remuent l'Europe, avait parfois créé une vaste entité caricaturale. Ainsi la Réforme, que nous avons étudiée plus haut, fit circuler dans toute l'Allemagne et au dehors, des pamphlets et des images qui avaient une signification nette pour tous. De même, à la fin du moyen âge, l'esprit de critique et de révolte encore bégayant, encore enveloppé dans ses langes, prenait corps avec les créations de Til Eulenspiegel ou des Schildbourgeois. Til Eulenspiegel, c'était l'écolier fraudeur et sceptique, fécond en mauvais tours et en irrévérences, toujours à la recherche, comme notre génial et effronté poète Villon, d'une « repue franche » ou d'un démêlé avec une justice peu tendre. Cet *espiègle* (ainsi s'est transformé son nom à travers les temps) représente l'esprit moderne, s'installant, d'une pirouette et d'un coup de coude, et disant, à l'esprit grave et pénétré des époques de foi, révérence parler : « Ote-toi de là que je m'y mette! » Eulenspiegel, c'est l'étudiant nouveau, que Méphistophélès, malicieusement affublé du bonnet et de la robe fourrée de Faust,

soudain dégrossit de quelques conseils perfides, en même temps que, d'un frôle-
ment de son pied de cheval, il a fait courir dans les veines un sang qui bouillonne
et qui brûle.

Quant aux Schildbourgeois, ces antiques Gribouilles, ces vénérables empotés, à
la bonne volonté épaisse, à la compréhension difficile, ce sont les bons vieux station-
naires, les conservateurs de ce temps-là ; leur balourdise solennelle est crevée sur
toutes les faces à petits coups d'épingles. C'est, entre les espiègles nouveaux et les

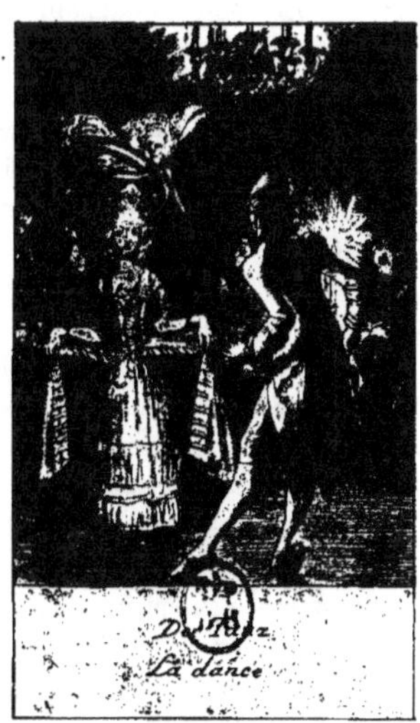

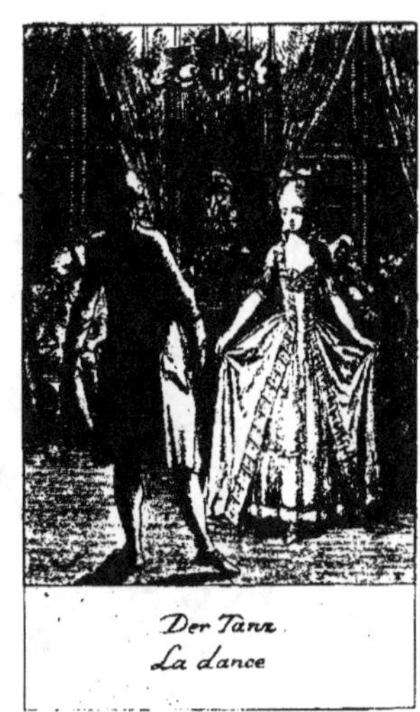

Vignettes de CHODOWIECKI.

habitants de la retardataire Schildbourg, une guerre effrénée dans laquelle les plus
pesants resteront sur le carreau.

Et lorsque Luther, qui n'est autre chose qu'un Eulenspiegel sérieux et
passionnel, arrivera sur la scène, il trouvera la place nette pour entreprendre une
guerre nouvelle.

Puis ce sont de longues et sombres convulsions ; tout est déchaîné ; sur le sol,
ébranlé par les rencontres incessantes, c'est tout au plus si les monuments anciens
peuvent rester debout. Comment songerait-on, pour le moment, à en édifier de
nouveaux ? La guerre de Trente ans marque un arrêt, une lacune sinistre dans
l'histoire de l'art et de la pensée. Ce n'est qu'au XVIIIe siècle que l'Allemagne,
revenant de son épuisement, recommence à nouveaux frais, par de timides
imitations des pays voisins, comme si elle ne se souvenait plus de son passé et n'avait
plus foi dans son génie. Il ne s'agit ici, bien entendu, que des arts du dessin.
Car n'est-ce pas du siècle qui produit Mozart, Bach et Beethoven, Gœthe et Schiller,

que date l'Allemagne nouvelle, l'Allemagne grande dans l'histoire de l'humanité, qui recueille en d'admirables gerbes toutes les épaves du moyen âge, se servant, pour les nouer et les rendre homogènes, de toute la passion du monde rajeuni ?

Quand de pareilles questions viennent à la pensée, la pauvre caricature se fait bien chétive dans son coin, et l'on est quelque peu embarrassé pour redescendre de ces hauteurs, et pour trouver une transition supportable de Gœthe à Chodowiecki.

Mais simplement cela prouve que l'image n'est pas toujours la manifestation la plus directe de la vie d'un peuple. Cela dépend des occasions autant que des tempéraments. Il y a des époques, il y a des climats où les hommes, à choix, chantent, parlent, écrivent ou dessinent leurs impressions. Nous avons pu voir qu'en France, sous la Révolution, c'est le côté oratoire et graphique qui domine ; chez les Allemands, au XVIIIe siècle, c'est le côté littéraire et musical. Aussi n'y a-t-il pas alors, à proprement parler, chez eux, de gloires caricaturales.

Et pourtant, c'est un gentil peintre de mœurs, que Chodowiecki, un graveur à la pointe délicate et spirituelle ; une sorte de Cochin germanisé. C'est-à-dire que l'on sent l'influence des ravissants petits vignettistes français, avec un peu de moins légèreté et de grâce naturelle. Pour compenser, les vignettes de Chodowiecki révèlent une observation plus profonde de l'homme, une philosophie moins superficielle. Dans les nombreux almanachs ou livres illustrés par lui,

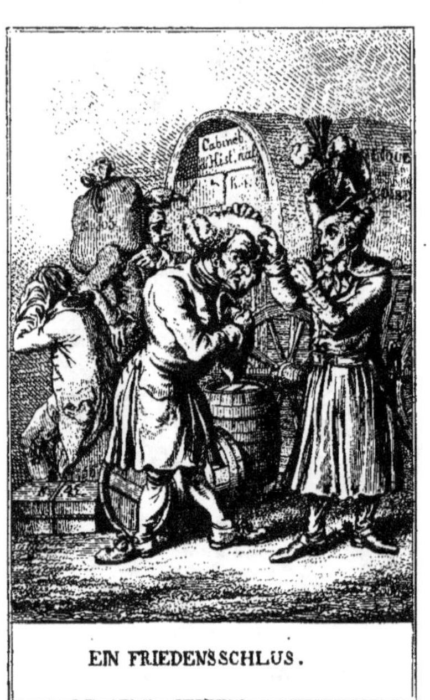

Un traité de Paix. — Extrait des Révolutions.
(Almanach 1799).

on trouve à chaque instant des rapprochements subtils, des inventions ingénieuses, et qui donnent à penser. Chodowiecki est adorable dans ces vignettes d'un pouce carré, médiocre dans les compositions plus sérieuses, comme lorsqu'il s'avise d'illustrer Shakespeare, assez mauvais dans les grandes planches, comme les trop célèbres *Adieux de Calas*. Ce genre larmoyant ne convient pas à son ironie douce, à son sens aiguisé, sans méchanceté, des prétentions et des travers. Où il est vraiment maître, c'est dans certaines suites parallèles, dont l'invention lui appartient bien en propre. Dans deux vignettes jumelles, il nous montrera une qualité, une élégance, et en regard l'affectation qui fait de ce don une caricature. Il suffit, pour cela, de changer très peu de chose : un rien dans l'ajustement, quelques millimètres d'angle dans le port de la tête, une nuance à peine perceptible dans l'air du visage, et ce qui était gracieux et naturel devient maniéré et choquant. C'était une véritable trouvaille et une tentative non exempte de difficultés. Comment être sûr de rencontrer la véritable élégance dans la série sérieuse, la véritable affectation dans la série bouffonne ? Il fallait pour cela autant de sûreté que de finesse, et c'est un étonnement de voir que Chodowiecki n'ait jamais été influencé par le souvenir d'une caricature quand il voulut faire gracieux, porté à mettre plus de grâce qu'il ne fallait quand il avait résolu de faire caricatural.

Une autre idée charmante de ce graveur, que nous trouvons dans une suite du même genre. Ce sont des portraits, de mignons portraits de femmes, à la chair pleine et fraîche, au sourire luisant, aux yeux tendres ou malins ; et immédiatement au-dessous, se trouve la *vieillesse* de ce même portrait. Oui, le dessinateur a déterminés aussi exactement qu'il l'a pu, ce que l'âge fera de ces belles ; dans quelle mesure ce nez si finement frémissant rejoindra ce menton poli ; quels seront le retrait des joues, les rides du front ; comment ces yeux admirables se caveront et s'entoureront de pli, fannés. Hélas ! il en sera ainsi de vous toutes, ô exquises, mais quel triste courage il faut pour vous prédire cet avenir certain ! Nous avons connu un aimable garçon, dont le défaut était peut-être un peu trop de mélancolie. Il avait l'habitude, le *tic,* de promener ses doigts sur son visage, mesurant les saillies, appuyant sur les parties osseuses, faisant de son index et de son pouce, écartés en compas, des sortes de mensurations de ses orbites et de ses tempes. Et lorsqu'on lui demandait ce que signifiait cette manœuvre, il répondait gravement : « Je cherche à me figurer quel aspect aura mon squelette. » Il appelait cela « se *pooryoricker* ». Chodowiecki n'a pas été jusque-là ; il n'a poussé que jusqu'à la transformation fatale qui n'est mortelle que pour le désir. Les sculpteurs, au moyen âge, quand ils taillaient des effigies pour une tombe, étaient plus sombres et plus cruels : ils couchaient sur la dalle supérieure la morte, belle, jeune et paraissant seulement endormie, et en dessous, ils

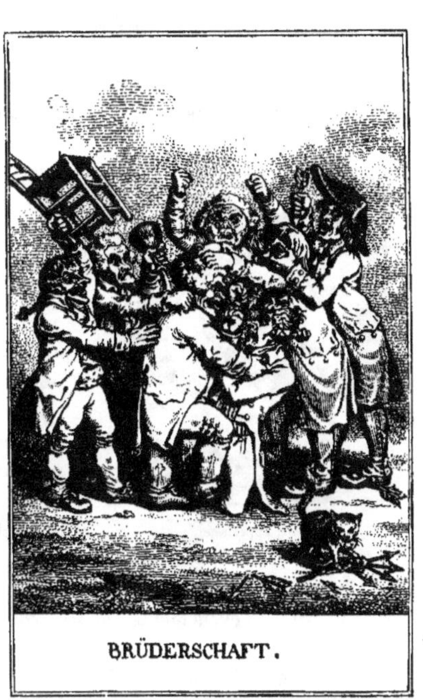

Confraternité. — Extrait des Révolutions.
(Almanach 1799.)

figuraient la même créature, décharnée, méconnaissable, travaillée par le ver... Sans nous attarder plus longuement à ces graves dissertations soulevées par de légères eaux-fortes, l'idée du portrait vieilli n'est-elle pas jolie et finement satirique. Si, avant de se laisser entraîner à entamer l'éternel roman, les amoureux s'avisaient de se représenter ainsi, parallèlement les deux portraits, présent et futur, de l'héroïne choisie.... Mais non, ce serait folie de se dire que ces fleurs parfumées qu'ils viennent de cueillir seront du foin desséché. Et c'est bien assez que parfois, sur le tard, rencontrant toutes changées, courbées, ridées ou engraissées celles qui firent leur joie, ils aient la vision inverse des doubles portraits de Chodowiecki : la vieillesse près

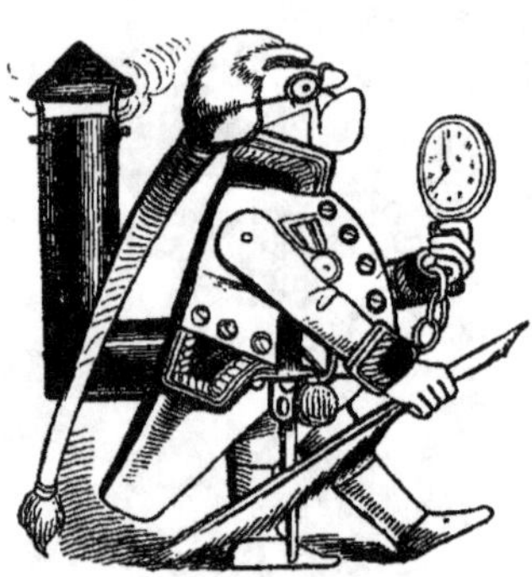

Un zopftrager.

d'eux, et loin, déjà, dans un passé qui s'enfuit toujours, les yeux qui furent limpides et les sourires qui étincelèrent.

Après Chodowiecki, il n'y a guère d'humoriste allemand du XVIIIe siècle qui vaille bien la peine d'être cité. Von Goez, peut-être, qui recherche consciencieusement, mais avec quelque lourdeur, les « différents caractères et formes humaines. » Quoi encore? On peut rappeler que le poète Schiller s'est exercé aussi à faire quelques caricatures. Elles ne sont point bonnes. M. John Grand-Carteret, qui en donne un spécimen dans son histoire, si complète et si informée, de la caricature allemande, convient lui-même que ce n'est qu'une curiosité.

Le véritable renouveau de la caricature, en Allemagne, date de la Révolution et de l'Empire. Les événements donnent comme un coup de fouet à la verve des dessinateurs. Deux courants s'établissent, et l'image les interprète fidèlement : l'un d'ardente sympathie pour les idées nouvelles ; l'autre obstinément féodal et militaire. Les idées démocratiques, pendant des années, l'emportent. La sympathie pour la France persiste même pendant l'invasion napoléonienne. Pourtant, on ne se fait pas faute de produire quelques grosses charges sur l'armée envahissante ; l'état de dénûment des troupiers français en fait le fond en général. Peu à peu, d'ailleurs, l'hostilité de race et de nation ne tarde pas à s'accentuer. Ce sont des artistes de talent qui mènent le mouvement. Le Suisse Hess entreprend des campagnes contre l'esprit républicain et contre les conquêtes françaises. Ici, dans la *Hollandia regenerata* il raille les Provinces unies qui s'avisent, à l'exemple de la France, de s'ériger en république. Là, c'est une série violente contre Napoléon Ier ; et, quand l'empire s'écroule, une des caricatures de cette série porte cette légende significative : « *Enfin !* »

Les campagnes de Napoléon en Allemagne avaient d'ailleurs soulevé un flot d'images de toutes sortes et de toute valeur. Le statuaire Schadow avait étudié et croqué le conquérant sur toutes les faces. Volz, dans de nombreuses estampes d'après nature, avait retracé les épisodes des batailles de 1805 à 1815 ; mais, quand l'étoile avait pâli, quand l'aventure touchait à sa fin, ces compositions devenaient de plus en plus agressives et plus satiriques. Geissler était aussi un des interprètes les plus vigoureux du sentiment populaire.

Hoffmann lui-même, l'ingénieux et fantastique conteur, dessinateur à ses moments perdus, — et combien de moments n'a-t-il pas perdus à toutes sortes de choses ? — traça quelques caricatures contre « ces maudits Français » et leur chef. A ces feuillets on préférera le fin grotesque, le fantastique attirant des contes inoubliables qui, tour à tour, nous ont égayés et attendris.

La chute de l'Empire eut dans toute l'Europe des conséquences profondes. En Allemagne, ce fut une réaction violente des petits princes contre les idées libérales. Mais une poussée se produisait, incessante, en faveur de l'unité allemande, et tant qu'elle ne fut pas la plus forte, la caricature politique fut proscrite par une censure impitoyable. Il y a, en Allemagne et en France, un parallélisme curieux, dans le progrès de la caricature à cette époque. Comme la nôtre, la caricature allemande se réfugie dans l'étude de mœurs ; comme chez nous, elle trahit, en l'affaiblissant, à son désavantage, l'influence des grands rieurs anglais ; comme chez nous, elle n'est point bonne. Cependant, elle trouve le moyen de faire quelque besogne et d'être plus satirique et plus démolisseuse qu'elle n'en a l'air. Si elle ne peut attaquer directement les principes des conservateurs, du moins, elle s'en prendra à leur perruque et à leur habit.

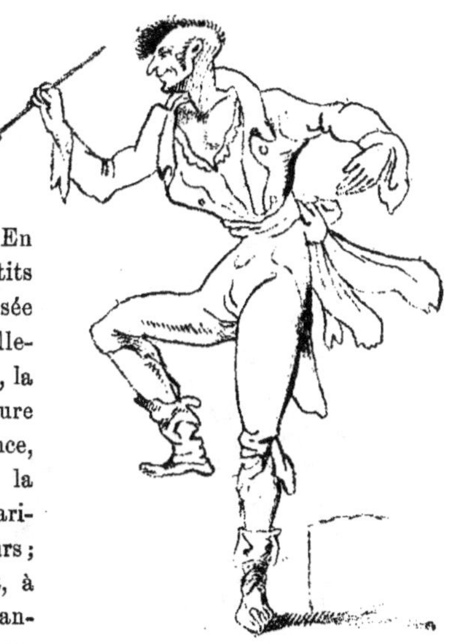

Kreisler, fou.

Fac-similé d'un dessin d'Hoffmann, qui devait figurer sur le 3e volume de *Kater-Murr*.

C'est alors que le vieux Schildbourgeois ressuscite sous un nom nouveau : il s'appelle maintenant le Zopftrager, et il personnifie l'esprit réactionnaire des vieilles cités germaniques. La série des Zopftræger est inépuisable, et elle s'étend sur près de quinze années. On n'attendra pas, naturellement, que nous entrions dans le détail de cette histoire quelque peu fastidieuse pour le lecteur français. Il y a matière plus intéressante dans le mouvement nouveau qui se prépare.

Après de longs tiraillements, quand les Zopf, en 1833, paraissent être définitivement les maîtres du terrain, des artistes aimables entraînent la caricature, de nouveau, vers l'étude de mœurs, mais cette fois avec beaucoup de verve. Ce sont les peintres de l'école de Dusseldorf, et particulièrement Hasenclever (1810-1853) et Richter (1803-1884).

Avant de dire quelques mots de ces fins humoristes, il faut régler le compte du

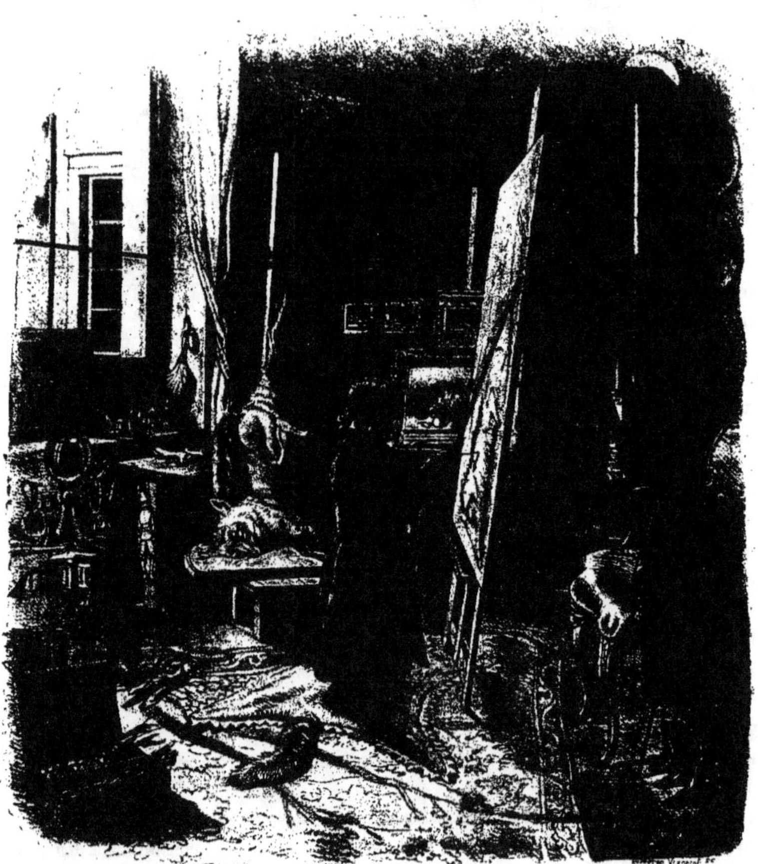

CAMPENHAUSEN. — Les peintres de Munich dans leur atelier.

bon Ramberg (1763-1840), qui ne vaut peut-être plus sa grande réputation. C'est de la caricature, si l'on veut, mais figée dans un dessin davidiste ou ingriste. On cite de lui ce tour de force d'avoir, après l'achèvement d'une illustration de l'*Iliade,* dans le style sérieux, recommencé une autre illustration complète dans le style comique. Il

est bon de savoir d'avance, quand on examine cette double suite, quelle est la
plaisante, et quelle la sévère. Quant aux autres planches de Ramberg, elles sont
sans doute agréables, mais peu gaies. L'artiste trouve le moyen de donner une
tournure grecque à des soudards, dans un corps de garde. Tout cela, en un mot, sent

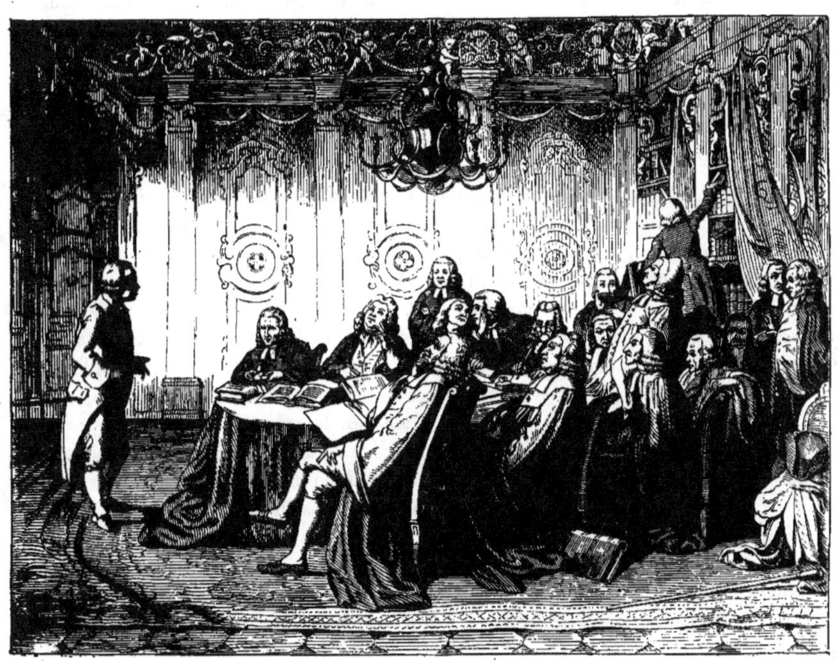

HASSENCLEVER. — Scène de la *Jobsiade*.

son bouclier d'Achille. Si nous n'avions pas peur d'être trop durs pour Ramberg,
nous dirions qu'il est le Pinelli de l'Allemagne.

L'inspiration, dans ces caricaturistes allemands du commencement du siècle
(et il est bien inutile d'énumérer leurs noms), se ressent trop de l'influence étrangère
ou des réminiscences classiques. Le grand mérite des Hasenclever, des Ritter, et en
général de toute l'école de Dusseldorf, c'est de faire appel à la vie; de retremper l'art
dans l'esprit national.

Une très jolie suite de grandes lithographies de Camphausen et Ritter, *les
Peintres de Dusseldorf dans leur atelier,* nous les montre, avec une bonne humeur
douce, aimable, profondément convaincus, entraînés par leur besogne, l'accomplissant
dans un cadre significatif. C'est, par exemple, ce petit Jacques Lehnen, non pas le

plus brillant de la pléïade, mais celui qui, prêtant le plus à la caricature, a été reproduit ici. C'est Hasenclever, gai compagnon, l'œil franc et cordial, le rire permanent et sonore, le verre en main, buvant à la santé de la santé, et bravant les imbéciles.

Hasenclever, en effet, a, dans une suite de tableaux, qui malheureusement aujourd'hui nous paraissent inférieurs en tant que peinture, retracé certains ridicules puissants en Allemagne. Il s'est attaqué au *Spiessburgerthum,* qui est l'équivalent de notre esprit philistin ou bourgeois, dans le sens où les artistes prennent ce mot.

Hasenclever a illustré une des meilleures caricatures littéraires de l'Allemagne, le poème de la *Jobsiade,* qui retrace la vie des étudiants dans les facultés allemandes, poème repris depuis par d'autres dessinateurs, Wilhelm Busch, par exemple. On sait que les diverses peintures qui composent ce poème burlesque en plusieurs tableaux retracent la vie des étudiants, qui pullulent dans les facultés allemandes. Job n'est pas, en apparence, le contemporain de son historiographe. Le poète et par suite son illustrateur le font se mouvoir vers la fin du XVIIIe siècle. C'est à une honnête famille du bon vieux temps qu'il doit la naissance et l'éducation. Job, suivant la formule, passe ses examens, apprend à se donner des airs de brise-tout, stupéfie par cette métamorphose sa candide parenté, et tout cela pour arriver à une modeste place de gardien de nuit. Avoir pioché tous les systèmes, avoir soutenu des thèses, connaître à fond tous les mystères de l'objectif et du subjectif, telle est la préparation requise pour faire un bon sous-fonctionnaire. Il suffit d'exposer ainsi l'idée pour faire comprendre que Job n'était pas si XVIIIe siècle que ses habits lui en donnent l'air.

Avec Richter, nous avons un illustrateur exquis, s'inspirant plutôt de l'antique Allemagne, de celle des légendes, des vieux donjons rhénans. Ses traductions en images des contes de Musœus, des chansons populaires, sont berçantes et aimables comme de vieilles ballades. Elles nagent en plein dans ce fantastique défini au début de ce chapitre : fantastique souriant, comme arrondi, jetant une couleur poétique sur les plus grosses gaietés. C'est un défilé de nains vénérables, de gros bons vivants, d'ingénues très tendres, de châtelaines très nobles, de montagnes très déchiquetées, de pâtres très rêveurs. Cela est charmant, et ce serait peine perdue, de séparer, dans cette œuvre, ce qui est caricature et ce qui est sentiment ; la plupart du temps, la transition entre le rêve et le sourire est imperceptible.

Nous demeurerons sur cette impression, dût-on nous reprocher d'omettre bien d'autres humoristes allemands du commencement de ce siècle, et des plus subtils, des plus philosophiques, Kaulbach, par exemple, et sa capitale illustration du *Renard.* Mais voici que la troupe bruyante des journaux arrive au galop, et nous devons nous hâter de mettre à l'abri notre métaphysique, pour qu'elle ne soit pas bouleversée cul par-dessus tête.

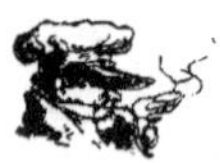

XXI

CHARLET ET LA CARICATURE CHAUVINE

Il existe une jolie lithographie d'Hippolyte Bellangé, représentant une foule
d'ouvriers, d'invalides, de vieux grognards de l'Empire, de gamins enfin, qui se
pressent autour d'un buste : un homme déjà âgé, à l'expression un peu pensive, aux
traits rudes d'un ancien militaire, mais qui a l'air d'un brave homme tout de même.
Le socle porte cette simple inscription : « *A Charlet, le peuple.* »

Et en effet, si le peuple, aujourd'hui, n'est plus guère au chauvinisme, si la légende
impériale a reçu de rudes atteintes, si on « n'en parle plus beaucoup sous le chaume »,
au temps où Charlet publia ses premières lithographies à la gloire de la Grande Armée
et de l'homme au petit chapeau, il frappa un grand coup et devint un artiste populaire dans toute la force du terme.

C'était le chauvin, le patriote, le champion de ce qui restait de souvenirs révolutionnaires. Sous le règne de Charles X, les plus avancés ne voyaient plus guère la
liberté qu'à travers l'Empire et les souvenirs qu'il évoquait. On était, en quelque
sorte, républicain-impérialiste ; c'était une opinion assez confuse qu'il serait pourtant difficile de qualifier autrement. Que l'on se reporte à l'époque, et l'on comprendra l'immense popularité de Charlet. Aujourd'hui, avec Baudelaire, on serait
plutôt tenté de ne voir que le lithographe assez pâle, le dessinateur souvent lourd
et embrouillé, et alors on serait injuste, car on jugerait des passions d'une autre
époque avec les indifférences d'à présent.

Oui, cela a vibré et fait vibrer. Cosaques, grenadiers, conscrits, invalides, jésuites,
tout ce monde qui était encore vivant et déjà légendaire, tout ces types étaient en
quelque sorte les marionnettes du peuple. C'étaient sans doute de gros effets, des
gaietés peu raffinées, un art de vingtième ordre pour les délicats, mais ce n'était pas
à eux qu'il était destiné. C'était si l'on veut du lieu commun, mais du lieu commun
comme il le faut pour conquérir les succès de foule. Or il est peu d'artistes qui
aient su mieux mettre en œuvre cette matière que le bon Charlet.

Tout en lui est peuple, depuis sa tournure d'esprit franche, sans malice, un
peu déclamatoire, jusqu'à sa vie, jusqu'à ce nom de Charlet, d'une rondeur et d'une
simplicité faubouriennes. Il naît en 1792 (20 décembre), à Paris. C'est un produit

du pavé, et un enfant de troupier. Son père, dragon de la République, lui avait laissé
pour héritage, comme Charlet l'a écrit, « une culotte de peau, une paire de bottes
fatiguées par les campagnes de Sambre-et-Meuse, et son décompte de linge, lequel
se montait à neuf francs soixante-quinze centimes. » Sa mère l'avait élevé tant
bien que mal ; impérialiste ardente, elle lui avait légué, elle, de sa passion napoléonienne.

Le petit Charlet avait gagné sa vie comme il l'avait pu, parvenant un jour à
décrocher un emploi médiocre, barbouillant à ses moments perdus, jusqu'à ce que
vint le succès, gardant jusqu'à la fin de sa vie une grande simplicité d'esprit, beaucoup
d'amour pour l'art qui l'avait fait sortir de la foule, mais toujours fidèle à ses
origines. Comment aurait-on voulu que ce brave homme ne travaillât pas exclusivement pour le peuple et par le peuple? Se montre dégoûté qui voudra. Pour nous,
il nous semble que prononcer à propos de Charlet les mots de trivialité, de platitude,
voire de flagornerie à l'égard de la foule, c'est faire un singulier pléonasme de pensée.
Et puis ce n'est pas si trivial que cela paraît. Il faut ne point s'arrêter à l'écorce,
qui est rude, mais le cœur est plein de délicatesse. C'est un peu comme ces bonnes
gens, précisément d'une naissance commune, qui ne savent peut-être pas faire de
beaux discours, mais à qui personne n'en remontrerait quand il s'agit de bonnes
actions. Le scepticisme nous gâte. Ne va-t-on pas faire un crime à Charlet d'avoir
usé fréquemment des mots de patrie et de liberté, d'avoir prêché cette honnêteté
courante, un peu sentencieuse, qui court les rues peut-être, mais qui en somme fait
tout le fond de la morale? On a envie d'abord de le traiter avec quelque dédain,
puis, il vous désarme par sa sincérité ; peu à peu il vous attire, et ma foi, on laisse
pour un moment de côté les prédilections pour un art plus recherché ; on s'avoue si
on est franc qu'on a pris plaisir à écouter la vieille rengaîne patriotique et sentimentale, et même, ce qui est plus grave, à entonner le refrain en chœur, — mais
il est trop tard.

Les gens de 1830, au sortir des barricades, prirent un plaisir extrême à regarder
les dessins de Charlet, qui retraçaient tantôt les gaietés des Trois Glorieuses, tantôt
les ribottes des tourlourous, tantôt simplement les papotages de la rue, les conversations sur le pas de la porte. Cela manque d'esprit, dira-t-on. Eh ! ça n'a que l'esprit
que ça doit avoir, et c'est déjà pas mal.

Ce qu'on ne peut refuser, c'est la vérité absolue du ton, le naturel du sentiment.
Quand le lithographe nous introduit dans la caserne, à la cantine, ou bien sur le
champ de manœuvre, quand les conscrits apprennent à se dégourdir sous l'œil
« maternel » d'un brigadier beau parleur, il n'y a pas à dire, *c'est tapé*. Pas de gros
mots, ce qui a déjà son prix ; mais des remarques drôles, dans un style naïf. C'est par
exemple la réflexion d'Hutinet, fusilier de la 3ᵉ du 2ᵉ du 43ᵉ, gravissant une montée
avec armes et bagages : « Quand il a fait les montagnes, le Père éternel, bien sûr
que s'il avait pris l'sac sur le dos, y n'zaurait pas fait si hautes. » Ou bien encore ce
dilemme d'un hussard en goguette (dame, il y beaucoup d'ivrognes dans Charlet,

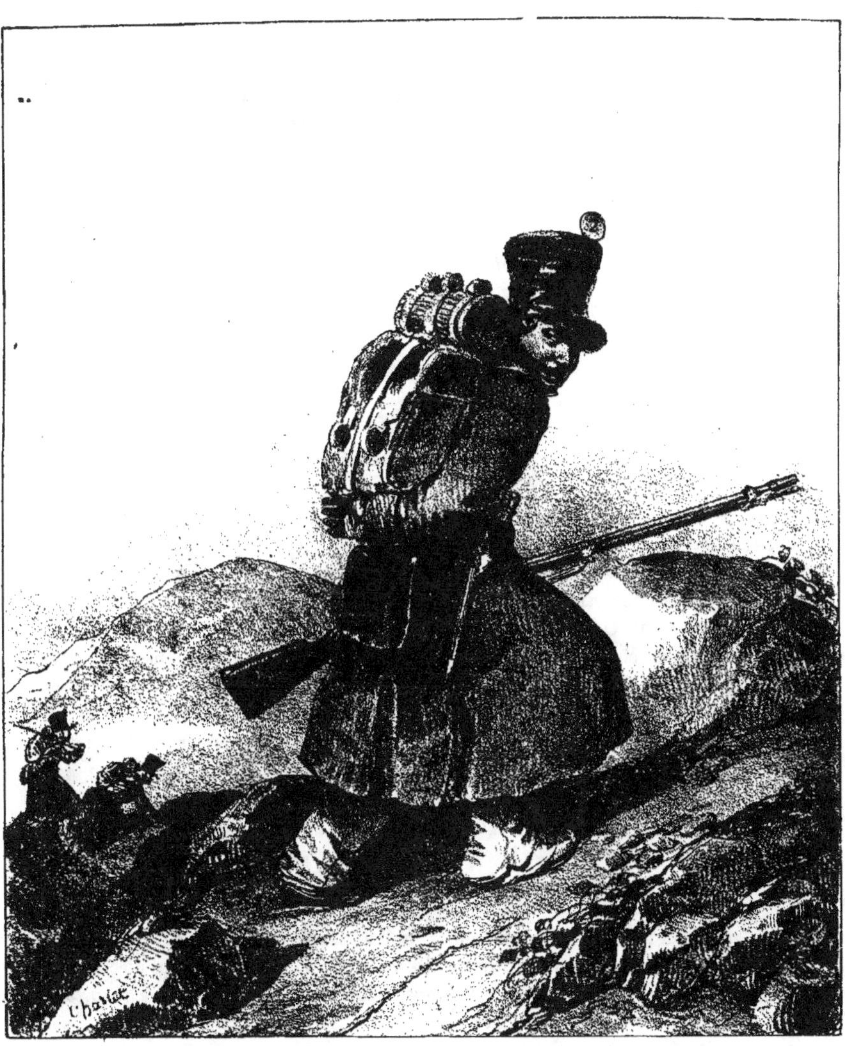

CHARLET. — Quand il a fait les montagnes, le Père Éternel, bien sûr que s'il avait pris l'sac sur le dos,
y n'zaurait pas fait si hautes.

mais on n'est pas déshonoré pour ça, pas vrai ?), dilemme extrait d'un discours à un poteau : « Tu es Français ou tu n'es pas Français ; si tu n'es pas Français, je t'enfonce. »

Le plus grand défaut de ces lithographies, c'est de manquer de couleur ; Charlet ne sait pas le maniement des couleurs ; souvent les scènes sont confuses et empâtées de gris. Pourtant chaque type, pris à part, ne manque pas de caractère. Se rappeler par exemple la scène du conscrit que l'on fourre à la salle de police : « Je suis innocent, dit le conscrit ! — Par le flanc droite ! dit le caporal. » Cela est très large, très amusant. Sans doute, nous ne rions plus beaucoup du *Premier coup de feu,* qui force un conscrit un peu trop ému à s'arrêter derrière un arbre, mais l'*Appel du contingent communal* est encore une planche excellente de mise en scène et d'observation à la bonne franquette ; l'ahurissement des paysans gauches, mais qui seront bientôt assouplis par l'exercice, est rendu avec beaucoup de bonhomie, sans exagération trop facile. Si cela fait sourire, ce n'est par aucun moyen artificiel. C'est très vivant.

Nous nous amusons, maintenant, nous trouvons quelque plaisir de curiosité, à remarquer le style pompeux de certaines légendes, comme celle où un menuisier enjoint à un frère ignorantin de faire « chanter la Colonne » à ses enfants. Ou bien encore ces deux lithographies qui se font pendant : « *Le laboureur nourrit le soldat.* — *Le soldat nourrit le laboureur.* » Tout Charlet et tout son temps se trouvent là-dedans. Victoire rimait avec gloire, guerriers avec lauriers. Que pour notre compte cela ne nous fasse plus tressaillir, c'est un fait certain, mais ne traitons pas de bêtes ceux que cela émut. Qui sait par où nous prêterons à rire ?

D'ailleurs ce chauvin, ce pontife n'était point un sot, croyez-le-bien. Il était un peu emphatique dans sa gaîté, mais il y avait en lui un philosophe très indulgent et très fin. Les albums qu'il a consacrés aux enfants des rues renferment souvent des choses délicieuses. Cette scène entre trois gamins à la sortie de l'école: *Toi t'es riche, mais t'es bête... lui pas riche... mais fièrement malin, ça fait chacun mon compte.* » N'est-elle pas là tout entière, la diplomatie du gamin de Paris ? Et ce charmant grouillement des moutards enthousiastes se pressant dans les jambes d'un bataillon en marche : « *Ah ! moi ! moi ! moi ! m'sieu le grenadier, que j'vas vous l'porter, vot'fusil; j'ai de la poigne, moi !... j'suis joliment raide des reins, allez !* » Ces légendes sont fort gentilles, avec leur attendrissement, leur observation d'officier retraité, qui n'a de meilleur plaisir que de réchauffer parfois ses rhumatismes sur un banc de promenade, en regardant les petits polissons jouer au soldat... Et les discussions politiques entre révolutionnaires de huit ans, comme cela vit ! « *J'te parie deux sous tout de suite, qu' c'est moi et le p'tit Pannotet qu'a proclamé la République et qu'a demandé la tête des tyrans.... même que j'ai acheté deux sous de pommes de terre frites, à preuve.* » On se passerait de dessin avec des légendes comme cela, car elles sont vivantes encore, tandis que le dessin a un peu vieilli. L'allure et le type de ces gamins, avec leur petite blouse à ceinture, leur collerette, leur petite frimousse

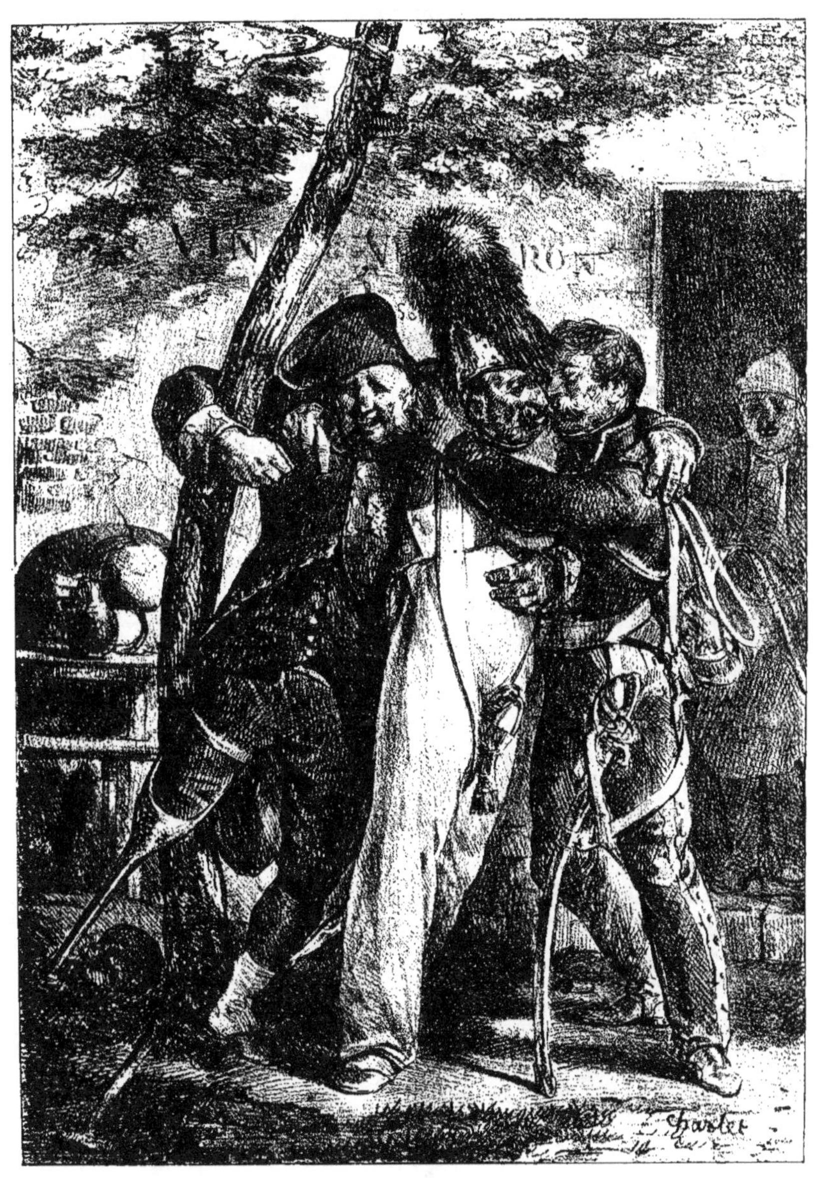

CHARLET. — Les Pénibles adieux.

joufflue et leurs cheveux bouclés, ne sont malheureusement pas aussi creusés et aussi observés que leur esprit. Sans cela, ces albums seraient des chefs-d'œuvre. Il faut donc les entendre jacasser, mais ne pas trop les regarder. Ce sont à chaque instant des trouvailles de ce genre : « *Si les mieux habillés veut toujours être les généraux, j'leur z'y fiche des calottes !* » On en citerait comme cela pendant toute une page. Parfois, bien que La Fontaine ait dit que cet âge est sans pitié, le bon Charlet recueille des mots qui prouveraient le contraire : celui-ci par exemple d'un enfant à un autre qui fait l'aumône à des mendiants endormis et va pour les tirer par la manche : « *Ceux à qui l'on donne, faut pas les réveiller.* » Mais je me défie, et je crois que c'est un mot qui sort plutôt du cœur de l'artiste que de la bouche de ses modèles, cette fois. En revanche, je ne jurerais pas que Charlet n'ait pas réellement entendu cette question posée par de petits garnements à un pâtissier sur le seuil de sa boutique : « *Mettez-vous les petits voleurs en prison chez vous ?* »

Et qu'on ne dise pas que c'est surtout en mettant les enfants en scène qu'il s'est montré aussi spirituel et aussi profond. A l'autre pôle de la vie, il a trouvé de ces mots qui résument toute la philosophie de la vieillesse, et qui nous font, hélas! faire de mélancoliques retours, si humbles que soient les vieux que Charlet a étudiés avec une sorte de piété bourrue. « *L'appétit, elle est bonne,* dit celui-ci ; *c'est les jambes qui va mal !* » Et cet autre : « *Jeune, j'avais des dents et pas de pain; vieux, j'ai du pain et pas de dents.* »

Enfin faut-il rappeler qu'à la veille de 1830, Charlet résumait dans cette légende toute la morale des révolutions : « *Ceux-là qui se bat pour la galette, c'est pas celui-là qui la mange ?* »

Allons ! on a été injuste pour notre brave homme de caricaturiste. On l'a traité de culotte de peau, alors qu'il était très bon et très ardent Français ; on n'a pas voulu voir, sous la vulgarité de certaines inspirations, un fond de bonté, de sagacité et de tendresse. Si les critiques, un peu gâtés par trop de goût, n'ont pas compris tout cela, la foule ne s'y est pas trompée. Lorsque Charlet mourut, le 30 octobre 1845, ceux que Bellangé a mis en scène dans sa lithographie se pressèrent par milliers derrière son cercueil.

Une seule chose prêterait à la caricature dans la vie de ce moqueur bienveillant. Il voulut un jour être de l'Institut! D'ailleurs, la fièvre verte ne lui dura pas longtemps.

Ne craignez pas d'aimer Charlet, dussiez-vous passer pour un peu prud'homme. Vous y trouverez grand plaisir, et... vous vous sentirez presque aussi fiers d'être Français, en feuilletant son œuvre, que si vous regardiez la Colonne!

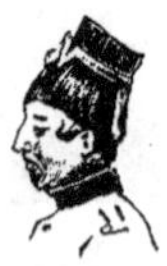

XXII

L'ÉCOLE DE 1830. — EUGÈNE DELACROIX.
LES CARICATURISTES DE *LA CARICATURE*. — DECAMPS. — RAFFET.
PHILIPON ET LA POIRE.

A mesure que nous avançons dans notre excursion, l'odeur de la poudre nous prend à la gorge. Les batailles d'hier sont voisines de nous ; celles d'aujourd'hui n'en sont que la continuation ou le résultat. Bien qu'il soit plus difficile d'apprécier, d'une façon aussi calme et désintéressée que nous l'avons fait jusqu'ici, des œuvres qui cinglent encore des vivants, il est pourtant un moyen de rester impartial. C'est de se placer surtout au point de vue de l'art, et d'avoir à l'égard de la politique beaucoup de considération, mais peu de familiarité. La garder pour de meilleures occasions ; ne la mêler à ces questions de crayonnage que le moins possible. Étudier avec curiosité les manœuvres, décomposer les attaques et les ripostes ; applaudir quand la passion inspire une image réussie, une méchanceté plaisante, mais ne pas se laisser envahir par cette passion. Voyez un peu comme ce serait dommage. On a publié contre le gouvernement de Louis-Philippe les caricatures peut-être les plus belles de toute notre collection ; les unes sont puissantes de force satirique et d'indignation ; les autres sont irrésistibles de maligne bouffonnerie. Ce gouvernement a pourtant encore des partisans à l'heure présente ; s'ils faisaient les dédaigneux, s'ils n'avaient pas le courage ou l'esprit de rire des scies de Philipon, d'admirer les fresques saisissantes de Daumier, ils auraient simplement la sottise de se priver d'un plaisir artistique. D'autre part, aujourd'hui, on fait parfois des caricatures fort plaisantes contre le régime républicain ; que les républicains n'aient pas peur de s'en divertir, sans qu'elles entament leurs convictions. Tout cela ne nous empêchera pas de voter et de combattre comme nous l'entendrons ; de riposter à la plaisanterie par la plaisanterie seule. En un mot, nous voudrions qu'à chaque phase du combat, on réservât quelques minutes pour la trêve du rire. Remarquez aussi que ce serait plus habile que de se fâcher. Quand le caricaturé ne se fâche pas, mais s'amuse de grand cœur et s'écrie : « Celle-ci est bien bonne ! » le caricaturiste est quelque peu désarçonné : flatté au fond de l'hommage, vexé de l'effet produit. Seulement tout le monde n'a pas la patience suffisante, et le désintéressement que nous prêchons n'est pas toujours facile.

Nous essaierons tout de même de compter les coups, donnant à la politique le moins de place possible, et n'ayant de sévérité que pour les barbouillages dépourvus d'art.

La caricature politique, avec toutes ses violences, toutes ses lubies haineuses, ses colères, ses coups de fouet, a connu, en 1830, un magnifique épanouissement. Ce n'est pas que les passions fussent plus vives et le pouvoir plus tyrannique qu'en aucun autre temps. Seulement, un élément nouveau transformait la caricature. Pour la première fois elle faisait une alliance étroite avec la presse. La polémique dessinée et la polémique écrite, quotidiennement côte à côte, allaient s'exalter l'une par l'autre, centupler leur puissance, se monter, en un mot, par une émulation incessante.

Aussi, dans la période qui sépare la Restauration, que nous avons étudiée, de celle que nous allons passer en rapide revue, les caricatures semblent-elles pâles et anodines. Sous le règne de Charles X, malgré les difficultés sérieuses qu'on éprouvait à censurer le pouvoir, on ne se fit pas faute, sinon de le railler ouvertement, du moins de dauber sur ses créatures et ses principes préférés. Les jésuites, le duc Decazes, le ministère Polignac, en un mot tous les « éteignoirs », toutes les « écrevisses », prêtèrent, bon gré mal gré, le flanc à maints petits coups d'épingle. Eugène Delacroix, le chef puissant de la peinture romantique, s'était dans sa jeunesse mêlé à cette lutte. Il avait ridiculisé les écrevisses les plus haut placées et tenté de jeter à bas quelques éteignoirs. Nous le citons particulièrement, à cause de l'importance de son nom, et parce qu'il est toujours bon de signaler au passage ces illustres recrues de la caricature. Mais il faut reconnaître que les meilleures caricatures de Delacroix ne sont pas celles-là. Il en est une sur les médecins, qui est digne des grands artistes anglais. Le docteur Tant-Mieux, son confrère Tant-Pis, et autres lumières de la Faculté, s'entretiennent gravement près du lit d'un malade ; pendant que ces grotesques discutent et que le patient râle, la mort s'est nichée, facétieuse, sous le fauteuil du plus absorbé, et fait joujou avec la lame fatale de sa faux. Malgré l'autorité de ce grand nom de Delacroix, la caricature, de 1815 à 1830, n'est pas fameuse. A la chute de Charles X, elle tâtonna un peu ; de mauvaises charges furent improvisées. Mais dès les premiers jours qui suivirent la

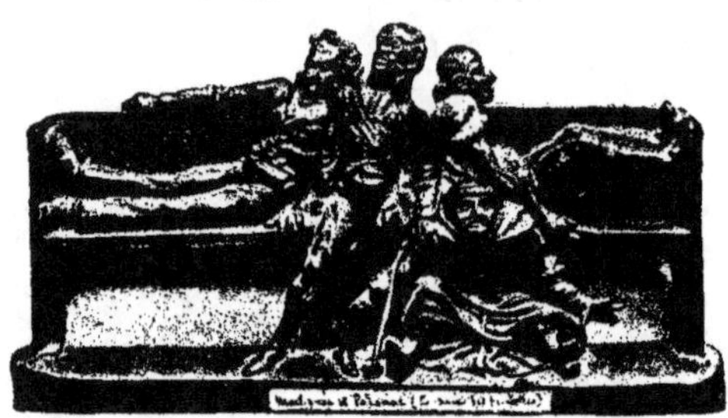

Le banc des ministres.
Caricature sculptée des ministères Martignac et Polignac.
(Musée Carnavalet.)

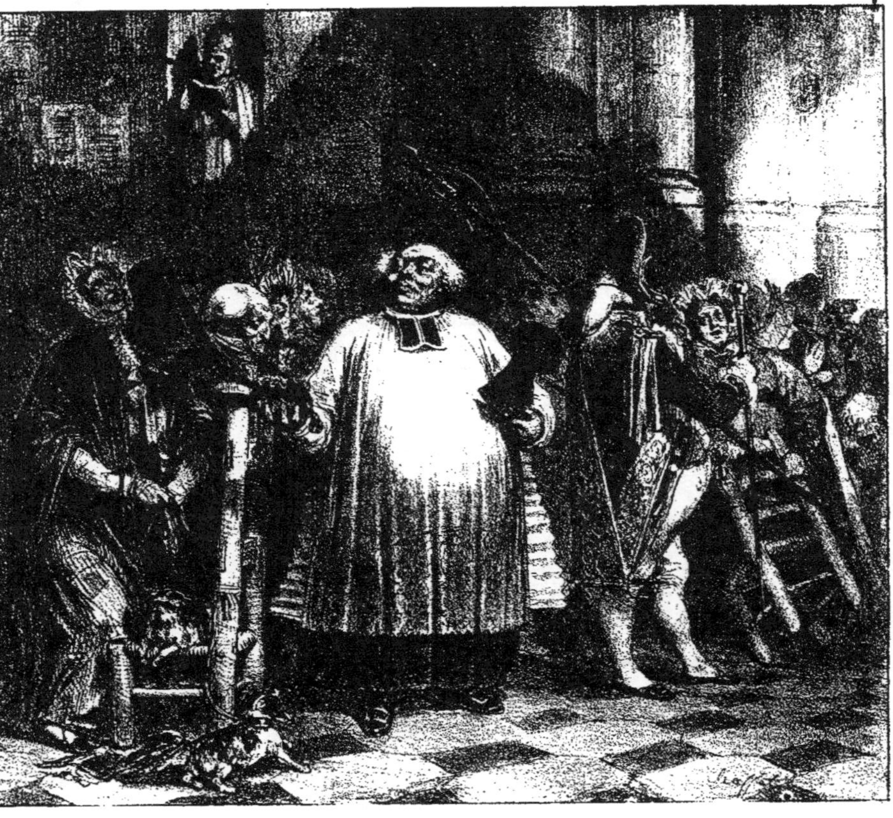

RAFFET. — Pour le soutien des corps de l'église, s'il vous plait.

révolution de Juillet, de vrais artistes se dressèrent et firent siffler les lanières.

Decamps occupe le premier rang. Le roi tombé lui fournit le sujet d'une de ses meilleures caricatures. Déjà, dans une lithographie superbe d'esprit satirique, il avait fiché en terre le *Pieu monarque,* Charles X, sous la forme d'un poteau couronné. Au mois d'août 1830, il le représenta de nouveau, profitant des loisirs forcés que lui avait faits la révolution. Decamps le montrait prophétiquement, en l'*An de grâce 1840,* vieilli, décrépit, tombé en enfance, chassant, dans ses appartements, un petit lapin mécanique traîné par un chambellan caduc. C'était d'un haut comique, et d'une âpreté moins grande qu'on pourrait le supposer : nous avons lu, en effet, quelque part que « la haine des républicains s'acharnait encore sur le malheureux roi dix ans après sa chute » ; on faisait allusion précisément à la lithographie de Decamps, comme si elle avait été publiée en 1840. Charles X mort depuis trois ans déjà, on se demande ce que cette caricature aurait signifié.

Decamps, au contraire, n'a pas peur de s'attaquer aux vivants ; il donna, dans les premiers numéros de la *Caricature,* les dessins les plus âpres et les plus colorés. C'étaient de cruelles moqueries à l'adresse du Parlement, représenté sous la forme peu flatteuse d'une assemblée de cruches, de bûches, de perruques et autres symboles de l'intelligence et du progrès, tandis que dans les tribunes du public, c'étaient des balais, des pavés, des pistolets, bref, tout ce qu'il faut pour construire une barricade et faire place nette.

C'étaient encore des satires contre le roi et les ministres, des protestations contre les entraves qu'ils mettaient à la liberté, et on la voyait, cette jeune Liberté (Françoise-Désirée), en poupon tirant sur ses lisières et plus forte à elle seule que tous ceux qui unissaient leurs efforts pour la retenir. Elles étaient un peu sombres et amères, ces lithographies de peintre ; leur touche était plus hautaine que brutale. Cependant, c'est un symptôme curieux de voir un artiste remarquable se faisant, non plus fantaisiste et humoriste comme beaucoup de ses devanciers les plus illustres, mais simple journaliste du crayon, volontaire dans la mêlée.

On peut en dire autant de Raffet, qui a produit quelques pièces caricaturales non moins sombres et non moins amères que Decamps, mais qu'on ne saurait considérer que comme un caricaturiste d'aventure. Ce ne sont pas les meilleures pièces de son œuvre. Il y a pourtant bien de l'énergie dans la lithographie connue : *Patriotes de tous les pays, prenez garde à vous!* Mais Decamps, Raffet, Charlet devaient bientôt se retirer de la lutte, et la *Caricature* voyait demeurer seulement sur la brèche les combattants acharnés qui s'appelaient Philipon, Daumier, Grandville, Traviès, et quelques autres moins brillants, mais non moins résolus.

La fondation du journal la *Caricature,* le 4 novembre 1830, par Charles Philipon, est peut-être le point culminant dans l'histoire de l'art satirique, dans tous les pays. « C'est alors, comme l'a dit M. Armand Dayot, à qui l'on doit l'éclatante exposition en 1888, à l'École des Beaux-Arts, de nos maîtres caricaturistes, c'est alors que naquit dans toute sa force, puissante comme Hercule voyant pour la première

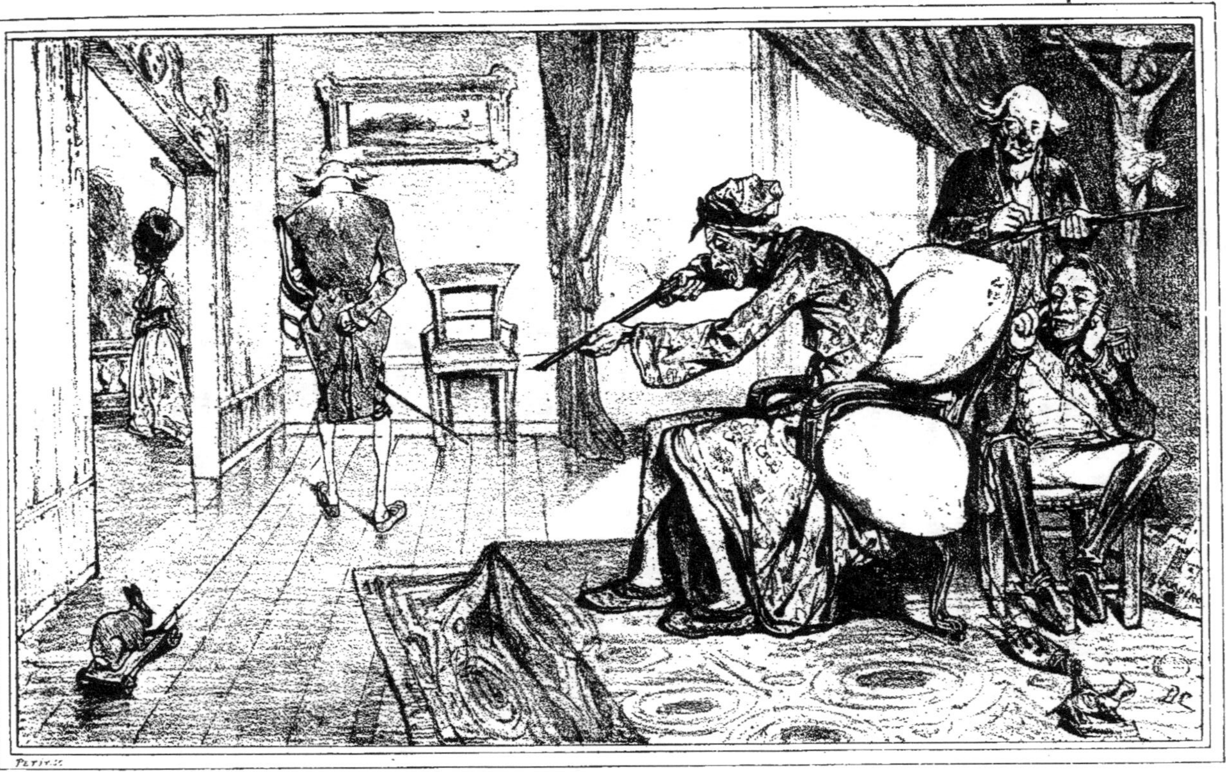

L'An de grace 1840, du règne glorieux de Charles X le 16me.

Aujourd'hui après la messe, S. M. a chassé au tir dans ses appartements. L'état moral de la famille royale est toujours le même.

fois le jour, la caricature moderne. Jamais elle n'apparut si formidablement armée, jamais elle ne porta de coups aussi terribles que pendant la période historique que sépare la fuite de Charles X, de l'écroulement du gouvernement de Juillet. Mais aussi, quels puissants artistes que ces intrépides dessinateurs, qui, obéissant avec une discipline toute militaire à l'ardente inspiration de leur directeur, se jetaient dans la lutte politique, au péril de leur liberté, armés de leurs terribles crayons, ne s'arrêtant que devant les cadavres de leurs adversaires....

« Les tirailleurs que Philipon, l'âme damnée de cette feuille infernale, lançait contre les Chambres, contre le ministère, contre les vices et les ridicules d'une bourgeoisie pourrie, et jusqu'à l'assaut du trône, formaient, dans les sombres bureaux de rédaction du passage Vérot-Dodat, un véritable bataillon sacré... et l'infatigable directeur était toujours sur la brèche, toujours sarcastique, toujours la légende satirique aux lèvres, toujours prêt à jeter dans l'imagination un peu paresseuse de Daumier le trait typique que le grand artiste fixait aussitôt sur la pierre avec un réalisme impitoyable et dans une forme michelangélesque. »

Ici, nous nous séparons de M. Dayot sur un point qui a son importance. L'imagination de Daumier n'était point paresseuse, tant s'en faut. C'était une haine très sincère qui l'inspirait, et c'est lui qui a trouvé les accents les plus forts, sans que les conseils de Philipon y fussent pour rien, et précisément parce que ses caricatures les plus réussies n'étaient point littéraires.

Ce qui est vrai, d'ailleurs, c'est que Philipon a été le plus intrépide allumeur que l'on puisse imaginer, le plus étonnant metteur de diable au corps. Né en 1800, à Lyon, il avait d'abord étudié la peinture dans l'atelier de Gros. Il avait lui-même fait des caricatures à diverses occasions avant de fonder son journal, mais elles n'avaient pas l'accent que l'on trouve chez ses collaborateurs, ni l'ardeur si endiablée de sa polémique.

Un brave aussi, toujours prêt à payer de sa personne, continuant sa tâche de caricaturiste en pleine cour d'assises. On connaît le fameux plaidoyer des *poires,* et il serait difficile de le conter d'une manière neuve. Pourtant, comment se borner à y faire une simple allusion ?

C'était au moment où ce fruit pacifique est devenu pour le gouvernement une telle obsession qu'il y voyait à la fin un grief suffisant pour entamer des poursuites. Était-ce donc un crime de laisser entendre, et de montrer, dans des dessins infiniment variés, que le chef de l'État avait le chef piriforme? Non, mais, c'était une maladresse de s'en fâcher. Philipon le fit comprendre de la plus spirituelle façon. Il traça sur une feuille de papier les quatre croquis que l'on peut voir ici, et les passa au tribunal, en disant : « Si, pour reconnaître le monarque dans certaine caricature, vous n'attendez pas qu'il soit désigné autrement que par la ressemblance, vous tombez dans l'absurde. Voyez ces croquis informes, auxquels j'aurais peut-être dû borner ma défense. Ce croquis ressemble à Louis-Philippe, vous condamnerez donc! Alors, il faudra condamner celui-ci, qui ressemble au premier, puis condamner cet autre, qui ressemble au second. Et enfin, vous ne sauriez absoudre cette poire, qui ressemble aux croquis précédents. Ainsi, pour une poire, pour une brioche, et pour toutes les têtes grotesques dans lesquelles le hasard ou la malice aura placé cette triste ressem-

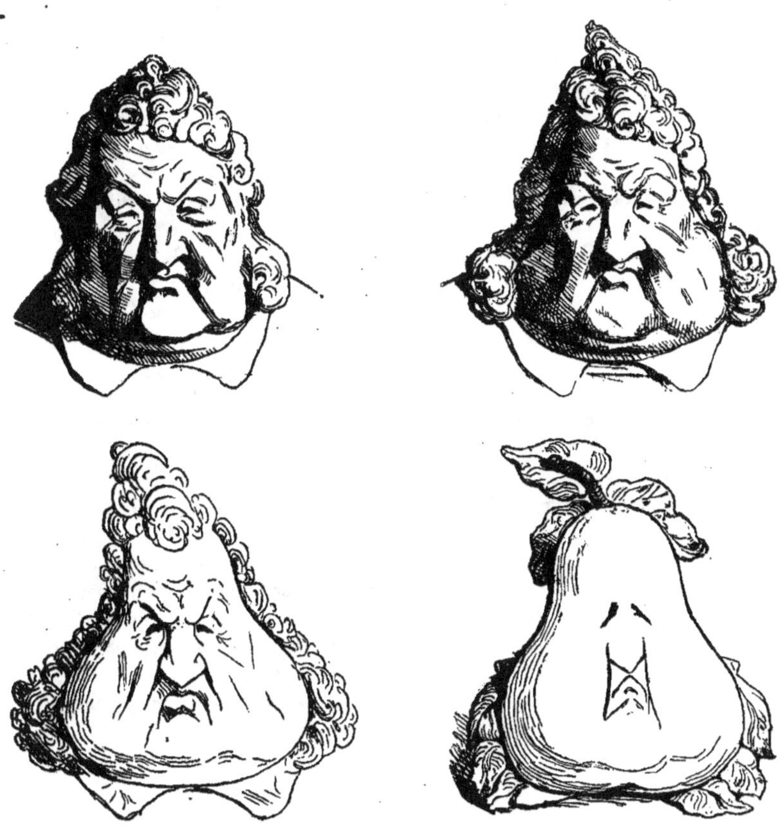

blance, vous pourrez infliger à l'auteur cinq ans de prison et 5,000 francs d'amende. Avouez, messieurs, que c'est là une singulière liberté de la presse ! »

Devant cette défense inattendue, le tribunal fut tellement déconcerté qu'il ne fut pas rigoureux. Et l'on vit cette étonnante aventure d'une caricature, contre le gouvernement, exécutée en plein tribunal, à la barbe de la justice, et demeurée impunie.

La *Caricature* fit dès lors une effroyable consommation de poires. Le texte même du journal fut parfois disposé de telle sorte que la poire fût visible même lorsqu'on ne parlait pas d'elle. Quant un jugement sévère était rendu contre cette feuille intrépide, il était imprimé en lignes inégales, courtes dans le haut, et allant en s'élargissant de façon à rappeler la forme du scélérat de fruit. Nous ne saurions entrer dans tous les détails de la polémique si ingénieuse, si enragée, que dirigea Philipon pendant les cinq années de la *Caricature*. L'étude des principaux artistes de la pléiade nous donnera l'occasion de rappeler les numéros les plus célèbres.

Qu'il nous suffise de mentionner l'énorme calembour, et la charge venimeuse entre toutes, qui valurent à la *Caricature* une condamnation de plus. Un jour parut un projet de « monument *expia-poire* », à ériger sur la place de la Concorde. C'était une gigantesque poire, posée sur un piédestal. « Le parquet, dit encore Philipon pour sa défense, a vu là une provocation au meurtre ; ce serait tout au plus une provocation à la marmelade. » Le trait était sans doute spirituel, mais la caricature était sanglante ; ce que ne disait pas Philipon, c'est qu'il y avait là, non pas une provocation au meurtre, mais une allusion cruelle au régicide Philippe-Égalité et à l'exécution de Louis XVI, sur cette place même où était censé se dresser le monument *expia-poire*.

La *Caricature* de Philipon dut enfin se taire en 1835 ; des lois restrictives de la liberté de la presse la bâillonnaient. Mais la *Caricature* est morte, vive le *Charivari !* Le nouveau-né continua la campagne, et aujourd'hui il porte allègrement plus que son demi-siècle, monument caricatural non moins brillant.

Et, avant de laisser Philipon, pour nous occuper de ses principaux collaborateurs, il nous paraît piquant de montrer Louis-Philippe caricaturiste de sa propre personne. Ne vous souvenez-vous pas de cette jolie anecdote que conte Victor Hugo dans les *Misérables*? Louis-Philippe, rentrant un jour d'une de ses promenades à pied, voit un gamin, haut comme une botte, se dressant sur la pointe des pieds pour crayonner sur un mur du parc de Neuilly un des énormes fruits que vous savez. Mais il a été trop ambitieux, et il ne peut lever le bras assez haut, pour dessiner le sommet. « Le roi acheva la poire, dit Victor Hugo, et, donnant à l'enfant une pièce de monnaie, lui dit : « La poire est aussi là-dessus ! »

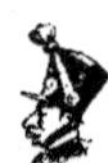

XXIII

GRANDVILLE.

S'il fallait donner le prix de fiel et le prix de ténacité à un dessinateur de la *Caricature,* c'est Grandville qui le remporterait haut la main. Il s'attache à la peau, ce pointu, ce pince-sans-rire ; on ne lui ferait lâcher prise qu'à coups de barre de fer. On a été sévère pour lui. Champfleury, entre autres, ne s'est pas montré tendre. Il l'a représenté comme un inquiet, se mettant l'esprit à la torture pour produire parfois de prétentieuses minuties. D'autres, au contraire, présentent une défense chaleureuse, et ne sont pas loin de lui accorder du génie. Lequel croire ?

Il y a peut-être moyen de concilier les choses : les deux parties adverses ont raison et tort. Il suffit de dédoubler Grandville pour avoir le mordant et l'ingénieux satirique admiré par ceux-ci, le pénible et obscur agité, critiqué par celui-là.

Pincé, ironique, riche en sous-entendus, en inventions recherchées, Grandville, en réalité, a commis une erreur grave : il a cru qu'on pouvait se battre au fleuret sur une barricade. Aussi, ses caricatures politiques les plus soignées, les plus laborieusement envenimées, n'ont jamais produit l'effet d'un bon coup de poing bien brutal. Dès ses débuts, Daumier était condamné à six mois de prison pour avoir représenté le roi en Gargantua, avalant les épargnes du peuple et nourrissant, des effets de sa digestion, un tas de courtisans. Cela frappait, malgré la médiocrité de cette caricature de commençant. Grandville n'a jamais eu les honneurs d'une poursuite. Dieu sait, pourtant, si elles étaient harcelantes d'intention, les planches où il groupait, sous forme de processions ou de cortèges, les gens au pouvoir ; et si chaque trait ne contenait pas une ou plusieurs méchancetés ! Rien n'y faisait, c'était trop mince pour entamer le cuir. Imaginez une lancette chargée de virus, mais une lancette fine comme un cheveu, et qui ploie avant d'avoir pu faire pénétrer son poison. Le public aime les gros effets, clairs au premier coup d'œil. S'il y a trop de ciselures, il passe ; cela le fatiguerait, d'avoir de la pénétration.

Grandville est né à Nancy en 1803, à Nancy, la patrie de Jacques Callot. Le fameux magistrat qui répondit à Alexandre Dumas, qui hésitait à se dire auteur dramatique dans le pays de Corneille : « Il y a des degrés en tout, » pourrait trouver à replacer ici son mot. Le compatriote de Callot mourut jeune ; il avait quarante-quatre ans ; mais dans cette courte carrière, il produisit quantité d'œuvres diverses. Cela laisse supposer, vu le soin méticuleux avec lequel elles sont exécutées, une rare puissance de travail. Certes, tout n'est pas bon dans cette production. Il y a bien des choses maigres et mièvres dans l'œuvre politique, affectées et vieillottes dans l'œuvre humoristique ; mais certaines inventions, dans l'une et dans l'autre, sauvent le nom de Granville et le défendent contre des critiques trop exclusives.

Parmi les planches politiques, il serait difficile de ne pas admirer sans réserve les deux lithographies : « *L'ordre règne à Varsovie. — L'ordre règne aussi à Paris.* » La déclaration de Sébastiani était paraphrasée de la façon la plus cruelle, dans la première de ces compositions. Sur un champ jonché de cadavres, un Cosaque se dressait, les pieds baignant dans le sang, et fumait sa pipe avec une tranquillité féroce. Dans la contre-partie, au lendemain d'une de ces émeutes qui ensanglantèrent le règne réputé si pacifique de Louis-Philippe, c'était un agent de police, un *sergot,* à la physionomie sinistre, qui essuyait tranquillement son épée, teinte par des poitrines françaises. Cette lithographie, plus largement traitée que les compositions habituelles de Grandville, avait pris des aspects lugubres, de ces reflets louches et comme glissants ; le coloriage, sourd, augmentait l'impression de répugnance et d'horreur.

On pourrait citer plusieurs autres très belles satires de Grandville : par exemple, une Liberté présentant audacieusement aux ministres une torche allumée et les défiant de l'éteindre, de tous leurs souffles réunis. De même, la *France livrée aux Corbeaux,* terrassée, expirante sur le sol, le sein et le cou fouillés par les becs rapaces de corbeaux à insignes de ministres ou de pairs. De même, la *Descente dans les ateliers de la liberté de la Presse,* où l'on voyait les membres du cabinet faisant irruption dans une imprimerie, brisant les machines, jetant les manuscrits et lacérant les exemplaires, saccageant tout.

Oui, c'était là de la passion âpre et sifflante qui inspirait ces satires. Mais quoi ? le rire en était absent, ou bien c'était un petit rire si sec, si saccadé, si glacial, que cela ne pouvait se communiquer. Une large pochade bien franche, bien sonore, eût mieux valu que ces tableaux poussés au noir aigu.

Grandville a été un pessimiste, et ses meilleures inspirations dans ce sens n'ont été goûtées que par les délicats. Que l'on prenne pour spécimen la série du *Voyage pour l'Éternité,* renouvelée des danses macabres. Certes, la planche que nous reproduisons est d'une philosophie implacable ; c'est peut-être une des plus vives caricatures qui aient été faites de l'amour au rabais. Croit-on pourtant qu'elle n'eut jamais un grand succès?

Quand, au contraire, Grandville a eu la chance de tomber sur une idée simple, telles les fameuses *Scènes de la vie privée et publique des animaux,* il a pleinement réussi auprès de la foule. Elle n'était pourtant pas neuve, cette idée de l'animal revêtu du costume humain, empruntant aux hommes la pantomime de ses passions ou de ses manies. Nous l'avons rencontrée dès les origines de la caricature. Il a suffi

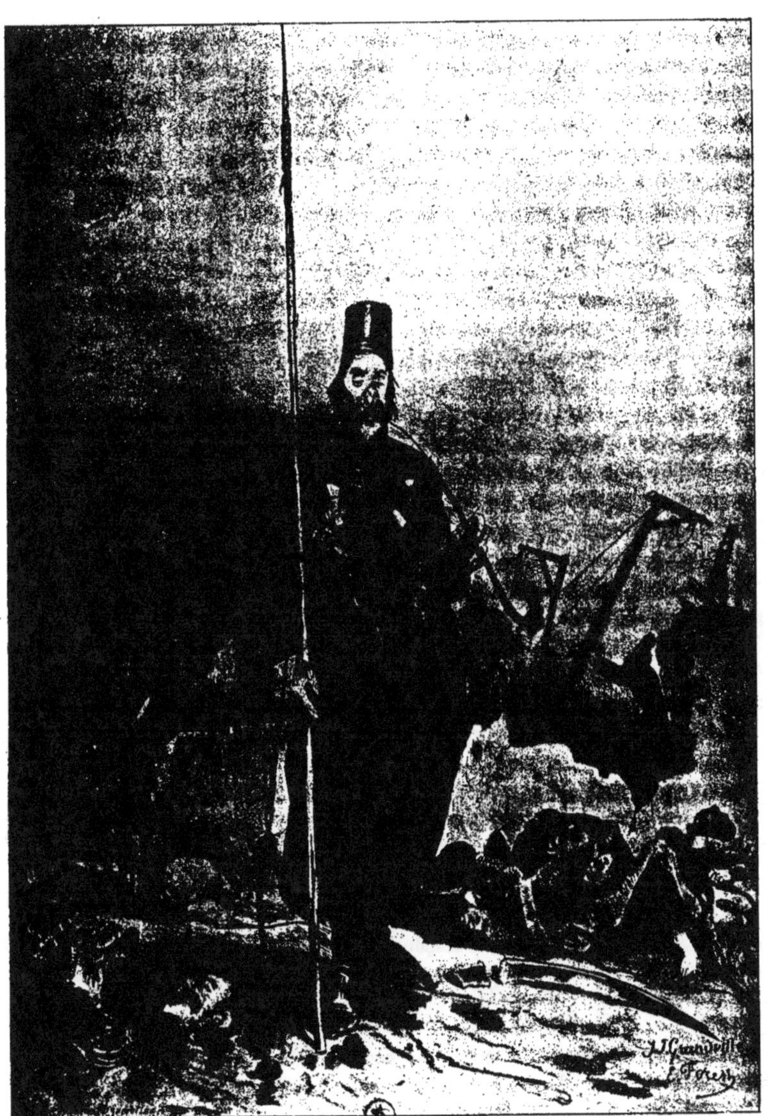

GRANDVILLE. — L'Ordre règne à Varsovie.

de la remettre en scène d'une façon simple, presque naïve, de la rajeunir en l'adaptant aux modes du jour, pour obtenir un succès considérable. Ce succès paraît décroître maintenant. Le travail paraît aujourd'hui un peu mince; nous sommes gâtés par des illustrations un peu plus plantureuses. Cela n'empêche pas que certains des animaux déguisés de Grandville soient encore vraiment plaisants et doués d'un vif caractère de sincérité, on dirait presque de vraisemblance, à la condition de ne pas

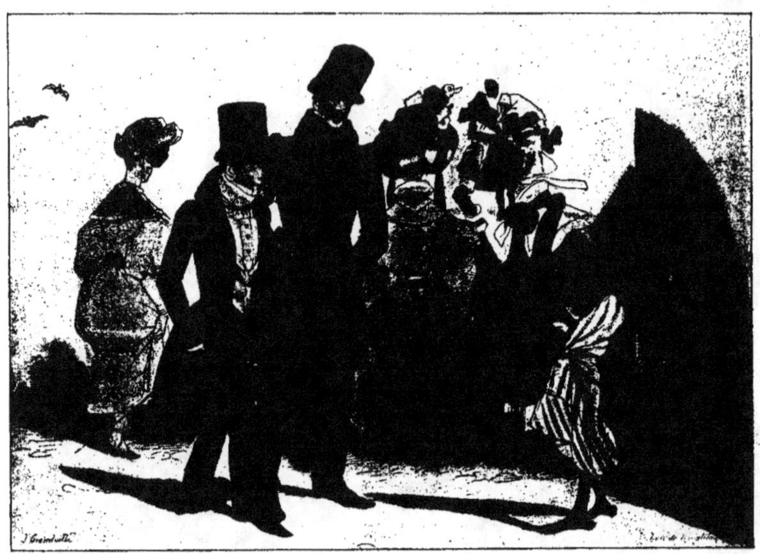

GRANDVILLE — Planche du *Voyage pour l'éternité.*

vouloir chercher dans ces compositions de véritables œuvres d'art. Le perroquet-poète, faisant des esbrouffes jacassantes ; le bon vieux lièvre, revenu des vanités de ce monde ; l'éléphant facétieux et lourd ; l'hippopotame galant proposant, au dessert, un toast « au sexe qui embellit le monde »; autant d'images amusantes qui ont ravi notre enfance, alors que nous n'étions pas à même de voir le pénible de leur exécution et le terre à terre de leur ingéniosité.

D'autres suites de Grandville ont eu une non moins grande renommée. Elles sont à présent décidément démodées. Les fleurs animées, les étoiles animées, ont une tournure si marquée de romantique de romance qu'il nous est devenu difficile d'en subir le charme. Peut-être cela se classera-t-il un jour. Nous sommes mauvais juges des choses parmi lesquelles nous vivons ; plus mauvais juges encore des choses qui se passaient hier. La mode a de ces inconséquences. Ce qui est très vieux ne nous semble pas ridicule autant que ce qui est simplement vieilli. Les crinolines du second empire nous sont une monstruosité inexplicable; mais nous trouvons quelque grâce aux *vertugadins* du xvie siècle, qui ne leur cédaient pas en ampleur. Peut-être, pour les collectionneurs du siècle prochain, les femmes-fleurs et les femmes-étoiles de Grandville auront-elles les mêmes charmes que pour nous les mignonnes coquettes du siècle dernier.

Grandville a un jour, dans une lithographie de très grandes dimensions et contenant de nombreux personnages, représenté la *Grande course au clocher académique*. Les gens de lettres de l'époque romantique se disputent le fauteuil vacant. Quelques-uns aujourd'hui sont considérés comme ayant occupé le quarante-et-unième, mais on s'étonne que certains autres aient même pu songer à ambitionner un des quarante. Les variantes de Grandville, dans les divers états de cette estampe, sont une curieuse indication des hésitations du public : c'est ainsi que, dans un de ces états, on voit la place, occupée d'abord par Victor Hugo, cédée à Eugène Sue. Si cet écrivain avait eu à faire aussi sa « course au clocher caricatural », peut-être aurait-il pu mettre Grandville à la place que nous donnons à Daumier... mais que celui-ci gardera.

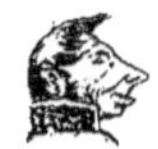

XXIV

PIGAL ET TRAVIÈS. — TRIMOLET.

Pigal et Traviès ont eu aussi leur heure de célébrité. Il faut en rabattre, et l'on peut sans inconvénient les renvoyer dans la pénombre.

Le premier est vulgaire, terne, archi-médiocre, assez gai. Le second est impersonnel et lourd. Il ne se sauve que par sa création de Mayeux, et encore nous dirons franchement ce que nous pensons du trop fameux fantoche.

On peut chercher longtemps dans Pigal (1794-1872) une scène de mœurs qui vaille la peine d'être analysée, une plaisanterie qui amène le sourire aux lèvres. *Scènes de société, Mœurs parisiennes, Scènes populaires,* autant de titres ambitieux, autant d'œuvres qui manquent d'accent et de couleur. Des bourgeois effacés, doucement ahuris, pas drôles, parce qu'ils n'ont pas cette gravité profonde que Daumier ou Monnier ont donnée aux leurs; des ivrognes qui n'ont pas le vin gai; des passants quelconques. Cela sent sa conventionnelle gaieté de barrière, en vogue à cette époque médiocre. Quand on feuillette Pigal, on croirait sentir une fade saveur de gibelotte dont la sauce accusatrice miaule doucement, et qu'on arrose de vin bleu. Impossible d'envier ceux qui s'en régalent.

Pigal, avait, à la vérité, quelque facilité, et peut-être aurait-il pu, en travaillant avec conscience, en serrant son dessin, en épurant son observation, arriver à un talent de second ordre.

Certaines scènes bourgeoises, un peu plus accentuées, seraient plaisantes; une, entre autres, représente un couple quinquagénaire arrêté devant une statue de l'Hercule Farnèse dans une attitude admirative. Le mari est quelque peu honteux des comparaisons qui s'établissent dans l'esprit de sa compagne. Patience! monsieur aura sa revanche devant la Vénus de Médicis.

Pigal a fait aussi quelques peintures. Il en est une qui a échoué au musée de Lille; elle représente la *Fontaine de Jouvence,* comprend un grand nombre de personnages et semble quelque peu fade. Une autre fut célèbre: elle représentait un retour de partie de campagne, avec le trop spirituel divertissement des échanges

de chapeau : gibus sur une tête féminine, bonnet à fleurs et rubans sur le chef du
cavalier. Revue maintenant, cette toile
peut nous faire deviner le sort réservé
à certains tableaux de genre qui dé-
crochent au Salon les suffrages du
public amateur de gaudrioles.

Mais la décadence qu'il faut prédire dès aujourd'hui, si tant est que
son heure ne soit pas déjà venue, c'est
celle des célèbres Mayeux de Traviès.
Ce caricaturiste suisse (1804-1859),
s'il n'avait pas inventé le vilain bossu,
s'il l'avait trouvé dans quelque carre-
four, lui avait du moins refait une vir-
ginité. Ah ! ce père Duchêne sans
passion, cet amoureux sans excuse, ce
fanfaron ignoble, que pouvait-il bien
représenter ? De qui pouvait-il être la
caricature ? Comment nos pères ont-ils

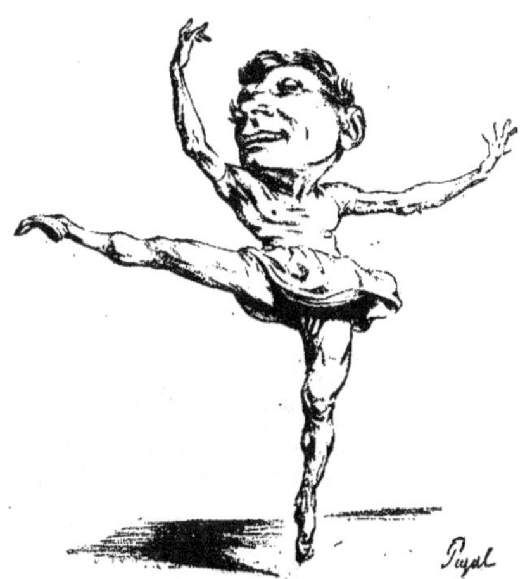

PIGAL. — Danseur.

pu rire de tant de difformité jointe à tant de bêtise ? Champfleury s'est donné la
peine de rechercher les origines de Mayeux, et il a vu en lui un descendant du dieu
Priape. Cela est possible ; mais cela prouverait simplement qu'il est des religions
bien déchues.

Les Mayeux de Traviès sont peut-
être un peu mieux dessinés que ceux
de ses nombreux concurrents anonymes ou obscurs, que ceux, par exemple, qu'estampille la signature de
Robillard (?). Ils ne sont pas plus attrayants. Les bonnes fortunes de ce
coureur bombé ne nous intéressent
plus, ses vantardises ne sauraient
nous dérider. C'est que nous sommes
devenus peut-être plus exigeants, et
qu'il nous faut dans la gaieté, ou beaucoup d'art, ou beaucoup de profondeur. Mayeux n'est ni assez fantaisiste, ni assez vraisemblable.

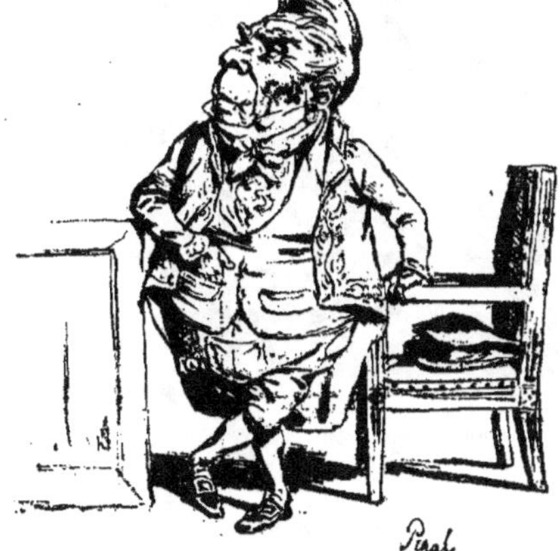

PIGAL. — Académicien.

A de rares intervalles, on ren-
contre certaines scènes un peu plus philosophiques : celle, par exemple, où le petit
monstre, coiffé du tricorne légendaire, prend une pose historique, se campe devant

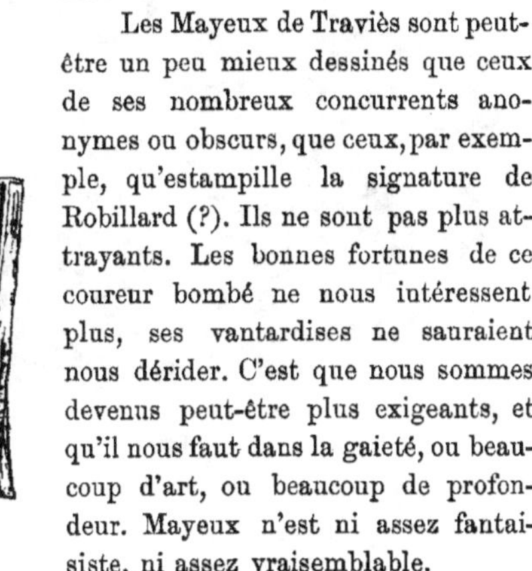

une statuette de Napoléon Ier et s'écrie : « Tonnerre de Dieu ! comme je lui ressemble ! » Cela est presque observé.

Malheureusement, Traviès était plus rêveur qu'observateur, mauvaise disposition

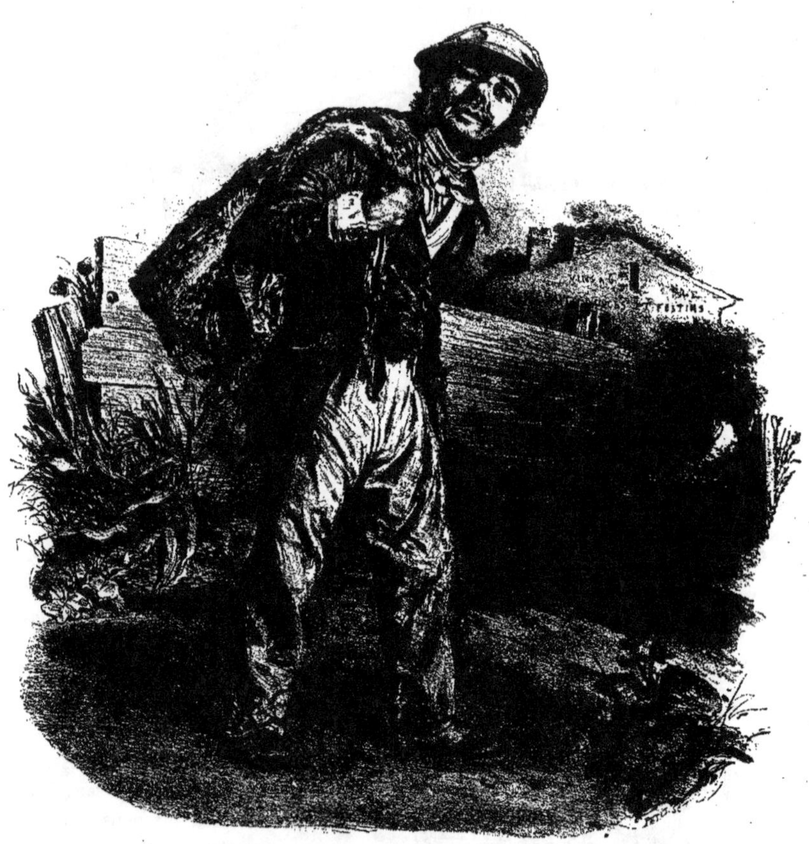

C.-J. TRAVIÈS. — Liard, chiffonnier philosophe.

pour faire de ces sortes de caricatures. Traviès avait l'ambition de faire de la grande peinture. L'État lui acheta un « *Jésus et la Samaritaine* » qu'il serait curieux de comparer avec Mayeux. Les efforts qu'il a dépensés dans ses tableaux religieux l'ont empêché de faire une caricature vraiment bonne. Les Mayeux resteront peut-

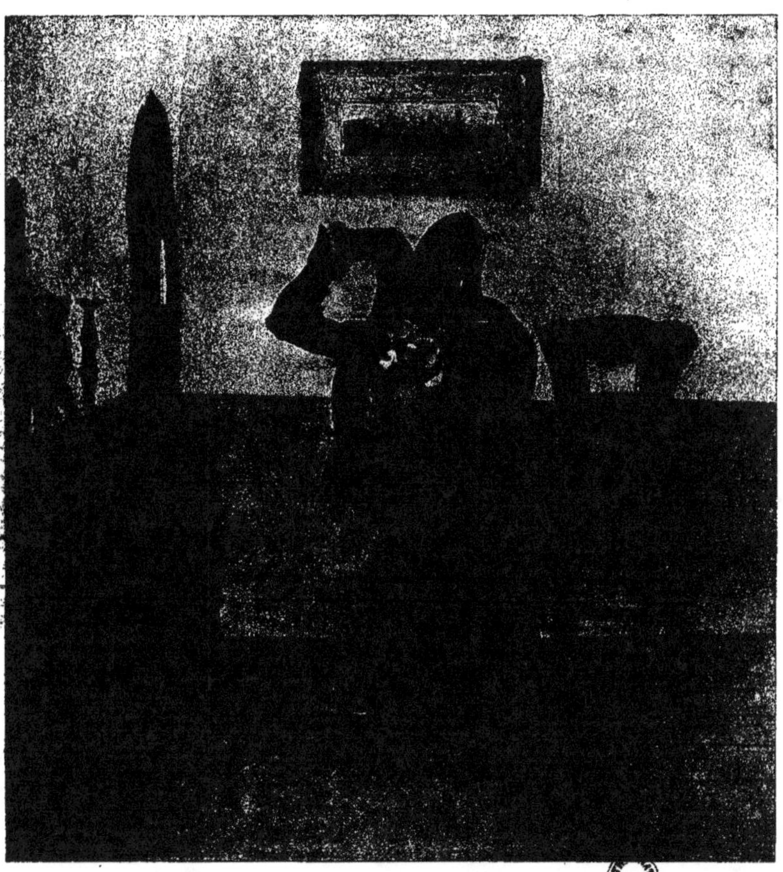

— Tonnerre de D... comme je lui ressemble...

être comme document (peu flatteur pour son époque), mais pas comme œuvre d'art.

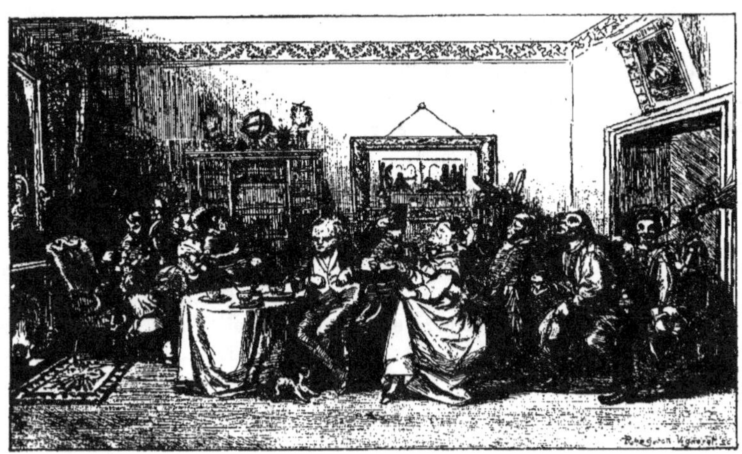

TRIMOLET. — Janvier, les étrennes.

Et Traviès, comme Pigal, est un manqué qui aurait pu faire quelque chose. Il nous a été donné de voir, à l'exposition des caricaturistes, certains dessins à la plume

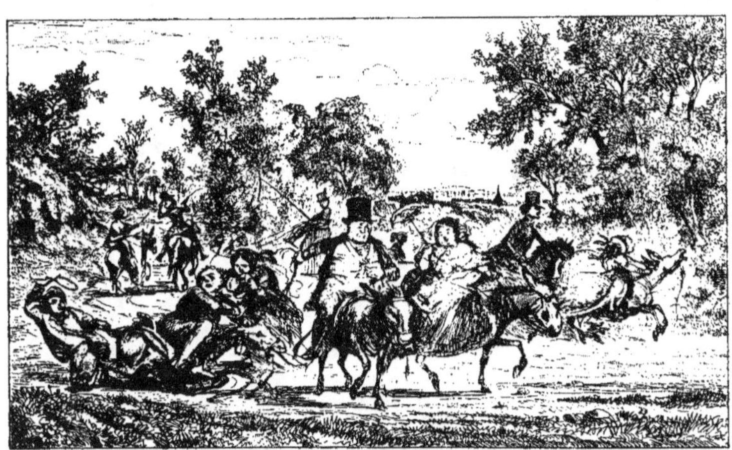

TRIMOLET. — Partie de campagne.

qui avaient plus de valeur à eux seuls que tout son œuvre lithographique rassemblé. Par exemple, une conversation entre deux bourgeois crétiniformes, qui avait pour légende cette réflexion digne de Monnier : « *Bah! Moins je vous comprends, et plus vous m'étonnez!* » Cela vaut mieux que bien des numéros de la *Galerie physionomique* ou des portraits politiques où Traviès pastichait pauvrement Daumier commençant.

On a parlé aussi de Liard, le chiffonnier philosophe, de qui Traviès a lithographié un portrait en pied assez coloré. Il ne manque pas, ce guenilleux, son sourire gouailleur éclairant la face effrontée et bon enfant, d'une touche artiste. Mais que saurait-on dire de lui? Mayeux parlait trop ; lui, ne parle pas assez. Il faut donc réserver nos oreilles pour le Vireloque de Gavarni. Après tout, il vaut peut-être mieux que Traviès n'ait pas fait discourir son chiffonnier. Nous pourrons encore avoir des illusions sur son compte.

Aux noms trop retentissants de Traviès et de Pigal, nous préférerons de beaucoup un artiste qui ne donna pas sa mesure, étant mort trop jeune et n'ayant pas eu le temps d'arriver à la grande notoriété, mais en qui se trouvaient un peintre remarquable et un caricaturiste d'une étonnante exubérance. Nous avons nommé Trimolet. Dans les lilliputiennes eaux-fortes de l'*Almanach comique* de 1842, dont nous reproduisons deux planches, il fit pulluler les personnages bouffons, les scènes mouvementées.

Puis il existe de lui des lithographies qu'on ne peut feuilleter sans rire : ce sont des distributions de prix, des scènes de famille, des enfants bien ou mal élevés, etc. Cela est dessiné ou plutôt gribouillé avec un lâché, et comme une volonté d'ignorance extrêmes ; mais on ne peut dire que Trimolet fût un ignorant, car un de ses rares tableaux, les *Aveugles,* qui sont en la possession de la famille du regretté statuaire Geoffroy-Dechaume, est une admirable peinture, pleine d'élévation et de science.

Daumier, Millet, Daubigny, appréciaient Trimolet et avaient grande foi en lui. Il mourut très jeune, ce qui fait que cette amorce d'œuvre plutôt qu'œuvre accomplie, est condamnée, malgré son intérêt, à n'être qu'une curiosité. En caricature comme en bien d'autres choses, il faut d'abord vivre longtemps!

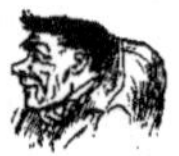

XXV

HENRY MONNIER ET EUGÈNE LAMI. — JOSEPH PRUDHOMME.
LES AQUARELLES DE MONNIER.

Nous sommes en retard avec Henry Monnier (1805-1877), car, par ses débuts, il se rattache presque à la caricature de la Restauration. Ce n'est guère que de l'exposition des caricaturistes, en 1888, qu'on s'est aperçu de la valeur de ses aquarelles : on croyait avoir affaire à un spirituel amuseur, et on se trouvait en présence d'un artiste de premier ordre. On ne lit peut-être plus beaucoup Monnier à l'heure présente; seuls des amateurs relativement peu nombreux repassent son œuvre lithographié. Soyez tranquilles, on y reviendra plus tard ; ceux qui voudront faire l'histoire de notre société bourgeoise pendant les trente premières années du siècle ne pourront se passer de consulter les documents si exacts notés par Monnier avant sa fulgurante création de Joseph Prudhomme. C'est Prudhomme et la seconde manière de Monnier qui sont les plus célèbres, et qui forment la partie peut-être la plus philosophique de son œuvre. Mais les premières séries, moins connues, ne le cèdent pas en charme et en intérêt.

Ce qui a nui à Monnier, c'est qu'il avait trop de talent, ou plutôt trop de talents. Sa triple incarnation d'écrivain, de dessinateur et d'acteur a divisé et dérouté l'intérêt. De l'acteur, il ne reste rien ; mais ceux qui l'ont entendu s'accordent à dire qu'il donnait à ses créations, Joseph Prudhomme ou la mère Gibou, un accent extraordinaire à la fois de vérité et de fantaisie. Pour l'écrivain, ses *Scènes populaires* sont des plus difficiles à analyser car elles sont toutes dans le détail, sténographié avec une exactitude unique; on se demande parfois comment on a pu noter et retenir de pareilles conversations, mettre en scène des platitudes aussi significatives.

Reste le dessinateur, que nous allons apprécier. Où Monnier a-t-il pu trouver l'embryon de Monsieur Prudhomme? La réponse apparaît dès qu'on étudie les premières années de sa vie. Au sortir de ses études, ce fut Monnier qui supplia lui-même son père de le faire entrer dans l'administration! Singulière vocation, à moins qu'on ne voie là une précoce hantise de la destinée. Le jeune surnuméraire au ministère de la Justice put trouver dans les bureaux Monsieur Prudhomme en puissance, ou tout au moins tous les traits épars du solennel plumitif. Employés affairés à ne rien faire, diseurs de niaiseries, chefs de bureau rengorgés, chefs de division guindés, n'ouvrant la bouche que pour émettre quelque monumentale sentence. Les premiers résultats de ses observations sur ce monde spécial, terne avec solennité, furent consignés dans l'album intitulé *Mœurs administratives* (1828). Puis Monnier, ayant tiré de l'administration tout ce qu'elle pouvait lui donner, voulut perfectionner son dessin, encore un peu mince, corser ses qualités instinctives, et il entra à l'atelier de Gros, grâce à l'entremise d'un de ses « supérieurs hiérarchiques », homme d'esprit et de goût, comme on voit, bien que bureaucrate.

L'administration quittée et les études artistiques terminées, Monnier se met à *courir le monde*, c'est-à-dire qu'il visite les différents quartiers de Paris, puis part pour Londres avec son camarade Eugène Lami. De toutes ces explorations résultent des études piquantes, des scènes prises sur le vif, dans un style, délicat et un peu mince, de vignettes.

En 1830, Monnier donne la première édition des *Scènes Populaires ;* en 1835, il commence des tournées dramatiques en province. Puis, quand il a bien promené un peu partout Monsieur Prudhomme et la mère Gibou, il se fixe de nouveau à Paris, où il vit en brave homme, en bon époux et en artiste laborieux ; très fêté dans le monde, où ses scènes, débitées par lui, obtiennent un succès de fou rire consacré. Il n'a qu'un défaut, à ce que l'on raconte, mais ce défaut-là est si colossal, si caricatural... que nous le gardons pour tout à l'heure, après avoir dit quelques mots de ses principales œuvres.

Les vignettes du début, mœurs administratives, scènes de la rue, jusqu'aux gravures de modes et aux portraits d'artistes, sont tout à fait charmantes ; si elles ne sont pas d'une exécution très large, elles trahissent un goût très vif pour la vie et toutes ses manifestations. La fantaisie côtoie le réalisme, mais une fantaisie à la mode de l'époque, avec une forte teinte de sentiment. Telles les *Petites félicités humaines ;* cela sent un peu le roman à la Pigault-Lebrun, dans les passages qui faisaient encore venir les larmes aux yeux de nos papas. Le pendant, l'inévitable pendant, est plus amusant : ce sont les *Petites misères humaines ;* seulement, ce n'est pas encore bien original, car l'imitation des caricaturistes anglais (avec un peu de sobriété qui restreint en l'affaiblissant l'excès de la verve des modèles) est visible à chaque page.

Les tableaux que Monnier rapporte d'Angleterre sont également très mouvementés, joliment croqués, d'une petite observation française qui évite le caractère brutal, mais collectionne les détails de calepin : ports, clubs de fermiers, marchés aux poissons, etc., tout cela est une Angleterre un peu vieillotte. Quelque chose comme Londres vu à travers la rue Saint-Denis ; un dessin net, précis et délicat, à petits coups de plume, comme de petits coups de bec ; très joli d'arrangement, un véritable sens de la composition ; presque pas *d'effet,* tandis qu'il en faut beaucoup, au contraire, dans ce pays où tout est en oppositions violentes sortant de la brume comme un coup de poing ; et c'est ce qui fait que l'Angleterre de Monnier est amusante, mais pas ressemblante.

Les scènes de Paris, au contraire, sont ressemblantes, mais rétrospectivement.

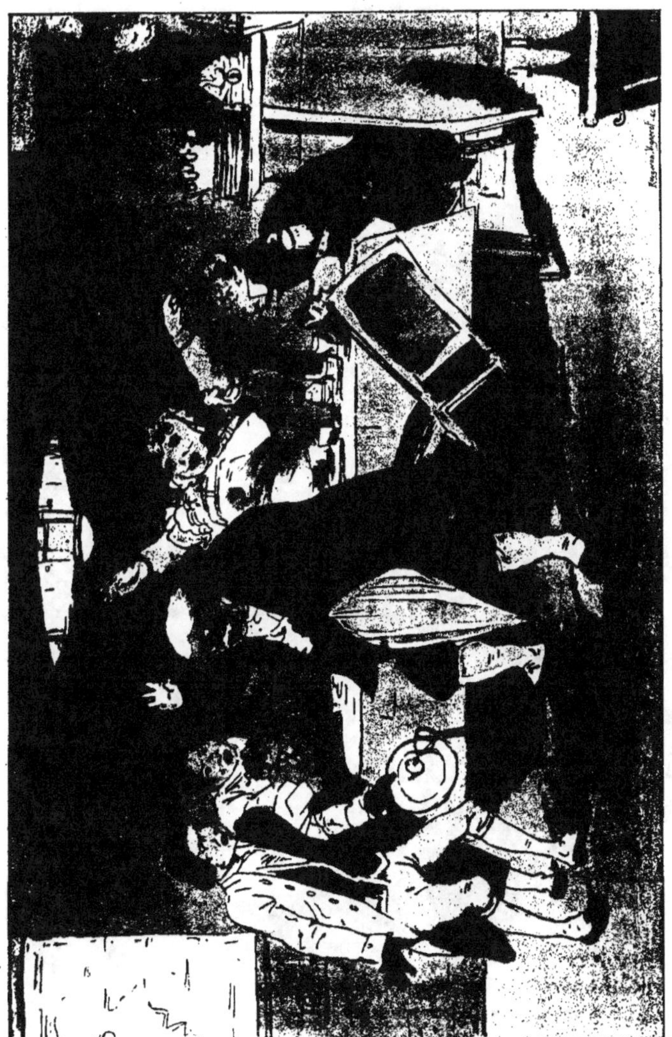

EUGÈNE LAMI. — « IL A AVALÉ UNE ARÊTE. »

C'est drôle comme ce Paris-là est tranquille, bonhomme, mignonnement ratatiné, avec ses hommes en habits sanglés, bruns ou verts, à boutons d'or, en bottes et en

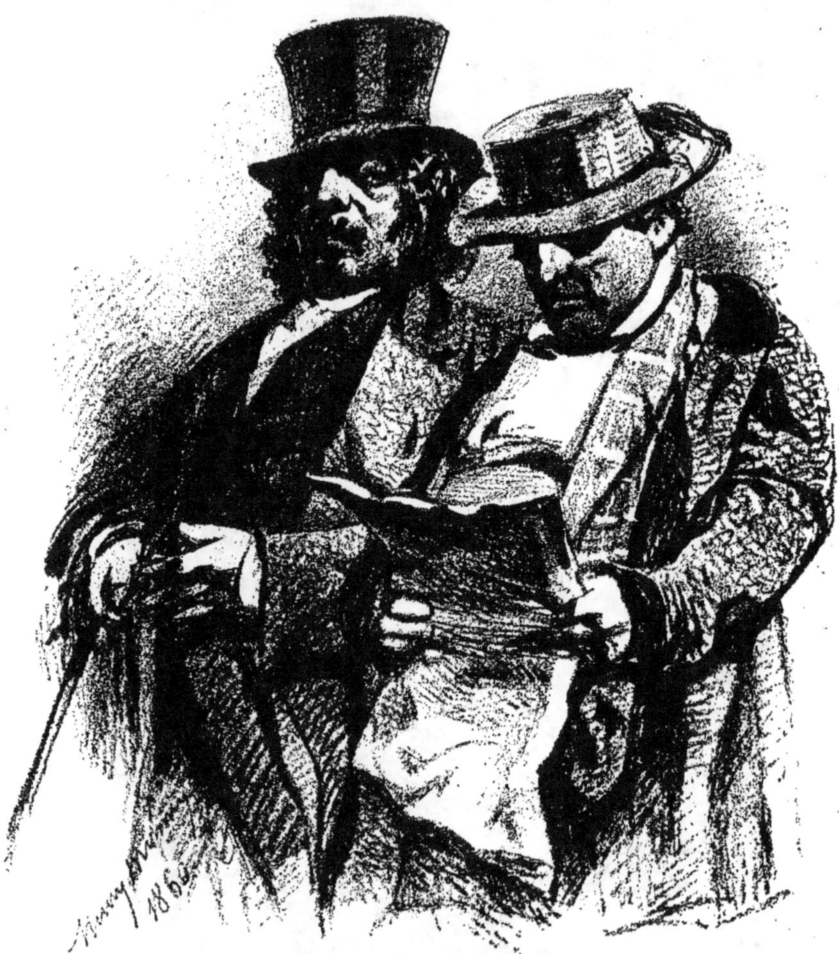

HENRY MONNIER. — Ôtez l'homme de la société, vous l'isolez.

jabots, avec ses femmes gentilles et réservées, même les plus évaporées, semblant avoir conscience qu'elles seront des grand'mères ; leurs grands chapeaux de paille, leurs tailles filiformes serrées par un ruban jusqu'à faire une sérieuse concurrence

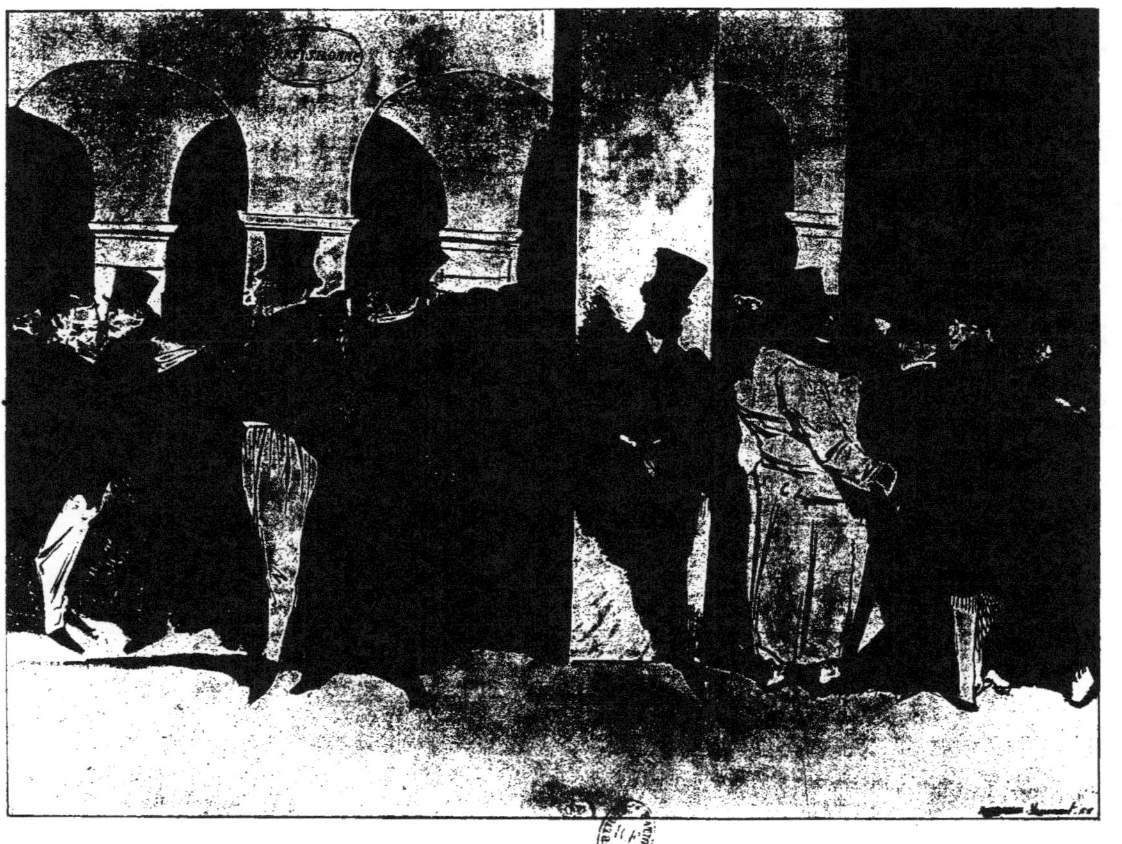

La Bourse.

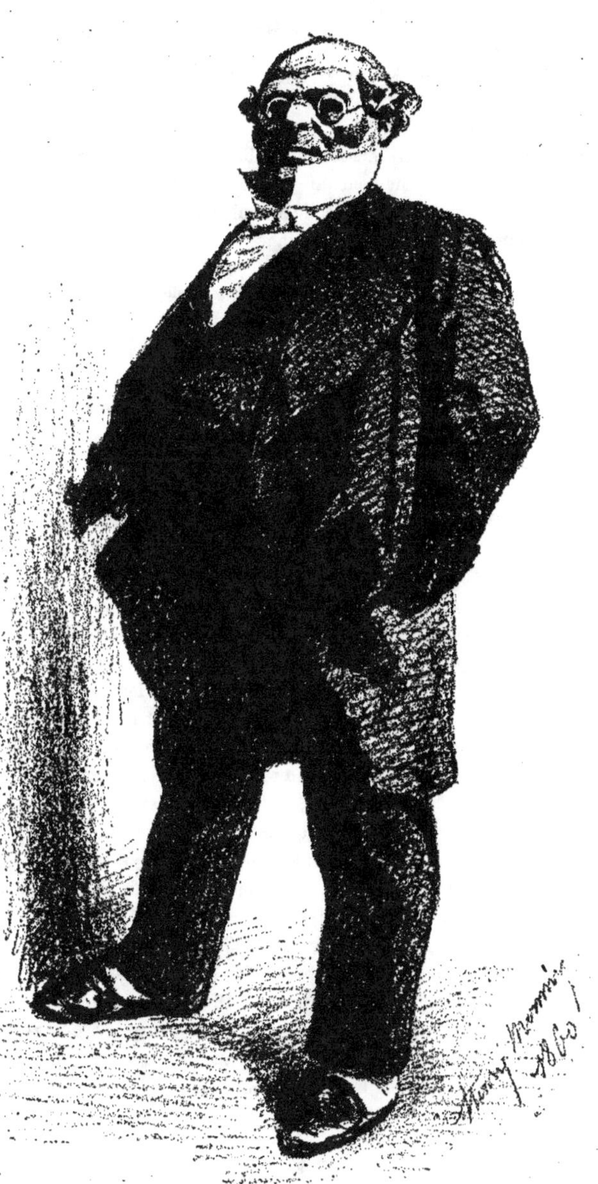

MONSIEUR JOSEPH PRUDHOMME.

aux guêpes, leurs jupes courtes à longs plis aboutissant en tuyaux à la ruche qui découvre deux petits pieds blancs tout plats dans les socques, avec les x du lacet sur le bas de la jambe.

C'est l'idéale Grisette, aussi convenable et *comme il faut* que la Merveilleuse était hardie et invitante. On ne peut faire autrement que de lui offrir « une chaumière et un cœur ». L'album des *Grisettes,* de Monnier, retrace avec une finesse attendrie cette vie de mansarde chantée dans les romances :

Dans un grenier qu'on est bien à vingt ans !

Cela nous paraît avoir été fortement embelli par les chansonniers et par la mode. A tout le moins, si notre siècle était bien dans une mansarde, quand il avait vingt printemps, à quatre-vingt-douze hivers, il se trouve fort mal en hôtel garni.

Dans les diverses suites, *Galerie théâtrale* (avec des scènes charmantes de simplicité et d'esprit : un comité de lecture, la queue à la porte du *spectacle); Six quartiers de Paris* (représentés par leurs salons, bourgeois et cossus au Marais, nobles et pincés au faubourg Saint-Germain) ; *Esquisses parisiennes,* etc., on voit revivre et fourmiller cet heureux Paris de jadis, auquel la province d'aujourd'hui ressemble si fort.

En vérité, si célèbre que soit Joseph Prudhomme, on se prend à préférer cette partie de l'œuvre de Monnier, car c'est d'une fraîcheur et d'une grâce inexprimable.

Ces lithographies à la plume ont un accent, une saveur à part ; elles vivaient et nous ont conservé de leur vie. Un grand charme leur est donné par le coloriage spécial ; il est vraisemblable que Monnier surveillait cette enluminure avec un soin méticuleux, donnant aux ouvriers la note exacte des tons à employer, et ce travail était fait avec un grand soin. C'est un coloriage sobre, éteint, et fort en même temps ; des bruns, des jaunes, des rouges étouffés, et un certain vert sombre que Monnier chérit. Il ajoute tellement à l'effet qu'entre les suites noires et les suites enluminées il y a pour l'œil une différence considérable ; on dirait que ce n'est pas la même scène, et que la main n'est pas la même. Chaque lithographie enluminée semble une véritable aquarelle que l'artiste vient de quitter.

Quant au dessin, il brille surtout par l'intelligence de l'arrangement, de la mise en scène ; Monnier ne craint pas de multiplier ses acteurs minuscules, de les faire aller, marcher, s'asseoir, s'étendre sur des divans, pirouetter avec des chiquenaudes sur le revers de l'habit, écouter gravement des futilités. Et l'on peut affirmer que de tous les dessinateurs de mœurs du siècle, aucun, sans même excepter Daumier, n'a su grouper des personnages nombreux dans un salon d'une façon plus naturelle et aisée. C'est là que l'acteur, le régisseur habile donnait au dessinateur des conseils précieux.

Dans la note fantaisiste, ce serait dommage de ne pas mentionner aussi la double série *Jadis et Aujourd'hui,* où l'on voit des scènes familières rapprochées

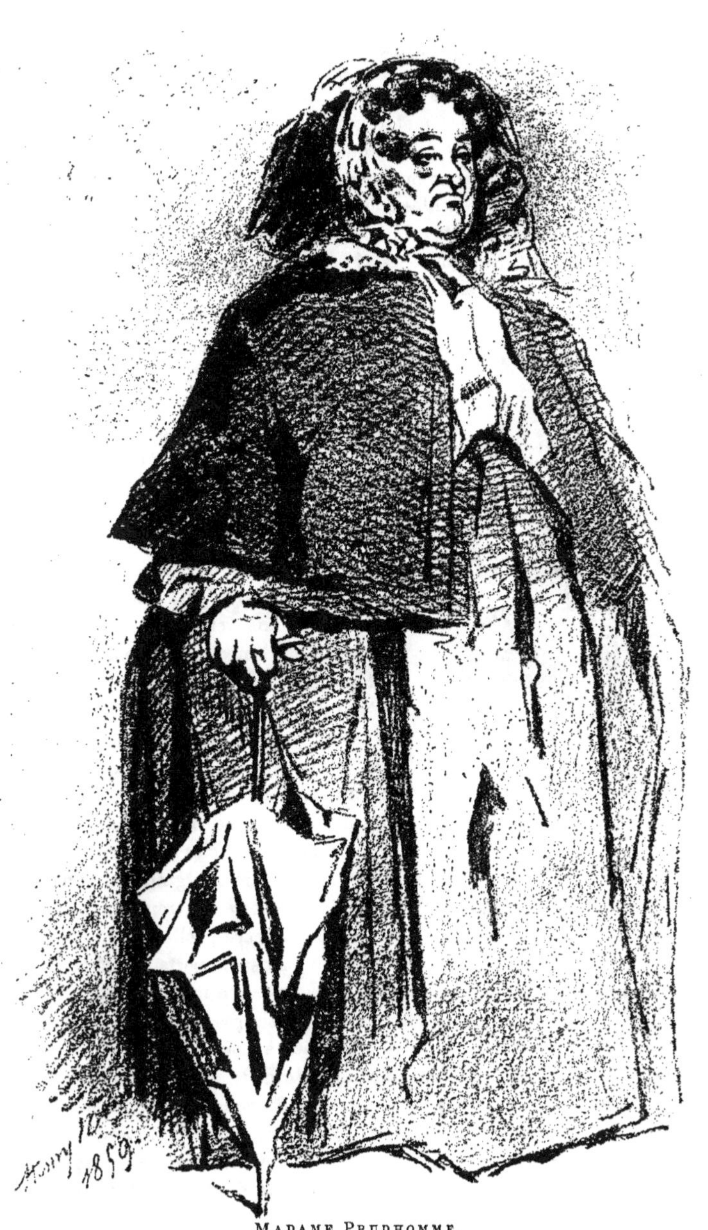

MADAME PRUDHOMME.

de leur reconstitution au siècle précédent. Monnier s'y révèle gentiment archaïque ; mais il a beau faire : Monnier, malgré son étude sérieuse du détail, ne nous montre guère que des grisettes de 1830 dans une série, et dans l'autre, les mêmes grisettes travesties en marquises. Est-ce que, par hasard, ce serait vrai, la distinction aristocratique ? Est-ce que, si gentilles qu'elles soient, les petites femmes de ce siècle sont incapables de nous donner l'illusion de l'absolue vérité quand elles disent : « C'est nous qui *sont* les princesses » ?

Telles sont les principales œuvres de Monnier première manière. Il est impossible 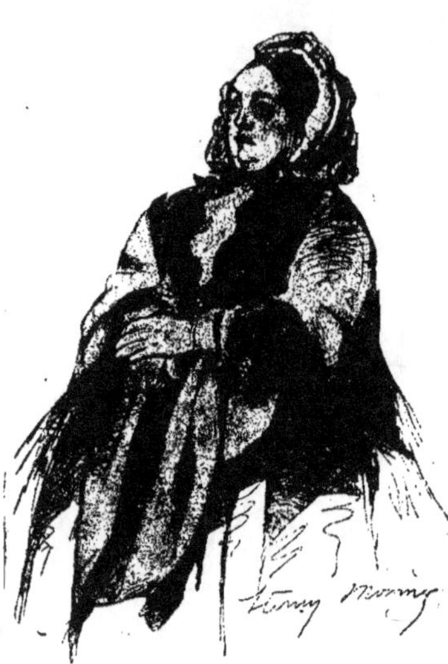 de ne pas rapprocher d'elles les albums d'Eugène Lami, qui leur ressemblent fraternellement. Le voyage à Londres que firent les deux artistes a amené entre eux de curieuses identités de sujets et de facture. Peut-être Lami est-il plus séduisant, plus *peintre ;* mais Monnier a plus d'imagination. Tandis que Monnier tire de son cru les *Gens sans façon,* les *Esquisses morales et philosophiques,* Lami s'inspire de très près dans les *Contretemps* (1824), d'une série anglaise connue. C'est d'ailleurs très gai, très drôle, d'une exécution très fine, et rien n'est plus joliment comique que l'embarras du jeune homme qui ne sait pas prendre congé de la société. Ajoutons qu'au point de vue des mœurs, de l'ameublement, on trouve peut-être des détails plus nombreux et plus précis que dans Monnier. Lami est plus aristocratique. Comme Monnier et lui se suivent de près il fait aussi sa demi-douzaine de *Quartiers de Paris ;* mais lui, il les fait en voiture ! « Dis-moi ce qui te traîne et je te dirai qui tu es », pourrait être l'épigraphe. Enfin il faut citer dans l'œuvre humoristique d'Eugène Lami, pour n'être pas trop incomplet : *La Vie de château,* qui contient des scènes absolument délicieuses, telles *les Causeries du soir,* et certains croquis des journées de 1830, où l'artiste apporte sa même minutie élégante et précise, mais où il ne nous fait respirer que le minimum de salpêtre.

Nous serions embarrassés pour passer (en supposant que les transitions soient nécessaires) de ces jolies comédies, dessinées à pointe d'aiguille, à l'ampleur si étoffée, si épique, de Joseph Prudhomme, de Jean Hiroux et des autres personnages les plus célèbres des *Scènes populaires,* si nous n'avions pas une transition toute naturelle dans les magistrales aquarelles que Monnier a étalées d'un pinceau si large, à la plus grande gloire de ses héros bourgeois. Ces morceaux sont d'une solidité et d'une vigueur extraordinaire ; par la splendide vulgarité des types, l'épaisseur affirmative du coloris, on dirait du Courbet en chambre. Les *Diseurs de rien,* les *Héritiers avant*

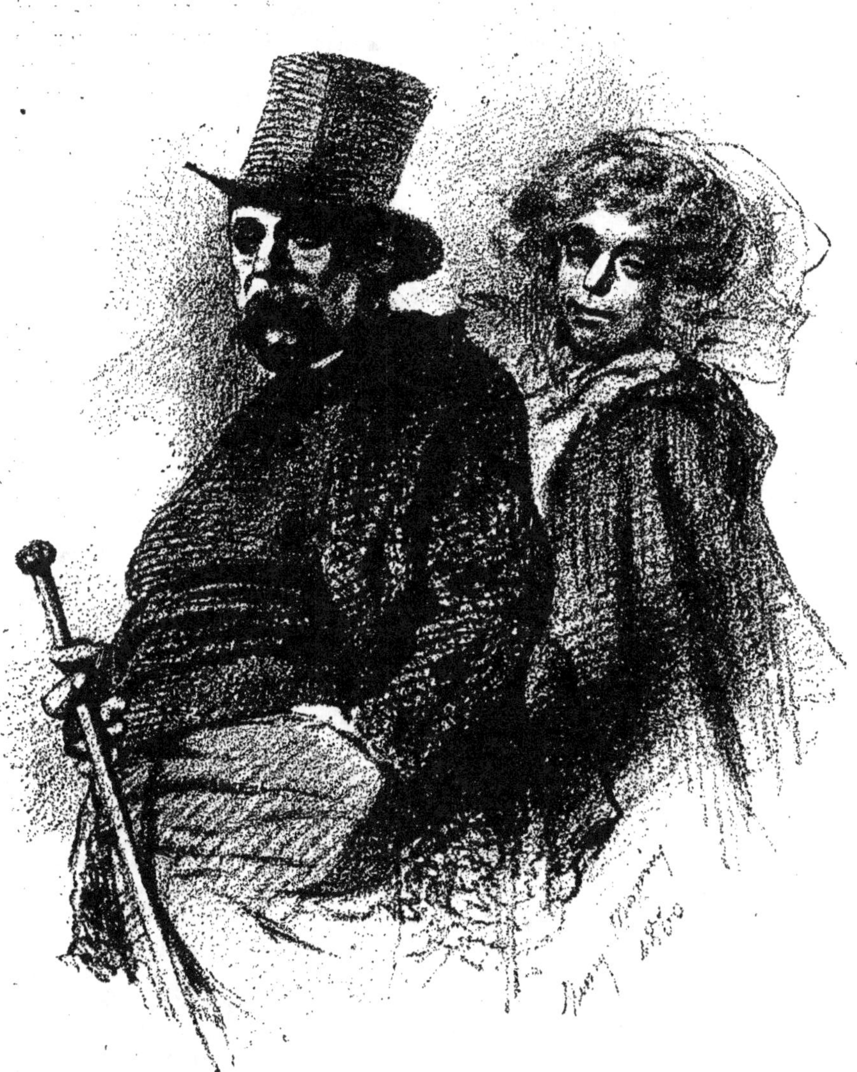

HENRY MONNIER. — L'ESTIME DE CERTAINES GENS VAUT MOINS
QU'UNE CONDAMNATION EN COUR D'ASSISES.

la lecture du testament, les familles Prudhomme de divers formats sont d'un peintre et d'un observateur accompli. Ils sont là, ces lourds et honnêtes personnages, assis, attendant rien du tout avec une anxiété qui les rend plus solennels encore ; ils ont posé leur chapeau à terre, tournant leurs pouces, émettant de temps à autre, « pour ne pas laisser tomber la conversation », quelque aphorisme profond et saugrenu sur le temps qu'il fait, la politique comprise d'une façon spéciale, « la démocratie qui coule à pleins bords », le « char de l'État » qui « navigue sur un volcan » ; se donnant, pour passer le temps, des nouvelles réciproques de leur santé, le degré d'aisance de leurs digestions, cela en termes choisis, car on sait ce qu'on doit à la société ; enfin « se disant leurs caractères ».

Cette fois, le dessin s'est transformé : il est devenu large, solidement charpenté. La composition a quelque chose de sobre et de morne qui convient à merveille à la lourdeur des sujets. Lourds, mais d'une bouffonnerie grave ; pesants, mais avec une fantaisie presque affolée. On sent que c'est pour rire ; et pourtant, on examine avec stupeur des gens qui peuvent être aussi pyramidalement sots.

Ah ! cet admirable type de Joseph Prudhomme, il ne lui manque, pour être la plus belle caricature de ce que Balzac a appelé la *Médiocratie,* que de sentir un tout petit peu moins l'arrangement et la pose ; il est un peu trop théâtral, pas assez vivant et naturel. Il se connaît trop et calcule trop ses effets. Comme nous le verrons tout à l'heure, c'est dans les bons bourgeois de Daumier que l'on trouve la physiologie la plus complète et la plus observée, car Daumier, sans parti pris, les a étudiés sur toutes les faces. Monnier s'est attaché à un seul côté, mais il en a tiré le maximum de l'effet littéraire. En réalité, il faudrait que le dessinateur prodigieux qu'est Daumier fût doublé du merveilleux enregistreur de dialogues qu'est Monnier. Sans aucun doute les bourgeois de Daumier, s'ils parlaient, laisseraient échapper des théories aussi pharamineuses que M. Joseph Prudhomme ; mais dans les multiples occupations où ils sont représentés, on sent des gens qui sont chez eux, et qui ne se doutent pas qu'on les regarde. Monsieur Prudhomme, au contraire, est continuellement sur les planches, tandis qu'ils sont dans la vie.

Qu'il n'y ait guère de conception plus curieusement voulue que celle de ce caractère, de portrait plus furieusement grave, de composition plus magistralement bouffonne dans l'art caricatural de tous les temps, c'est ce que l'on ne saurait contester. Monsieur Prudhomme fait pendant à Monsieur Jourdain. Il est immortel comme le Bourgeois Gentilhomme, ce professeur de calligraphie, depuis la boucle de ses souliers jusqu'à son faux col évasé, à ses lunettes d'or et à son genou majestueux ; le sabre qui est « *le plus beau jour de sa vie* » ; sa politique, qui se résume dans cet aphorisme : « *Si Bonaparte était resté lieutenant d'artillerie, il serait encore sur le trône* » ; sa philosophie qui se condense dans cet autre, non moins triomphant : « *Otez l'homme de la société, et vous l'isolez.* »

Maintenant, on va nous demander quel était ce défaut si inattendu que nous avons annoncé tout à l'heure, dans un artiste si exceptionnel... Oh ! c'est un défaut

H. DAUMIER

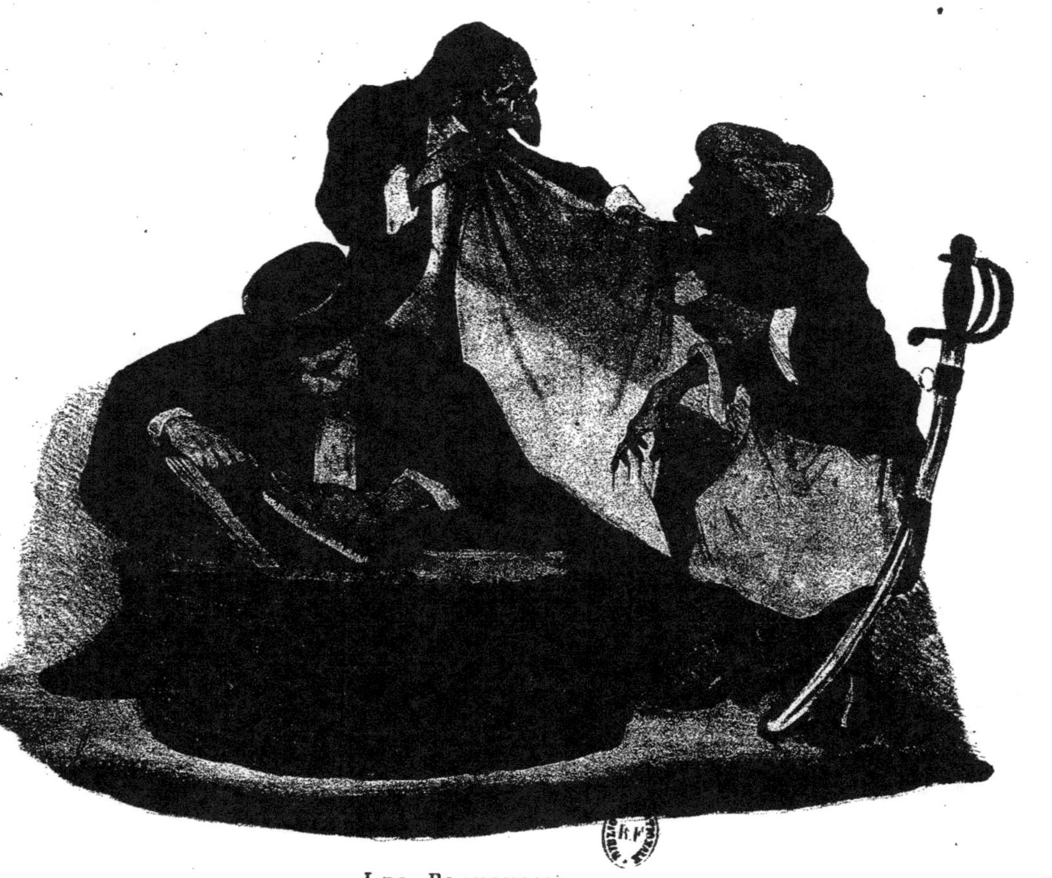

LES BLANCHISSEURS.

Le bleu s'en va, mais ce diable de rouge tient comme du sang.

tout inhérent à la personne de Monnier, et non pas à son talent. Ceux de ses contemporains survivants qui l'ont approché ne parlent de lui, encore aujourd'hui, qu'en ces termes peu révérencieux : « Cette vieille ganache de Monnier. » La préoccupation de la vérité nous oblige à enregistrer l'expression, malgré le respect. Monnier avait, en effet, si longtemps médité et joué son Joseph Prudhomme qu'il finissait par le vivre pour son compte. Son modèle s'était incrusté en lui ; le créateur était devenu l'esclave et le Sosie de la création. Ce n'était plus Monnier qui parlait et vivait dans les dernières années, c'était Prudhomme lui-même : voix, costume, langage.

Et devant cet extraordinaire phénomène de caricature, on se demandait si Monnier, endiablé mystificateur dans sa jeunesse, n'était pas à son tour victime d'une mystification du sort : la revanche de Monsieur Prudhomme !

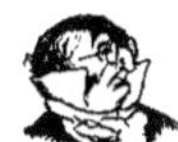

XXVI

HONORÉ DAUMIER.

A travers trois siècles, Daumier donne la main au vieux Brueghel. Ce sont les
deux colosses de la caricature ; l'un en est le Rabelais, l'autre le Molière. Pareil
épanouissement, pareille profondeur ; la vie, chez eux, coule aussi puissante, aussi
plantureuse ; la force comique est aussi entraînante ; l'effort, on le cherche ; la nature,
on la sent qui vous inonde ; on en est enivré. Une observation énorme qui cache
autant de finesse ; une cocasserie inimaginable qui sert d'enveloppe à autant de
bonté. Hogarth est féroce ; Rowlandson est maniéré ; Brueghel et Daumier sont
bons et naturels, jusqu'à l'extrême. Ils éclatent de rire et forcent à pouffer, mais
ce rire est bienveillant chez eux, réconfortant chez leurs spectateurs. Ce qui les
attire avant tout, c'est la vie, la vie débordante, la vie luxuriante ; ils ont trop
de sensations pour s'arrêter à quelque détail ; mais leurs géniales simplifications
donnent l'impression de tous les détails sans même les mentionner. Que dire ?
Ce sont des hommes qui ont pétri de la chair humaine pour en élever leurs monuments burlesques à l'humanité. Ils ont des compassions, bien qu'ils connaissent
toutes les bassesses ; ils consolent à leur façon : non qu'ils montrent la vie en beau
— on ne peut leur faire ce reproche, grand Dieu ! — mais toutes les fois qu'ils
peuvent, ils font prendre les devants au rire. L'homme est pour eux un éternel
marmot, trébuchant à chaque pas, et auquel il faut raconter une histoire drôle avant
qu'il pleure de la bosse qu'il vient de se faire au front. De là leur double aspect
pour les esprits attentifs : ils font rire ceux qui passent, et penser ceux qui s'arrêtent.
Au fond de leur œuvre, on ne trouve de haine que pour la sottise et l'égoïsme.
Brueghel, toutefois, n'a pas la dent si dure ; la satire est chez lui beaucoup plus vague
et plus fantasmagorique. Daumier, lancé en pleine jeunesse dans les luttes ardentes,
poussé en vedette sur la barricade, a été toute sa vie un insurgé, tandis que Brueghel
a eu le bonheur de pouvoir observer de plus haut. Quoi qu'il en soit, il faut les

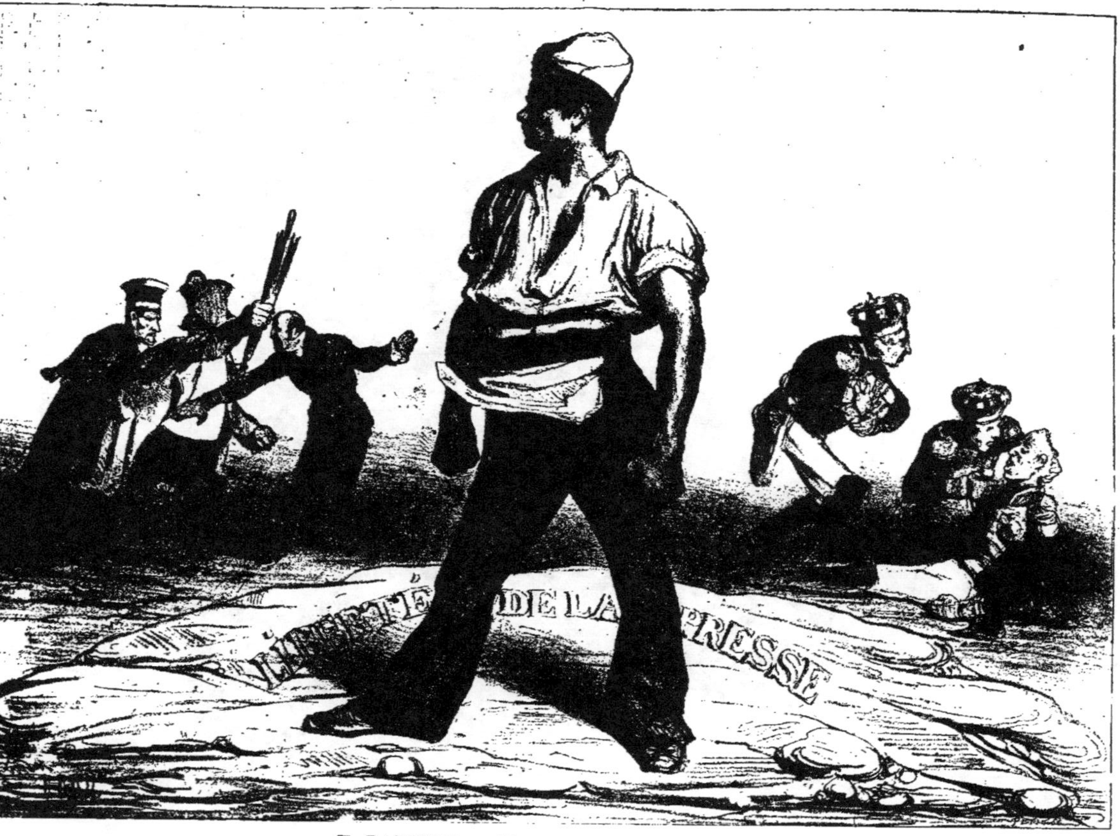

H. DAUMIER. — NE VOUS Y FROTTEZ PAS!!

placer sur le même rang, et personne, maintenant, ne trouvera l'assimilation trop ambitieuse.

Daumier n'a plus besoin d'être défendu. Le jugement public (celui qui est défi-

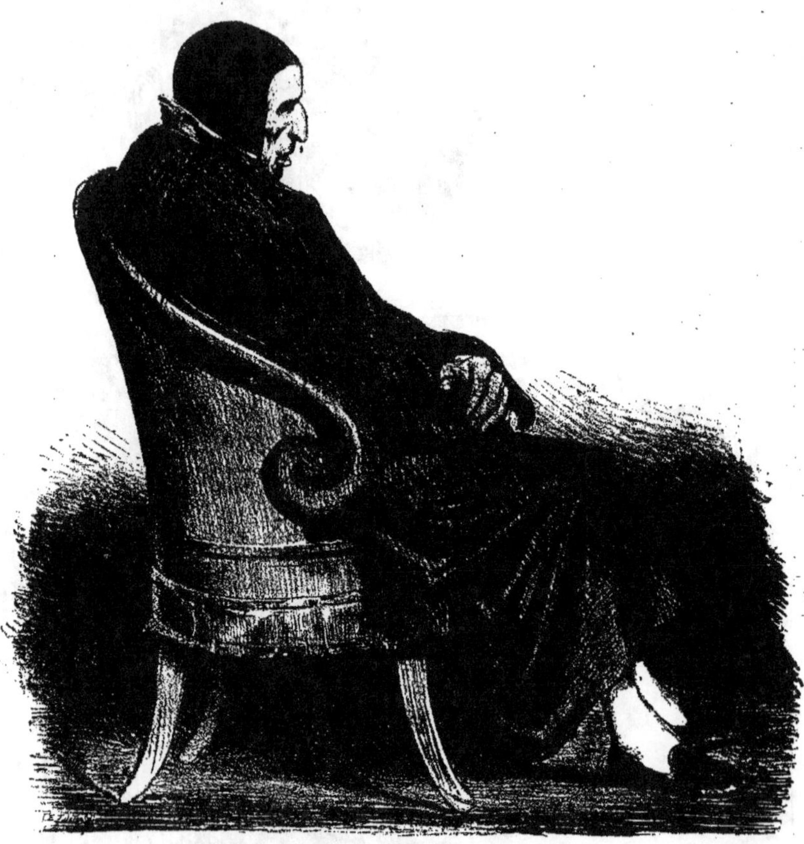

DAUMIER. — M. Barbé Marbois.

nitif, étant prononcé après la mort), a ratifié l'opinion de Baudelaire, qui appelait ce peintre de mœurs : « Un des hommes les plus importants, je ne dirai pas seulement de la caricature, mais encore de l'art moderne. » Il est en effet un des plus importants, parce qu'il a été un des plus sincères. Nous n'avons pas la place nécessaire pour refaire ici une étude développée de sa vie et de son œuvre ; ce que nous indique-

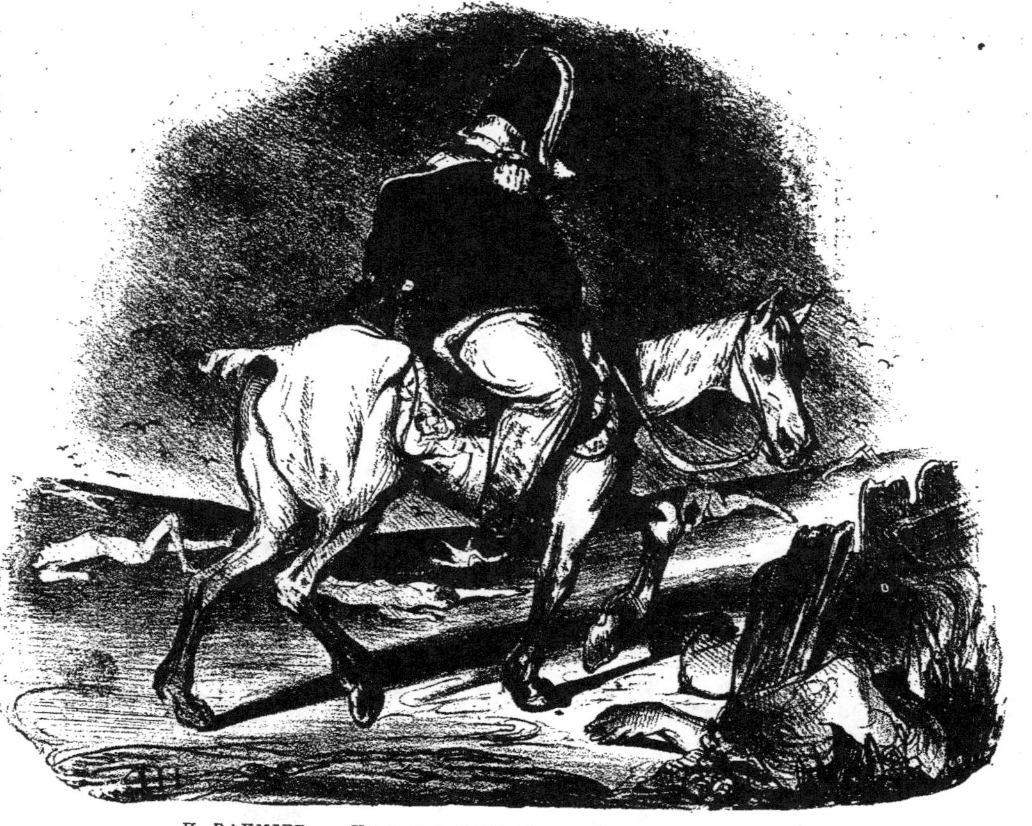

H. DAUMIER. — VOYAGE A TRAVERS LES POPULATIONS EMPRESSÉES.

rons c'est la manière dont cette féconde sincérité s'est manifestée : dans la passion et dans l'observation, dans la satire et dans la comédie.

La satire d'abord, puisque c'est l'indignation qui a fait de Daumier un artiste.

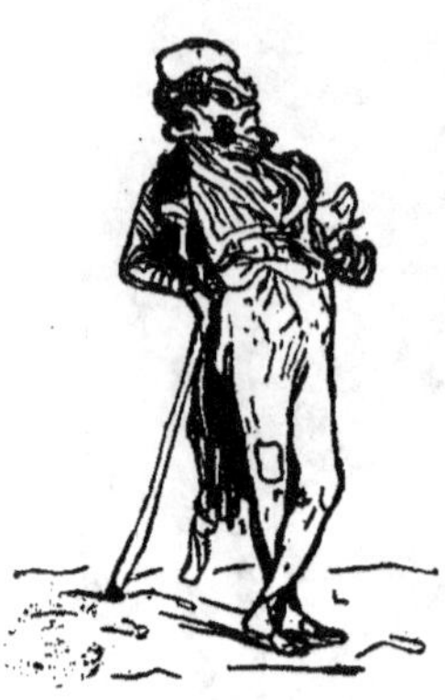

Robert Macaire.

Né en 1808, Daumier devait, au moment où la révolution de Juillet se prépara, arriver juste dans l'âge des enthousiasmes, des emballements. Il apportait dans la lutte un tempérament de méridional et une gouaillerie de Parisien naturalisé. Philipon est prompt à le découvrir, à le deviner d'après quelques médiocres lithographies de début, à lui mettre le crayon à la main, à lui souffler des idées. Daumier est un de ces hommes qui, une fois lancés, le sont pour jusqu'à la fin de leur vie. C'est le fondateur de la *Caricature* qui lui donna cette première impulsion.

La *Caricature* avait procuré à Daumier ses premiers états de service, sa première blessure, ses premiers triomphes. C'est elle en même temps qui lui fournit, à l'état rudimentaire, les sujets qu'il devait, dans sa carrière d'artiste, retourner dans tous les sens.

Ses premiers démêlés avec la justice lui faisaient faire connaissance avec les gens de robe qu'il devait plus tard secouer de si drolatique et si profonde manière. Ses études de la cour bourgeoise de Louis-Philippe lui ouvraient des horizons sur les petits ménages pot-au-feu ; les trafics des ministres devaient fournir la monnaie des Robert Macaire ; enfin, sur le tard, Daumier, pour flétrir l'empire, n'avait qu'à refourbir les armes employées dans sa jeunesse.

Nous avons déjà parlé du *Gargantua,* qui valut six mois de prison à Daumier. Cette inoffensive et assez médiocre caricature a rendu à son auteur un service considérable. Sorti de Sainte-Pélagie, Daumier n'était plus le même homme. La planche si vigoureuse qui avait hâté son incarcération (MM. Gisquet, Soult et Persil ne pouvant enlever le rouge du drapeau tricolore) n'était que faible à côté des œuvres qui allaient se succéder. D'abord l'admirable série de portraits des membres du Parlement : MM. Arlé père, Podenas, Prunelle, et tant d'autres célébrités politiques qui ne vivront (peut-être) que grâce à lui, étaient peints par Daumier, ou plutôt sculptés par lui avec une extraordinaire vigueur. Puis c'étaient des compositions haineuses, cruelles : Louis-Philippe prenant le signalement des blessés dans les hôpitaux ;

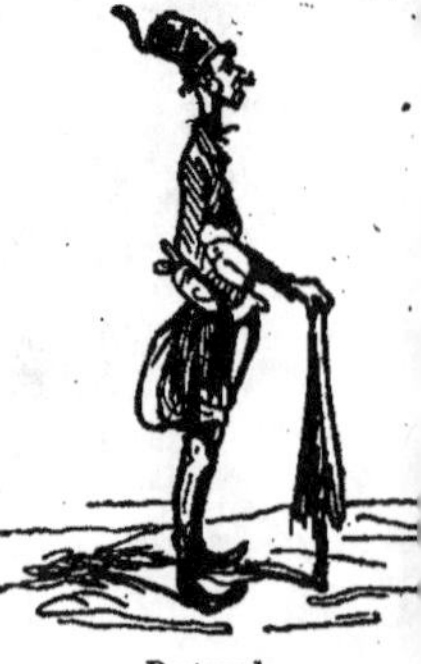

Bertrand.

le cortège de Lobau ; un mort mis en liberté ; les accusés politiques bâillonnés et invités par un président ironique à prendre la parole pour se défendre librement, etc., etc. Puis les portraits plus cinglants, plus haineux encore que ceux des membres du Parlement, des membres de la Chambres des pairs. Jamais la satire n'a été aussi forte avec aussi peu de moyens. Qu'étaient-ce, en effet? De simples portraits ; pas un accessoire qui pût ajouter un ridicule trop facile ; pas une légende cinglante ; rien autre chose que des hommes qui étaient saisis dans leur attitude la plus significative : celle qui pouvait inspirer au public le plus d'antipathie pour leurs personnes. Ainsi jadis avait procédé Hogarth avec John Wilkes. Mais ici, ce n'est pas un portrait isolé, crayonné dans un mouvement de colère, tandis qu'avec les portraits de Daumier c'est toute une galerie, pavachevée avec une patience acharnée, une hostilité qui ne désarme pas. Ils sont là tous, grimaçants, décrépits, prétentieux ou alourdis. Il a suffi

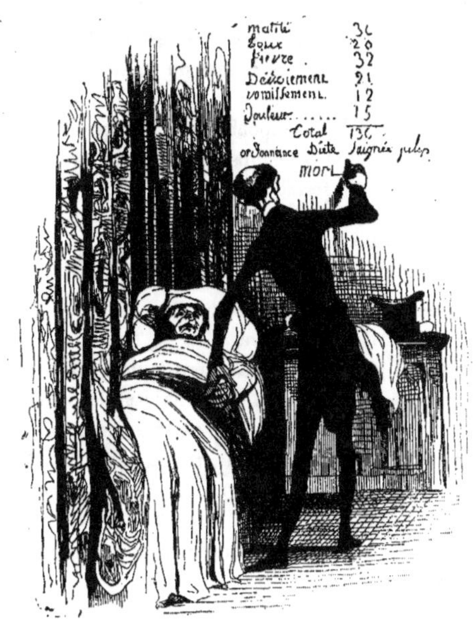

H. DAUMIER. — Némésis médicale.

à Daumier de les entrevoir quelquefois aux séances pour se rappeler tous leurs traits caractéristiques, et, une fois rentré chez lui, pétrir de souvenir de petits bustes en terre glaise d'après lesquels il crayonnera ses grasses lithographies. Ces portraits suffiraient à eux seuls pour constituer un magnifique recueil satirique. Daumier va plus loin, et il couronne cette première partie de sa carrière par les cinq grandes planches de *l'Association mensuelle lithographique,* dont quatre : *la Liberté de la Presse, le Ventre législatif, Enfoncé Lafayette* et *la Rue Transnonain,* sont des œuvres d'art uniques en même

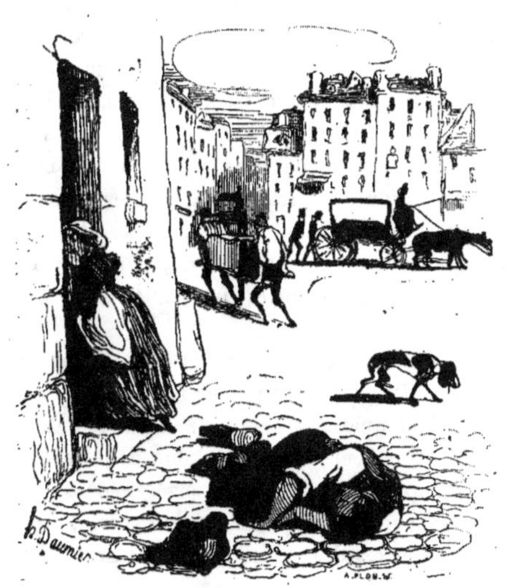

H. DAUMIER. — Pendant le choléra.

temps que les plus vigoureuses satires politiques qu'on ait jamais réalisées.

La *Liberté de la Presse* ou « Ne vous y frottez pas ! » représentait un robuste *typo* crispant les poings et se mettant dans une position de garde menaçante pour ceux qui voudraient toucher à cette libre discussion : Charles X en avait eu les dents cassées, d'un de ces coups de poing vigoureux, et si Louis-Philippe s'avisait de faire le méchant, il serait servi de la même façon. Daumier les montrait au loin, l'un tout navré, l'autre impatient. Le principal personnage était d'un fier dessin, robuste, musclé, et c'était à propos de telles figures que Balzac s'écriait sans doute, en parlant de Daumier à ses collaborateurs de la *Caricature :* « Ce gaillard-là, mes enfants, a du Michel-Ange sous la peau ! »

Daumier, reprenant tous les membres du Parlement qu'il avait portraiturés à part, les réunit dans la magnifique synthèse du *Ventre législatif.* Les « Ventri-goulus », chacun à sa place habituelle, conversaient, prenaient des airs profonds, faisaient des plaisanteries, s'enfonçaient dans un lourd sommeil. C'est, comme on l'a dit, toute l'histoire du règne de Louis-Philippe et de la bourgeoisie de cette époque qui revit en lithographie. Quant à vanter l'ampleur du dessin, la richesse du clair-obscur, la vigueur du modelé, c'est besogne superflue, car la pièce est aujourd'hui tellement classique qu'on ne saurait en parler sans tomber dans des redites.

La planche *Enfoncé, Lafayette !* qui représente Louis-Philippe en croque-mort, pleurant, au convoi de l'illustre général, des larmes de crocodile, est célèbre à juste titre, et elle peut être placée à côté de la *Liberté de la Presse.* Mais le *Ventre législatif,* dans le genre comique, dans le genre dramatique, la *Rue Transnonain,* demeurent les chefs-d'œuvre de la satire dans Daumier et dans tout l'art satirique. La *Rue Transnonain* est, de toutes ces vengeances au crayon, la plus douloureuse et la plus âpre. Ces gens massacrés dans une pauvre chambre, ces corps raidis, tout ce silence lugubre qui succède à une fusillade affolée, tout cela est rendu en traits si forts, d'un crayon à la fois si ému et si indigné qu'on ne peut, même à distance, ne pas se sentir violemment envahi par l'émotion de l'artiste. Car ce n'est pas la simple mention d'un événement pénible : c'est la lugubre, la poignante satire de la guerre civile en tous les temps, la caricature — du moins ce que l'on pouvait en distiller de plus farouche et de plus amer — des luttes fratricides entre les hommes.

En 1835, la *Caricature* s'arrêta. Daumier se consacra alors tout entier au *Charivari,* que fondait l'infatigable Philipon. Si, dans le premier recueil, Daumier s'était révélé, dans le second il allait, pendant quarante ans, noircir les centaines de feuillets de sa comédie humaine. Énumérer cela en un petit nombre de pages est chose impossible, et d'ailleurs inutile. Le mieux est d'indiquer la portée générale de l'œuvre, après en avoir donné une vue générale en quelques lignes. Cette sorte de raccourci de l'œuvre de Daumier, nous la trouvons excellemment tracée par notre cher confrère M. Gustave Geffroy.

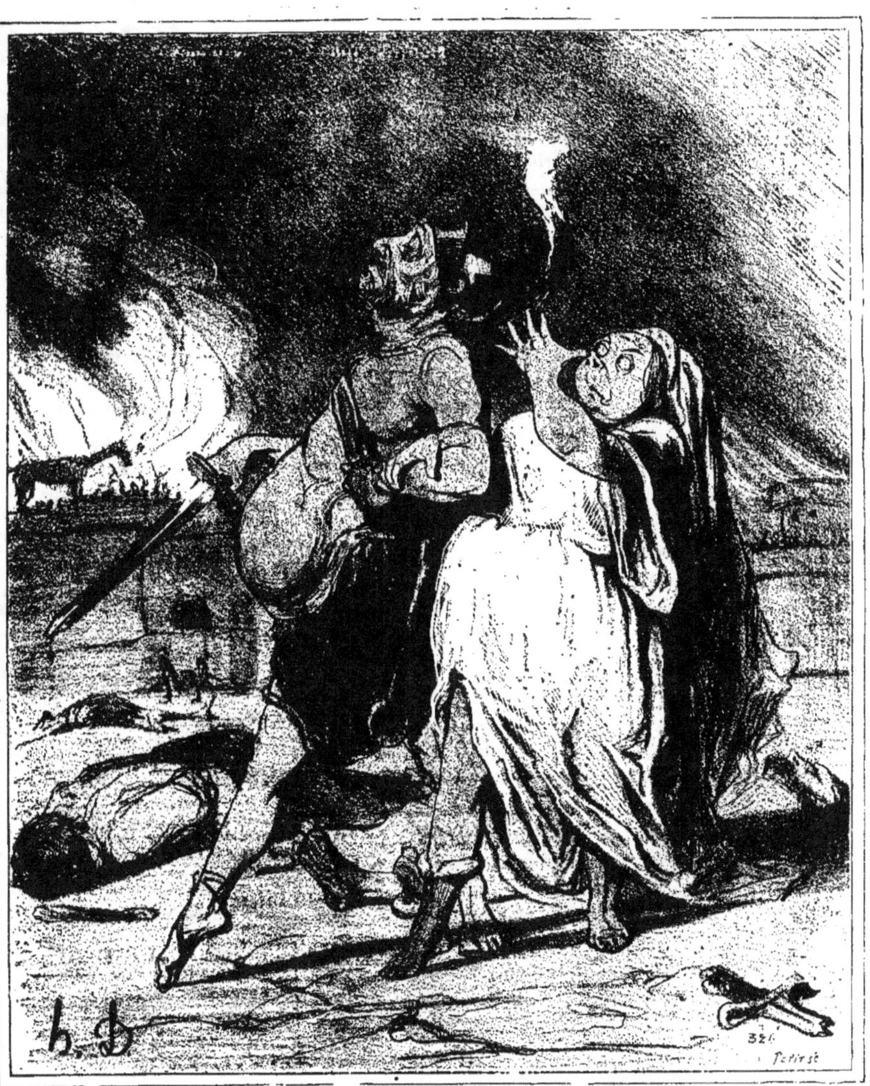

H. DAUMIER. — Ménélas vainqueur.

Sur les remparts fumants de la superbe Troie,
Ménélas, fils des Dieux, comme une riche proie,
Ravit sa blonde Hélène et l'emmène à sa cour
Plus belle que jamais de pudeur et d'amour.

« L'œuvre d'observation, dit M. Geffroy, que Daumier mena à bien et pour laquelle il semble être né, avec son nez à l'évent, son regard et sa bouche de fin juge d'instruction, abonde également en renseignements de moralité et de mentalité. Le méridional venu jeune à Paris connaît admirablement la grande ville et il l'a représentée en d'étonnants paysages faits de quelques traits et de quelques œuvres : nul n'a mieux que lui donné la physionomie des ponts et des maisons, des quais, des rues sous la pluie, des maigres campagnes de la banlieue. L'irrespectueux a raillé la Réclame dans la série des Robert Macaire, la mise en scène et l'injustice de la Justice dans les Gens de robe de toutes catégories ; la tradition, le professorat, l'idéal devenu convention, dans son *Histoire ancienne,* où les faiseurs d'opérettes ont trouvé le meilleur de leur inspiration. Il est revenu, chaque fois qu'il l'a pu, à la satire politique, avec des vues extraordinairement prophétiques sur le cours des événements européens, et de sinistres trouvailles impérissables, comme le *Rêve de l'inventeur du fusil à aiguille.* Enfin, il a achevé d'écrire l'histoire de son esprit en mettant son talent en contact avec la vie de tous les jours, en racontant l'existence extérieure et les préférences intimes de ses contemporains. L'énumération seule des séries serait de bonne longueur, des scènes de boutique et de chambre à coucher aux scènes de la rue, des bains froids aux théâtres et aux soirées à musique, de l'Hôtel des Ventes aux chemins de fer et aux villégiatures. »

On ne saurait mieux synthétiser cette œuvre aussi vaste, mentionner les coups de sifflet les plus déchirants du satirique et les scènes les plus amusantes de l'humoriste. Les *Robert Macaire* furent une des satires les plus considérables en importance, sinon en valeur artistique. Nous avons eu l'occasion de nous expliquer ailleurs sur cette série, aujourd'hui un peu vieillie. Robert Macaire n'est pas si facilement abattu. Aujourd'hui, il a pris des déguisements nouveaux ; il s'est bronzé, et l'épigramme ne l'entame pas si facilement. Il a en main la grande force, l'argent, et on le salue humblement, ou la grande adresse de faire croire qu'il a de l'argent, et on le salue plus bas encore. Quant aux gravures ou aux coups de plume, il s'en moque, cela lui fait de la réclame.

Non, dans la note indignée, pour trouver un pendant aux grandes caricatures de 1834, il faut aller jusqu'en 1851, époque où Daumier trouva d'admirables accents pour flétrir les *Ratapoil* et les « Décembraillards » ; ou bien encore en 1870-71, où les douleurs patriotiques mirent aux mains de Daumier vieilli un crayon plus incisif et plus brûlant que jamais. Tableaux de carnage, ruines fumantes, visions sombres d'une patrie égorgée, cela n'a dans l'art moderne que deux équivalents : Victor Hugo dans les *Châtiments,* Goya dans les *Misères de la Guerre.*

Il n'y a pas grand'chose à dire de la vie de Daumier ; c'est un bon bourgeois tranquille et laborieux qu'une vie peu clémente et le joug de la production au jour le jour empêchent de réaliser son rêve d'artiste aussi complet qu'il l'aurait voulu. Mais quelles images durables il a multipliées de cette existence paisible, médiocre, qui est celle de la majorité d'entre nous ! Ces bourgeois inoffensifs, affaissés par des occupations

H. DAUMIER. — Dernier conseil des ex-Ministres (1848).

monotones, comme des bœufs usés au labour, avec leurs faces rondes, leurs yeux douce-
cement étonnés, leurs corps bouffis ou amaigris, leurs passions peu orageuses, leurs
nerfs peu affinés, leur esprit peu pénétrant, hélas ! ces bipèdes passifs, c'est notre
voisin, dont nous rions, et c'est nous-mêmes dont notre voisin s'amuse. Ils ont leurs
tics, suivant les époques : du temps de Daumier, ils furent graves, corrects, un peu
hébétés. A présent, ils sont un peu dévoyés, affectent des airs plus casseurs ou des
dispositions d'esprit plus inquiètes. Daumier se serait amusé de nos prétendues
névroses, et aurait mis de la malice à les opposer au perpétuel terre à terre de notre
existence. Le fond aurait été le même, car ce qui assure la durée à cette œuvre, c'est
que dans l'homme d'une époque, elle montre des passions immuables, et il faut bien le
dire à notre confusion : si hautes que soient nos ambitions, si ardents que soient nos
désirs, si recherchés que soient nos rêves, nous ne réussissons jamais à nous élever bien
loin de terre. Nous voyageons perpétuellement en ballon captif, sans le moindre espoir
que jamais la corde se casse. Daumier a donc vu la vérité, et c'est pour cela que les
protestations de l'amour-propre sont impuissantes contre son œuvre. On nous dit
qu'il a représenté l'humanité en laid. Allons donc ! prenez un miroir, mon frère.

On nous dit qu'il a été cruel dans ses peintures de la vie bourgeoise. Cruel, à
quoi bon ? C'est-à-dire qu'il a enregistré avec bienveillance des choses cruelles : notre
faiblesse, notre hypocrisie, notre niaiserie. Nous persistons à dire que Daumier était
bon et que son œuvre est toute trempée de bonté. Daumier, en un mot, n'est pas un
misanthrope. Il ne voit pas dans ses semblables

Des singes malfaisants et des loups pleins de rage,

mais des êtres naturellement cocasses, dont il s'agit de photographier la cocasserie à
son moment le plus intense. Il n'a jamais, dans ses études de mœurs, été cruel à proprement parler que pour la femme, et encore une certaine catégorie de femmes : les
Bas-bleus, celles qui, ayant oublié d'être belles, oublient aussi, et avec rage, d'être
femmes et mères. Quant aux autres, les gracieuses, les tendres, les charmantes, son
crayon, fait pour les larges effets, a eu la modestie d'en laisser la peinture à de plus
délicats. Les femmes, dans Daumier, sont pour la plupart de bonnes grosses mamans,
très affairées, de bonne santé et de bonne humeur, conduisant leur maisonnée à la
baguette, prenant au besoin la place de leur homme, et toute leur politique est renouvelée de cette allégorie que nous avons vu retracer si naïvement par les malins artistes
du moyen âge : la lutte pour le haut-de-chausses. Il a bien été aussi quelque peu
impitoyable pour les exagérations de la mode, et notamment pour la crinoline, la
plus monstrueuse erreur féminine de tous les temps. Mais ce sont là des méchancetés
dont on a le droit d'être reconnaissant.

N'est-ce pas aussi une bonne œuvre que Daumier a faite, en harcelant les *Gens
de Justice,* les chats-fourrés de toutes sortes, les chicaniers qui nous ruinent, les
avocats prolixes et perfides, les magistrats somnolents, les toques creuses et les robes

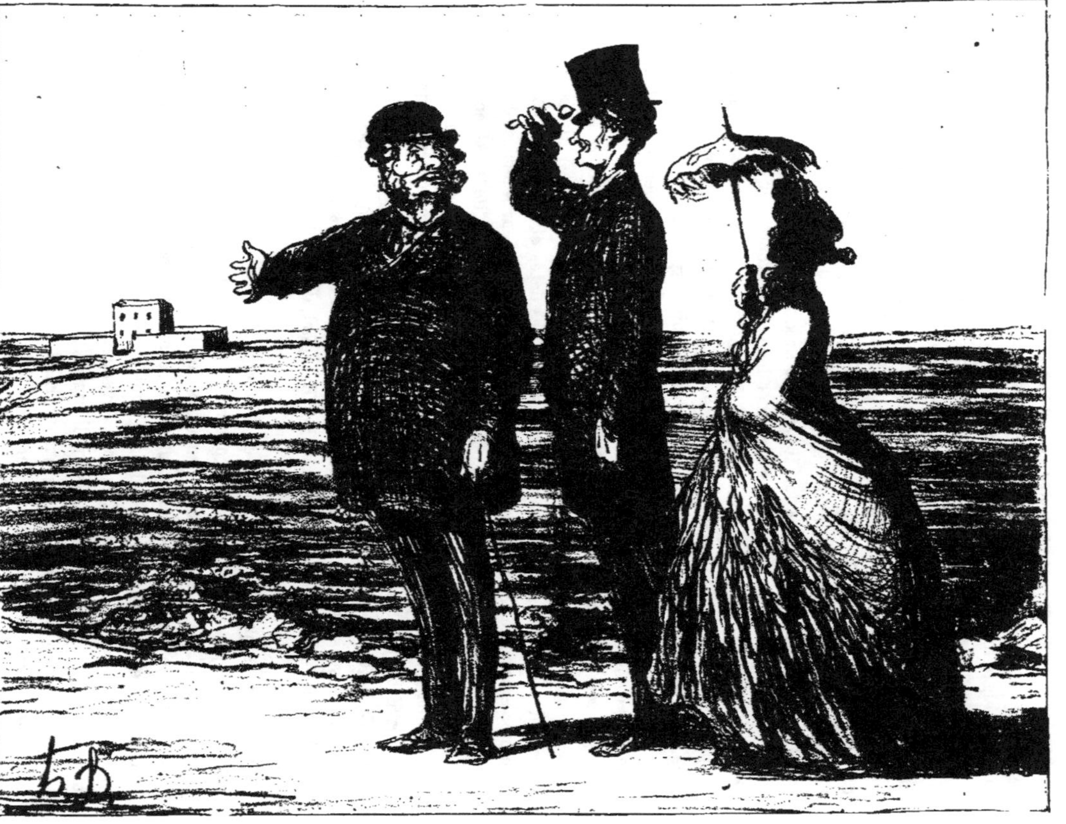

H. DAUMIER. — LA VOILA!... MA MAISON DE CAMPAGNE!...

gonflées de vent? Certes, il s'est ici montré féroce. Toutefois, si vous avez jamais un procès, vous ne trouverez peut-être pas qu'il a été au delà de la vérité. N'est-ce pas avoir du temps de reste, que de vouloir restreindre la verve railleuse de Daumier, quand, malgré les efforts de Rabelais, de Racine et de Beaumarchais, Raminagrobis, Perrin-Dandin et Brid'oison sont plus vivants que jamais?

Parlerons-nous maintenant de Daumier comme dessinateur et comme coloriste, alors que le moindre des croquis reproduits ici suffit à édifier sur la vérité du caractère, sur la justesse étonnante du geste? D'un bout à l'autre c'est une extraordinaire pantomime, car Daumier ne s'est jamais préoccupé d'inscrire une légende au bas de ses dessins. D'autres se chargeaient de ce soin pour la commodité des intelligences paresseuses, mais lui, il estimait avec forte raison qu'une peinture de mœurs réussie peut donner par les lignes et les valeurs toute son explication, tout son enseignement. De fait, il n'y a pas une obscurité dans les cinq ou six mille lithographies dont se compose son œuvre. Du premier coup d'œil jaillit la joyeuse surprise, et le meilleur commentaire, c'est encore celui que fait le spectateur.

Daumier a été aussi un peintre et un aquarelliste de premier ordre, dont les amateurs commencent à se disputer les trop rares morceaux. Nous ne saurions trop dire, dût cela sortir de notre étude, que Daumier a exercé comme peintre une grande influence sur Millet, et que le maître des paysans est pour ainsi dire sorti du peintre des bourgeois. Cela peut se prouver par des dates et des faits. Là encore, Daumier a apporté, en les accentuant par tout ce que la couleur a de chaudes séductions, ses magnifiques qualités d'observation, de drame et de mise en scène : tribunaux, baraques de saltimbanques, gares de chemins de fer, coins de rues grouillants ou parfois visions plus sévères d'émigrants, évocations puissantes de quelques pages d'histoire, illustrations robustes de La Fontaine ou de Cervantès (les *Don Quichotte,* le *Meunier, son fils et l'âne; l'Ane et les voleurs;* le *Bon Samaritain,* etc.); toutes ces œuvres puissantes, dédaignées du vivant de l'artiste, seront un jour placées dans les musées de l'avenir, à la droite des Breughel, des Jordaens, des Steen et des Brauwer.

Mais dans quels musées? ceux de France? d'Amérique? de tout autre pays? On ne le sait pas encore. Il faut raconter une fois de plus ici ce qui a été découvert récemment par la presse. Des — mettons des flaireurs de bonnes affaires, — ont « acheté » à la veuve du peintre tout ce que contenait encore son atelier, c'est-à-dire peut-être une centaine de toiles et études, pour moins du dixième de leur valeur. Où cela est-il passé? Que sont devenues ces œuvres déménagées furtivement, par un marché arraché à la vieillesse, à la timidité, à la gêne même d'une pauvre femme? On l'ignore toujours; mais quand on le saura, à quoi cela servira-t-il? Ah! Robert Macaire, cette fois encore tu as bien montré que tu sais choisir ton heure et prendre ta revanche des satires!

Daumier a été un des plus grands caricaturistes et un des plus grands satiriques de tous les temps. Si nous récapitulons les sujets sur lesquels s'est exercée sa pré-

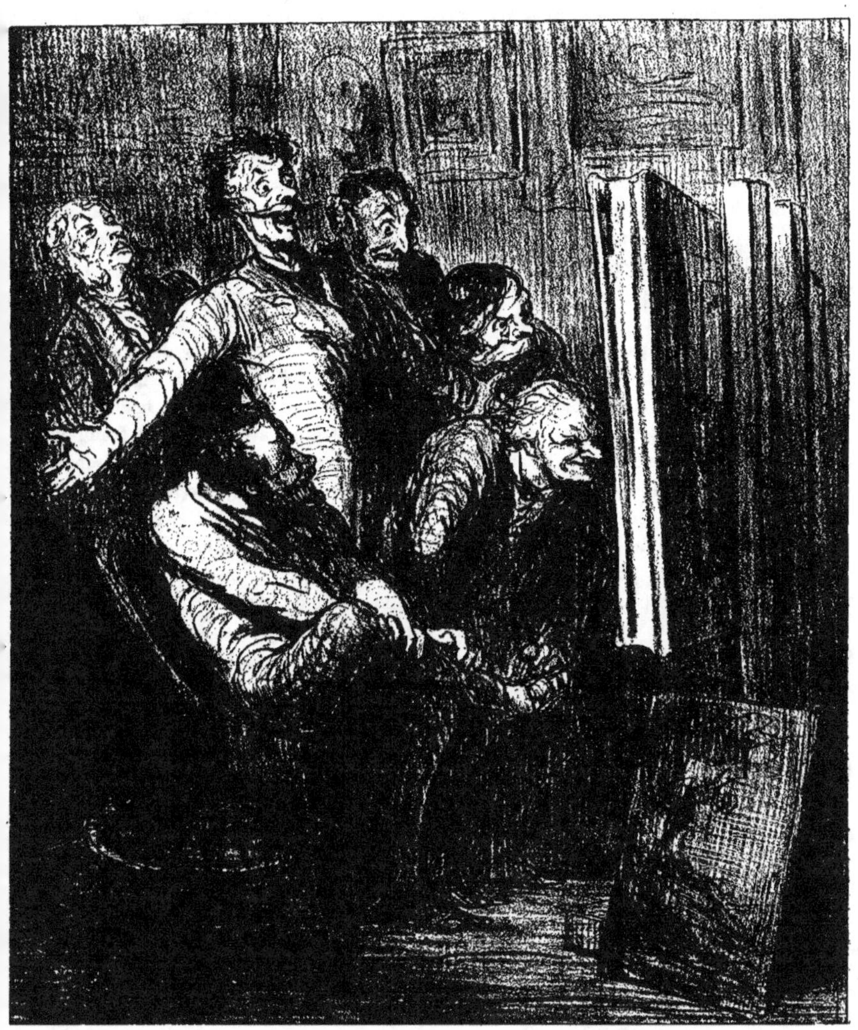

H. DAUMIER. — FICHTRE!... ÉPATANT!... SAPRISTI! SUPERBE! ÇA PARLE!...

tendue cruauté, nous verrons que ce sont les suivants : l'égoïsme accapareur et indifférent, avec la bourgeoisie de 1830; l'arbitraire et la répression violente en réponse à de légitimes revendications, avec les juges d'avril 1834 et les massacres de la rue Transnonain; la réclame effrontée, le puffisme et le vol organisé, avec les Robert Macaire; l'utopie et la monomanie philosophique, avec certaines caricatures de Bas-bleus et de discoureurs; les entraves apportées aux droits des hommes par des lois routinières et une magistrature encroûtée, avec les *Gens de Justice;* l'usurpation et la pression exercée sur la liberté d'un peuple, avec les Ratapoil et les caricatures contre le prince-président; les rapines et les horreurs des guerres avec les crayonnages enfumés et sanglants de 1867 et de 1870. Et alors, on a le droit de demander si cela est de la méchanceté, ou, dans ce cas, si la méchanceté n'est pas un devoir?

Si, d'autre part, nous tentions une liste sommaire des sujets de toute sorte que sa curiosité de peintre s'est amusée à retracer, nous verrions un ensemble non moins imposant et non moins riche. La vie bourgeoise avec toutes ses manies, tous ses gros soucis et ses petites passions; la vie artistique, avec toutes les traditions guindées des académies qu'il faut démolir; le mouvement au jour le jour, des modes, des toquades, de la politique intérieure et de la politique extérieure, des inventions, des lubies et des accidents. En un mot l'immense actualité, qui est la manifestation kaléidoscopique de la pensée et de l'activité humaine; toutes ces choses multiformes observées par un philosophe et rendues par un peintre, de façon à former les matériaux tout prêts pour une histoire de plus de la moitié de ce siècle.

Que dire en considérant cela d'un coup d'œil, sinon s'écrier avec Michelet, qui fut ami et admirateur de Daumier : « Plusieurs sont agréables, mais vous seul avez des reins ! »

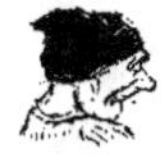

XXVII

CONSTANTIN GUYS.

Constantin Guys est mort cette année à la maison Dubois où il avait plus encore élu domicile que trouvé un refuge Ce fut un remarquable caractère et un grand talent. Il eut tellement le dédain de la notoriété et le mépris de la gloriole que son vœu altier fut réalisé et au delà : les longues dernières années de sa vie, il les a vécues complètement oubliées, et il est mort profondément inconnu.

Je me rappelle lui avoir rendu visite, il y a peut-être cinq ou six ans, dans la médiocre chambre d'hospice où la pensée de cet homme, qui avait été un voyageur intrépide et un artistique dandy plein de fringance, se suffisait et lui suffisait. Certains fiers esprits, qui vivent beaucoup en eux-mêmes après avoir beaucoup vécu dehors, s'accomodent fort bien du décor anonyme des humbles refuges : ils n'y sont point gênés pour continuer à loisir leur monologue. Tel le poète Paul Verlaine. Et je soupçonne que

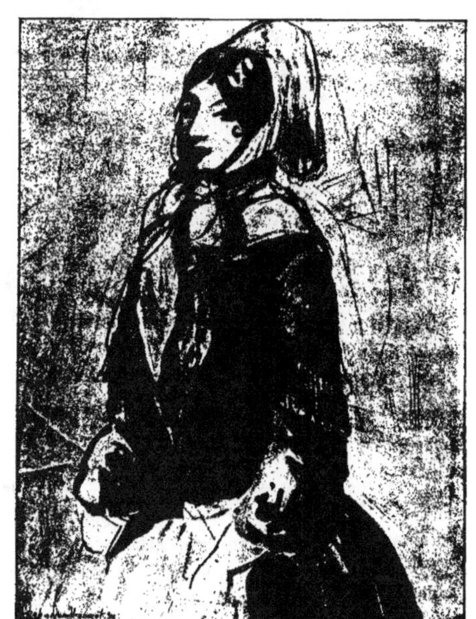

CONSTANTIN GUYS. — Étude de femme.

jadis les légendaires Gilbert et Malfilâtre furent moins à plaindre qu'on ne croit et qu'ils allèrent à l'hôpital par goût. C'est nous qui sommes à plaindre de ne les pas fastueusement entretenir, ceux qui font ou auraient pu faire notre joie.

Constantin Guys avait été, au moment où je l'allai ainsi voir, renversé et piétiné, dans le faubourg Saint-Denis, par les chevaux d'un haquet. Il était convalescent, car les restes de son étonnante vigueur avaient triomphé de ce choc. Il parla d'une voix forte, et qui semblait pourtant lointaine, de ses débuts dans le journalisme dessiné, de la gracieuseté avec laquelle on avait accueilli jadis, à Londres, des « barbouillages de lui qui n'avaient vraiment aucune valeur. »

Loin d'éprouver cette espèce de fierté enfantine que montrent parfois les vieux artistes et les vieux comédiens quand ils se laissent rappeler leurs succès d'antan, il traitait sa vie et son œuvre en choses parfaitement négligeables : il avait connu Géricault, Delacroix, Bonington et tenait absolument à garder sa distance, n'ayant point l'air de soupçonner, dans sa modestie ou plutôt dans une sorte d'attendrissante candeur, qu'il avait dans sa fièvre d'actualiste produit lui aussi, cependant, des choses significatives et d'un intérêt saisissant. On eût dit, en vérité, qu'il avait oublié tout ce que Baudelaire avait écrit sur lui. Il était comme installé dans l'oubli et il s'y trouvait bien.

Il faut se référer au très admirable opuscule, ou plutôt traité en règle de la modernité en art, sous le titre : *Le Peintre de la vie moderne*, recueilli dans le volume des œuvres de Baudelaire, l'*Art romantique,* pour comprendre et l'importance de l'œuvre de Guys et la beauté de sa personnelle nature.

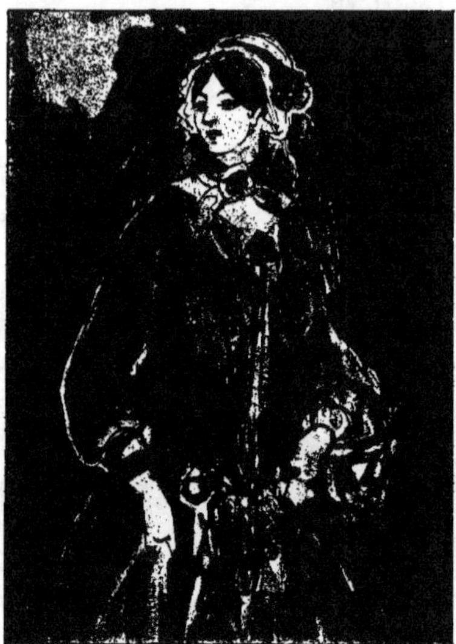

CONSTANTIN GUYS. — Étude de femme.

Déjà du temps où le grand poète et critique écrivait ces lignes-là, vers 1860, Guys était vieux, et déjà, il montrait ce dédain des feuilles volantes où il crayonnait les reports de son infatigable vision des choses, au point de ne les vouloir pas signer et de demander que son nom ne fût même pas prononcé dans une étude sur lui !

Ce serait presque un subterfuge que Constantin Guys figure ainsi dans une revue de l'*Art du rire,* car si le rire se trouve dans son œuvre, c'est qu'en réalité, il s'en est rencontré aussi sur son passage, parmi ses innombrables rencontres, et que, dessinant les amusements des foules ou ce qui sert à cet amusement, il devait forcément en refléter et en dégager l'humour.

Mais c'est aussi à un autre titre, et par stricte justice, que Guys *doit occuper un chapitre avant celui qui est consacré à Gavarni,* car il a la priorité sur le peintre des lorettes, ou plutôt, il pourra être aisément démontré par ceux qui feront de Guys

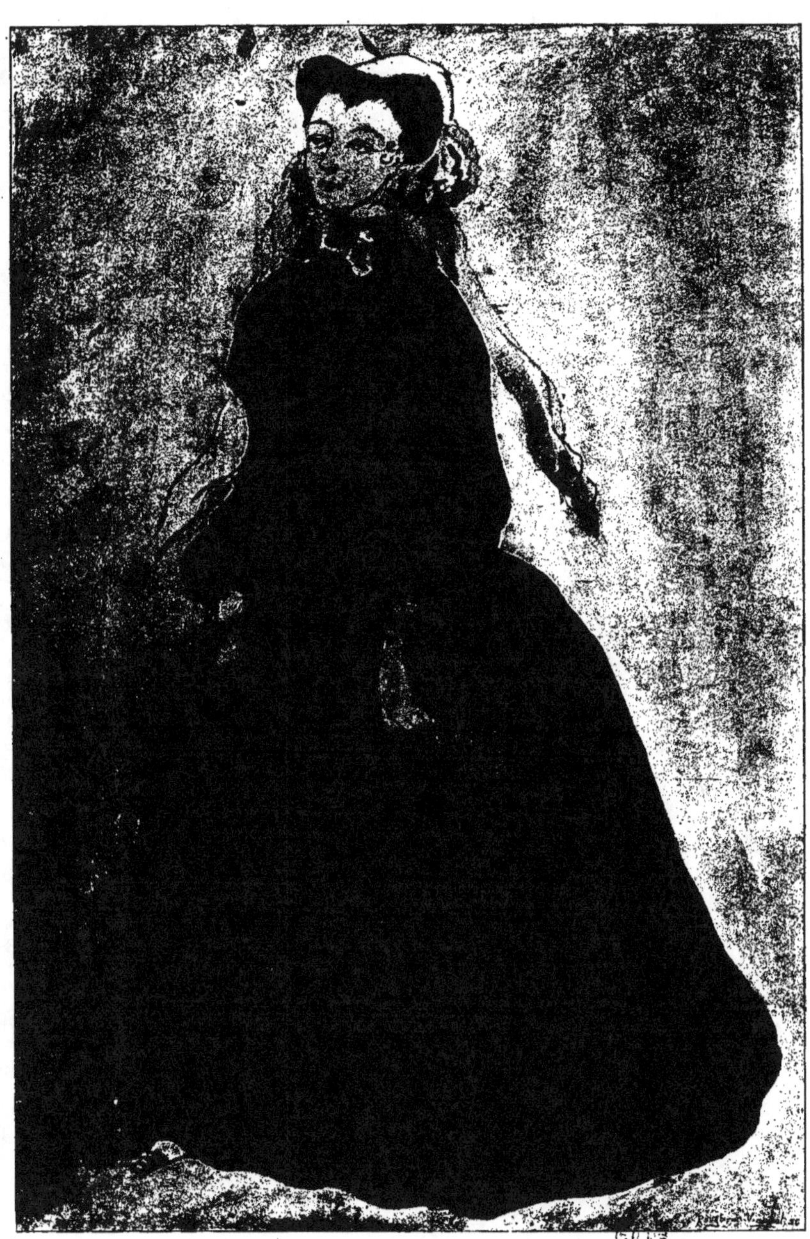

Étude de femme, par Constantin Guys.

une étude plus digne de lui que ces trop brèves notes, que sur Gavarni il a exercé une éclatante influence.

Les dessins reproduits ici (ils sont tirés de la collection de M. Roger Marx)

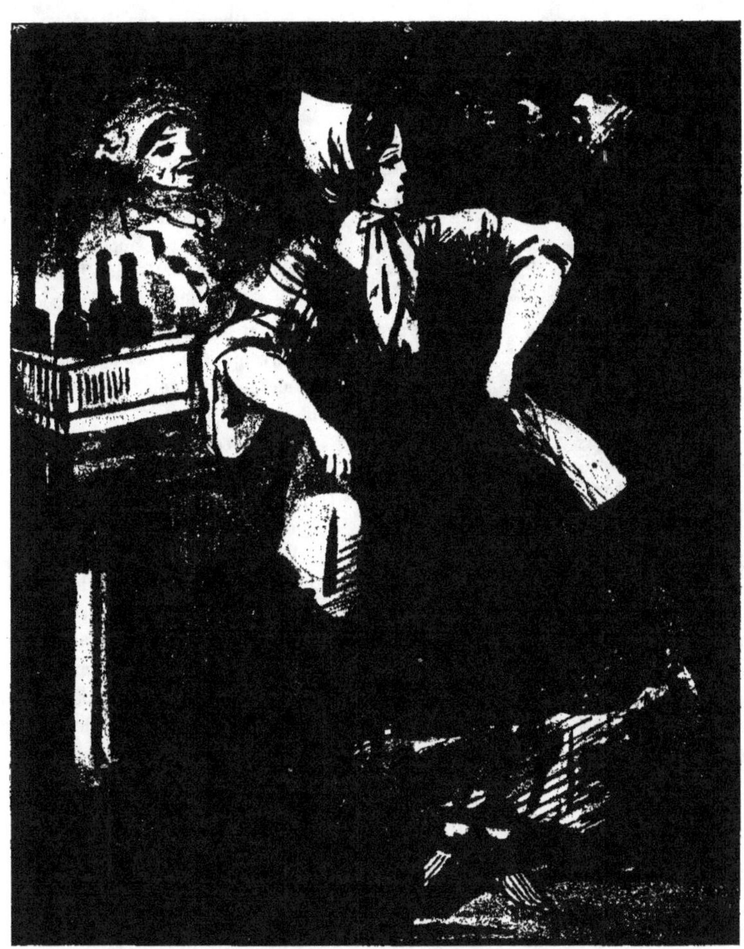

CONSTANTIN GUYS. — Au Cabaret.

ne montrent que des types de femmes. Mais l'œuvre de Guys est infiniment vaste, infiniment dispersée, et peut-être, hélas! infiniment détruite. Elle consiste, comme on le lira dans Baudelaire, en actualités de guerres, de rues et d'intérieurs. Ah!

lisez-le ce chapitre, où le poète a lutté de lignes et de couleur avec le dessinateur pour donner l'idée des femmes de bouges, « leurs attitudes désespérées d'ennui... : lourdes, mornes, stupides, extravagantes, avec des yeux vernis par l'eau-de-vie et des fronts bombés par l'entêtement... ; nymphes macabres et poupées vivantes dont l'œil enfantin laisse échapper une clarté sinistre ».

Ici l'on ne trouvera que des filles et des femmes d'une moins basse couche (sans écœurant jeu de mots), et surtout de celles, dit Baudelaire, qui dans les « Valentinos, les Casinos, les Prados (autrefois des Rivolis, des Idalies, des Folies, des Paphos...) vont, viennent passent et repassent, ouvrant un œil étonné, comme celui des animaux, ayant l'air de ne rien voir, mais examinant tout. »

Qu'il soit du moins signalé que dans les innombrables feuillets de Guys, (toujours anonymes, mais toujours signés mieux que d'une signature), que l'on voudra désormais recueillir, crayonnages rapides rehaussés d'aquarelle avec une joie tumultueuse d'ébauche, Guys a été

CONSTANTIN GUYS. — Étude de femme.

un des peintres les plus aigus de la bêtise — puisqu'il a été avant tout un des plus ardents et des plus variés peintres de la vie, — et qu'il a merveilleusement exprimé, comme le dit le poète et critique que nous voulons citer une dernière fois, en hommage, « le geste, l'attitude solennelle ou grotesque des êtres, et leur explosion lumineuse dans l'espace ».

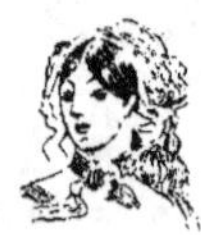

XXVIII

GAVARNI.

« Si Gavarni vous avait entendu l'appeler ainsi, nous dit un jour M. Edmond de Goncourt, il vous aurait répondu, un peu vivement, qu'il n'était pas un caricaturiste, mais un peintre de mœurs. » Les amis et les admirateurs de l'auteur des *Lorettes* ont pieusement conservé la tradition, et ils s'indignent chaque fois que l'on s'avise de le qualifier de caricaturiste, fût-ce de grand caricaturiste.

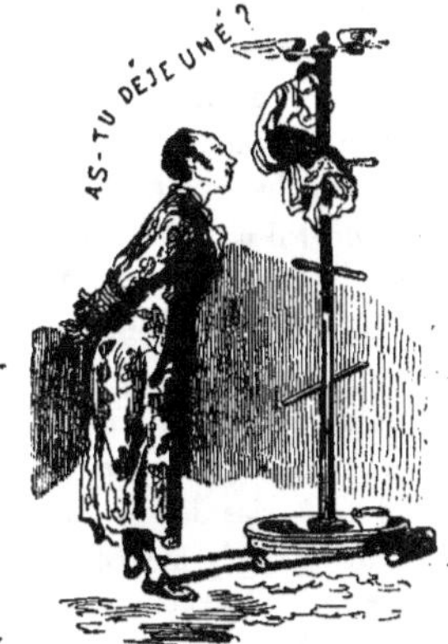

Vignette de *Paris marié*.

A la rigueur, nous éviterions de leur causer ce chagrin; Gavarni nous appartiendrait encore, comme un des maîtres du rire. On n'est pas forcément bouffon pour amener le sourire sur les lèvres, il est des procédés plus délicats et plus attrayants. Mais pourquoi la caricature supposerait-elle toujours la charge? Le peu que nous avons dit d'elle jusqu'à présent suffit bien, pensons-nous, à prouver combien flexible, combien variée de tons, elle peut se manifester suivant les sujets, les époques et les tempéraments. Ne l'avons-nous pas vue mêlée palpitante à toute la vie dans l'antiquité, fantastique avec le moyen âge, théologique avec la Réforme, sanguinaire avec la Ligue et la Révolution, brutale et prédicatrice avec Hogarth, souriante, discrète et parfumée avec le XVIIIe siècle, terrible avec Goya, nuageuse avec les Allemands, puissante, tragique, avec Daumier? Pourquoi ne la verrions-nous point maintenant prendre une face nouvelle, avec Gavarni, s'affubler d'un habit irréprochable, faire la belle et la mijaurée, souper en cabinet particulier, graver sur la glace quelque fine balourdise sentimentale qui montre le bout de l'oreille de la raillerie? Mais notre adorée muse du rire nous réserverait encore dans mille et mille ans bien d'autres surprises. Il ne faut jamais s'attendre à la voir semblable à elle-même : aujourd'hui, elle ferait le coup de feu sur la barricade ; demain elle crierait : à la chie-en-lit! sur le passage des masques ; un autre jour, se rappelant qu'il faut avoir de la tenue, elle mettrait un gardénia à sa boutonnière, se ferait une belle mine

pommadée, dirait de divines impertinences, et distri-
buerait de petits coups de badine caressants, qui
laissent pourtant une mince balafre. En un mot,
après avoir été par excellence la caricature de la laideur, de la tyrannie, du vice, elle serait la caricature
du sentiment.

Le cœur (parlons au figuré), est fait d'une étoffe
si fragile, si aisée à chiffonner, qu'on admettra bien
que le rire, avec lui, doit mettre quelques formes. On
ne met pas des chaussures de chasse pour entrer
dans un salon.

Gavarni (1801-1866) a été, avant tout, le caricaturiste du sentiment, le rieur exquis des choses du

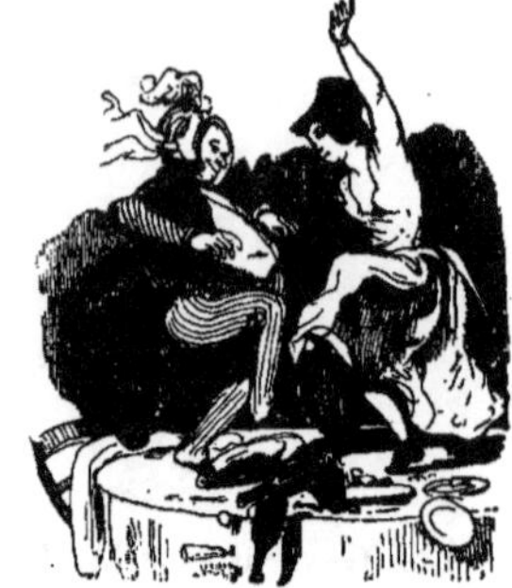

Vignettes de *Paris Marié.*

cœur. On ne lui rend plus justice déjà. C'est une éclipse, voilà tout : Gavarni est un

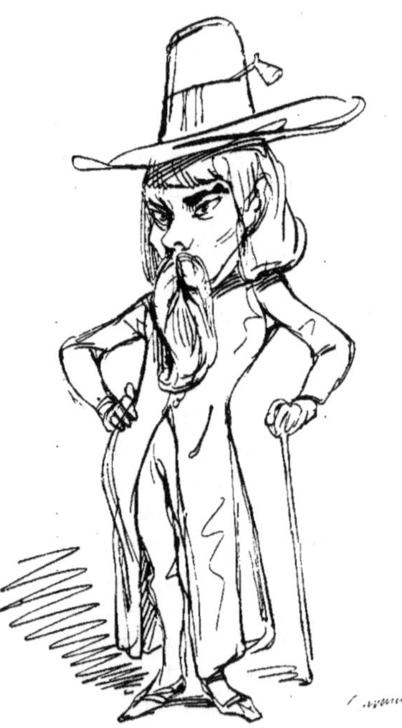

Moyen âge. — Dessin inédit de Gavarni.

peinte adorable, un philosophe profond, et si
nous avons un regret, c'est d'avoir, dans notre
livre sur Daumier, cédé à l'entraînement mo-
mentané qui établissait des comparaisons trop
exclusives. Pourquoi de pareils rapprochements
dans les choses d'art ? Chaque artiste n'a-t-il
pas son domaine dans lequel il peut se montrer
supérieur ? Sans doute, si l'on accroche les
aquarelles de Gavarni à côté de celles de
Daumier, on trouvera que celles-ci sont puissantes, qu'elles ont toute l'intensité et toute la
force de la vie, tandis que les autres, avec leur
coloriage faux, leurs gouacheries doucereuses,
leur rose d'un doux très désagréable, leur couche
de rouge et de cold-cream, n'ont tout juste
qu'une vraisemblance de carnaval. Mais si, au
sortir des robustes vérités de Daumier, vous
éprouvez quelque désir d'élégante badinerie ;
si vous avez des velléités de vous promener
dans les bois de la fantaisie pendant que le
loup de la réalité n'y est pas ; si, lassé des
fortes nourritures, vous voulez donner à votre
estomac le régal des mets recherchés et relevés
d'épices rares, c'est à Gavarni qu'il faut vous
adresser. Au fond, c'est la même cuisine, c'est

le même plat, l'homme, mais arrangé à une sauce différente. N'y mettez aucun parti-

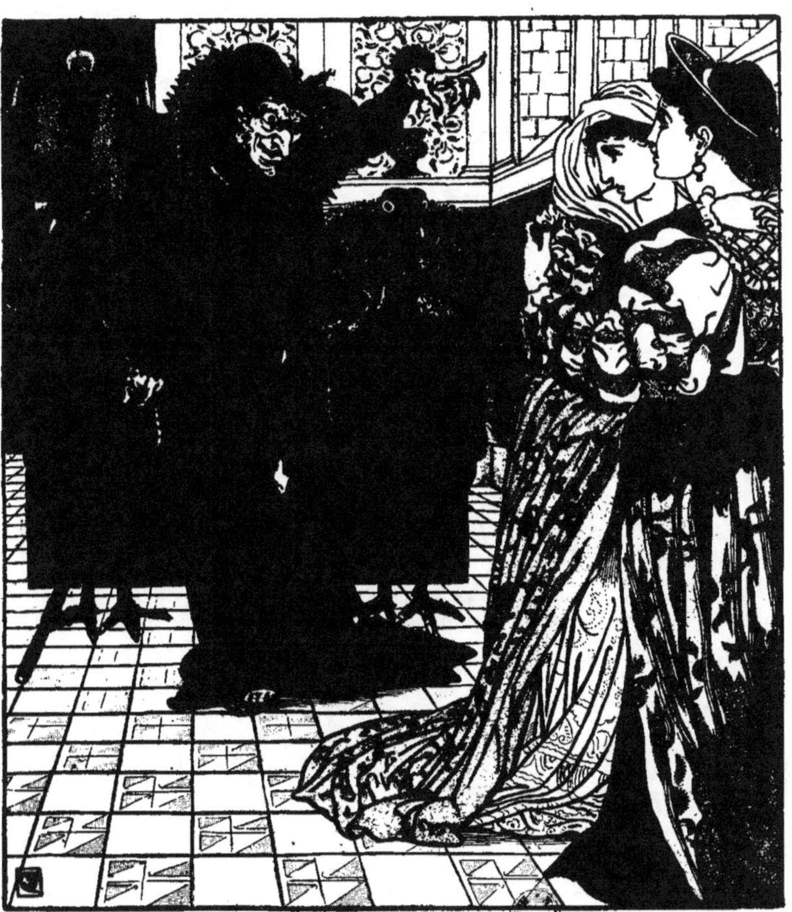

Page extraite de *The Yellow Dwarf*.

pris, je vous en supplie, vous auriez des regrets ; croyez-en un curieux qui a passé
par là.

Sans doute, Gavarni n'a pas la puissance de Daumier, comme peintre ; il lui
est très inférieur, à vue d'œil, dans le rendu de la pantomime humaine. Mais dans
quelles ravissantes finesses d'analyse n'a-t-il pas pénétré, quand il a étudié l'éternel
dialogue !

Dans quoi cela tient-il ? Dans un mot ; moins encore, dans un air de tête, un
regard, une réticence. Mais pouvoir faire rire, avec cela, d'un rire délicieux, avec un
petit arrière-goût d'amertume ; conserver à la misanthropie la plus irréconciliable
une élégance suprême ; porter un cilice sous le frac et sous le plastron les plus
irréprochables, sans cesser de braquer sur la sottise et la rouerie ambiantes un lorgnon
ironique, de distribuer à tout venant un sourire dont la grâce dissimule la raillerie ;
c'est être aussi un maître, et c'est s'appeler Gavarni.

Suivant leur goût ou la tournure de leur esprit, d'aucuns ont traité Gavarni
assez dédaigneusement de « modiste » ; d'autres l'ont appelé un « Watteau recommencé ». Les deux qualifications rendent avec excès hommage à la distinction de
sa manière. Modiste, Gavarni l'a été à ses débuts ; il a commencé par des gravures
de modes véritables, et fort dépourvues d'accent. Mais bientôt les robes du dernier
genre, les habits de coupe fashionable ont quitté les mannequins pour passer sur
des femmes et des hommes vivants. Quant au reste, si ce n'est pas aller sensible-
ment trop loin que de le comparer si peu que peu à l'admirable peintre Watteau,
son voyage à Cythère n'a pas été bordé de roses sans épines ; les galants voyageurs,
à force de s'ébattre dans la rosée, ont très bien fini par y contracter des rhumatismes, et Gavarni prend un amer plaisir à le constater. Et c'est pour cela que
Gavarni, en somme, malgré toute la convention qu'on peut reprocher à sa manière,
son parti pris d'aristocratie dans la loque elle-même, est aussi un des peintres de
l'humanité, car si le mensonge est dans l'image, la vérité est dans la légende.

L'image est mensongère, sans doute, mais un mensonge si flatteur, si insinuant.
Les lithographies de Gavarni sont chatoyantes et riches ; son crayon a des transpa-
rences vaporeuses et des valeurs sourdes et profondes ; il est tour à tour

Moelleux comme une chatte et frais comme une rose.

Il excelle à revêtir les souples attitudes de la femme, câline, d'étoffes aux plis
ondoyants comme elle. Mais de toutes ces étoffes, celle dont il réussira le mieux
à donner l'illusion, c'est le velours. Du velours, tout cet œuvre a le charme soyeux
et irritant à la longue ; à le palper, les doigts acquièrent une finesse spéciale de
toucher, mais aussi une excitation des nerfs tant soit peu douloureuse. Gavarni s'y
est exaspéré lui-même, et, dans les œuvres de la fin, de velouté son crayon devenait
miroitant.

La vérité des types est contestable, ou bien alors, ils n'ont eu qu'un temps.
Nous voyons encore de par les rues des bourgeois de Daumier, nous ne voyons plus

de dandys ni de lorettes. Ou du moins ils ont tellement changé ! C'est que Daumier
déshabillait l'homme avant de le vêtir, et que Gavarni le copiait tout habillé ! La
lorette a quelque peu vieilli, parce que les formes de la galanterie ne sont en grande
partie qu'une affaire de mode.

Nous admettrons donc que l'étudiant d'aujourd'hui ne ressemble en rien à
ceux de Gavarni, depuis que la Chaumière est démolie, que Musette et Schaunard
sont morts. De même les gaîtés des débardeuses et des chicards ne sont plus beaucoup dans le ton des nôtres, et nous avons l'amusement moins facile. Pourtant, après
avoir fait franchement la part de ce qui a vieilli, nous n'avons que l'embarras du
choix pour prouver que les femmes de Gavarni ne sont rien moins que naïves, et que
les jolis petits débardeurs eux-mêmes, qui marquent si bien leur demi-siècle et
quelques fractions en plus, avec leur mignon bonnet de police sur l'oreille, leur
chemisette bouffante, et leur large pantalon de velours, ont eu plus d'une fois des
exclamations d'une éternelle profondeur. Cette bien célèbre, par exemple : « *Y en
a-t-i, des femmes, Y en a-t-i... et quand on pense que tout ça mange tous les jours que
Dieu fait ! C'est ça qui donne une crâne idée de l'homme !* »

D'ailleurs, elles sont toutes célèbres, ces maniérées légendes de Gavarni, qui
révèlent une si louable défiance du cœur des femmes, et surtout de la *Lorette* ou
de la *Partageuse* (quel joli euphémisme !). Elles sont toutes passées en proverbe,
et si nous en rappelons quelques-unes c'est surtout pour montrer avec quelle délicatesse on doit traiter la caricature de la femme, et avec quelle exquise dextérité
Gavarni l'avait réalisée.

« *Toujours jolie ? — C'est mon état.* »

« *Mon adoré, dis-moi ton petit nom !* »

« *Plus je te vois, plus je l'aime.* »

sont de ces cris de cœur, de ces involontaires trahisons de bouche qui résument toute
la philosophie de la galanterie. Quelques professions de foi sont des perles de cynisme
délicieux :

« *Vous ne m'avez jamais de la vie donné qu'un petit chien..., et un bouquet de
dix sous. Eh bien, vous avez eu pour un chien dix sous d'amour.* » N'est-ce pas sous
la forme la plus spirituelle, la plus inattendue, l'irréfutable raisonnement féminin
par lequel se terminent toutes les aventures et contre lequel toutes les récriminations
font sotte mine ?

Il y a des calculatrices en grande majorité, et c'est ce qui cause toujours le
malheur des naïfs, malheur peu digne de pitié, et auquel on pourrait appliquer ce
joli titre, trouvé par un romancier, de *Martyrs ridicules.* Si parfois ils pouvaient
prêter l'oreille aux conversations entre femmes, ils entendraient par exemple de ces
déclarations de principes qui les édifieraient : « *Ah ! je te prie de croire que l'homme
qui me rendra rêveuse pourra se vanter d'être un rude lapin !* »

Elles ont d'ailleurs des retours adorablement comiques, et c'est peut-être la
même forte tête qui s'écrie, en un jour d'examen d'inconscience : « *Dieu, si j'étais née*

honnête! jamais un hommme qui ne m'aurait pas convenu ne m'aurait été de rien! »

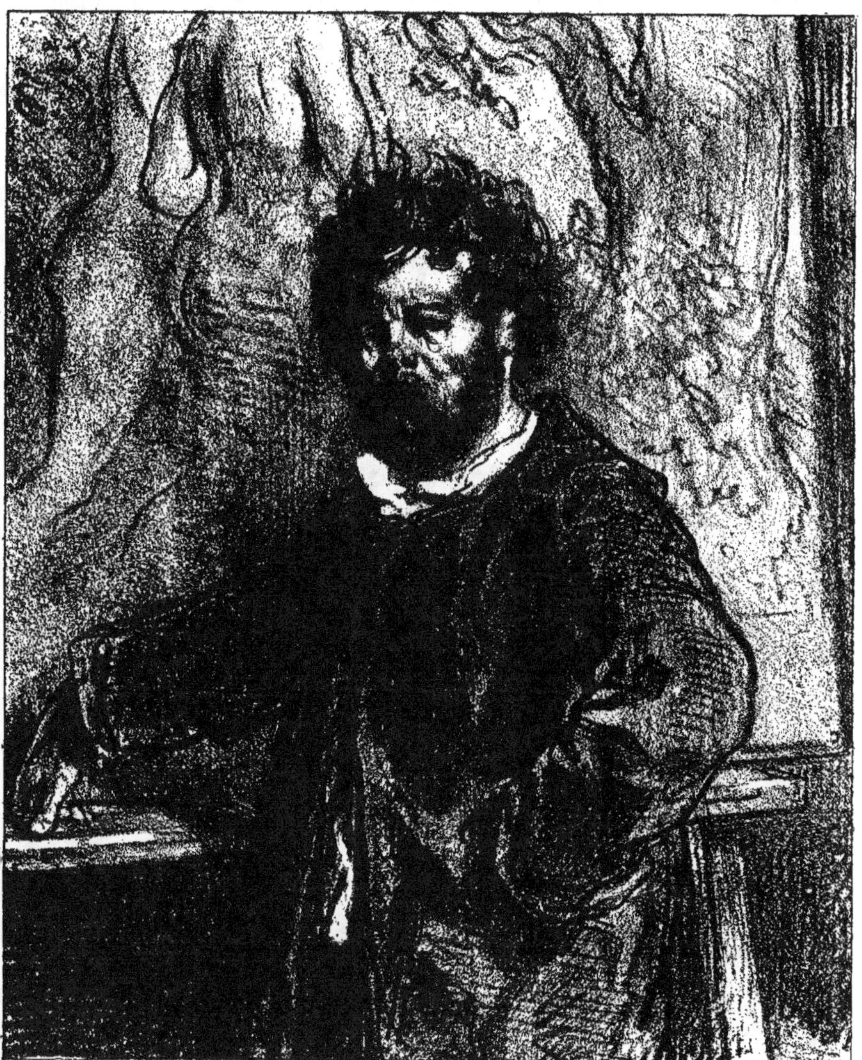

GAVARNI. — Ma toile est chère, Bourgeois! Mais y a toile et toile. Y a les toile' écrues...
et l'étoile polaire, Bourgeois!

Après les nombreuses études qui ont été faites de la vie et de l'œuvre de

Gavarni, la magistrale psychologie des frères de Goncourt, les documents typiques

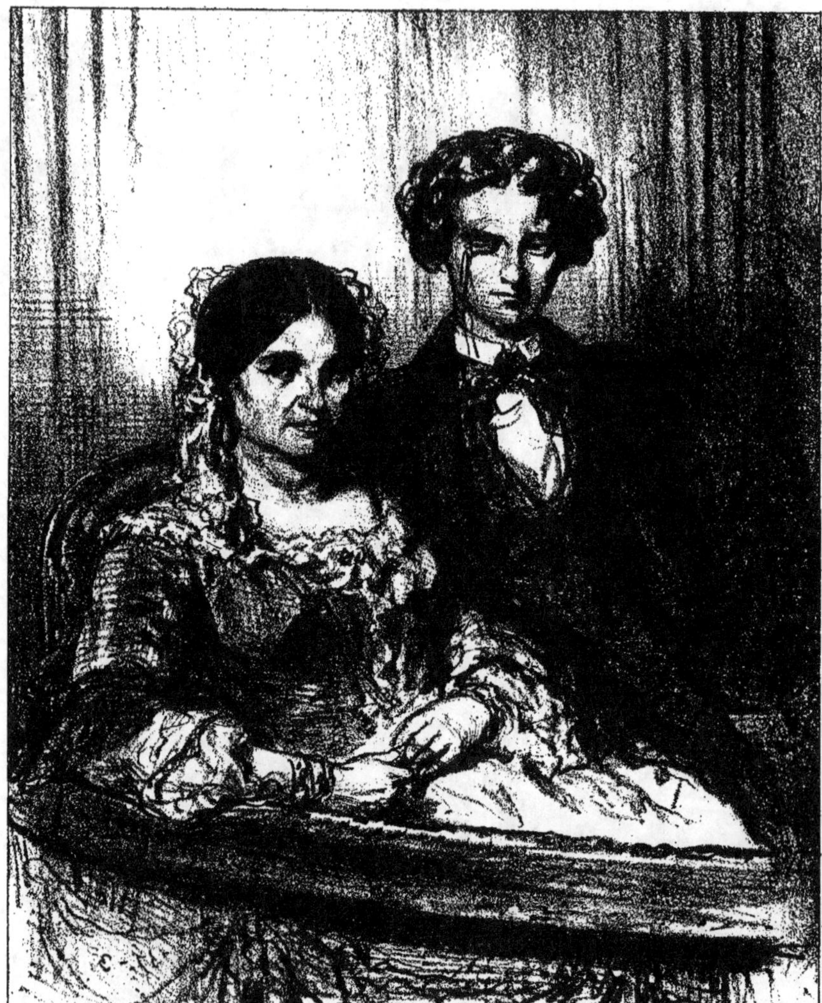

GAVARNI. — *Phèdre* au Théâtre-Français. — Débuts de M. Paul de Trois-Étoiles, dans le rôle d'Hippolyte.

de M. Forgues, et tant d'autres travaux, il serait puéril, superflu, de repasser ici les détails biographiques. Cependant nous pouvons rappeler le curieux incident

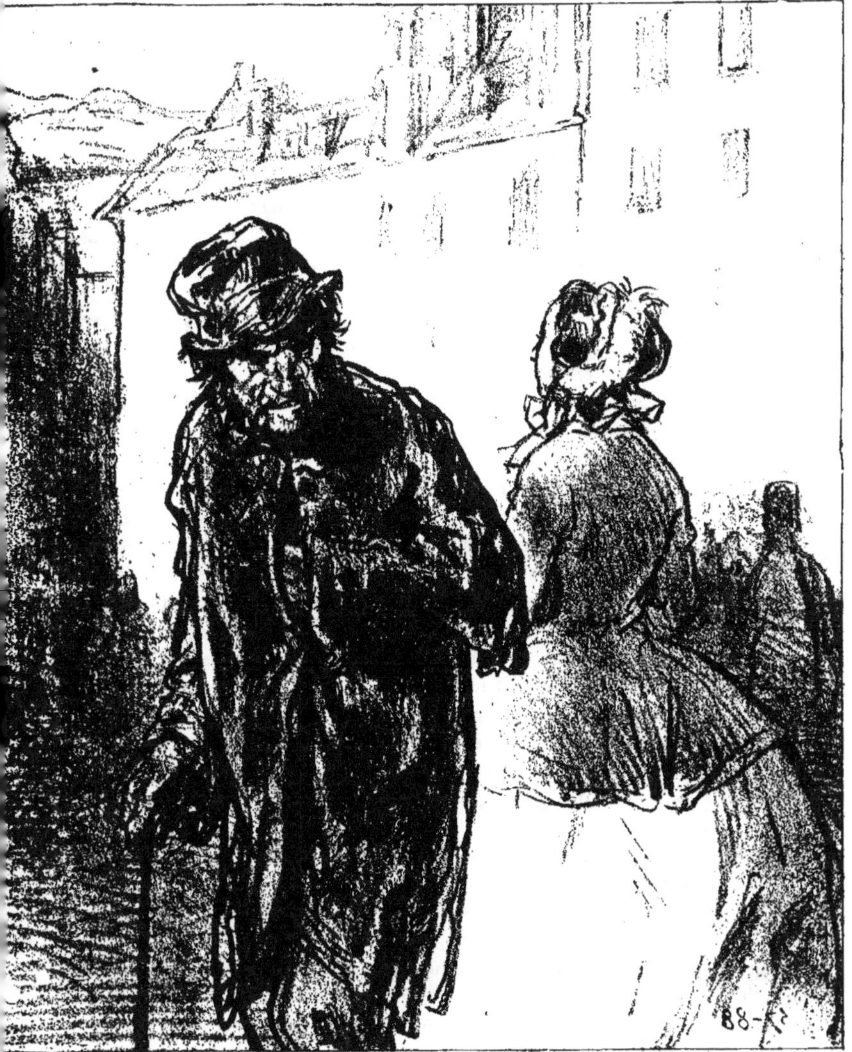

GAVARNI. — Ce qui me manque à moi? une t'ite mère comme ça, qu'aurait soin de mon linge.

qui donna naissance à une des séries les plus célèbres : *Fourberies des femmes en matière de sentiment.* Le succès des Robert-Macaire de Daumier était alors dans son plein. Philipon eut l'idée de demander à Gavarni une série analogue, dans sa note, « Madame Robert-Macaire ». Gavarni éluda spirituellement la demande, sentant bien au fond que ce n'était pas sur ce ton de forte satire qu'il fallait le prendre avec ces exploiteuses. Il proposa simplement d'étudier la fourberie féminine sans l'affubler d'une étiquette plutôt gênante. De cette façon Gavarni évitait une collaboration qui l'eût entravé la plupart du temps et il trouvait une scène digne de lui.

Séparer quoi que ce soit de cette ample comédie serait téméraire, car comment être sûr de citer la fourberie la plus fourbe ? Cela comprend tous les aspects, toutes les situations, pour ainsi dire tous les sexes qui sont contenus dans le sexe féminin. Cela commence, par exemple, à la jeune fille qui demande ingénument à son père : « *Comment saviez-vous, papa, que j'aimais mosieu Léon? — Parce que tu me parlais toujours de mosieu Paul.* » Ici, comme on voit, c'est un peu l'enfance de l'art en matière de fourberie. Plus tard, la femme sera plus aguerrie, et quand elle apercevra son mari, par la fenêtre, elle lancera à son amant cette parole inoubliable : « *Le v'là!.. ôte ton chapeau.* » Et peut-être, au fond, toute diplomatie de la femme est-elle percée à jour dans ce conseil qu'un désabusé (série intitulée *D'après nature*) adresse à un ami : « *Quand votre femme, Beauminet, vous conseille de ne pas faire une chose, il ne faut pas la faire, parce qu'elle a quelque raison que vous la fassiez.* »

Gavarni n'a pas seulement étudié la femme, il a aussi porté son observation sur les maris et sur les enfants. Les maris ont en lui un défenseur inattendu, et la série des *Maris vengés,* paraphrase au crayon de la pensée que Labiche devait développer de façon si comique dans *Le plus heureux des trois,* malgré la bonne intention, n'est peut-être pas la plus fameuse de l'œuvre. Il est vrai qu'en philosophe sceptique, Gavarni leur a donné la contre-partie : *Les maris me font toujours rire.* Quant aux *Enfants terribles,* c'est une série charmante et justement célèbre, se bornât-elle à ces deux scènes, d'une observation si profonde. L'une représentant un de ces terribles marmots qui, à dîner, se lève, montre d'une main le poulet qu'on découpe, de l'autre l'invité qu'on reçoit avec cérémonie : « *Mère, est-ce que c'est le crevé de ce matin, que t'as dit que ça serait toujours assez bon pour lui?* » L'autre, enregistrant cette réponse fière : « *Petit amour, comment s'appelle madame votre maman? — Maman n'est pas une dame, monsieur, c'est une demoiselle.* »

Comment un homme qui entendait aussi juste la pensée du monde grand et petit, n'arrivait-il pas à un à peu près satisfaisant pour la ressemblance physique? Gavarni, vers 1848, fit un voyage à Londres. De tous les Français qui ont traversé la Manche, c'est peut-être celui qui a vu les Anglais de la façon la plus conventionnelle; il est de ces Parisiens réfractaires qui ne peuvent jamais attraper l'*accent.*

Gavarni est pourtant réaliste quand il étudie les bas-fonds de Paris, mais réaliste à sa manière. Dans les *Physionomies parisiennes,* par exemple, il montre de superbes types d'ouvriers, des gens du peuple, d'ambulants loqueteux. Il a même, pour ces petits, à mesure qu'il avance en âge, une certaine commisération tendre, très spéciale, qui se traduit, entre autres, par cette jolie peinture d'un intérieur de petits faiseurs de jouets : « *Le ménage de la poupée aide au ménage de l'ouvrier.* » La tendance misanthropique s'accentue rapidement : dans les *Petits mordent,* c'est le dessinateur lui-même plutôt que son modèle, qui s'écrie avec une sourde colère : « *Les Bourgeois! qué vénérable troupeau de muffes!* »

A mesure que l'on approche de la fin, cela s'élève. L'image devient plus vigoureuse, plus accentuée. La femme que Gavarni a connue jadis si fraîche, si mignonne, si féline, si choyée, le hante surtout sous les loques de sa déchéance, sous le masque de ses rides. Elle est mendiante, elle est concierge, elle est marchande des quatre saisons. Et cela aboutit à la terrible série des *Lorettes vieillies,* et jamais, jamais rien de plus poignant n'a été dit sur l'envers de l'amour. Ah! vous niez que Gavarni soit un caricaturiste! Eh bien, lisez ces deux ou trois sentences, écrites au fer rouge sur des peaux flétries, et dites après que ce n'est pas la plus cinglante caricature de la plus folle des passions et des êtres qui l'inspirent.

« *Encore si j'avais autant de ménages à faire... que j'en ai défaits!* »

« *Les poètes de mon temps m'ont couronnée de roses... et ce matin je n'ai pas eu ma goutte! et pas de tabac pour mon pauvre nez!* »

Ou encore cet effroyable souhait d'une vieille mendiante, dans l'expansion d'une aumône reçue : « *Charitable mosieu, que Dieu garde vos fils de mes filles!* »

Enfin, Gavarni vieilli, solitaire, dans son jardin d'Auteuil que menace l'expropriation, termine son œuvre, avec une joie sifflante, amère, par la curieuse création de *Thomas Vireloque,* ce misanthrope des salons, dont les loques accumulées, le langage rudement populaire, affecté toutefois, dissimulent mal les antécédents aristocratiques. Oui, c'est, sous les lunettes bombées de ce philosophe errant et inculte, le regard fouilleur de Gavarni qui jette ses dernières étincelles. Malgré les « *Misère et corde!* » dont il émaille sa conversation désabusée, c'est le penseur amer, le mathématicien impitoyable, qui, ayant dépouillé pour jamais la défroque du mondain, résume toute son expérience dans cette désolante constatation : « *L'homme est le chef-d'œuvre de la création... Et qui a dit ça? L'homme!* »

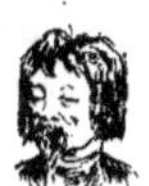

XXIX

UN PEU D'EXTRÊME ORIENT.

Dans une revue comme celle que nous passons, forcément rapide et sommaire, il est impossible de tenter une histoire même résumée de l'art humoristique au Japon : c'est par dizaines que l'on compterait les maîtres qui mériteraient chacun une longue analyse. Il est impossible également de passer le Japon sous silence, car jamais un peuple n'eut la gaieté plus innée et plus chevillée, jamais art ne recourut davantage au rire et au sourire sous toutes formes et toutes nuances.

Ce chapitre ne peut donc passer à aucun titre pour une étude en règle. Ce sera une simple excursion, une promenade.

Quittons donc pour un moment la vieille Europe où notre casanière routine s'empêtre. Lâchons ce continent morose pour l'île fleurie où passent des silhouettes mouvementées de pêcheurs, de marchands, de jongleurs et de longues, fluettes apparitions de femmes aux robes diaprées de grands papillons, aux doux yeux allongés en amande, aux mains effilées. Dans ce Japon où tout est net, gai, propre, enfantin, grisons-nous de mouvements saisis et de colorations aiguës.

Ce que nous voulons tâcher d'indiquer, — et nous souhaiterions pour cela d'avoir, au lieu de notre plume lourde, le pinceau cursif de ces peintres, — c'est leur limpide gaieté, leur instinct du mouvement, qui n'est pour eux que la vie et qui paraît à notre sagesse de la caricature.

« Le mouvement ! a écrit un excellent artiste de ce temps, qui est en même temps un écrivain lettré et délicat, M. Ary Renan, le mouvement... il est partout dans l'art japonais, dans l'architecture, dans la sculpture, dans le dessin. Il n'y a que le Daïbouts qui soit calme ; il est vrai qu'il l'est infiniment. Mais à ses pieds, la vie se multiplie, s'agite en efforts désordonnés. Une fourmilière de pygmées grouille autour de lui ; on dirait d'un vol insensé d'insectes dansant dans un rayon de soleil, autour d'une fleur de lotus. Les artistes japonais chérissent l'agitation. La rectitude, la pondération, la ligne droite, l'ordonnance logique et balancée leur répugnent. Ils se jettent à corps perdu dans la ronde ; ils ne s'arrêtent que quand l'haleine leur manque. Leurs moyens d'expression, simplifiés à l'excès, se prêtent admirablement à rendre le mouvement instantané, la spontanéité du geste. Et, comme ce sont de profonds observateurs, ils décomposent le mouvement ; ils connaissent des rythmes, des *temps* que nous ne connaissons pas. Là, ils semblent toute convention ; ils sont primesautiers ; ils luttent de vérité, sinon de vraisemblance, avec l'objectif de nos appareils.

« Nulle commune mesure entre les arts de l'extrême Orient et les nôtres. Les matières premières sont différentes, les lignes courbes abondent, surtout l'asymétrie

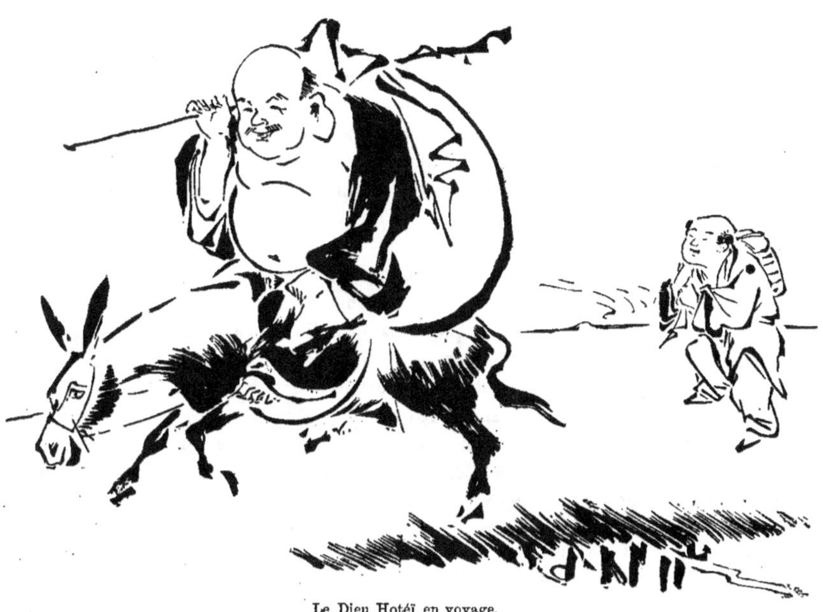

Le Dieu Hotéï en voyage.

domine ; l'asymétrie, qui est un puissant moyen décoratif, qui est la vie, qui est le mouvement, l'imprévu, le naturel.

« Les Japonais peignent la partie physique de l'univers, indifférents qu'ils sont à la partie morale. Ils ne peignent pas la Joie, la Douleur, l'Amour, la Foi, comme nous faisons ; ils peignent la lutte, l'excitation, la grimace comique et tragique. L'humour est, chez nous, réservé à l'art de bas étage ; là-bas, c'est un des éléments du grand art, parce que l'humour c'est encore le mouvement. »

Il faut donc se garder d'appliquer mal à propos le mot caricature quand on parle de l'art japonais. Ces peintres sont avant tout d'admirables traducteurs du mouvement et des décorateurs exceptionnels. Maintenant, ce mouvement évoque fréquemment le sourire, cette décoration est riante ; c'est affaire de tempérament.

Dans presque toute estampe, dans le moindre bibelot, s'affirme la gaieté spéciale, constante, lumineuse de ce peuple. Sans doute, quand ils nous retracent quelque scène populaire, les artistes japonais n'ont pas l'intention de faire œuvre de caricaturistes ; le fait suffit. Ils peignent la vie, et ils la peignent telle qu'elle est, c'est-à-dire amusante. Un décor infiniment changeant, le monde ; des personnages infiniment grouillants, les hommes et leurs compagnons, les bêtes. Un artiste japonais s'amuse autant au manège d'une fourmi ou d'un crabe qu'aux allées et venues d'un marchand ou d'un bonze. Et puis, comme dit fort bien M. Ary Renan, ils n'ont pas sur la décoration les mêmes préjugés que nous. Ils savent mettre de l'équilibre dans l'absence de régularité. C'est pourquoi les choses qui nous semblent caricaturales sont pour eux toutes naturelles. Tous les peuples de l'extrême Orient ont cet instinct des rythmes irréguliers. Il n'y a que nous qui tenions à une absurde *carrure*. C'est d'elle que provient inévitablement la monotonie, et par suite la tristesse.

Pourvu qu'une silhouette de figurine se profile sur le fond clair du ciel en contorsions imprévues ; pourvu que cela accroche la lumière et distraie l'œil, l'artiste de l'extrême Orient est satisfait.

Quelque constante que soit cette remarque, nous pouvons tout de même relever quelques points où éclate, dans l'art japonais, une intention décidément caricaturale.

D'abord dans les scènes de la rue, dans les mille incidents familiers de la vie : métiers accomplis avec un zèle comique ; disputes de ménage ; gamineries des polissons dans les rues de Yeddo ; gracieuses chatteries des danseuses ; tout cela relève de l'art qui se donne mission d'égayer.

D'autres thèmes encore, qu'on peut rapprocher de certaines de nos conceptions caricaturales. En première ligne, les jeux des *gras* et des *maigres*. Jamais peuple ne s'est autant que les Japonais amusé de ce contraste. Nous avons, en Europe, les deux admirables planches de Brueghel. Ici, c'est par milliers qu'il faut noter des scènes aussi caractérisées. Les gras, avec les plis étonnants qui s'étagent sur la poitrine, sur le ventre, sur les cuisses. Les maigres, atrabilaires, querelleurs, se disputant sans cesse ; choquant dans des combats furieux le cliquetis de leur vivant squelette. Le gras a quelque chose d'engageant ; on a toute confiance dans ce brave dieu Hotéï qui fait, quand il voyage, ployer son ânon sous le poids de sa redoutable rotondité. On voudrait rire toute la vie avec cette bonne réjouie de déesse Okamé, la joyeuse commère aux joues trouées de fossettes, aux petits yeux malins et enfouis, qui semblent encore d'autres fossettes qui brillent. Par une association d'idées, la femme enceinte n'est point un élément négligeable dans le comique japonais. Ce n'est point à dire qu'on la tourne en dérision dans un art qui, pour peindre la maternité, au contraire, a trouvé les accents les plus passionnés et les plus attendris ; mais on lui porte un respect... jovial.

Les dieux du Japon, sauf le Bouddha d'un calme profond, d'une troublante sérénité, sont si bons enfants, ils semblent si bien s'amuser des folies et des faiblesses des hommes ; les hommes, de leur côté, sont si heureux d'avoir créé la divinité à leur image, que le comique se mélange souvent au plus terrible, et que, plus qu'aucun peuple, les Japonais ont pris des familiarités avec la mort. Ils ont leurs danses macabres incroyables d'audace et de fantaisie. Le squelette, transformé en pantin facétieux, se livre à d'hilarantes acrobaties.

Enfin une autre mine de caricatures vise l'amour physique, ainsi que les phénomènes météoriques qui accompagnent et signalent les bonnes digestions. Il faut renoncer à entr'ouvrir ici les albums, à simplement dérouler un pan des rouleaux où ces gaietés s'étalent. Qu'il suffise de dire qu'auprès de cela, nos gauloiseries les

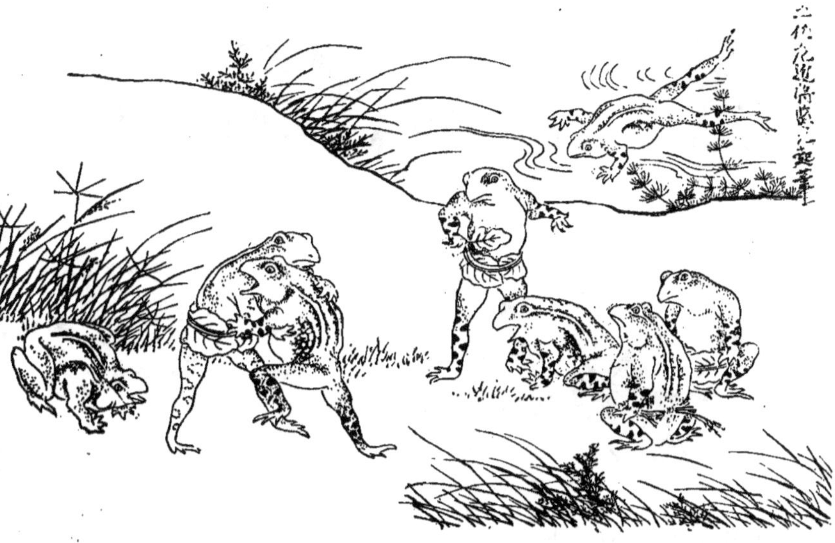

Combat de grenouilles. — Composition de' MITSOUOKI.

plus audacieuses sont simples jeux de couvent. La seule mention nous fait du moins mesurer combien débordante est cette verve et combien timides sont nos gaietés.

D'ailleurs, une capitale distinction est à faire. Chez nous, les véritables artistes se sont assez rarement adonnés à ce genre d'une liberté effrénée. Les médiocres ou les barbouilleurs qui l'ont colporté sous le manteau n'ont réussi à en faire que de la gravelure. Quand, par hasard, un peintre de race a fait quelques essais en ce domaine, nous avons cru devoir expliquer son intention, et attribuer à son caprice de gaillardise une profonde philosophie, une arrière-pensée amère.

Les Japonais n'ont point de ces solennelles hypocrisies. Leurs plus grands artistes ont retracé des images érotiques, parce que, plus spontanés que les Européens, ils s'étaient amusés de l'amour, qui est, en réalité, beaucoup plus drôle pour l'observateur que satanique. Et ces images, grossies par le plus fou des caprices, ont été enfantées, publiées et accueillies, comme elles devaient l'être, par les artistes et le public : avec l'effronterie ingénue des enfants.

Citerons-nous maintenant quelques recueils et quelques noms? Dans les temps reculés apparaissent les Toba-Sojo (XIe siècle), un genre déjà sommaire, extravagant, mouvementé ; les Toba-yé. Mais c'est avec l'essor du livre illustré et la diffusion

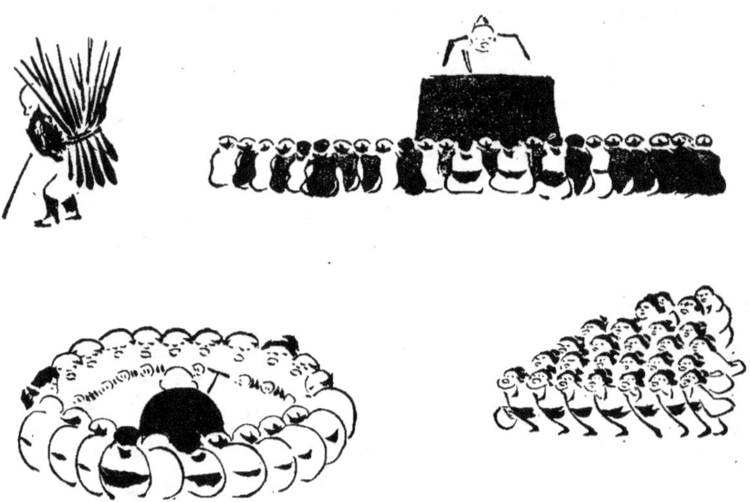

MASSAÏOSHI. — Croquis rapides.

de l'estampe que coïncident aussi l'essor du rire, la vulgarisation de la peinture populaire, gaie, mouvementée, et qui désormais deviendra pour la peinture religieuse et la peinture aristocratique une accapareuse rivale.

« Vers 1675, écrit M. Bing, le savant et aimable collectionneur, apparut Hishikawa-Moronobou... C'est lui qui ouvrit la voie où devaient s'élancer tant d'artistes de valeur, soutenus par des succès populaires toujours grandissants... Le peuple allait faire revivre dans l'art le monde extérieur tel que son œil le percevait, avec son esprit propre. » La note dominante allait être dans la reproduction de la vie journalière, « depuis le labeur du déshérité jusqu'aux délassements poétiques ou lascifs des plus grands ; c'était le tableau intime de la vie familiale, les fêtes de toutes saisons, les divertissements sur l'eau, les voyages par les grandes routes, les rêves à la lune, les repas en plein air ; c'étaient des manuels destinés aux artisans... »

Comment faire un choix désormais dans la pléiade des noms et dans la quantité des albums? Comment indiquer ce qui est plus gai et ce qui l'est moins? Voici pourtant Kiyonaga, Harunobou, Toyokouni, qui sont délicieux d'enjouement et de grâce, et qui comptent parmi les plus grands sourieurs de tous les temps.

Nous ne connaissons point d'artiste qui sache mieux et plus sûrement provoquer le sourire que Massaïoshi (1790). Ce maître s'est grandement amusé, cela se voit, à simplifier l'image des êtres. D'un simple trait jeté, voici que prennent corps des assemblées dévotes, des femmes à leur toilette, des oiseaux qui fendent l'air, des chevaux au galop. Jamais on n'a dit tant de choses avec si peu de moyens. Mais quelle science sous cette simplification! Quelle observation attentive et sûre révèle à l'œil artiste ce minimum voulu des moyens d'expression! Et quand une ou deux applications de tons plats vient remplir l'espace réservé par ce trait sténographique, quelle force dans l'emploi des valeurs, comme tout est définitivement campé à son plan! Les petites images de Massaïoshi sont irrésistiblement gaies, parce qu'elles sont faites en toute joie.

Korin est plus puissant encore, et alors ses simplifications atteignent le comble de l'audace, parce que souvent elles se permettent des déformations caricaturales. Massaïoshi est esclave de la nature, Korin la fait son esclave, tout en l'aimant passionnément. Il a, d'un pinceau plus cursif qu'aucun autre, retracé d'inoubliables scènes d'intimité, des montreurs de singes, des combats étonnants, et l'on voit en lui, entre tant de mérites et de talents, car on sait qu'il fut laqueur, émailleur, céramiste, que sais-je, un des plus grands et des plus gais peintres d'animaux de tous les temps.

Pour Outamaro, le peintre de la grâce féminine, l'historien badin et poétique des Maisons Vertes, ce serait témérité de l'apprécier en quelques lignes, et l'on ne peut que renvoyer le lecteur au récent livre d'Edmond de Goncourt.

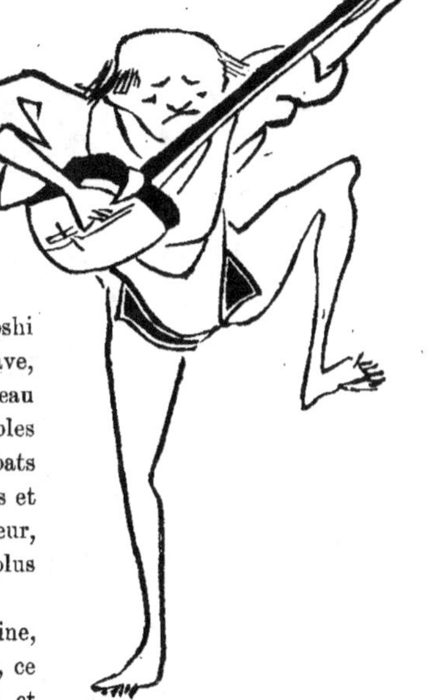

Chanteur comique.

Restent, dans des temps plus rapprochés, deux maîtres du rire, mais de valeur bien différente : l'un, Kio-Saï, « le singe ivrogne et fou », qui, malgré son entrain et sa verve, ne paraît pas s'être imposé au goût expert de nos japonisants ; mais l'autre, un maître considérable, un des noms des plus glorieux de l'art, le « vieillard fou de dessin », Hok-Saï!

« Hokou-Saï, dit M. Louis Gonse, est un des plus grands peintres de sa nation ; à notre point de vue européen, il en est même le plus grand, le plus génial. Si l'on considère en lui les qualités techniques qui font les maîtres, sans distinction de temps ni de pays, il peut être placé à côté des artistes les plus éminents de notre race. Il a la force, la variété, l'imprévu du coup de pinceau ; il a l'originalité et l'humour... Son œuvre est immense, d'une immensité qui effraye l'imagination... c'est l'encyclopédie de tout un pays, c'est la comédie humaine de tout un peuple. Hokou-Saï appartient à l'école vulgaire, mais il s'élève au-dessus d'elle par l'abondance et la personnalité des conceptions pittoresques, par la profondeur du sentiment et la puissance comique. Il est à la fois le Rembrandt, le Callot, le Goya et le Daumier du Japon. »

Ce grand artiste, né en 1760 et mort en 1849, a eu, en effet, de Daumier la vie modeste, effacée ; ignoré des classes aristocratiques, mal vu plutôt ; puis, sa tombe couverte de couronnes tardives. Si ses contemporains l'ont méconnu, du moins lui-même, en traçant son magnifique sillon, a-t-il eu quelque conscience de sa valeur, mais avec combien de modestie !

En ce moment, des érudits en la matière préparent des études développées sur Hokou-Saï. On en attend une de M. Bing ; on en espère une de M. Edmond de Goncourt. Aussi est-il téméraire autant qu'inutile de tenter ici même un sommaire de cette œuvre considérable, depuis les croquis si vivants de la

HOK-SAÏ. — Étude de gras. (Page de la *Mangua*.)

Mangua, jusqu'aux admirables *Vues du Fousi-Yama ;* depuis les modèles de bijoux ou de peignes, jusqu'aux caprices fantastiques qui vont du rire à l'effroi. Nous préférons reproduire les lignes où le grand artiste se raconte lui-même en tête d'un de ses albums. Il faudrait graver en lettres d'or, comme la fameuse sentence d'Harpagon, cette profession de foi du vieil artiste, et la mettre sans cesse, bien qu'elle ait été souvent citée déjà, sous les yeux de nos petits grands hommes, si facilement contents d'eux-mêmes, si infatués de succès de camaraderie, si fiers d'œuvres mort-nées.

« Depuis l'âge de six ans, j'avais la manie de dessiner les formes des objets. Vers l'âge de cinquante, j'ai publié une infinité de dessins ; mais je suis mécontent de tout ce que j'ai produit avant l'âge de soixante-dix ans. C'est à l'âge de soixante-treize ans que j'ai compris à peu près la forme et la nature vraie des oiseaux, des poissons, des plantes, etc. Par conséquent, à l'âge de quatre-vingts ans, j'arriverai au fond des choses; à cent, je serai décidemment parvenu à un état supérieur, indéfinissable, et à l'âge de cent dix ans, je donnerai la vie, *soit à une ligne, soit à un point!* Je demande à ceux qui vivront aussi long-temps que moi de voir si je tiens ma parole. — Écrit à l'âge de soixante-quinze ans, par moi, autrefois Hokou-Saï, aujourd'hui Gouakiyo-Rodjin, le vieillard fou de dessin. »

Cette malicieuse décla-ration de principes contient sous sa forme enjouée une grande leçon pour les artistes de tous les temps et de tous les genres, qu'ils soient caricaturistes méprisés, ou raconteurs plus ambitieux de choses épiques. C'est qu'on apprend tous les jours qu'on ne sait rien. Peu à peu pour-tant, dans cette course à la poursuite de sa pensée, le dessinateur arrive à étreindre, à fixer les apparences des choses, et il réalise des tours de force dont il ne se croyait pas capable.

Donner la vie à une

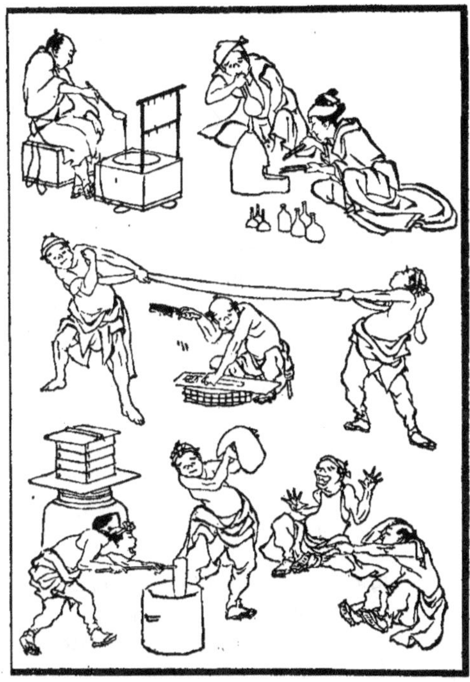

HOK-SAÏ. — Études de métiers. (Page de la *Mangua*.)

ligne, à un point! Hokou-Saï se faisait fort d'y arriver si Dieu lui prêtait vie.

Cela nous donne la clef des plus fantastiques créations de l'art japonais. Quand ils sont las de copier les réalités avec tous leurs tressaillements si ténus, ces êtres « fous de dessin » s'amusent à faire passer sur le mince papier de soie l'insaisissable vapeur du rêve.

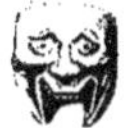

XXX

Nous ne voyons pas trop ce qu'on pourrait en dire, du dessin de Cham, Cham n'ayant jamais su dessiner.

Né en 1818, le comte de Noë, plus tard Cham, avait pris des leçons de dessin de Charlet, puis, ce qui est plus bizarre, de Paul Delaroche. Il est inutile de dire que personne ne lui prédit jamais qu'il serait un grand peintre. Il trouva tout de suite sa voie : la drôlerie. Vers 1843, il débutait au *Charivari,* après avoir donné quelques albums pastichés de Topffer.

Et, puisque ce nom célèbre se rencontre ici, disons que c'est, non par inadvertance, mais volontairement, que nous avons omis d'étudier cet aimable suisse, de qui les *Nouvelles genevoises* peuvent avoir encore quelque charme vieillot. Quant à ses albums, dont la gaîté est si cherchée, le gribouillage si peu complaisant, nous renonçons à les admirer.

Cela dit, revenons à Cham. Au *Charivari,* il pasticha Daumier, puis, peu à peu, il arriva, à force de « lâcher » son dessin, à paraître personnel.

Le moyen, après avoir parlé de maîtres considérables, et ayant encore à passer en revue des fantaisistes exquis, de ne pas mettre Cham à sa véritable place? Si nous laissions supposer un seul instant que Cham fut un artiste, quel titre pourrions-nous donner à Hogarth, à Daumier, à Gavarni, à Willette, à Forain?

Pour de l'esprit bouffon, de la verve au jour le jour, de la calembredaine, de cette gouaillerie de faiseur de nouvelles à la main qui firent, pendant une quarantaine d'années, la joie du public, on ne peut rien lui refuser de cela. Cham fut un bon journaliste, ne laissant pas échapper le plus petit « écho », le plus futile événement parisien, le plus mince fait divers, sans y ajouter son mot pour rire. Toute sa vie, il l'a passée à attraper les mouches de l'actualité et à leur enfoncer des queues en papier pour faire rire la petite classe.

Cham est l'Offenbach de la caricature. Même absence de véritable originalité, même appropriation drôle de ce qui s'est fait avant lui, en le simplifiant à l'usage de M. Tout-le-monde. Mais, en revanche, un *bagou* infernal, des faux nez pour dégui-

ser les emprunts, des cabrioles pour faire passer les manques de respect. L'esprit de
Cham et celui d'Offenbach font les mêmes contorsions ; il faut faire rire, et cela fait

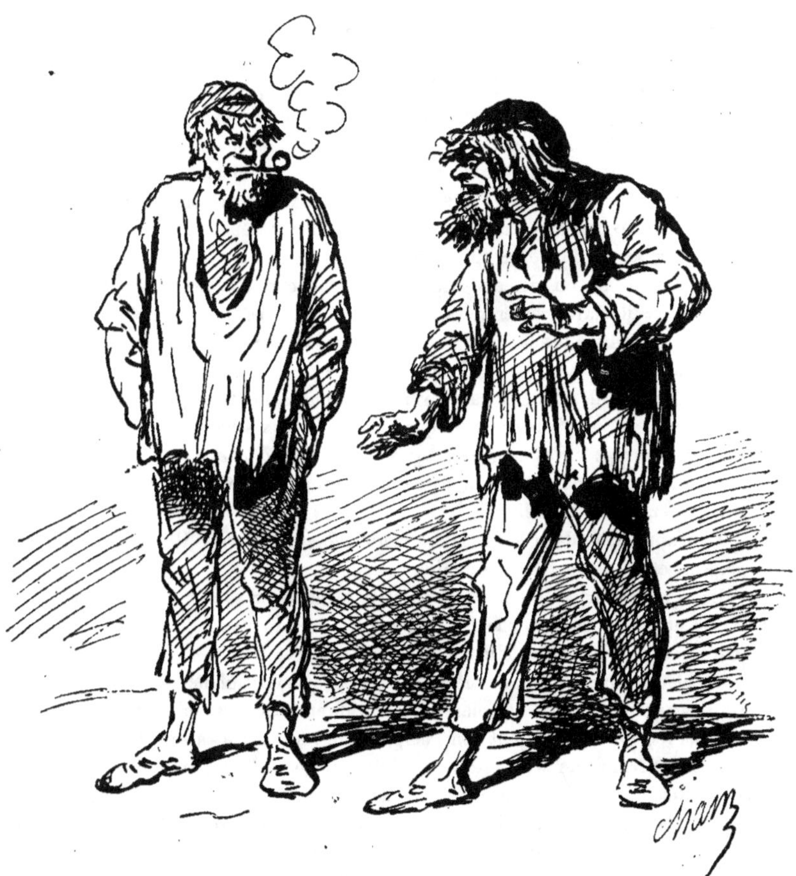

La République? C'est nous autres !

rire. Seulement, si l'on analyse un peu cela, on est surpris du vide et des redites.
Cham a obtenu le rire par le minimum des moyens. C'est un théâtre de marionnettes,
dont les personnages, rudimentaires, ne sont jamais renouvelés, si passées de couleur
que soient leurs loques, si cabossées que soient, à coups de bâton, leurs têtes de bois.
Les personnages du petit Guignol de Cham ont à peine besoin d'être rappelés : un

monsieur tout à fait quelconque ; une dame qui est sa « moitié » ; un collégien en tunique ou un marmot en bourrelet qui est leur progéniture ; Joseph Prudhomme (cet emprunt à Monnier, vient confirmer encore notre accusation de manque d'invention), un sergent de ville, un cocher de fiacre, une cocotte avec son chignon (imitée et enlaidie de Gavarni), un Robert Macaire (imité de Daumier), un voyou hirsute (imité du Jean Hiroux de Monnier), et c'est à peu près tout, si on mentionne encore le Temps, vieillard allégorique, et si on n'oublie pas les décors et accessoires : une rue, l'obélisque de la place de la Concorde, la Bourse, le Corps législatif.

Eh bien, avec cette incroyable monotonie, Cham a toujours fait recette dans son petit théâtre ; jamais il n'a eu l'idée de faire repeindre les décors, ni d'engager des artistes nouveaux ; et il a, en jouant toujours la même scène, en la retournant dans tous les sens, trouvé le moyen de paraître inépuisable.

Maintenant ne lui demandez aucune profondeur, aucune générosité, aucune clairvoyance : il verra passer devant ses yeux tous les chefs-d'œuvre, toutes les inventions nouvelles ; il aura pour les uns un pied de nez, des autres il ne verra que les applications drôlatiques. De l'émotion, n'en cherchez guère non plus : le peuple, pour qui Gavarni, le raffiné élégant, avait lui-même parfois témoigné d'exquises compassions, ne sera jamais pour Cham que le Jean Hiroux à blouse rapiécée et à barbe ébouriffée que vous voyez dans ce croquis : « *La République, c'est nous autres.* »

Au moment de la guerre, le patriotisme lui a fait pourtant trouver quelques accents assez virils et fiers.

Entrerons-nous dans le fastidieux détail de cette œuvre ? Il suffira d'indiquer le procédé, et cela sera chose vite faite.

Une grande partie de son esprit consiste à ramasser sans hésiter les banalités connues, et à leur donner une forme un peu clownesque ; en un mot, ne jamais prendre une plaisanterie qu'elle n'ait déjà été essayée.

Ou bien cultiver le jeux de mots, le rapprochement comique ; par exemple montrer un porteur de valeurs ottomanes ayant l'imprudence d'aller lui-même à Constantinople réclamer son argent : on l'empale. Ou les contrastes saugrenus : un mari surprenant sa femme au bal masqué : « *Je vous y prends, madame, sur les genoux d'un monsieur ! — Qu'est-ce que cela fait, puisque je ne le connais pas ?* » Un procédé infaillible, et auquel Cham recourt non moins souvent, c'est aussi la mystification, l'énormité froidement débitée. On en voit d'amusants exemples dans ces conseils tirés des *Nouvelles leçons de civilité puérile et honnête.*

« — Lorsqu'un homme s'est jeté à l'eau en votre présence, vous ne devez jamais l'aider à se noyer.

« — Ne vous amourachez jamais d'un invalide pour son nez d'argent ; aimez-le pour lui-même, c'est un sentiment plus noble.

« — Si vous dînez pour la première fois dans une maison, ne lancez pas des boulettes de pain à la maîtresse de la maison ; attendez que vous soyez entré un peu plus dans son intimité. »

Vous voyez le procédé ; appliquez-le aux événements courants ; faites danser, comme Offenbach, le cancan aux dieux de la Grèce ; assimilez les députés à des collégiens et une classe de potaches à la Chambre des députés ; mettez une réflexion sentimentale dans la bouche du gredin qui vient de couper une vieille femme en morceaux ; n'oubliez pas de faire culotter de grosses pipes aux moutards de dix ans ; filer comme une flèche le lièvre entre les jambes du chasseur ; en un mot, l'éternel tour de passe-passe du quiproquo et du coq-à-l'âne.

A la longue, quand on repasse tout cela en bloc, on voit la ficelle, et on se fatigue de ce rire sec et agaçant comme un cri-cri ; mais quand on trempait tous les matins par petites doses cette gaieté de journal dans son café au lait, on ne s'apercevait de rien, et l'on prenait pour du neuf ce qui n'était que du renouvelé sans cesse.

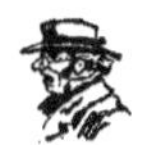

XXXI

LA CARICATURE SOUS LE SECOND EMPIRE.
LE CHARIVARI, LE JOURNAL AMUSANT ET LEURS DESSINATEURS
GUSTAVE DORÉ. — DU BOULEVARD A LA RUE.

Ceux qui voudront, dans une centaine d'années, écrire l'histoire des mœurs de ce siècle, ne manqueront pas de documents. On peut même leur prédire un terrible embarras du choix. Rien que la période qui s'étend de 1852 jusqu'en notre an de grâce 1892 fournit un effroyable amas de paperasses, de placards, d'images, une liste interminable de dessinateurs et d'écrivains. Et le flot monte toujours !

Rien que sous le second Empire, ce qu'il se publia de caricatures de mœurs (et le plus souvent de mauvaises mœurs) ferait reculer le plus intrépide dresseur de catalogues. Pour donner une idée de ces amoncellements d'images, nous serons forcés de faire un choix non seulement parmi les auteurs et leurs productions, mais même parmi les recueils, ne gardant que les plus caractéristiques.

Deux surtout dominent autant par leur ampleur et leur durée que par la valeur des œuvres : *le Charivari,* et *le Journal pour rire,* plus tard *Journal amusant.* C'est là que les plus remarquables humoristes débutent ou poursuivent une carrière déjà brillante. Ce sont les théâtres de Daumier, de Gavarni, de Cham, de Grévin.

Le Charivari avait été fondé en 1832, comme nous l'avons vu, par l'infatigable Philipon, et il survivait à sa grande aînée, *la Caricature.* Il inaugurait une imagerie plus légère, plus primesautière, une sorte de caricature d'escarmouches et d'avant-garde. Quotidienne, elle devenait plus cursive, plus improvisée, mais, qui sait, peut-être moins dogmatique, moins imposante. C'était, si l'on veut, dans le journalisme dessiné, une révolution analogue et parallèle à celle qui se produisait dans le journalisme écrit : aux graves et méditées tirades des Armand Carrel succédaient les improvisations à l'emporte-pièce, sans souci du détail et sans respect du principe ; en un mot, la besogne alerte et dépêchée de Girardin et de son école.

C'est ici que nous trouverons l'occasion de dire quelques mots de certains caricaturistes dont le nom est inséparable des premières années du *Charivari,* et qui n'ont pas encore pu trouver place dans notre étude.

Nous rattacherons d'abord à cette époque, bien qu'en fait il n'ait pas collaboré d'une manière directe, le sculpteur-caricaturiste Dantan ; mais des reproductions de ses amusantes effigies parurent dans les premières années du *Charivari*. C'est une note assez rare dans la caricature. Les statuettes de Dantan et les

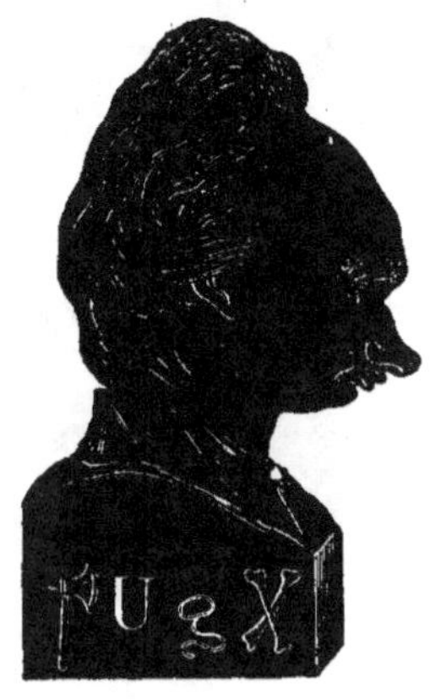

glaises modelées par Daumier sont à peu près les seuls exemples de sculpture caricaturale dignes de mention en ce siècle. Dantan se livra à l'étude des ressemblances contorsionnées. Tous les contemporains y passèrent : écrivains, peintres, orateurs, simples illustrations d'une fugitive actualité. On s'amusa de cela ; des accentuations plus ou moins forcées de certains tics, des calembours en rébus inscrits sur les socles. La vogue ne s'en explique plus aussi nettement aujourd'hui. Pourtant, si ces plâtres (si ces bronzes mêmes, car beaucoup ont eu les honneurs de la fonte) parviennent aux âges futurs, on sera bien aise de savoir que Paganini hanchait démesurément, que Dumas et Hugo furent, à cette époque, les beaux dandys mélancoliques que l'on voit ici. Toutefois les savants feront bien de ne pas tenir un compte très exact des proportions de Dantan, et de ne pas mesurer les angles faciaux des grands hommes

DANTÁN Jⁿᵉ. — Victor Hugo.

sur ces comiques statues, les seules pourtant que plus d'un arracheront à l'ingratitude humaine.

Puisque nous sommes sur le chapitre des portraits, nous pouvons aussi bien mentionner les charges, sans grand accent, mais consciencieuses, lithographiées par Benjamin Roubaud. Enfin, des caricaturistes de l'ancien genre, des fantaisistes doux, un peu vieillots, les Bouchot, les Forest, les Victor Adam, ce dernier gracieusement médiocre, d'une fécondité peu excusable, crayonnèrent leurs dernières inspirations au *Charivari* commençant. Puis, ces vieux comptes liquidés, la parole fut aux deux maîtres : à Daumier, avec sa retentissante épopée de Robert Macaire et ses immortelles études bourgeoises ; à Gavarni, avec les tortillements, la philosophie vicieuse de ses lorettes, la profondeur de son analyse, la grâce de sa couleur veloutine. Vers 1844, Cham brocha sur ce duo l'accompagnement de sa gaieté de rapin. Ces trois artistes firent les beaux jours du journal, et leur

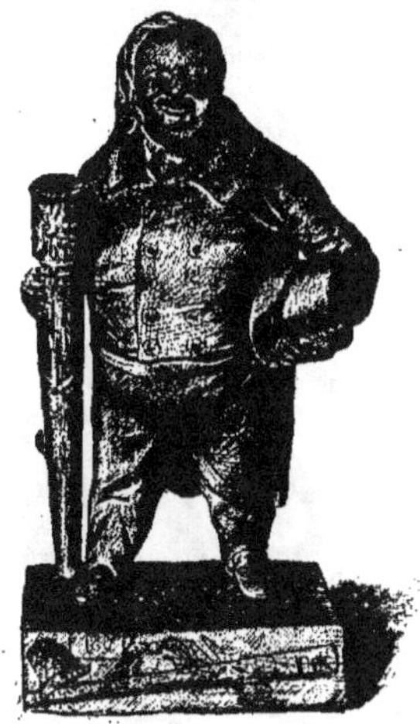

DANTON Jⁿᵉ. — Balzac.

production fut longue. Nous en avons donné l'essence dans les esquisses qui précèdent.

Peu à peu, l'Empire ayant fermé la bouche à la caricature politique et fait une place forcée à l'étude de mœurs, de nouveaux dessinateurs, moins inspirés pour la plupart, se ménagèrent un petit coin à l'ombre des grands amuseurs. Nous allons les

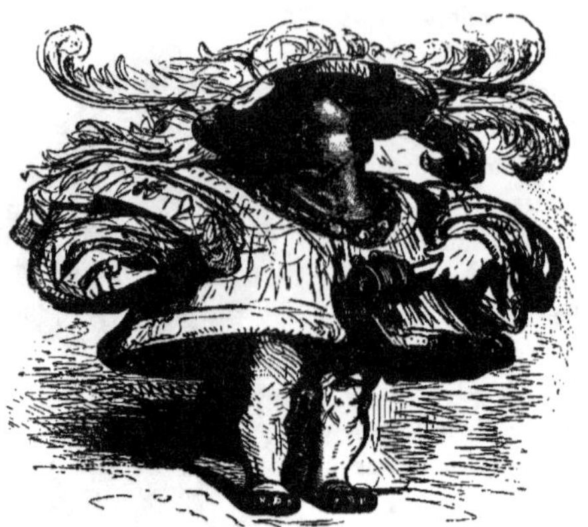

G. DORÉ. — Gargantua enfant. (Extrait du *Livre.*)

retrouver pour la plupart au *Journal pour rire*. Parmi ceux qui sont restés plus exclusivement attachés au *Charivari*, nous pouvons citer Vernier, qui, en 1848, avait fait preuve d'activité aux côtés de Daumier et de Cham; plus tard, Hadol (1835-1874), qui de portraitiste assez médiocre, de superficiel observateur de mœurs équivoques, se fit, l'Empire tombé, satirique outré et tardif. D'autres, comme Stop et Draner, débutèrent jeunes au *Charivari* et y collaborent encore de façon suivie. Le premier, avec un dessin drolet, ramassé ; le second, avec une certaine élégance de convention, croquant de chic les types de la « jolie femme » et du « beau militaire ». Enfin, parmi les plus jeunes qui commencèrent à collaborer plusieurs années après la guerre, Mars et Henriot.

Le *Journal pour rire,* fondé en 1848, (toujours par Philipon !) prit en 1856 le titre de *Journal amusant,* qu'il porte encore aujourd'hui. Plus exclusivement réservé à l'image, plus éloigné des choses politiques que son cousin *le Charivari,* il a donné le vol à un essaim entier de caricaturistes, grands et petits, qui de là se sont répandus à travers mille petits journaux, de durées variables, ou se frayant des voies artistiques à côté du journalisme.

En tête de la liste, il nous faut mettre Gustave Doré (1832-1883), illustrateur coloré allant d'une franche bouffonnerie à une conception fantastique superficiellement saisissante.

C'est au *Journal pour rire* que Doré fit ses premières armes. Il avait cependant publié déjà un album bien divertissant de lithographies à la plume : *les Travaux d'Hercule.* Mais les deux séries les plus

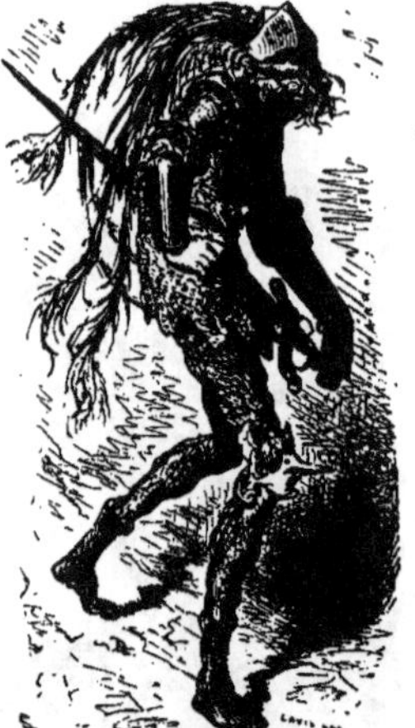

G. DORÉ.— Le capitaine Cochegrue.
(*Contes drolatiques.*)
(Extrait du *Livre.*)

extraordinaires sont : *les Différents publics de Paris* et *la Ménagerie parisienne.* Le crayon lithographique y atteint une réelle intensité de couleur. L'observation en est un peu superficielle, et on remarque un peu d'embarras et de presse dans la composition ; mais, à part cela, combien cela est comique, exubérant ! L'Opéra, les Italiens, le Cirque, l'Odéon, avec leurs publics bien caractérisés, graves ici, se pâmant là, ouvrant de grands yeux et applaudissant sans arrière-pensée dans un autre théâtre. Un des plus divertissants, c'est le public des Folies-Nouvelles, avec sa fleur de demi-monde, bruyante, tapageuse, les sifflets de ses clefs, les flirtages les plus fantaisistes : précurseur du théâtre de la rue Taitbout, de charivarique mémoire.

Que Doré poursuivant ses excursions, nous conduise au cours d'anatomie comparée du Jardin des Plantes, rangeant au premier banc de l'amphithéâtre une collection d'étudiants sexagénaires, aux crânes dénudés ; soit qu'il nous introduise dans la salle surchauffée d'une justice de paix ; soit enfin que, dans un album joyeux, il nous conte *les Désagréments d'un voyage d'agrément* ; nous sommes sans cesse entraînés par l'abondante gaminerie de sa verve ; ce sont de perpétuels soubresauts de la rate. Cela grouille d'inventions

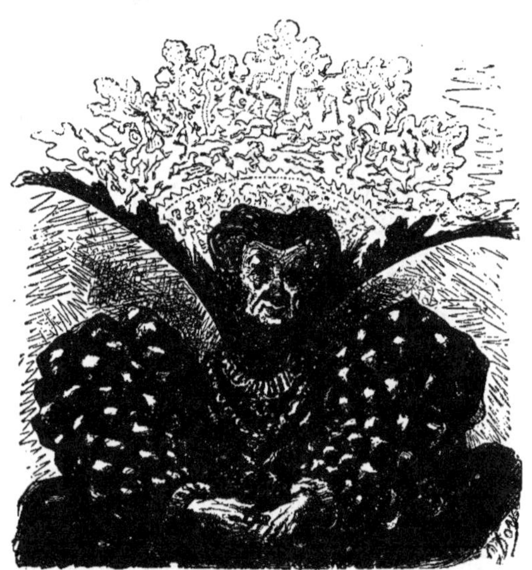

G. Doré. — Vignette du « Dangier d'estre trop coquebin. » *(Contes drolatiques.)* — (Extrait du *Livre.*)

d'excellent caricaturiste. Si le terme de « gaieté folle « n'existait pas, il faudrait l'inventer pour celui qui fit bouillonner son imagination au long des pages de Rabelais, de Cervantès, de La Fontaine et de Balzac, eut l'ambition de commenter la Bible, et étala sur des toiles immenses tout ce qu'il n'avait pu dépenser dans le journal, dans l'album et dans le livre, de couleurs crues et d'ondoyantes silhouettes.

En continuant notre énumération des dessinateurs du *Journal amusant*, nous n'en trouvons point qui aient une pareille envergure. Edmond Morin (1824-1882), pourtant, qui a semé dans maints journaux illustrés de charmantes allégories, floconneuses, mais d'un arrangement exquis, est le plus imaginatif, le plus artiste.

Édouard de Beaumont (1821-1888), d'un crayon un peu rond, d'un coloris un peu estompé, d'un esprit un peu détaché, nous donne une sorte de menue monnaie de Gavarni. Sa collection d'épées défend mieux son nom.

De même que Beaumont est un sous-Gavarni, Damourette est une sorte de sous-

Beaumont. C'est de la galanterie bien fade, bien terre à terre ; cela se sauva, de son temps, par un certain instinct des goûts du public.

Des écrivains qui ont regardé de près l'œuvre de Bertall (1820-1882) affirment que ces recueils seront précieux plus tard pour l'histoire des mœurs ; que rien ne manque au détail des costumes, depuis les glands des bottines jusqu'aux changements périodiques des coiffures. J'aime mieux les croire sur parole, ayant toujours eu une aversion profonde pour ce bavard. On n'imagine pas prolixité plus banale, pareille oblitération de tout sens de l'esprit et de l'élégance. C'est saboté, effacé, enlevé d'un petit crayon pointu et fatigant comme une voix blanche. Et d'une convention, d'une monotonie ! Toujours, pour les hommes, les mêmes banquiers à favoris, ou les mêmes jeunes premiers de Batignolles, avec des cols rabattus et de petites moustaches ; pour les femmes, un type neutre, qui n'atteint qu'à l'absence de laideur ; souvent des étalages de bas blancs, effet certain peut-être sur le public des tables de café il y a trente ans, aujourd'hui d'une bien triviale titillation. Et dans tout cela, l'esprit se cherche inutilement ; d'ailleurs on y renonce vite.

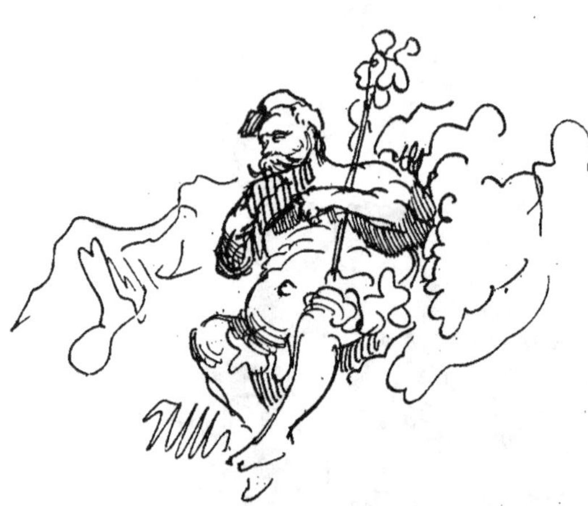

G. DORÉ. — Bucolique moderne.
(Extrait du *Livre*.)

Nadar passe au *Journal amusant,* y semant l'excentricité de grandes charges faciles ou des parodies du Salon. L'homme bien plus curieux à étudier que l'artiste.

Marcelin, que nous retrouverons tout à l'heure, dessine ici, pour ses débuts, d'une plume un peu calligraphique, des types de grandes amoureuses, des études de théâtre, des fantaisies artistiques, ressouvenirs des temps passés comparés à des impressions du temps présent ; images fort élégantes, un peu cosmétiquées, mais qui peut-être, de toutes, sont celles qui sont le plus fortement imprégnées de l'idéal particulier de distinction qui régnait dans la haute société impériale. La grande bicherie de Marcelin aura sans doute plus tard un style très marqué, une valeur documentaire.

Ce que Marcelin étudie dans les salons et les loges aristocratiques, de médiocres artistes le recherchent dans le monde de la galanterie intermédiaire : on peut mettre sur un même rang les Darjou, les Pelcoq, les Gustave Lafosse, les Morland, etc., autant de croqueurs sans caractère, échos fidèles de milieux sans esprit. Cela ne donne point une très flatteuse idée du public qui s'amusait en ces années-là : bals, cafés, trottoirs, promenades, champs de courses, regorgeaient d'une foule gouailleuse et

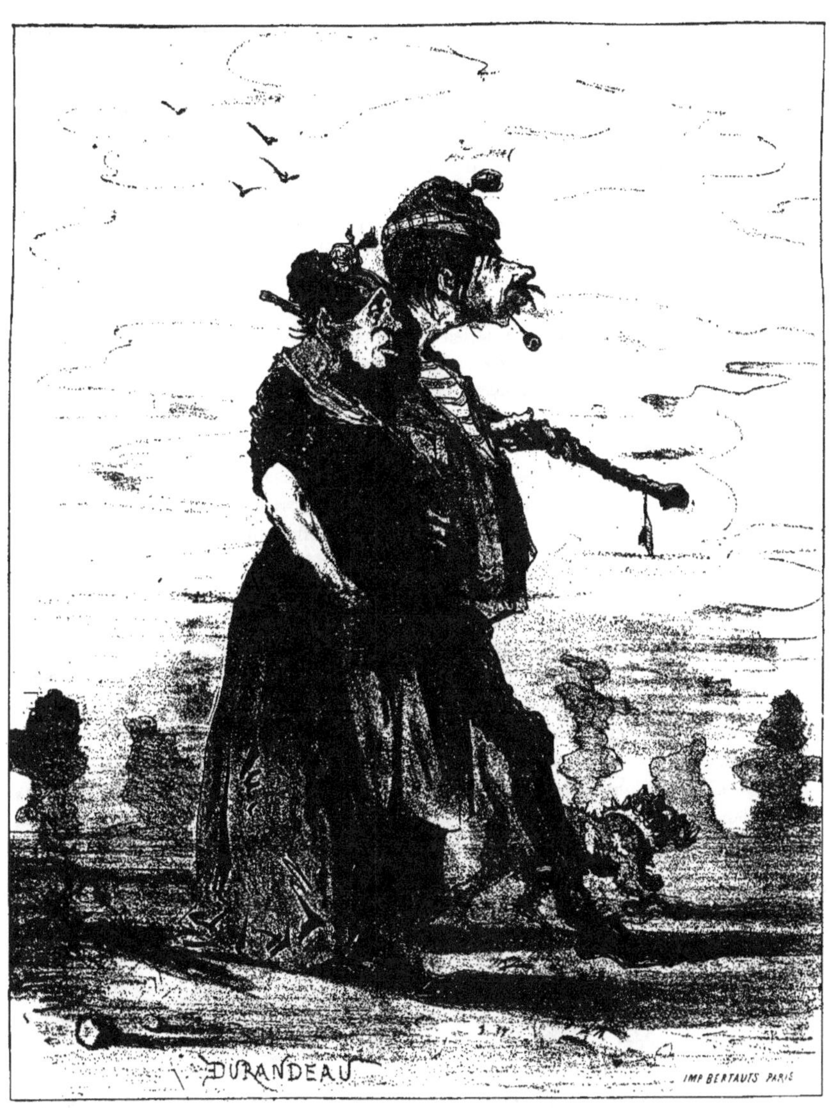

DURANDEAU. — MÔSSIEU ET SA DAME.

piaillarde. En vérité, quand on regarde l'histoire à travers les images, on se fait peut-être des idées fausses, mais il nous semble, sincèrement, que les annales des divertissements sous le second empire nous doivent faire regretter les sentimentales platitudes que nous avons signalées sous le Directoire avec quelque découragement.

Il faut préférer de beaucoup la grosse verve, sans prétention, franchement populaire, du brave Randon, ou du bon gars breton Léonce Petit.

Gilbert Randon (1839-1844) rencontrera aujourd'hui bien des dédaigneux. Nous avons conservé pour lui quelque bienveillance. Randon a été une façon de continuateur de Charlet, toute proportions gardées. Il a eu seulement le chauvinisme drolatique. Ses pioupious (plus exactement ses tourlourous), ses *invalos,* ont une jovialité spéciale. Ils sont galants auprès des dames (lisez les cuisinières) ; ils sont braves, et se battent contre les Chinois, les Italiens ou les Bédouins en faisant de gros calembours, ou des remarques matoises de paysan récemment caserné et qui a pris son parti de servir Mars. Que cette métaphore ne vous gêne pas : ils ont l'habitude de s'exprimer ainsi ; ils ont une mythologie spéciale, où il est question de ce Mars, d'une certaine « Vénusse, » et d'un jeune Cupidon de dessert. Ces scènes sont d'un comique terre à terre; il y a des désespoirs de cuisinières abandonnées, des fatuités de cuirassiers volages, des pédantismes de maréchaux des logis faisant la théorie à la chambrée, des gaietés de cour de quartier et de salle de police, qui sont des choses assez amusantes, si l'on ne veut pas trop faire la petite bouche. Les caporaux apportent une telle gravité dans l'exercice de leurs fonctions ; les engagés volontaires ou les conscrits ont une façon si comique de s'écrier : « O ma mère, si tu voyais ton fils ! » quand ils se livrent à certains balayages, que le rire vous échappe, un bon gros rire sans malice. Il faut alors pardonner au pauvre Randon la vulgarité de son dessin, en faveur de la dilatation qu'il vous procure.

Celui qui avait chanté les pousse-cailloux et les bobonnes ne pouvait manquer de consacrer à leur lieu de rendez-vous favori, mieux que cela, leur paradis terrestre, le Jardin des Plantes, quelques promenades de son crayon. Il a dessiné les ours et les caniches de la même façon que les fantassius, mais il leur a fait tenir aussi des conversations assez drôlatiques. Enfin Randon eut cette qualité, rare dans le groupe que nous étudions, d'avoir une inspiration à lui, et, après tout, ne procéder de personne.

Pauvre Randon ! Pauvres caricaturistes ! Le métier n'est pas toujours aussi gai que les images. Randon mourut pauvre. Je me souviens de l'avoir vu, aux derniers temps de sa vie, dans une maisonnette située par delà Asnières, sur une de ces routes lamentablement vides et désertes de la banlieue. Le vieillard avait eu les côtes défoncées par un haquet qui l'avait renversé, alors qu'il se hâtait à pied, pour porter quelques derniers croquis auxquels la vogue n'allait plus. Et rien, je vous jure, n'était poignant comme ce vieux malade grisonnant, dans sa chambre délabrée, mourant tristement, hors de communication avec ce Paris qu'il avait tant fait rire.

Et puisque nous sommes sur des questions peu gaies, pourquoi ne donnerions-nous pas aussi, bien que ce soit une digression à l'époque étudiée ici, un souvenir à un pauvre diable de barbouilleur qui est mort il y a cinq ou six ans déjà, plus lugubrement encore ? Il n'avait celui-là aucun esprit, aucun talent ; en de grossières enluminures, il faisait passer de populacières platitudes : des couronnements de rosières peu orthodoxes, des zigzags de curés ivres, des ahurissements de soldats de café-concert. Quelque nul que fût ce Lavrate, il avait du moins imposé sa manière à

l'œil du passant ; on riait, aux kiosques, de ses naïves turpitudes. Le pauvre hère, un jour de faim, est allé se jeter en Seine, avec, sous son bras, un cahier de dessins qui n'avaient plus trouvé d'éditeur, et quatre ou cinq sous dans sa poche... Hélas ! l'envers de la caricature, c'est la vie !

Revenons au *Journal amusant*. Nous avons encore à placer, parmi les mieux doués et les plus personnels, Léonce Petit (1839-1884), qui raconta les paysans et les bonnes gens de province avec une bonhomie très souriante, un dessin linéaire très juste dans ses simplifications. L'ennui morne des petites villes, les mesquins incidents devenant matière à commérages sans fin ou à rassemble-

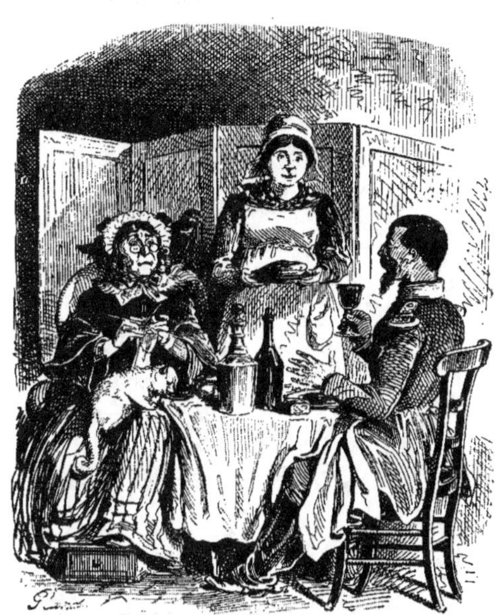

RANDON. — ... Je vous en f...iche mon billet, ma tante, que les Chinois qui sont revenus de celle-là n'iront pas le dire à Rome.
(Extrait du *Journal Amusant.*)

ments jugés séditieux par les autorités, la vie ruminante des villages, avec leur clocher vermoulu, leur auberge primitive ; la flânerie des commères sur le pas de leur porte ; de temps en temps le scandale d'un ivrogne ou d'un mendiant ; les efforts surhumains qu'il faut pour sortir un sou du bas de laine ; la dignité fruste du maire ou du commandant des pompiers ; les remontrances adressées en vain par le curé bedonnant à de réfractaires polissons ; tels sont les sujets où s'est exercée la verve placide de Léonce Petit. Cela ne manque point d'une certaine profondeur philosophique. Dans ces tableaux le paysan n'est point représenté abruti ; il est simplement passif.

Puis, dans Léonce Petit, il y a un paysagiste remarquable. Les arbres, sur les promenades tranquilles des petites villes, sont bien caressés par le vent. Les maisons, vues du haut des terrasses, s'arrangent en exactes perspectives. Les rues de village

ont leur vie morne, constatée à peu de frais, en quelques coups de crayon. Les champs
et les haies, enfin, dans leur maigreur laborieuse, disent, à merveille, la vie résignée
et le labeur de nos paysans. C'est là que Léonce Petit est inimité encore. Il tenta,
parfois avec moins de bonheur, des aquarelles plus serrées, des peintures même. Le
métier lui manquait, et c'est plutôt médiocre. Dans ses dessins au trait, en revanche,
Léonce Petit aura eu l'honneur d'attirer l'attention des artistes les plus difficiles.

Comme succédanés de Léonce Petit et de Randon, nous pourrons citer encore

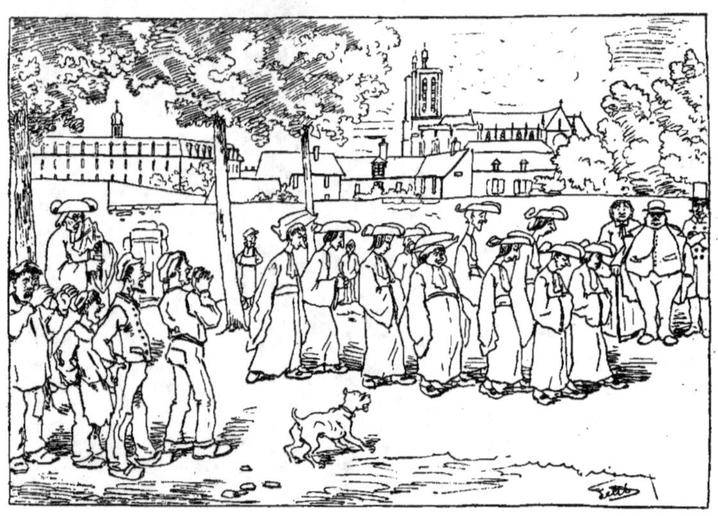

LÉONCE PETIT. — La promenade des Frères. *(Journal Amusant.)*

Baric, qui fait débiter à des paysans un peu conventionnels des finasseries de jour
de foire, et Paul Léonnec, qui s'est adonné aux rusticités gouailleuses des matelots.
Et avec Oulevay et Félix Régamey (celui-ci, esprit ingénieux, artiste voyageur,
ayant d'autres travaux à son actif), nous aurons terminé la revue des principaux
dessinateurs, présents ou passés, du *Journal amusant.*

Il nous reste à remonter quelques années pour trouver, dans la deuxième moitié du règne de Napoléon III, divers recueils moins importants, mais non moins
caractéristiques. Un des plus intéressants et des plus soignés, *le Boulevard,* est fondé
en 1862 par Étienne Carjat.

Daumier, en froid à ce moment avec *le Charivari,* y fût largement accueilli, et
donna là quelques unes de ses plus belles lithographies, entre autres : *La voilà! ma
maison de campagne!* Un bourgeois montrant à ses invités une bicoque effroyablement
nue, au milieu d'une plaine aride et torride ; et : *Fichtre! Épatant! Sapristi!* des

amateurs en admiration devant le tableau que vient de terminer un peintre.

A côté de Daumier, Durandeau donna quelques bonnes charges ; une, *les Nuits de M. Baudelaire,* était d'une réelle fantaisie : le dernier mot de la mansarde d'un poète désordonné et démoniaque.

A propos de Durandeau, on nous reprocherait de ne pas rappeler que ce carica-turiste fut le premier qui tourna en dérision le militaire borné, bredouillant, toujours furieux, et légèrement gaga, le prototype du trop célèbre Ramollot, en un mot l'offi-

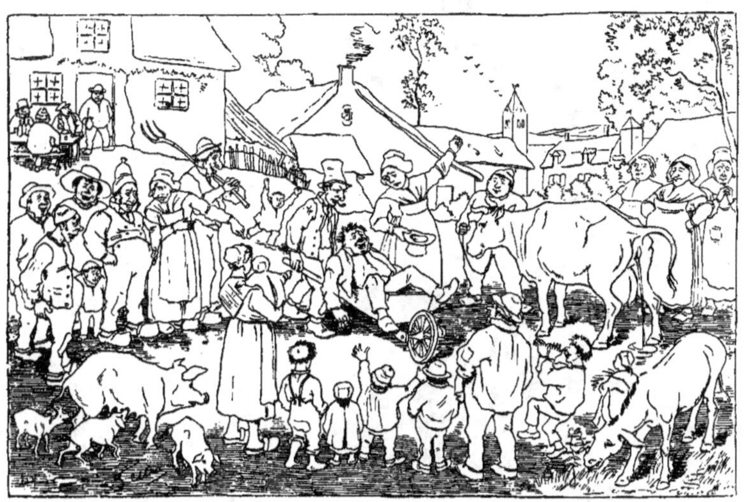

LÉONCE PETIT. — Le retour du pochard. *(Journal Amusant.)*

cier culotte-de-peau. Peut-être cela ne manquait-il pas d'originalité au début ; mais on a fait depuis un tel abus de *scrongnieugnieu!* et de *j'v'f'd'dans!* que nous ne sau-rions insister là-dessus.

Enfin, parmi les dessinateurs du *Boulevard,* il ne faut pas oublier Carjat lui-même, dont les grands portraits, caricatures sans malice des célébrités artistiques et littéraires, sont encore intéressants à consulter. Malgré les mérites de son illustra-tion et de sa rédaction (peut-être à cause même de son trop de tenue), le journal ne vécut guère plus d'un an.

Un autre type, fort curieux, du petit journal artistique et primesautier, *le Hanne-ton,* paraît en 1862, et bourdonne jusqu'en 1868. Léonce Petit, Gill, Gilbert Martin, Pilotell y crayonnaient ; Alexis Bouvier, Eugène Vermersch, Gustave Aimard, Firmin Javel en émaillaient le texte de bons mots ; et, ce n'est pas la moindre curio-sité de cette rédaction, on y vit réunis, dans des débuts humoristiques et tant soit

31

peu cascadeurs, le poète harmonieux et mystique Paul Verlaine et le poète bourgeois François Coppée, qui ne songeait guère en ce temps à l'Académie. Le *Hanneton* brisa ses antennes, un jour d'étourderie, contre une condamnation à quelques centaines de francs d'amende.

La Vie parisienne, tout à fait l'antipode des petits journaux bohèmes et frondeurs, inaugurait en 1863, sous la direction de Marcelin, le monopole des grandes élégances, la littérature de nouvelles retroussées sans que les convenances eussent à s'offenser, les croquis de mœurs vaporeuses autant qu'évaporées ; bref, tout un genre spirituellement énervant : un nuage de poudre de riz à la cantharide. Marcelin lui donna une tournure tout à fait grand seigneur, et lui donna une impulsion suffisante pour que *la Vie parisienne* ait pu vivre jusqu'à ce jour. Le grand succès du recueil, qui sera certainement curieux pour l'étude des mœurs mondaines, fut dans les fines et capiteuses nouvelles des Gustave Droz, des Ludovic Halévy, des Taine. Quant aux dessins, devenus très nettement pornographiques (mais suaves quant aux apparences) à une certaine époque de la troisième république, ils relèvent peu de la caricature. Si ce n'est que leur « distinction » exagérée est peut-être la caricature des véritables élégances.

MARCELIN. — Déjazet dans le rôle de « Monsieur Garat ».
(*Journal Amusant.*)

On trouve une note plus brutale, plus crâne, plus populaire, dans le journal qui fit la fortune artistique de Gill et dont Gill fit le succès : *la Lune,* fondée, en 1865, et rebaptisée *l'Éclipse* en 1868. Les grandes charges coloriées de première page donnaient à ce journal une physionomie particulière, bien des fois imitée depuis : une tache claire et acide qui placée aux kiosques attirait l'œil et forçait l'attention. Quelques dessinateurs purent se faire remarquer à *la Lune* et à *l'Éclipse* dans des conditions pourtant bien ingrates : le voisinage de Gill, et le placement à la quatrième page.

Ce sont, par exemple, Pilotell, Carlo Gripp, Pépin, Ancourt, que l'on peut retrouver dans d'autres journaux du temps, dans le va-et-vient curieux qui se faisait de feuilles mortes à feuilles naissantes. Mais surtout Crafty et Humbert. Crafty, fils de l'universitaire Géruzez, a donné à *l'Éclipse,* et à bien d'autres recueils depuis, de menus croquis : caricatures de courses, de promenades hippiques, en général de toutes les choses de la vie sportive.

Humbert mérite une mention spéciale, ne fût-ce que pour la création du type curieux de *Boquillon,* le soldat illettré et sentimental, le paysan à qui l'uniforme a donné du bagout et qui épanche ses impressions sur les hommes et les événements du jour en une orthographe fantaisiste, et des dessins (!) dans le style naïf de ceux qu'il charbonne sur les murs un jour de bordée. Avec cette curieuse conception, purement grotesque, combien nous voici loin du grognard de Charlet ou de Bellangé, des *Militairiana* de Charles Jacque, ou simplement du tourlourou brave et loustic de Cham, relique de l'atelier d'Horace Vernet, ou même du galant et réjoui fantassin de Randon ! Hélas ! Boquillon n'avait pas eu le temps de se faire, au camp de Châlons, une éducation militaire suffisante, et c'est lui, éreinté et abruti par les privations, affublé tant bien que mal d'une tunique de moblot, lui qu'on écrasait par milliers pendant la campagne de France ! Voilà des pensers un peu tristes amenés, en somme, par un gai, car Humbert a déployé, dans ses croquis volontairement informes, une large somme de folichonnerie.

Nous analysons, à la page voisine, le principal dessinateur de *la Lune* et la verve agressive, gavroche, réellement barricadeuse, d'André Gill. Qu'il suffise de dire que, grâce à lui, *l'Éclipse* avec sa devancière *la Lune* a été un des recueils les plus vivants et les plus typiques du second empire.

. Le dernier à signaler n'est pas non plus médiocrement significatif. En 1867, Jules Vallès fondait *la Rue,* dont Régamey, Montbard, Pépin, et Gill encore, étaient les principaux illustrateurs. De leurs dessins, il n'y a pas grand'chose à dire ; ils sont la répétition, avec un tirage non soigné, de ce que nous avons pu étudier déjà. Mais ce qui frappe, c'est la tendance brutalement accentuée.

La liste des principaux journaux à images de cette période s'ouvre par *le Boulevard* et se clôt par *la Rue*. C'était bien le symbole de ce qui se passait dans la réalité ; des salons bourgeois ou mondains, la caricature allait, aux derniers jours de l'empire, et pendant les sanglants événements de 1870, se ruer sur le trottoir. Le rôle du boulevard était fini ; celui de la rue allait commencer.

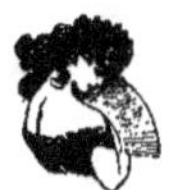

XXXII

ANDRÉ GILL.

Avec sa chevelure en coup de vent, ses airs de d'Artagnan de Montmartre, poseur et bon enfant, Gill (1840-1885) s'est fait à la fois beaucoup d'amis et d'ennemis. Les amis sont restés, très fidèles, peut-être un peu enthousiastes ; quant aux ennemis, la mémoire de ce brave garçon, expansif, ardent, à l'esprit généreux, n'en doit pas conserver un seul, surtout après sa fin navrante.

Indépendamment des sympathies que sa « nature » pouvait inspirer, et qui ont été pour quelque chose dans son succès, pour quelque chose aussi dans sa perte, André Gill, né Gosset de Guines, avait de réelles qualités de caricaturiste. Il possédait l'entrain, la vigueur, la clarté, la belle humeur. L'empire a vu sa plus belle période ; Gill a joué un rôle, certainement, un rôle politique avec les belles charges qu'il publia dans *la Lune* et dans *l'Éclipse*. Ces grands portraits à la plume, rehaussés de teintes plates, ne furent pas seulement des caricatures, ce furent des pages de combat. Dans les uns, on sentait une véritable hostilité ; dans d'autres, malgré l'allure caricaturale, une profonde et communicative sympathie. Quand Gill dessina les hommes politiques adversaires du gouvernement, il contribua à leur popularité, tout en saisissant d'une manière remarquable ce qu'il y avait de saillant, de typique dans leurs physionomies, dans leurs attitudes.

C'était d'un art véritablement supérieur aux à peu près dont on se contente aujourd'hui dans la moyenne des caricatures politiques. Gill ne se contentait pas de dessiner une tête d'après une photographie plus ou moins ressemblante et de la placer sur un corps de convention. Il voulait que tout cela répondît à l'idée que l'on devait se faire du personnage ; il pénétrait son esprit et ses tendances ; bref, il s'inspirait, avec conviction, du caractère de son modèle, et c'est en cela que certains de ses portraits, celui de Victor Hugo émergeant de l'Océan, pour n'en citer qu'un, et un très beau, furent véritablement des *portraits de combat*. Gill eut aussi, sous l'empire, des idées dignes d'un excellent satirique, et s'il ne put pas, à ce moment, donner toute sa mesure dans ce sens, c'est que la censure veillait, avec des bâillons tout préparés. Pourtant, le célèbre *Melon* aura sa place dans l'histoire de la caricature politique. De même, les amateurs et les curieux se disputeront les exemplaires de

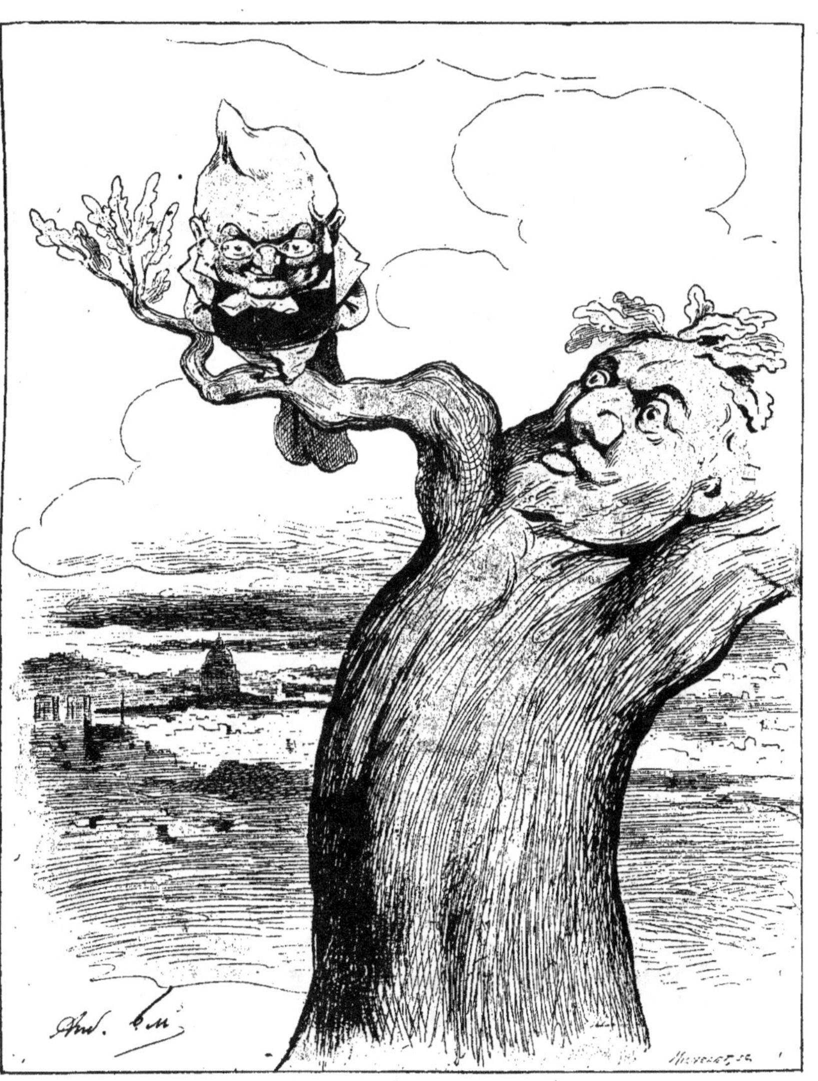

ANDRÉ GILL. — L'oiseau sur la branche.

la planche *Rocambole*. C'était une excellente idée de satire, ce dessin qui paraissait

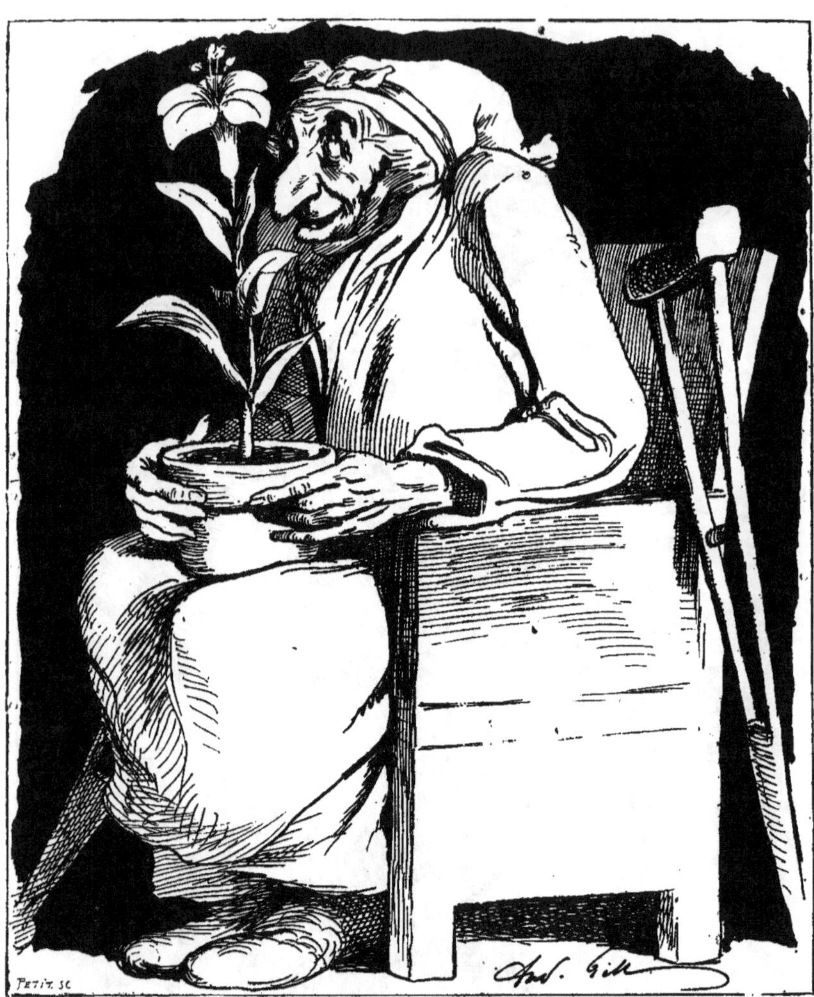

ANDRÉ GILL. — L'Avenir lui sourit.

illustrer simplement le fameux roman de Ponson du Terrail, et qui, en réalité, allait souffleter l'empereur Napoléon III. Rocambole, mi-parti gentleman et mi-parti forçat, avait une ressemblance frappante avec l'hôte des Tuileries, ressemblance telle que le dessin fut supprimé dès son apparition, trop tard pourtant pour que le coup n'eût pas porté.

Après la guerre, Gill fit encore de bonnes caricatures, de son dessin clair et correct d'ancien élève de l'École des Beaux-Arts. Elles n'eurent peut-être plus, dans le mouvement de la politique, une influence bien directe. Il faut signaler cependant les croquades où Gill représenta le petit M. Thiers avec un étonnant relief de vie et un mouvement bien spirituel.

La série des *Hommes du jour,* fort alerte et bien enlevée, contient aussi de nombreux portraits qui auront plus tard une valeur historique certaine. Enfin, Gill a parfois eu de piquantes idées satiriques, notamment lorsque sur un mot de Gambetta il fonda, avec Louis de Gramont, l'éphémère *Esclave ivre.*

Comme il y a des injustices dans la répartition des éloges! Voilà un homme qui a été heureusement doué, qui a produit les dernières caricatures politiques vraiment vigoureuses et vraiment sincères, et, peu d'années après sa mort, on ne trouve presque rien à dire de lui. C'est un peu sa faute, hélas! Gâté par des admirations aveugles, par des camaraderies, Gill a éparpillé sa vie et écouté de trop vastes ambitions. Il a eu l'ambition d'être un grand peintre, n'ayant presque pas de métier, et il n'a laissé guère que le portrait de l'acteur Daubray qui puisse passer pour un morceau de peintre tolérable. Il a eu l'ambition de faire fortune par divers moyens, et notamment en brossant un grand panorama des célébrités, idée reprise d'ailleurs avec fruit par d'autres artistes, et cela l'a conduit, délirant, à Charenton.

Quelle triste fin que celle de ce garçon plein de talent, exubérant de force et de santé, de ce beau et triomphant bohème! Un cabanon, que de rares dévouements, restés fidèles, celui du caricaturiste Émile Cohl, notamment, ne parvinrent pas à rendre moins navrant.

Gavarni hypocondriaque, Daumier aveugle, Gill fou! La caricature a parfois un envers peu gai. Gill a eu de la vaillance, de l'honnêteté, du patriotisme. Il n'a jamais sali son crayon à fouiller des ordures. Son œuvre a des fiertés. Elle marquera, quand ce ne serait que pour faire honte à plus d'une période que nous avons traversée depuis lui, et qui n'a pas pu faire naître un seul caricaturiste vraiment fouailleur.

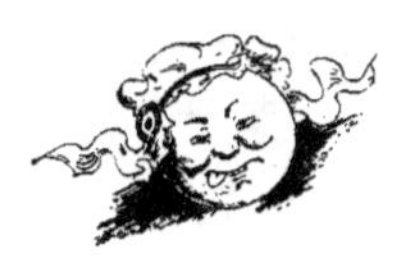

XXXIII

GRÉVIN ET LA FEMME D'HIER.

D'une petite femme, on disait, il y a encore peu d'années : « C'est un Grévin », et tout de suite cela évoquait l'idée d'un joli petit animal tout en pouf et en contorsions de croupe, perché sur deux petits pieds extraordinairement cambrés.

Sous une tignasse ébouriffée, des yeux de rien du tout qui ont l'effronterie de paraître grands, mais la plupart du temps baissés par une sournoiserie polissonne, un soupçon de fripon de nez, une bouche dessinée d'un point. Habillée d'un chiffon de quatre sous auquel elle sait donner son chic ; jamais de danger qu'on la prenne pour une grande dame ; ignorante comme une petite carpe, insolente comme un petit voyou, méchante comme une petite peste, gentille comme un petit ange, telle était à peu près la femme telle qu'on se la représentait suivant la formule de Grévin. Elle est loin maintenant ; cette canotière est allée rejoindre, au pays des souvenirs, la grisette de Monnier et la lorette de Gavarni. Elle n'est déjà plus, cette petite chahuteuse, qui a ravagé tant de collégiens et achevé tant de vieux messieurs ; elle a fait une fin, ou s'est évaporée comme une bulle de savon ; elle est devenue dame patronesse ou titulaire du cordon maternel. Celle qui lui a succédé est plus grande dame et légèrement raseuse. Elle est très esthétique, ou bien c'est, par trop bombée, la Viennoise de Mars.

Quoi qu'il en soit, Grévin (1827-1892) a buriné très profondément la silhouette de cette petite milieu de siècle. Il a pénétré aussi avant qu'il a pu dans l'étude de cette petite âme bestiale.

Son œuvre est une époque, un ensemble de documents, et il serait superflu d'y chercher de l'art, car, à proprement parler, Grévin n'a pas été un artiste. Quand, de simple employé de chemin de fer, il se lança en 1857 dans le journalisme du crayon, il ignorait absolument le dessin, et il n'a jamais eu depuis cure ou besoin de le savoir. Il commence par faire, au *Journal Amusant,* des besognes très secondaires ; il dessine jusqu'à des rébus ! Puis, peu à peu, quelques études de mœurs dans les bals publics ou dans les bals masqués ; mais d'une plume maigre, d'une facture étriquée. Vers 1869, sa manière change et prend un peu plus de largeur, son dessin se simplifie, son esprit s'affine, et il a déjà quelques légendes qui saisissent. Enfin, un peu après la guerre, il est en possession de son outil ; il campe prestement ses gamines vicieuses, ses gommeux abrutis, ses Parisiennes froufroutantes. Le dessin est jeté comme le mot qui l'accompagne, et le mot fait image.

On peut contester la vérité de ses paysans, malgré leur jargon amusant ; on peut aussi dire qu'il n'a vu la vie bourgeoise qu'un peu à travers l'ancien répertoire du Palais-Royal : ses papas ayant le gilet de Geoffroy ou de Lhéritier, ses mamans la carrure de la mère Thierret, ses ingénues, l'absence d'ingénuité des ingénues.

Un paysan, un troupier, une pipelette ont, ni plus ni moins qu'une étoile de féerie, cette taille sanglée, ce pied trop petit pour lequel Grévin a une incorrigible tendresse. Il est très gêné quand il serait nécessaire de ne pas faire élégant ; aussi la laideur de ses personnages masculins est-elle très superficielle, toute de convention et jamais observée. Ils ont juste autant d'expression et de naturel qu'un chanteur de café-concert.

Il est juste, d'ailleurs, de remarquer que ce goût spécial du fac-

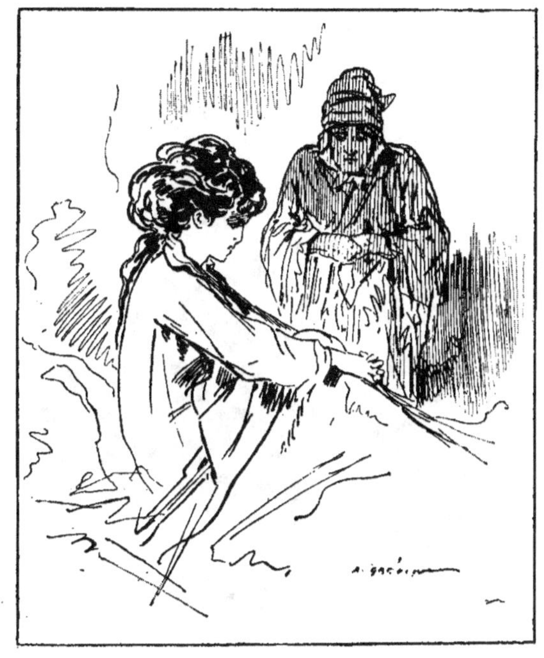

A. GRÉVIN.

(Extrait du *Journal Amusant*.)

tice, a remarquablement servi Grévin lorsqu'il a réellement travaillé pour le théâtre : il a été un costumier ou plutôt un déshabilleur remarquable.

Nous réservons donc toute indulgence pour ses types de femmes, avec les chiffons de quatre sous qui enveloppent leurs corps à surprises. Comment d'ailleurs nous montrer sévères pour cette petite grue ? Pourvu qu'elle ait des mines drôlettes, des tortillements souples, nous la tenons quitte du reste, enchantés quand par-dessus le marché elle a une apparence d'esprit. Or, ce qui lui tient lieu d'esprit, c'est qu'elle est d'une voyouterie incomparable.

Et voilà le mot qui résume le meilleur de la philosophie de Grévin : c'est qu'il est adonné à l'observation de cette particulière contorsion de l'esprit, la *voyouterie,* pour en extraire le maximum de piquant et de gaieté. Donnons-nous l'amusement de faire un choix sommaire, dans ces dialogues en trois lignes, puisons un peu dans les diverses catégories, et alors nous aurons presque tout notre Grévin en raccourci.

D'abord, il y a toute une série sous des titres nombreux, de balivernes expressives, de rien-du-tout très amusants, qui seraient des casse-têtes pour les étrangers ignorants des finesses de la langue verte. Grévin fait en ce genre d'incessantes trouvailles.

Ce sera, par exemple, ce machiniste qui interpelle une figurante : « *Ben non, là! voyons Loïse, sans blague, la main su l'cœur, dis-moi franchement d'quoi qu't'as envie pour tes étrennes... que j'te l'souhaite!* » Toute la cordialité ironique de l'ouvrier parisien est dans cette plaisanterie, de même que toute l'importance insolente du camelot est dans cette réponse d'un marchand de chiens à deux petites dames qui marchandent un épagneul : « *Voyons, c'est'i

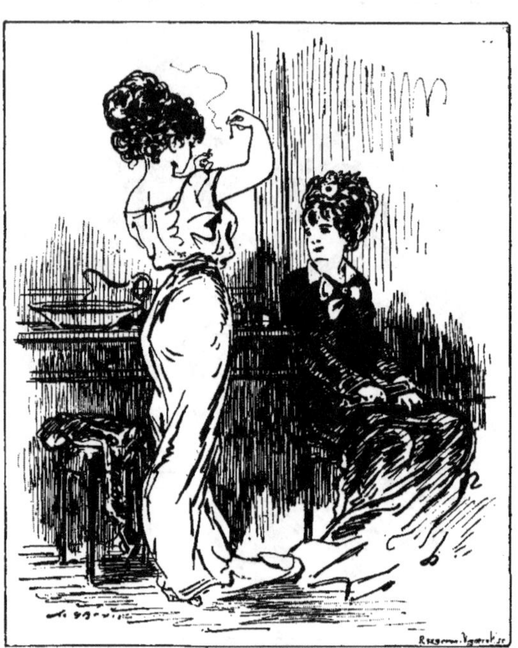

A. Grévin.

— Tiens! ne me parle pas de lui, je ne peux pas le souffrir, même en peinture!
— Cependant, s'il t'offrait de t'épouser?
— Ça, c'est autre chose.

(Extrait du *Journal Amusant.*)

cent sous? — Cent sous! voulez-vous m'en faire? j'vous les prends tous, moi, à c'prix là?* » Que dites-vous de ce « Voulez-vous m'en faire? »

Pourtant, ses personnages ont parfois le sentiment des convenances les plus strictes : témoin ce discours d'un mari courroucé, un jour de mi-carême, à un déguisé trop entreprenant : « *Oui, jeune homme, je vous l'dis et je ne crains pas de vous le r'dire : on peut très bien présenter ses civilités à une dame sans lui prendre ses estomacs!* »

Avant de recueillir quelques mots de femmes, il n'est pas mauvais de faire remarquer que chez Grévin l'enfance est plus que terrible. Les fillettes n'ont déjà plus rien à apprendre sur l'art de tortiller leur pouf, de se dresser sur leurs petites jambes cambrées, de faire toutes les manières des grandes personnes. Et d'un cynisme avec cela, sachant déjà le fin fond de la vie ; cette gamine dit franchement son fait à un vieil ami trop prodigue de caresses : « *Il est bon, celui-là, i'vous apporte*

jamais rien et i'faut toujours qu'on l'embrasse pour. » Dans un compartiment, une petite délurée répond pour sa mère : « *Est-ce que la fumée n'incommode pas madame ? — Oh, non, monsieur, maman fume.* »

Si les enfants sont modernes, leurs bonnes ne le sont pas moins. Grévin en a crayonné de bien amusantes, que l'on ne pourrait pas inventer. Une grande, plate, guindée, flegmatique. « *Célestiiine ! — Voilà, madame, voilà. — Vous ne pourriez pas aller plus vite ? — Madame veut z'une bonne qui n'court pas.* » Une physionomiste et philosophe : « *V'nu personne, pendant mon*

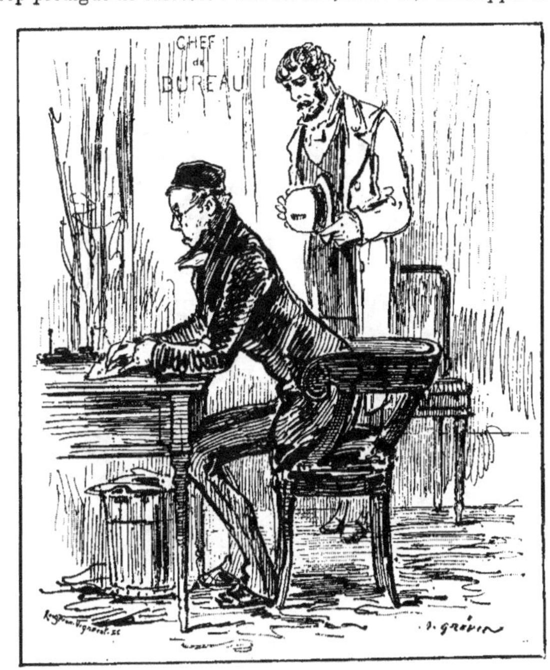

A. GRÉVIN.

— Ne venez-vous pas de me dire que vous alliez être père? Père de qui? père de quoi? père d'un garçon? père d'une fille?
— Ah! dame! monsieur....
— Oh! j'vous r'connais bien là: n'sachant jamais c'que vous faites!
(Extrait du *Journal Amusant*.)

absence? — Pardon, v'nu un m'sieu. — Vieux, jeune? — Oh! entre les deux; un homme qui vous prend le menton. » Une autre enfin d'une ingénuité assez particulière : « *Peste !* dit un visiteur à un peintre, *vous faites comme cela le troupier de chic ! — Ma bonne est assez ferrée sur l'uniforme ; je la consulte quelquefois. Victoire ! combien de boutons par devant, un militaire ? — Au pantalon ou à la tunique ?* »

Quant aux femmes dont on s'amuse, c'est par milliers qu'il faudrait citer les traits de leur diplomatie, leurs roueries, leurs impertinences qui interloquent et désarment, et parfois, qui le croirait? leurs cris du cœur. Dans une explication animée, quand elles se sentent dans leur tort absolu, elles vous auront de ces réponses : « *Cependant, tu me l'avais juré. — Pas sur les cendres de ma mère!* » Qu'est-ce que vous voulez opposer à cela? Elles ont toujours dans ce genre des trésors de prévoyance. Cette mignonne petite drôlesse qui monte son escalier, très absorbée dans la lecture d'une lettre : « *Ma bonne petite, forcé de céder aux exigences de ma famille, c'est le cœur brisé que je me décide à t'écrire ces quelques lignes; oublie-moi.... — Ah! ben, mais elle est gentille sa famille, et si c'pendant j'n'avais eu que celui-là!* »

Il faudrait encore parler des mères, qui sont extraordinaires, parfois d'un réalisme bien plus cru, bien plus saisissant que madame Cardinal elle-même. Il faudrait aussi faire quelques excursions dans certains de ces salons bourgeois dont nous parlions, un peu façon Palais - Royal,

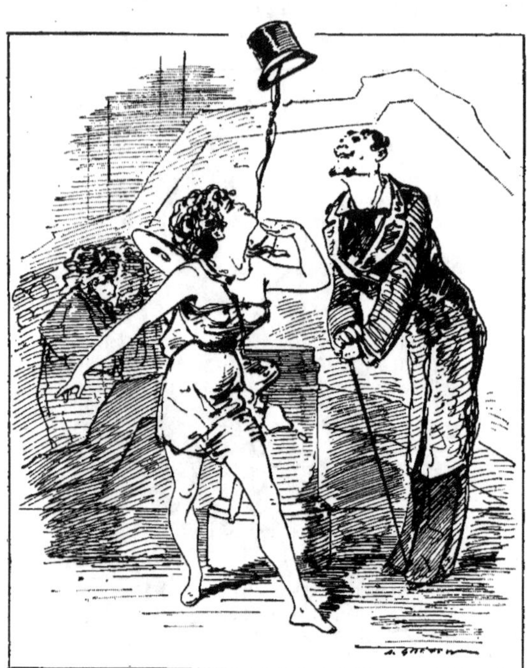

A. GRÉVIN.

— Vot' fille! voulez-vous la savoir, à moi, mon opignon su' vot' fille? Eh ben, a' s'ra jamais sérieuse!
— Ah! dites-z-y donc!

(Extrait du *Journal Amusant.*)

mais bien amusants tout de même; nous y entendrions de ces raisonnements de père : « *Cinquante mille francs de dot!!! Pristi! comme vous y allez, jeune homme... Deux mille cinq cents francs de dot à cinq!!! Mais, cher monsieur, chez moi ma fille ne me coûte pas ça!* »

Nous préférons montrer par un ou deux exemples, pour finir, le genre de profondeur très spécial auquel atteint parfois le sourire implacablement sceptique de Grévin. Ce sera cette scène de bal masqué, envers du monde où l'on s'amuse. « *Eh bien, dis donc, toi,* crie un huissier à une allumeuse, *est-ce que tu crois qu'on te donne tes entrées pour que tu restes là, comme ça les bras croisés, à rien faire! — J'voudrais bien vous y voir, vous, à ma place : que vous r'leviez d'couches, des rigolos su la poitrine, et quatorz' sous d'poix de Bourgogne dans l'miyeux du dos !* » Vous voyez jusqu'où peut aller l'éloquence du trottoir.....

Mais un des mots qui nous en disent le plus long sur les passions de ces multiples fantoches, vivants que nous avons plus d'une fois coudoyés, un mot qui résume presque toute la psychologie du monde grévinesque, c'est cette déclaration d'amour, par un petit gommeux arrivé au paroxysme de la passion : « *Ça a l'air d'une blague infecte. Eh bien, non, là vrai, sérieusement, j'suis amoureux de toi.* »

Et dire, le plus terrible, que c'est peut-être vrai! Et que si jamais des temps candides revenaient, on ne voudrait pas croire que ces petites femmes cassées en deux et ces hommes abrutis ont eu leurs secondes de sincérité, et que c'est cela qui aurait positivement l'air d'une blague infecte.

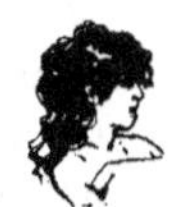

XXXIV

LES DERNIERS HUMORISTES NOBLES.

UN MOT SUR LA CARICATURE POLITIQUE ET PATRIOTIQUE

EN ALLEMAGNE.

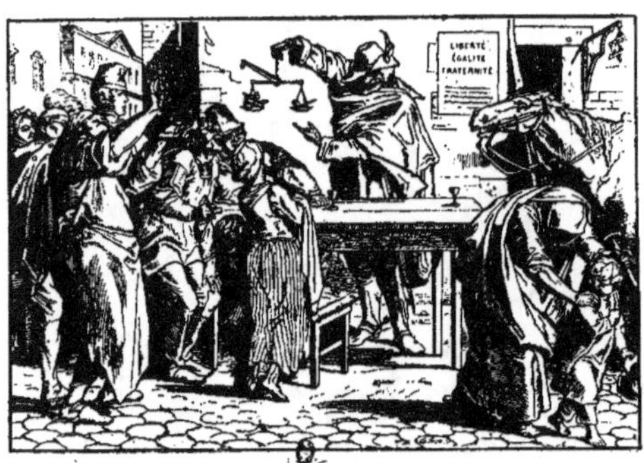

RETHEL. — Nouvelle danse des morts.

De 1845 à 1848, la création de journaux illustrés inaugurait en Allemagne un art humoristique plus courant, plus vulgaire que les laborieuses et un peu allégoriques compositions des Hasenclever, des Maurice Schwind et des Rethel.

Nous venons de nommer Alfred Rethel. C'est un des plus connus

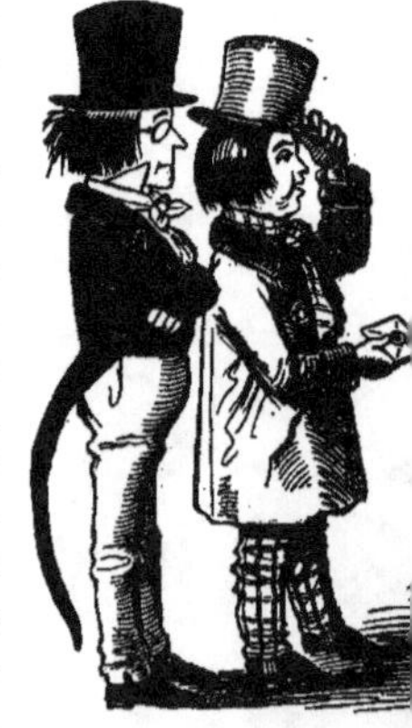

Le baron Beisele
et le docteur Eisele.
Fliegende Blätter, 1848.

parmi les derniers représentants de la caricature académique. Ses grandes compositions historiques et religieuses ont perdu beaucoup de leur prestige, même pour ses compatriotes; mais à un moment ses fantaisies macabres traversèrent le Rhin, et on ne fut pas loin, chez nous, lors de leur apparition, d'y voir du génie. La *Danse macabre révolutionnaire,* avec son inspiration violemment antidémocratique et antisocialiste fut prônée par quelques-uns, après 1848, comme une admirable satire. La célèbre planche du *Choléra* faisant son entrée dans un bal masqué fut traitée d'effrayante. De fait, ce n'était que les petits bois d'Holbein renouvelés et agrandis, avec, en plus, quelque raideur hiératique, quelque sécheresse d'académie. La composition était sans doute ingénieuse, par exemple le spirituel détail du charlatan qui, devant la foule imbécile, prouve qu'une couronne ne pèse pas plus qu'une pipe (en saisissant sa balance non pas par l'anneau, mais par le fléau) était un trait de satire assez ingénieux. Mais Rethel sera aujourd'hui difficilement rangé parmi les maîtres de l'art du rire.

Cet art composé et compassé est désormais bien loin. Les *Fliegende Blätter* (1844), le *Punsch* (1847) et les *Leuchtkugeln*, à Munich, le *Kladderadatsch* (1848), à Berlin,

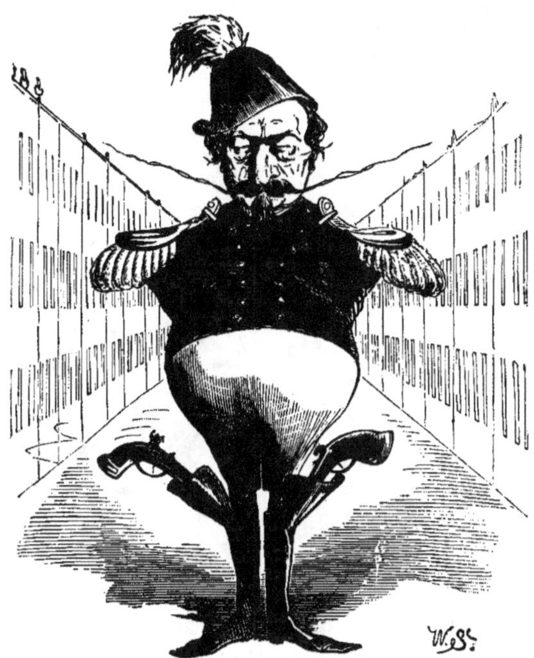

Il a embelli Paris et s'ennuie...
Spécimen des charges du *Kladderadatsch* sur Napoléon III.

d'autres encore, moins dignes de célébrité vont répandre une caricature hâtive, vivante, s'intéressant aux événements quotidiens, reflétant fidèlement la grande et sourde encore convulsion européenne.

Au jour le jour, de plaisants types, bientôt populaires, Eisele et Beisele à Munich, Schultze et Muller à Berlin, engagèrent des colloques drolatiques sur les hommes et les choses, dialogue renouvelé de Pasquin et Marforio.

Le résumé peut être fait rapidement des images politiques et de leurs tendances.

La plupart des journaux satiriques de l'Allemagne dirigent presque exclusivement leurs coups sur la Prusse grandissante, dont on pressent et dont on redoute alors l'envahissement. On fait alors des orgies de casques à pointe.

Cela dura jusqu'à Sadowa, et alors tout s'inclina devant ce même casque. La botte avait fait plus de sept lieues.

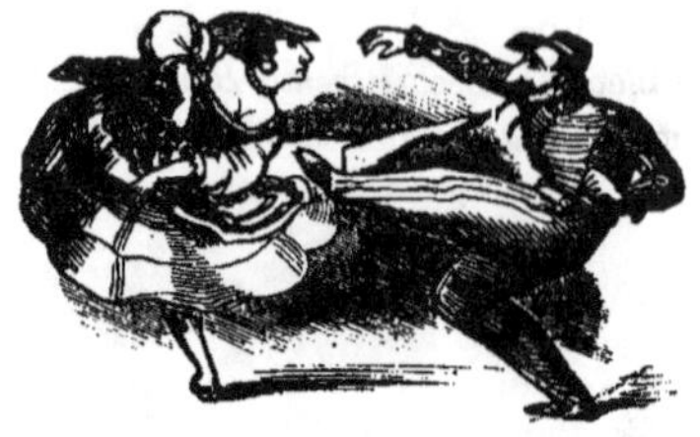

Napoléon dansant le cancan avec l'Italie.
(Punsch.)

De 1852 à 1870, on suivit aussi avec passion, tout ce qui se rapportait à nos expéditions, Italie, Mexique, à notre politique, aux faits et gestes de Napoléon III. De toutes ces caricatures politiques, la valeur graphique est bien médiocre. L'empereur des Français est uniformément représenté avec un nez polichinellesque, de grandes bottes, le petit chapeau en bataille, un costume rappelant vaguement celui de Napoléon Ier. D'autres fois, il est montré en danseur, en cuisinier, bref tous les accessoires banaux de la caricature qui suffit à la foule dans tous les pays.

A partir de Sadowa, ceux qui auraient eu quelque pénétration auraient pu, d'après le ton des charges allemandes, et surtout prussiennes, prédire à coup sûr la guerre à venir. On étudiait, on épluchait la France, mais cette fois dans une intention plus railleuse ; l'inquiétude des précédentes années, dissipée par le spectacle de nos fautes, faisait place à des dispositions agressives. Enfin le *Kladderadatsch,* exultant, se gaussa formida-

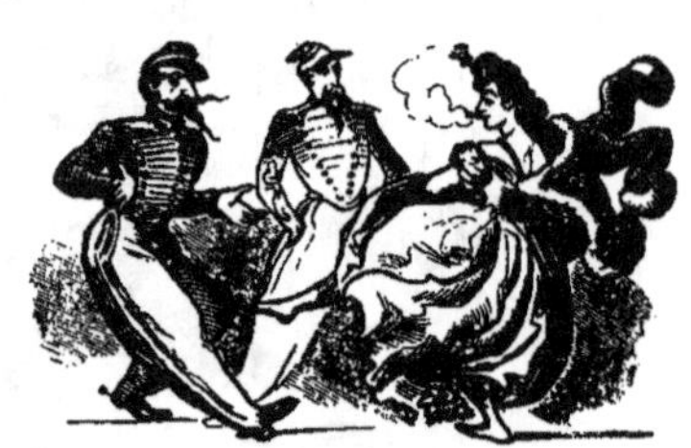

..... avec la Hongrie.

blement, la guerre déclarée, de ce saltimbanque, *monsieur Louis, du cirque Napoléon.* On pourrait également constater qu'après la victoire certaines feuilles manquèrent de générosité envers le vaincu. Tout cela ne nous arrêtera pas longtemps. Nous l'avons rappelé pour que notre revue ne soit pas jugée trop incomplète. Mais à quoi bon insister ? On trouverait aisément, dans le courant de nos caricatures, bien des pages où le patriotisme, entendu de certaine façon, n'a pas inspiré plus heureusement les dessinateurs.

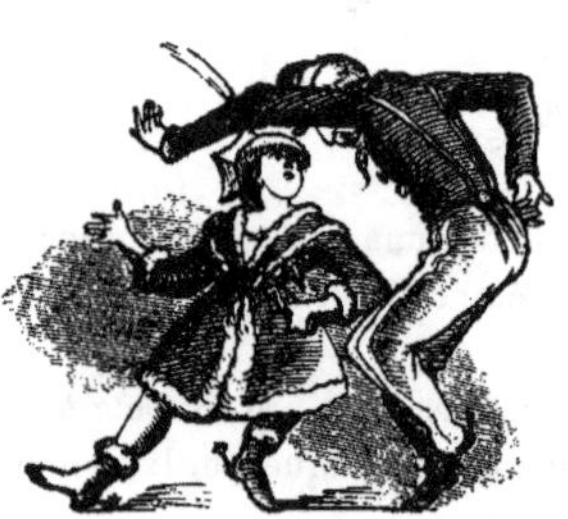

..... avec la Pologne aussi.

En général, les rivalités de nation à nation sont assez mauvaises inspiratrices de rire, nous entendons ce rire ailé, ce rire artiste que nous recherchons avant tout dans notre promenade. C'est un gros rire mauvais qui sent la provocation, précède ou accompagne les tueries et persiste après elles souvent. Nous n'avons point le goût de remuer ces haines et ici encore nous éviterons la politique. L'étude des fantaisistes de l'école de Munich est bien trop attrayante pour que nous ne préférions pas leur consacrer plus d'attention. Tout au plus, pour finir ce bref chapitre, remarquerons-nous qu'en Allemagne les

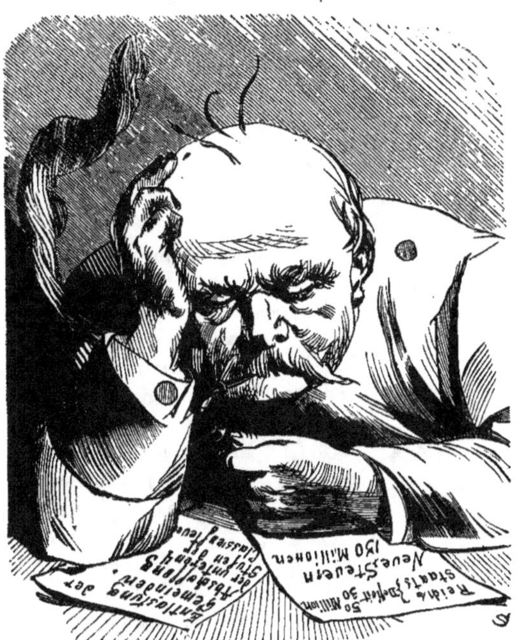

Vignette du *Kladderadatsch*.

grands hommes, les plus grands, n'ont pas été à l'abri de la charge. C'est ainsi que Wagner fut au moins autant ridiculisé par ses compatriotes que par nous et que le *Kladderadatsch* a rendus célèbres les trois cheveux qui se dressent sur le crâne de Bismarck; mais c'était une plaisanterie respectueuse; le chancelier aurait mal pris celle qui laisserait les cheveux pour entamer la peau.

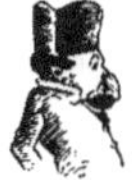

XXXV

WILHELM BUSCH.

Munich est la ville hospitalière et aimable où règne, plus qu'en aucune autre, et sans qu'on songe à s'en étonner, la trêve intellectuelle. Elle est accueillante pour nos artistes, et même, elle les sollicite avec beaucoup de bonne grâce. C'est à ses expositions annuelles que viennent se renseigner sur l'art français tous ceux qui ne peuvent venir l'étudier sur place ; et l'on peut dire que, grâce à Munich, notre école, dans toutes ses manifestations, même les plus avancées, exerce sur toute l'Europe centrale une profonde influence.

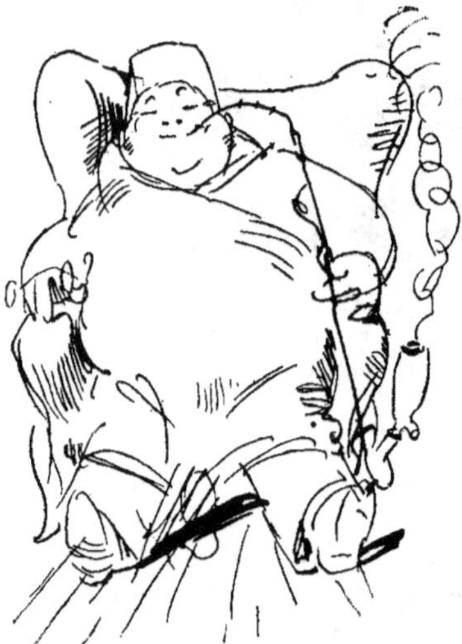

BUSCH. — Tobias Knopp chez lui.

Là encore, dans de magnifiques musées, on peut étudier les trésors d'art ancien, et faire des comparaisons qui, malheureusement, ne sont pas à l'avantage de l'école moderne allemande. A la vieille Pinacothèque sont rasssemblées, entre autres, de riches collections des petits maîtres hollandais qui assurèrent, par le précieux métier de leur peinture, l'immortalité à leur rire si bonhomme et si sain. Ter Borch, Brouwer, Van Ostade, Téniers, y sont toujours étincelants de jeunesse et d'esprit, tandis qu'à la nouvelle Pinacothèque, les peintres de genre que nous avons cités, y compris Hasenclever, se montrent si mauvais peintres, qu'il est devenu impossible de savoir s'ils avaient de l'esprit.

Et pourtant, il y a un art de Munich, une source de rire et de fantaisie qui semble inépuisable, puisque depuis près d'un demi-siècle elle est encore inépuisée. C'est là que s'est réfugié tout l'esprit, tout l'humour et tout le meilleur de la gaieté allemande. C'est, en un mot, le recueil des *Fliegende Blätter,* avec le groupe si personnel et si varié de ses illustrateurs.

Avant de passer en revue les plus significatifs de ces fantaisistes, il en est un dont nous devons parler plus longuement, car il est, dans l'art du rire, égal en importance aux plus grands que nous avons étudiés jusqu'ici. Wilhelm Busch se place à côté de Brueghel, de Rowlandson et de Daumier, tout en différant profondément de chacun d'eux. Il est comme eux un grand inventeur, et un observateur qui tire des effets les plus bouffons les enseignements de la plus haute comédie.

Quelle influence Busch a exercée sur tout l'art humoristique de son temps, non seulement en Allemagne, mais encore chez nous-mêmes, c'est chose qui ne pourrait guère s'évaluer, car un simple croquis de lui peut fournir matière à des imitations délayées, capables de faire encore à un sous-ordre une belle réputation. Le croquis de Busch, c'est, invention et exécution, du comique concentré et comprimé à la

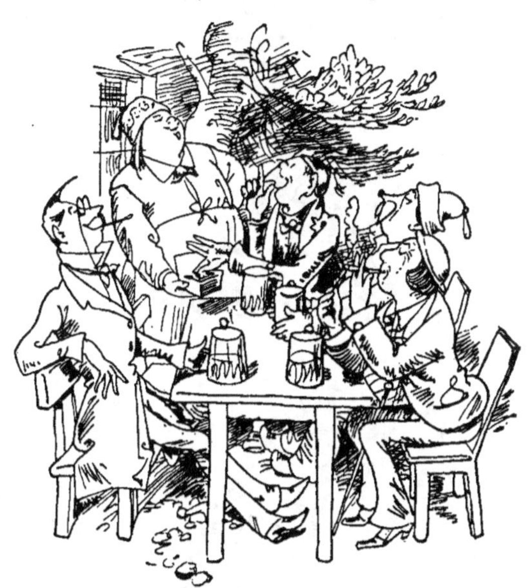

BUSCH. — Extrait de *Maler Klecksel.*

façon de ces tablettes qui, sous un petit volume, permettent, avec addition d'eau, de nourrir toute une famille. Combien de dessinateurs, étrangers ou français, depuis lui, se sont contentés de faire tremper une tablette de Busch dans l'eau claire de leur imagination, et, ne se vantant point de ces emprunts, ont pu gagner leur vie et leur renom à cette cuisine !

Un croquis de Busch, pour tout œil superficiel ou non artiste, c'est un paraphe sommaire, presque un gribouillage. Pour ceux, au contraire, qui sont habitués à voir, à généraliser leurs perceptions, c'est la vie même, simplifiée et dégagée de tout le détail sentimental, pour ne conserver que le trait vraiment caractéristique, le schéma du geste ou de l'expression comique ; on découvre bientôt tout ce que ces simplifications révèlent de science, combien cette apparente négligence cache de calcul ; ce qu'il faut de génie pour frapper toujours à coup sûr avec des armes aussi volontairement rudimentaires, et forcer à rire en racontant les histoires les plus simples du monde.

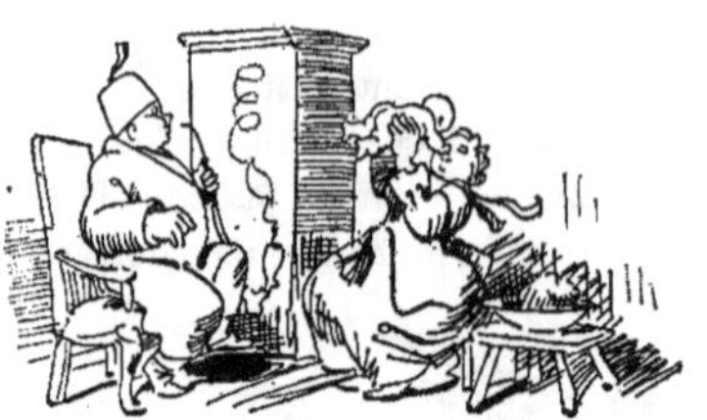 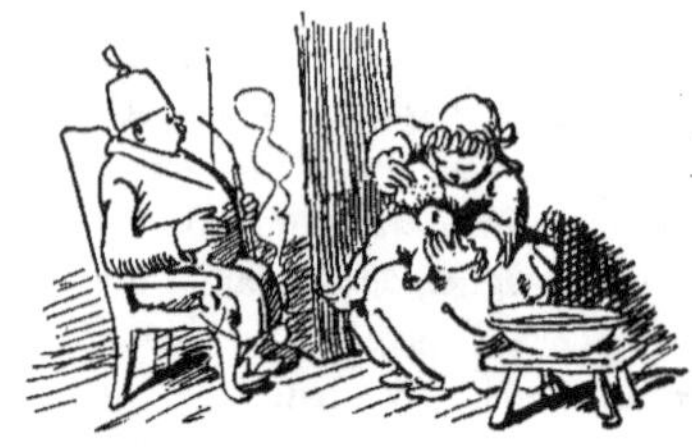

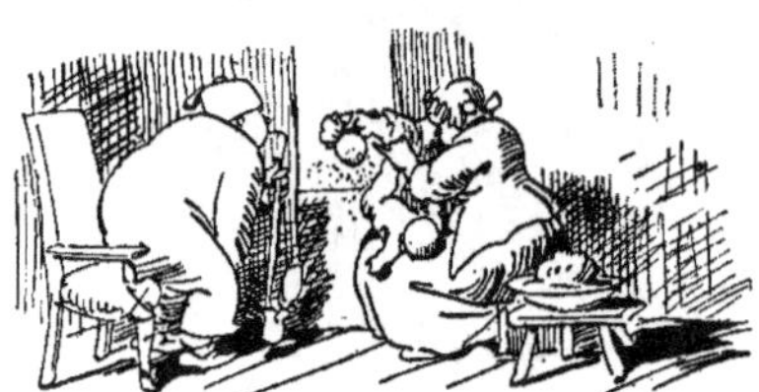 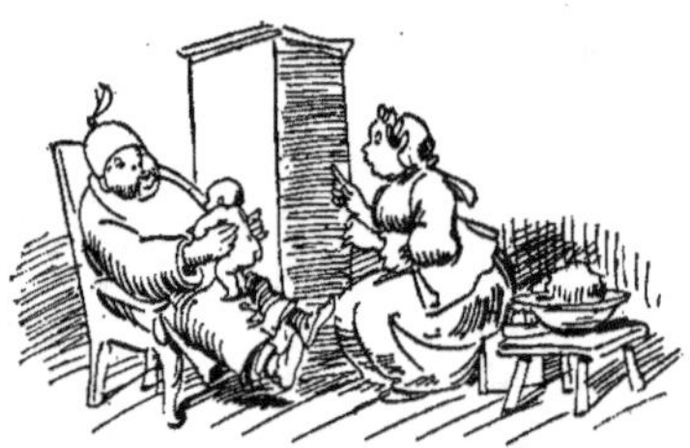

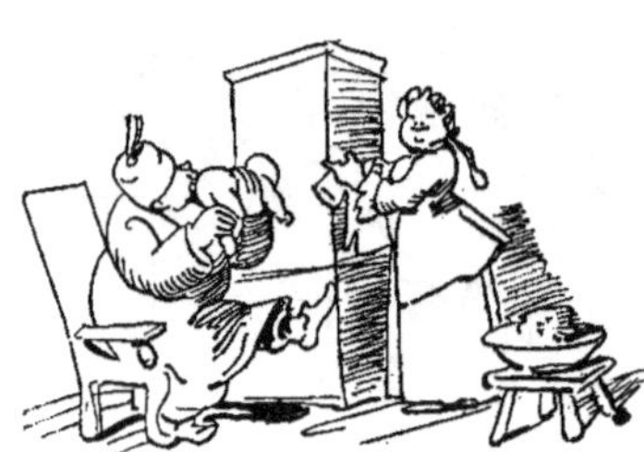

BUSCH. — Extrait de *Herr und Frau Knopp*.

Mais les mouvements sont si justement rendus, le dessinateur sait si bien donner de l'expression à ce point dont il fait une bouche, à ces quatre coups de crayon, qui deviennent un être humain marchant, courant, tombant, dériboulant ; il sait surtout, dans une série de croquis, enchaîner si vraisemblablement une aventure comiquement lamentable ; enfin, le tout part d'une observation si philosophique, ayant si profondément touché le fond de l'âme végétative, que Busch peut être considéré en même temps comme le plus simple et le plus inventif des caricaturistes.

On ne saurait douter qu'il n'y ait là un vrai philosophe et un homme d'un savoir des plus étendus. D'ailleurs, il suffit d'étudier sommairement sa vie, pour se convaincre que ce n'est point de trop d'une telle préparation pour devenir un maître en l'art si difficile « de faire rire les honnêtes gens », comme disait notre Molière qui, lui aussi, dans sa jeunesse, avait approfondi toutes les sciences de son temps.

Les éléments de cette étude, les admirateurs de Busch les doivent à lui-même. Il a un jour pris soin de les raconter dans un feuilleton de la *Frankfurter Zeitung* (octobre 1886). C'est une page charmante de finesse et de bonhomie, et qui suffirait à prouver, si on n'en rencontrait encore plus abondamment la preuve dans chacun des poèmes composés par lui, pour accompagner ses histoires dessinées, que Busch est un écrivain de grand mérite.

Il est né le 15 avril 1832, à Wiedensahl, dans la province de Hanovre. Le tableau est très patriarcal, qu'il nous retrace de sa paisible famille et de ce tranquille coin de terre. Vers l'âge de neuf ans, on le confie à un oncle maternel, un brave prêtre d'un tempérament débonnaire. Pendant toute cette première partie de sa jeunesse jusqu'à l'âge de seize ans, Busch mena plutôt une vie contemplative et en apparence paresseuse. Pour les pédants, lire des chansons, des récits de la Bible, les contes d'Andersen, les poètes, y compris Shakespeare, puis dessiner, pêcher des truites et élever des oiseaux, le tout en rêvassant à sa guise, cela paraîtrait une enfance mal employée. Il nous semble au contraire, et sans paradoxe, que c'était la meilleure préparation, pour un esprit vraiment libre et bien doué, aux plus sérieuses études.

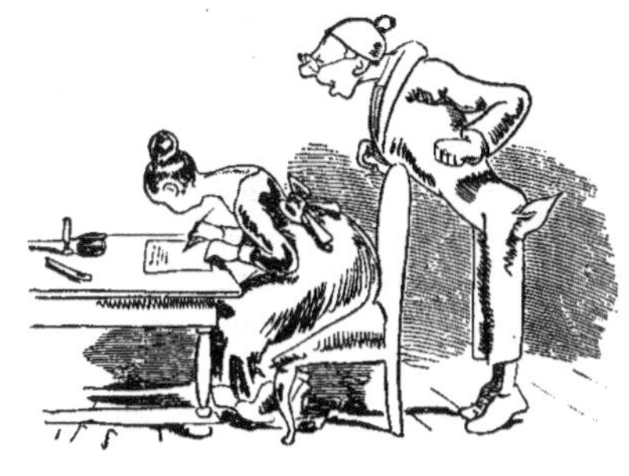

Après avoir passé, avec son oncle, de la cure d'Eberzogen à celle de Luet-horst, Busch, à seize ans, est admis à l'École polytechnique de Hanovre, où il acquiert une forte

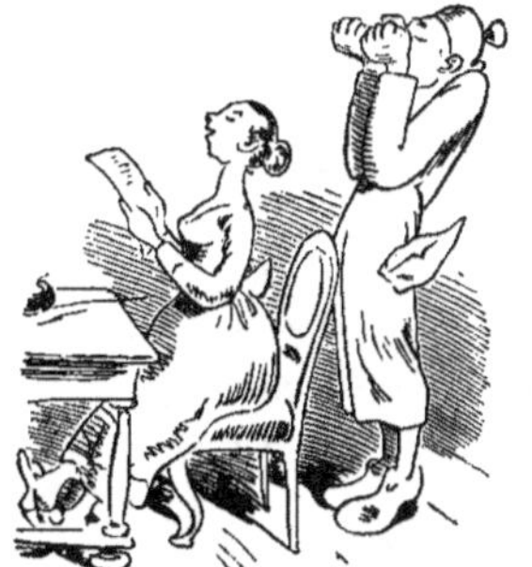

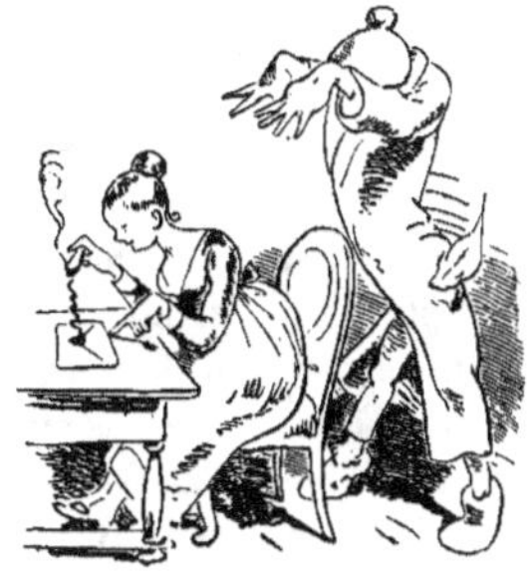

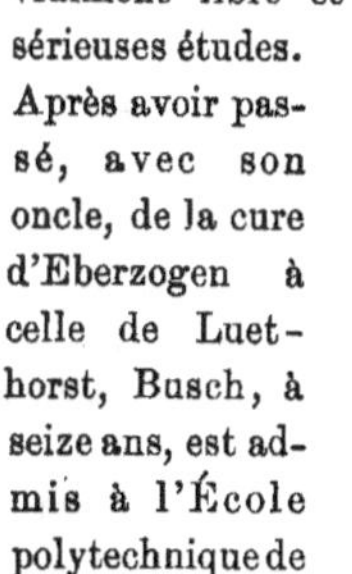

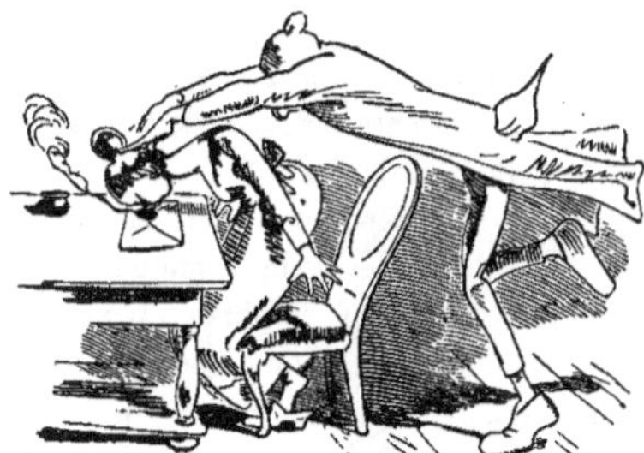

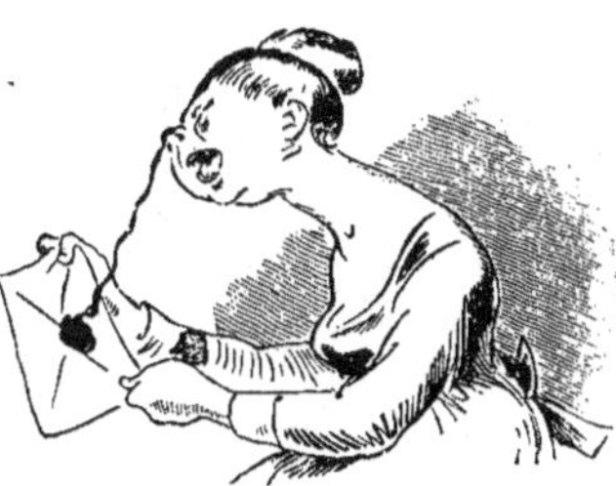

Busch. — Extrait de *Die Fromme Helene*.

connaissance des mathématiques. Ne craignez rien, tout cela n'est pas plus perdu pour le dessinateur humoristique que la lecture des poètes ou des contes d'Andersen. A ceux-ci, il devra d'avoir cultivé son imagination (et l'on sait que la confiante fréquentation des imaginatifs est le meilleur, le seul agent de cette culture) ; à l'étude des mathématiques, nous attribuerons la netteté et la précision qui n'abandonnent jamais ses imbroglios les plus compliqués et ses situations les plus folles. Il ne reste plus, pour que les antécédents de l'artiste soient complets, qu'à parler de son éducation de peintre.

Elle commence mal. Il va étudier l'antique à Dusseldorf. Etudier l'antique n'est pas autrement un mal ; tout dépend de la façon. Or la façon consistait à s'exercer dans l'art de rendre le modèle avec la plus parfaite propreté du pointillé lithographique.

Heureusement, de Dusseldorf, Busch se rend à Anvers ! Il nous a laissé une peinture délicatement intime de la vie tranquille qu'il mena là chez de braves hôtes, un honnête ménage de barbier, avec, le soir, les bonnes pipes fumées en compagnie des voisins : le vannier, l'horloger, le ferblantier, les jeunes filles avec leurs beaux sabots vernis. Il nous a également en peu de lignes donné toute sa profession de foi artistique : elle tient dans sa passionnée admiration de Rubens, de Brouwer, de Téniers, de Franz Hals, qui lui furent alors révélés ; et aussi dans un imperturbable dédain, désormais, des tendances académiques de ses compatriotes peintres.

Il revint à Wiedensahl, revit Luethorst, et enfin sa destinée le conduisit à Munich, où, dit-il bien spirituellement, « le courant académique était si puissant que l'on laissait presque complètement à sec la petite embarcation anversoise. » En 1859, il donnait ses premières illustrations aux *Fliegende Blätter*. Le succès en fut grand, et, sans affectation de modestie, Busch affirme qu'il ne s'y attendait point. Le mérite qu'il leur attribue pourtant, c'est « d'avoir été bien rougies au feu de la vie, consciencieusement forgées et assez proprement soudées. »

« Elles ont été composées, ajoute-t-il, à Wiedensahl presque toutes, et, à part de rares exceptions pour le gagne-pain, œuvrées pour mon propre plaisir. »

Et maintenant Busch habite Wiedensahl, patriarcalement comme y vécurent ses ascendants. Il mène une existence calme et grave, et, comme les vrais sages et les vrais artistes, il produit peu. Quelques regrets que cela puisse donner à ceux qui l'admirent, ils sont forcés de reconnaître que cela fait tout au moins contraste dans un temps de production immodérée et hâtive ; et d'ailleurs son œuvre peut être dès maintenant considérée comme complète autant que durable.

Depuis les premières fantaisies des *Fliegende Blätter*, ou depuis la *Tentation de saint Antoine de Padoue* jusqu'à *Max et Moritz,* le cycle comique est aussi varié qu'abondant. C'est sous une forme enjouée, grave au fond plus qu'il ne paraît, une sorte de raccourci joyeux de la vie et de l'esprit allemands. Que Busch ne regrette point de n'avoir pas employé pour cela le pinceau et la palette, comme ses maîtres de prédilection. Manié ainsi, le croquis, avec le vers rapide et clair qui lui sert de légende, est un moyen d'expression complet.

Analyser en détail ces poèmes si débordants de verve, c'est affadir leur saveur ; décrire les dessins, c'est substituer bien inutilement la lourdeur des mots à la concision ailée du coup de crayon, qui n'est jamais inutile ni jeté à faux. Une rapide nomenclature devra donc suffire. Après *Saint Antoine de Padoue,* un des plus justement célèbres ouvrages de Busch, est cette épouffante trilogie de *Tobias Knopp :* les *Aventures d'un célibataire, M. et Mme Knopp* et *Julchen.* Ah! braves *Herr und Frau Knopp!* combien de gens vous avez réjouis avec vos naïves amours traversées

d'intimes orages, et combien plaisante est votre bonne grosse fille, *Julchen,* avec son enfance mouvementée et son quatuor de soupirants. Le célibataire Tobias Knopp est un frétillant, bedonnant, grassouillet, candide et jovial bonhomme, qui garde à travers les plus désagréables aventures toute sa sérénité, qu'on lui joue des tours, qu'on le fasse dégringoler de hauteurs invraisemblables, qu'il soit mis

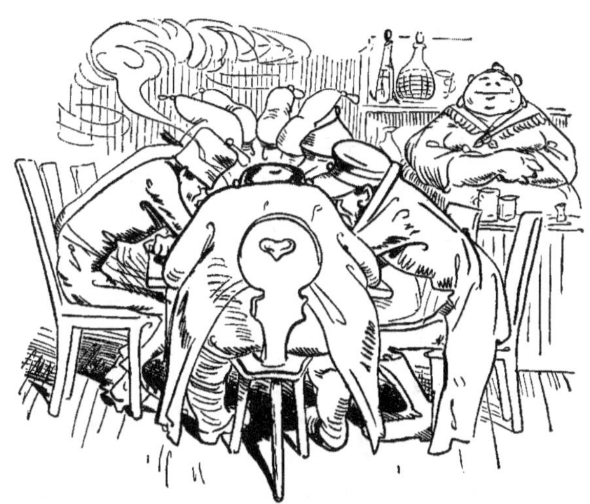

dans l'impossibilité de manger au moment où il se sent en fameux appétit, qu'on le boule dans une kermesse où il déployait ses talents d'homme du monde, ou qu'enfin il commette chez des hôtes d'involontaires énormités.

Il est grand temps qu'il se marie, ce bon Knopp, et fort heureusement il rencontre en Dorothée une épouse assortie en jovialité et en embonpoint. Il devrait être fixé, Tobias Knopp, fixé pour le reste de ses jours; mais il a quelques velléités de débauche, ce qui aboutit tantôt au renvoi de la servante, tantôt, après des libations un peu trop abondantes, à des rentrées au logis tellement semées d'obstacles, qu'après avoir erré dans toute la maison et tout mis sens dessus dessous, il finit par s'endormir assis, tout habillé, le nez sur sa chandelle allumée à grand'peine.

Julchen arrive à temps pour ramener la sérénité dans le ménage ; sérénité toute morale, car l'enfant, par ses nerfs, fait passer à M. et Mme Knopp plus d'une nuit troublée et plus d'un jour à surprises. Enfin, quand Julchen est devenue une plantureuse jeune fille, et qu'elle a trouvé un mari à son gré, la Parque arrive et tranche le fil des jours de Tobias Knopp : c'est la fin de toute histoire humaine, empereur ou bon bourgeois.

La *Pieuse Hélène (die Fromme Hélène)* est encore un bien célèbre et divertissant poème. N'allez pas croire que cette Hélène ait rien de commun avec celle qui causa le sac de Troie. C'est une Hélène toute moderne et toute allemande, sans Pâris et sans Ménélas ; une grosse et délurée petite commère au nez retroussé et aux yeux vicieux, mauvaise comme une gale, et sincère comme l'enfant qui vient de naître ; jouant les plus mauvais tours à un brave couple d'oncle et tante, et jurant chaque fois « qu'elle ne le fera plus exprès » ; connaissant peu de joie d'un hymen assez brutalement terminé, et enfin se repentant de ses péchés, mais fascinée par la tentatrice bouteille d'alcool, au point de se laisser accidentellement brûler vive un jour qu'elle a trop absorbé. Le diable ait son âme ! Il l'a.

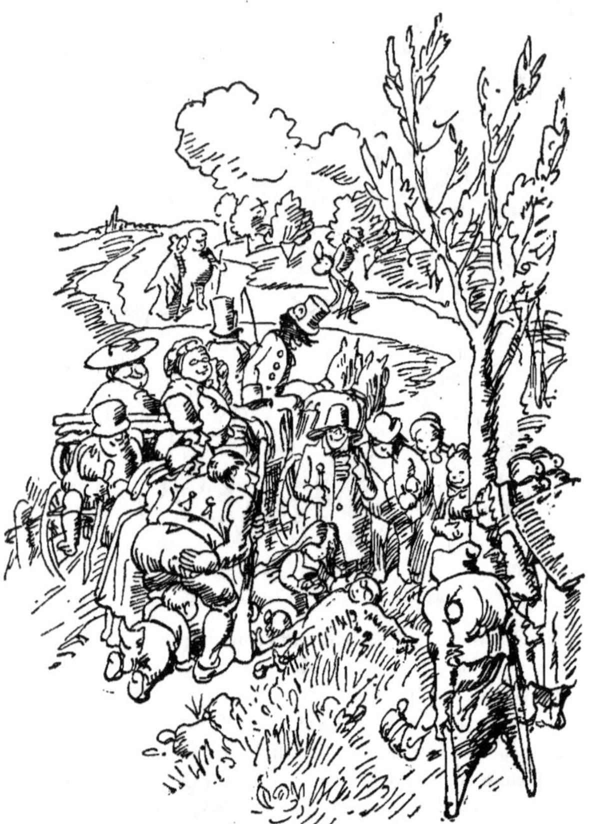

BUSCH. — La mort du singe Fipps. (Extrait de *Fipps der Affe.*)

Voilà, en somme, une bien sombre aventure, ainsi racontée. Cela prouve tout simplement qu'il ne faut pas, comme nous le disions, faire de compte rendu de cette œuvre ; car il n'est point, malgré sa fin dramatique, d'histoire plus divertissante d'un bout à l'autre. De même, il serait périlleux — pour nous — de vouloir dénombrer les mésaventures du *Père Silucius,* allégorie politique si l'on veut, mais assez plaisante pour que la lettre suffise, sans qu'on pénètre l'esprit ; les cabrioles extraordi-

naires du *Singe Fipps;* la carrière brillante du *Peintre Klecksel,* qui finit par se
faire aubergiste ; les mécomptes du poète *Balduin Bælhamm,* qui ne trouve pas
précisément à la campagne le repos désiré ; que sais-je enfin, les simples fantaisies
moins développées, comme l'histoire des deux toutous *Plisch et Plum ;* ou très courtes,
comme les maintes aventures de bourgeois, de campagnards, d'étudiants, rassemblés
sous divers titres.

Nous avons insisté sur ce que le dessin savamment sommaire de Busch présente
d'art et d'incroyable fantaisie. Malheureusement ce que nous n'avons pu faire ressortir, à cause de la brièveté de cette esquisse, mais ce qu'il faut au moins mentionner en terminant, sous peine de faire un portrait manqué, c'est que l'inspiration de
Busch, même dans ses plus étonnantes cocasseries, est toujours foncièrement généreuse et honnête : il aime le bien-vivre, et même quand il les raille, laisse sentir sa
sympathie pour les bons gros patriarches sans malice ; il n'a de haine que pour les
prétentieux et les hypocrites. Comme tous les vrais satiriques, il a, cela se devine,
un grand fond de bonté, et c'est à cela en somme que doit toujours en revenir toute
solide philosophie.

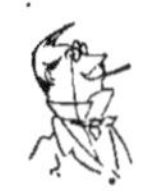

XXXVI

LES « FLIEGENDE BLATTER ». — UN GROUPE DE FANTAISISTES.

OBERLANDER. — HENGELER. — HARBURGER.

SCHLITTGEN. — LES REINICKE. — FACÉTIES ET PEINTURES DE MŒURS

Quels que soient le talent et les efforts dépensés dans les nombreux recueils périodiques qui ont pris en ce siècle le rire pour moyen et pour but, il sera reconnu sans conteste que les deux plus considérables, les deux monuments de l'art caricatural, sont la *Caricature* de 1830, à Paris, et les *Fliegende Blätter* de 1844, à Munich.

La *Caricature,* nous l'avons vu, dura peu, mais ce qu'elle perdit en durée, elle l'eut au centuple en intensité. Les *Fliegende Blätter,* près de leur demi-siècle, sont plus jeunes et plus vivants que jamais.

Au surplus, les deux recueils ont leur caractère bien tranché, et il ne saurait être discuté ici sur des mérites compa-

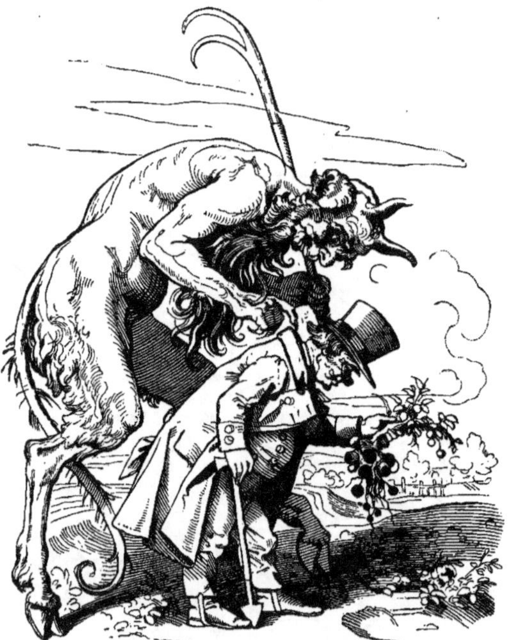

Vignette pour les *Aphorismes philosophiques,* de M. von Schwind.

ratifs. La *Caricature* fut un admirable exemple de la satire politique et montra, avec plus de force qu'à aucune époque, quelle véhémence, quelle impétuosité, quelle énergie l'opposition peut atteindre en France. Il n'est aucun exemple d'une telle suite, d'une telle méthode dans l'art des barricades, et aussi d'une pareille éloquence, puisée dans la conviction.

Les *Fliegende Blätter,* au contraire, ont toujours évité la politique, ou si jamais ils l'ont effleurée ce fut par allusions si rares, si voilées, si indirectes qu'il vaut autant n'en point parler. En revanche, ils apportèrent dans la peinture humoristique des mœurs la même attention, la même conscience et l'appoint d'une collaboration non moins artiste, étant tenu compte des différences de race et de climat, que la *Cari-cature* dans la peinture satirique des abus et des travers politiques. Tandis que ce recueil-ci est sombre, amer, cinglant, et qu'on juge prudent de le bâillonner et de l'assommer au bout de peu d'années, l'autre est souriant, aimable, sans méchanceté et sans haine. On voit que les deux carrières sont trop différentes, le but trop dissemblable pour qu'on ait à discuter la supériorité

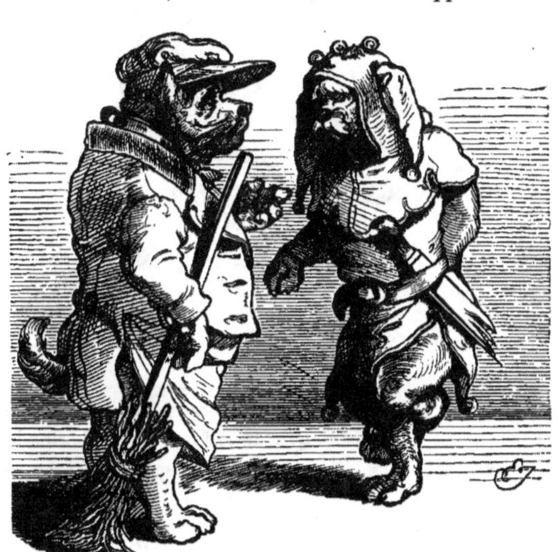

Vignette d'Ed. Ille. *(Fliegende Blätter.)*

de l'un ou de l'autre. Par tout artiste, ces deux recueils seront considérés comme les deux plus vastes arsenaux, l'un du rire sarcastique et agressif, l'autre du rire insouciant et bon enfant.

Il n'est point aisé de retracer en quelques lignes le résumé de plus de quatre-vingts volumes, bourrés de croquis et de fantaisies de toute sorte. D'ailleurs il suffira d'esquisser rapidement l'histoire du recueil, d'en indiquer le caractère et de signaler les mérites divers des principaux collaborateurs.

Ce furent Kaspar Braun et Friedrich Schneider qui fondèrent les *Fliegende.* L'en-tête du journal n'a point été changé : sur la banderolle qui porte le titre chevauchent deux Fols qui font des bulles de savon ; puis un troubadour avec son chapeau emplumé et son luth ; puis deux damoiselles rêveuses ; enfin, dans les replis de cette banderolle, se dissimulent deux de ces nains légendaires dont fut peuplée la Forêt-Noire.

Sans doute le style de cette petite composition paraît aimablement vieillot et forme souvent un contraste marqué avec telle composition de René Reinicke ou de

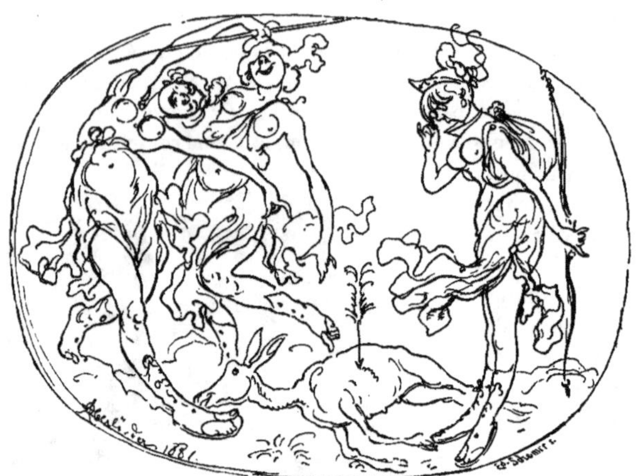

OBERLANDER. — Diane à la chasse. *(Fliegende Blätter.)*

Schlittgen, où sont notées les élégances de la mode d'aujourd'hui et même celle de demain, ou bien encore avec telle fantaisie d'Oberländer et de Hengeler, d'une bouffonnerie échevelée. On a bien fait cependant de conserver cette gentille enseigne qui résume si bien les tendances du recueil : un mélange de rire, de rêve, de poésie et de légende. Les costumes ont changé, la folie a pris des allures plus audacieuses, mais le fond reste le même ; un fond de rêverie souriante et de franche, mais toujours ingénieuse gaieté.

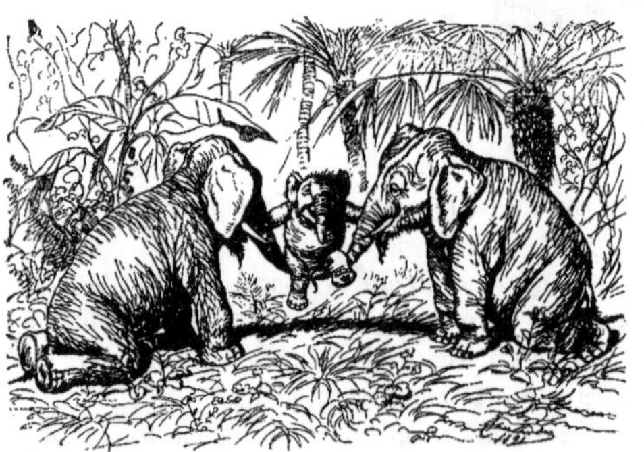

OBERLANDER. — Une idylle dans une forêt vierge. *(Flieg. Bl.)*

C'est, en effet, le caractère commun à tous les artistes qui ont passé par les *Fliegende :* ils ont pu se montrer de valeur artistique très inégale, l'exécution chez quelques-uns a pu être insuffisante, mais tous se sont toujours donné la peine d'*inventer*. Cette invention est très variée, compliquée souvent, mais l'effet en est généralement sûr. C'est de la gaieté à double et même à triple détente. Il faut souvent suivre toute une série d'épisodes dont le trait final amène seul l'éclat de rire, invinciblement ; et alors on remonte

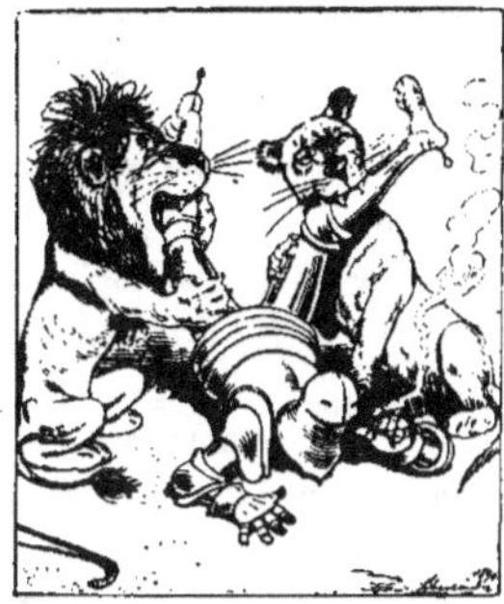
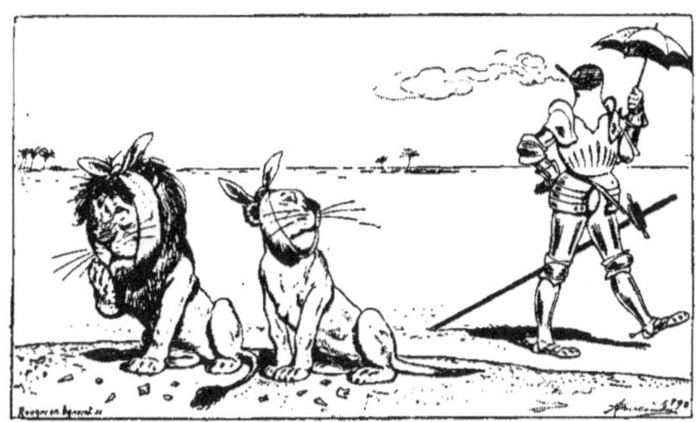

OBERLANDER. — Aventures d'un soldat en congé au temps des croisades. Fragment. *(Flieg. Bl.)*

avec plus de plaisir cette histoire, pour en apprécier de nouveau le curieux agencement. C'est, en un mot, du comique par association d'idées, et surtout le comique d'une race qui réfléchit et prend son temps. Aussi aucun journal n'a-t-il mieux réussi dans ce genre, souvent imité chez nous, des histoires comiques sans paroles.

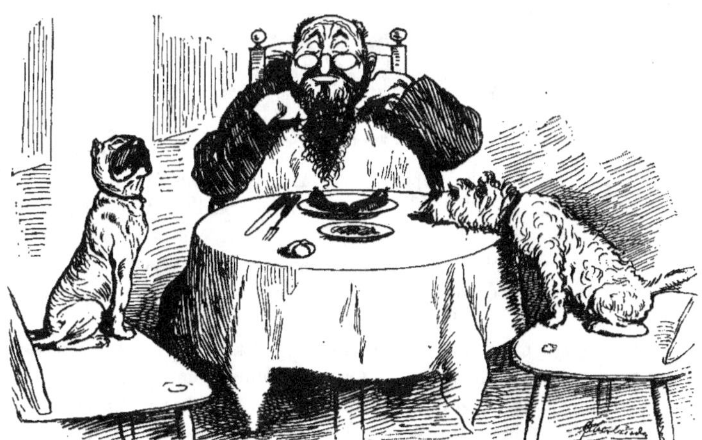

OBERLANDER. — Deux conspirateurs. Fragment d'une histoire sans paroles. *(Flieg. Bl.)*

Prenons un exemple entre mille, et tout à fait au hasard ; voici une histoire d'Émil Reinicke. Un savant est absorbé dans la lecture de bouquins imposants ; son chien est derrière lui, mais, comme cette bête ne lit pas, elle songe à la vie pratique. Le toutou se lève et va tirer le cordon de sonnette qui communique avec l'office. La servante arrive, met le couvert, apporte les plats et se retire. Le savant est toujours absorbé dans son travail et multiplie les objections et les réponses victorieuses. Pendant ce temps le chien dévore tranquillement le déjeuner et s'endort sur le tapis, la conscience et l'estomac satisfaits. On débarrasse la table. Le savant se lève, regarde : « Tiens ! on dessert ! C'est que j'ai dû manger sans m'en apercevoir. » On citerait des quantités de semblables scènes qui sont toujours d'un effet certain, parce qu'elles sont soigneusement déduites et que leur bouffonne logique est calculée, à un geste près, du premier tableau jusqu'au dernier.

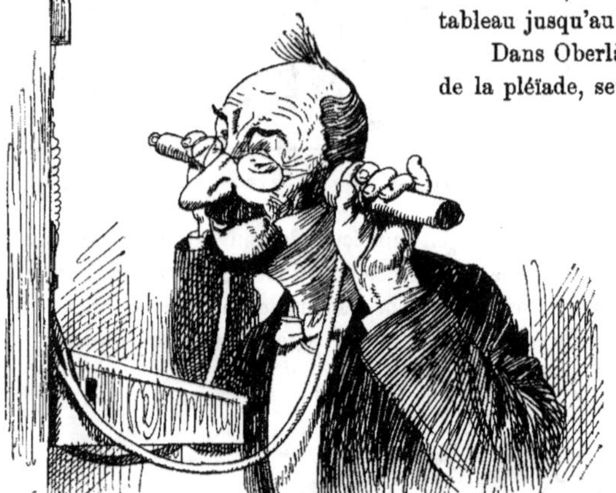

Dans Oberländer, un des plus réputés de la pléiade, semblable invention, mais le plus souvent condensée en deux ou trois, ou même en une seule image. Alors ce sont des applications inattendues d'une situation simple, pour ne pas dire banale, des scènes de la vie humaine, par exemple, drolatiquement transportées dans le monde animal, et réciproquement.

Un autre caractère des illustrations des *Flie-*

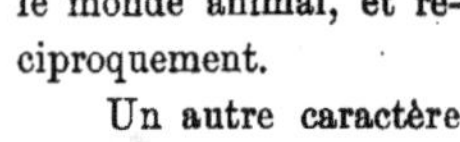

OBERLANDER. — Causant avec une jeune dame.

gende Blätter, c'est, dans la proportion au moins de la moitié, de faire étroitement corps avec des légendes très littéraires, souvent d'une grande subtilité, et qui atteignent parfois le développement d'un petit poème ou d'une courte nouvelle. Elles sont presque toujours un fidèle reflet de la vie dans tous les milieux. Il y a pour cela une excellente raison, c'est que, outre la rédaction fixe du journal, les collaborateurs les plus assidus sont... tout le monde !

De tous les points de l'Allemagne on envoie des légendes aux *Fliegende.* Quand un bon mot est dit à table, ou dans un salon, ou durant une promenade ; quand une observation piquante et caractérisant étroitement une profession, un milieu, est faite par ceux qui vivent dans ce milieu, exercent cette profession, le premier mot qui vient à la bouche est celui-ci : « Tiens! elle est bien bonne ! Il faut envoyer cela aux *Fliegende Blätter!* » Et on envoie. Le journal fait le triage parmi les innombrables correspondances et a pour principe de payer ces collaborateurs de rencontre. Chaque légende gardée est, au besoin, remise sur pieds, puis distribuée suivant sa tournure au dessinateur auquel elle paraît le mieux convenir.

N'est-ce pas curieux? Mais cela n'est guère faisable que dans un pays où les choses se passent pour ainsi dire en famille, quelles que soient les distances et la masse de la population. Chez nous ce serait plus difficile. Le public aime qu'on le divertisse et il ne veut pas se donner la peine de fournir lui-même son propre amusement. Le plus souvent, les choses qu'on envoie aux journaux (il suffit d'être un peu accointé à la profession pour s'en rendre compte) sont d'une parfaite insignifiance quand elles ne sont pas navrantes ; les exceptions sont rarissimes. A Munich, les directeurs des *Fliegende* sont gâtés. Il est des correspondants qui leur expédient par semaine, non pas seulement des douzaines, mais des cinquantaines et même des centaines de bons mots. Ceux qui se bornent à trois où quatre sont l'exception. Maintenant, de l'aveu même des directeurs, il s'en faut que tout soit digne d'être gardé ; puis il faut forcément éliminer, sous peine d'avoir à faire des suppléments hebdomadaires. On en jette beaucoup au panier. Mais quelle tâche encore que celle de MM. Julius Schneider, Braun, Hermann Schneider, de dépouiller tout cela, de distribuer la pâture aux dessinateurs, en un mot de diriger cette vaste et unique entreprise !

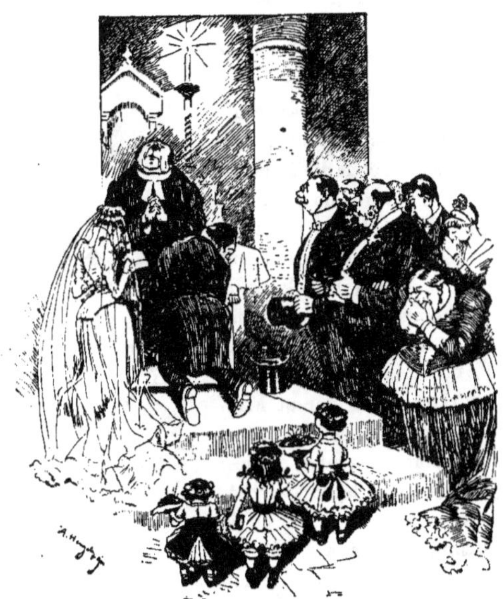

HENGELER. — Émotion mal comprise.

La femme. — Comme tu étais ému pendant la cérémonie, mon chéri ! Dis-moi maintenant à quoi tu pensais ?

Le mari. — Volontiers, ma chérie, je me disais : « Seigneur ! pourvu que la semelle de mes bottes ne soit pas trouée ! » *(Flieg. Bl.)*

Ces légendes, d'une manière même très générale, chercherons-nous à en analyser le sel ? Cela nous paraîtrait un peu téméraire, car le rire est difficilement traduisible quand il ne résulte pas exclusivement de la mimique. Un dessin des *Fliegende Blätter*, quand il est réussi, nous mettra toujours en gaieté, car il est impossible de se montrer plus fantaisiste et de trouver des rapprochements plus inattendus que certains de ces illustrateurs. Mais pour une légende ce serait autre chose, car cet esprit est trop local ; les bons mots n'ont pas le même tour et ne procèdent pas du même esprit que les nôtres ; ils sont plus subtils, moins à l'emporte-pièce. C'est toute une étude du caractère allemand qu'il faudrait entreprendre pour faire apprécier tel mot rapidement devenu célèbre; — mais, au bout de notre explication, le lecteur aurait déjà oublié le mot. Il nous suffira de dire que, pour la plupart, légendes et dessins rentrent dans la classification : études de mœurs. Les deux genres qui sont le plus en faveur après celui-là, et qui avec lui forment à peu près exclusivement le répertoire, si varié pourtant, sont les scènes humoristiques de la vie des animaux ou supposée telle, et les fantaisies sur des thèmes architecturaux ou décoratifs du moyen âge et de la Renaissance.

Les premiers collaborateurs des *Fliegende?* D'abord Braun et Schneider, qui, entre autres histoires bouffonnes, contèrent, par la plume et le crayon, celle d'« Édouard et Cunégonde », de « Rinaldo Rinaldini », etc., et, entre autres types célèbres, créèrent ceux du baron Beisele et de son compagnon Eisele, infatigables voyageurs à travers l'Allemagne, ses mœurs et sa politique. Puis vinrent Maurice Schwind, dont le talent était porté surtout à retracer les vieilles légendes rhénanes ; Spitzweg, H. Dyck, Reinhardt, qui a laissé une composition célèbre, remarquable d'entrain et de drôlerie, le Lion échappé dans une fête foraine ; Franz Pocci, à qui on doit le plaisant type

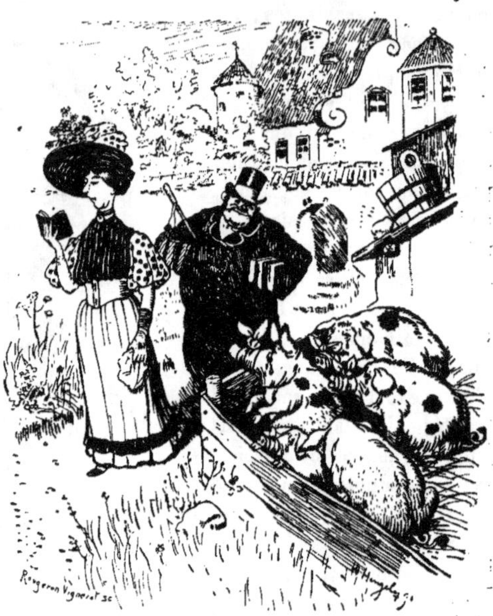

HENGELER. — Villégiature.

La Comtesse. — Jean, nous partons pour ma maison de campagne. Je ne peux pas souffrir les cris des animaux. Allez prévenir le régisseur qu'il fasse museler les cochons. (*Flieg. Bl.*)

de fonctionnaire, dont le nom expresif de *Staatshœmorroïdarius* a à peine besoin de traduction ; Haider, Muttenhalter, E. Fröhlich, Heil, H. König, Schmolze, Seitz Dietz, Schrœder, Lichtenheld, Lœffler, etc. ; enfin Ille, ingénieux caricaturiste d'animaux dans le genre de notre Grandville, et qui prend encore actuellement une part active à la publication des *Fliegende Blätter*.

Avant de passer aux principaux collaborateurs actuels, il conviendrait encore de faire une remarque qui leur est à tous commune : leur rire est toujours de bonne compagnie, même dans les plus extravagantes imaginations. La gravelure est inconnue dans le recueil, tout au plus s'y glisse-t-il de temps en temps un grain de flirtage sentimental, mais cela aussi est dans les mœurs, et l'on n'y attacherait

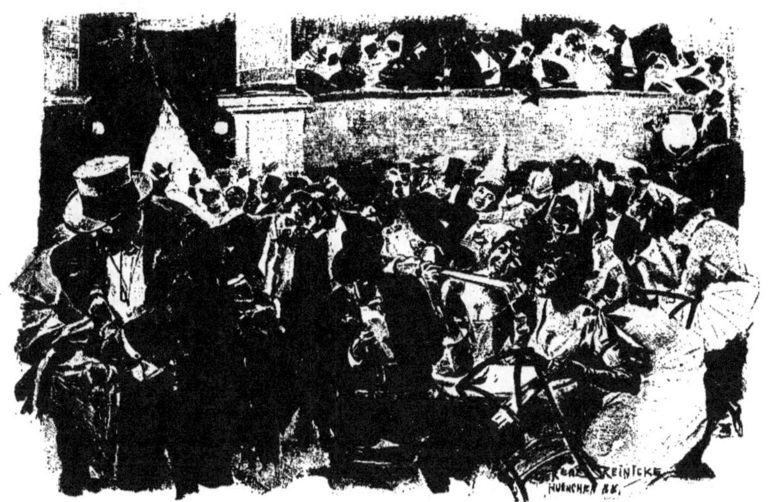

RENÉ REINICKE. — Au bal masqué.
On fait annoncer qu'il a été trouvé une alliance. (*Flieg. Bl.*)

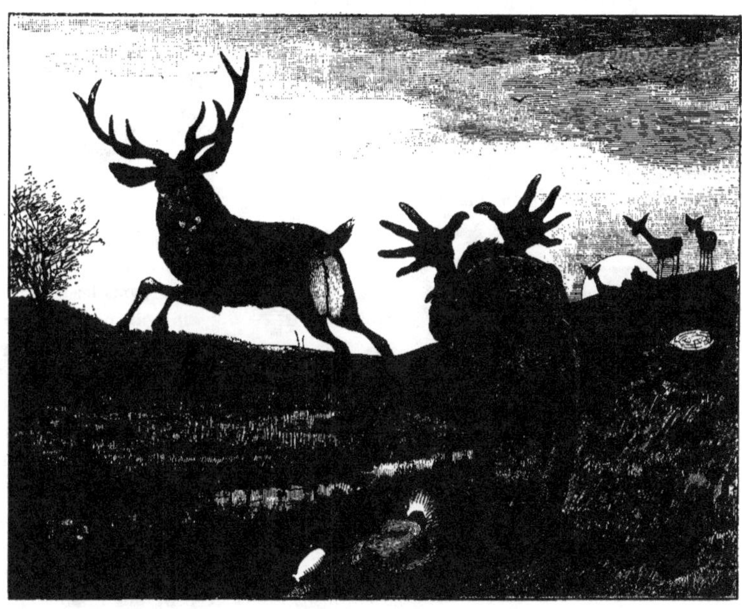

EMIL REINICKE. — Le Huit-Corps mis en fuite. (*Flieg. Bl.*)

point le sens égrillard que, chez nous, l'on s'empresserait de chercher et de cultiver,

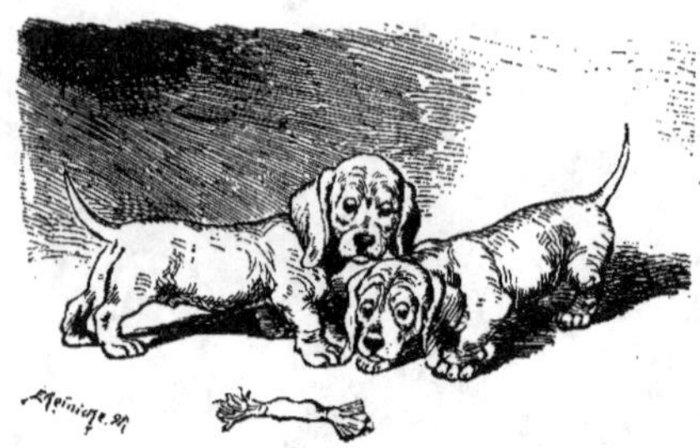

EMIL REINICKE.
Les deux chiens et la papillotte. (*Flieg. Bl.*)

pour gratter le public des journaux amusants où cela le démange.

Oberländer, nous l'avons dit, est en ce moment de beaucoup le plus célèbre. Il est étonnant d'imagination et de verve ; mais notre admiration pour lui n'ira pas sans une légère restriction relative à la forme : si, dans l'invention et dans la composition, c'est une des plus étonnantes natures qui soient, le dessin très soigné, le *procédé* presque impersonnel met presque tout en égal valeur ; il manque *d'effet,* au sens strictement peintre du mot. Mais c'est là une observation à laquelle il ne faut pas trop s'arrêter, car d'abord elle échapperait certainement au public qui attache, moins d'importance aux moyens d'expression qu'aux choses exprimées ;

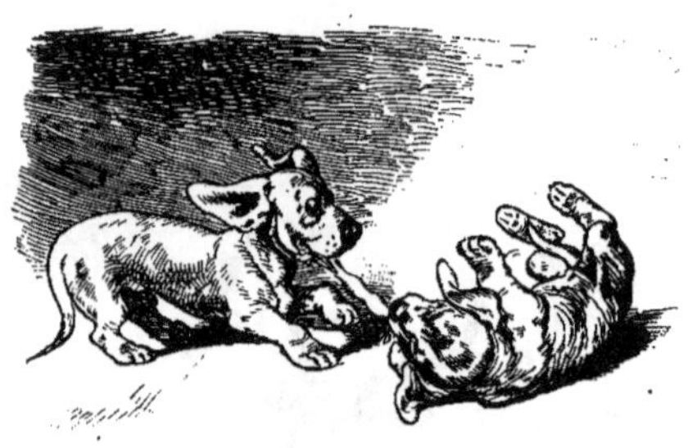

puis les artistes eux-mêmes, à mesure qu'ils feuillettent l'œuvre d'Oberländer, se sentent trop entraînés, trop divertis, pour ne pas accorder que ce trop de soin dans la facture n'arrive point à atténuer la force comique, ni l'imprévu du contour.

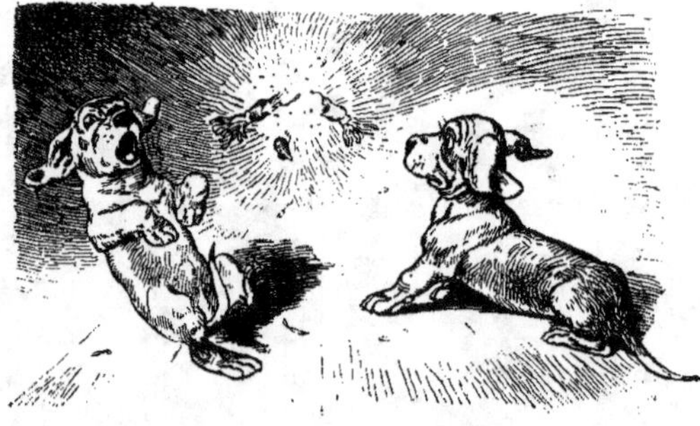

Faire un choix parmi ses albums les plus réussis est également impossible. Oberländer a une prédilection pour certains sujets, thèmes sur lesquels sa fantaisie brode des variations incessantes. D'abord les types de la rue et certaines exagérations de la mode lui fournissent matière à d'ingénieuses observations. Puis les caricatures de la vie des nègres et de celle des grands fauves ; il se passe alors dans le désert des scènes inénarrables des chasses burlesques,

des concerts donnés aux lions par des artistes intrépides, ou bien des marchés
où les bons nègres font de bizarres emplettes : entre autres une sorte d'Hôtel des

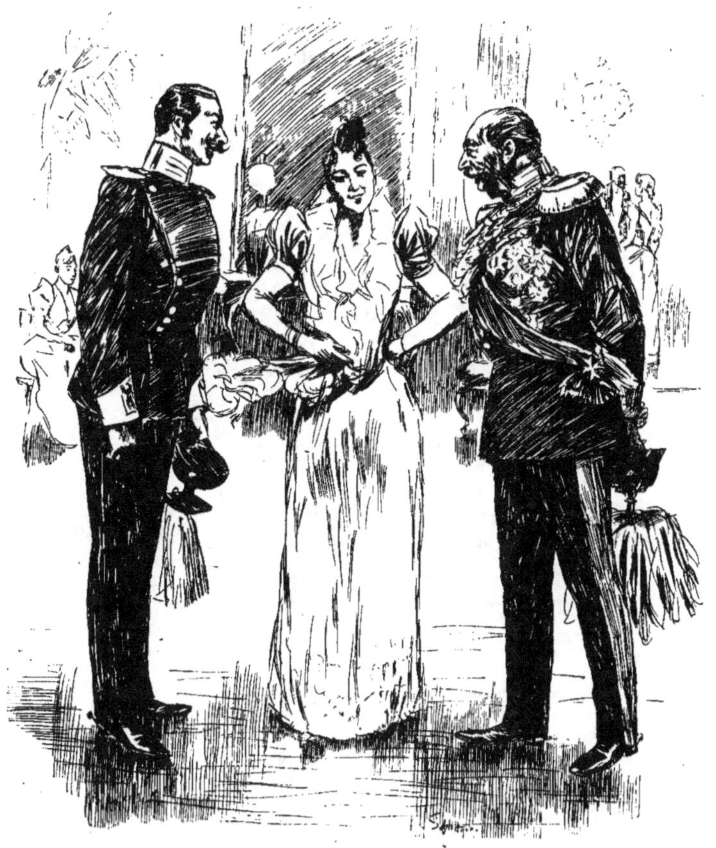

SCHLITTGEN. — Scène mondaine.

La dame. — Je vous assure, excellence, que je me suis délicieusement amusée au bal de mon oncle.
L'officier de uhlans. — Impossible, chère madame, il n'y a là en garnison qu'un bataillon d'INFANTERIE ! (*Fl. Bl.*)

ventes de Tombouctou, où l'on voit les acheteurs, avec leurs yeux en boules de loto
avivés de convoitise, désigner, de la pointe du couteau, sur un tableau de nu, le morceau qui leur convient.

Il aime de temps en temps les architectures ou les costumes rétrospectifs, et ce
sont des drames qui se jouent entre la poterne et les oubliettes de quelque massif

château-fort ; des troubadours qui s'exposent à de terribles vengeances de maris ; des châtelaines plus qu'éplorées. Parfois aussi, dans cet ordre de sujets, Oberländer se contente de prendre pour héros des personnages de théâtre, et alors il imagine, en charge, tout un opéra romantique. Enfin, il va sans dire, les ivrognes, les pédants, les importuns, les rustres, les prétentieux ne sont pas ménagés dans son œuvre, et que par là il est plus qu'un amuseur et atteint le ton d'une excellente satire de mœurs.

L'artiste est né à Ratisbonne en 1845 ; il vint très jeune à Munich, et en 1861 il était élève de Piloty, peintre romantique qui nous paraît maintenant bien acadé-

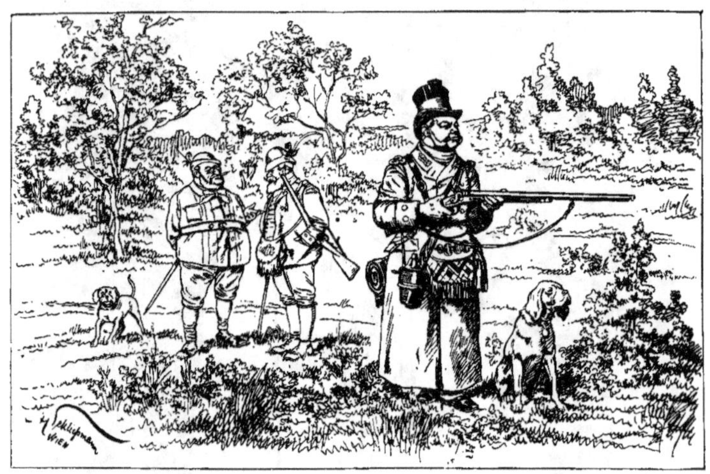

SCHLIESSMANN.

— Vous ne chassez donc pas avec moi ? Vous n'avez pas d'armes !
— Inutile de m'embarrasser. Jean tire pour moi. (*Flieg. Bl.*)

mique pourtant. Cette éducation semble avoir exercé une indélébile influence sur le dessinateur. Il est vrai que, s'il garde parfois tant de netteté au milieu même des plus étranges contorsions, plusieurs de ses fantaisies rétrospectives ne nous paraissent pas dépourvues d'une certaine malice à l'égard de l'École.

Peut-être est-il regrettable qu'Oberländer n'ait pas été, comme Busch, poussé dans sa jeunesse à longuement méditer devant les œuvres des petits Hollandais. Quoi qu'il en soit, on le considérera certainement, après Busch, comme le plus franchement joyeux des humoristes allemands, bien que son caractère, à ce qu'on nous a raconté, soit grave et presque mélancolique, un contraste souvent remarqué chez ceux qui font profession de rire.

Deux autres dessinateurs des *Fliegende Blätter* devront être cités aussitôt après lui : Hengeler et Emil Reinicke.

Hengeler n'a pas beaucoup dépassé la trentaine et déjà il a marqué sa place d'une façon très personnelle ; son dessin est accentué, trappu et très poussé au grotesque, et ses compositions sont pleines de bonne humeur. On appréciera dans un grand nombre d'entre elles certains détails de paysages ou d'intérieur très finement vus et rendus. On peut attendre beaucoup de cet artiste lorsqu'il aura davantage encore observé la figure humaine, et que, pour la rendre parlante, il voudra un comique un peu moins superficiel.

Quant à Emil Reinicke, il est moins physionomiste, et il affuble volontiers ses petits personnages de nez par trop invraisemblables, mais il est excellent arrangeur d'histoires, et son invention est très cocasse. Il dessine beaucoup au trait et surcharge peu son dessin de hachures, ce qui lui donne un aspect clair et gai.

Meggendorfer a été autrefois un collaborateur assidu des *Fliegende Blätter*. Il a depuis quelque temps fondé à Stuttgard un journal à lui, *Lothar's Meggendörfer humouristiche Blätter*. Son dessin est à peu près complètement dépourvu d'art, mais non de drôlerie. Il s'est créé un genre spécial :

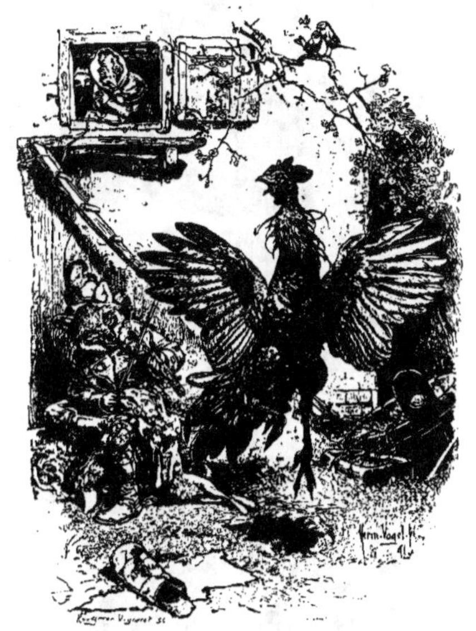

HERMANN VOGEL. — Le renard et le coq.
(*Flieg. Bl.*)

les albums à découpures mécaniques pour les enfants. Cela échappe un peu à notre examen.

Parmi les autres artistes remarquables par leur verve comique, on ne saurait oublier non plus Albrecht, Zopf, Grätz, Stück, Flashar ; Schliessmann, qui a un petit coup de plume menu et serré très reconnaissable ; enfin, Mandlick, Erdmann Wagner, Steub, Stauber, etc.

Mais il s'en faut que la liste soit épuisée, car nous n'avons pas encore parlé de ceux qui, avec un moindre penchant à la charge, se consacrent plus strictement à l'étude des mœurs proprement dite.

René Reinicke et Schlittgen sont les plus remarquables dans le genre mondain et élégant. Le second est plus particulièrement intéressé par les uniformes étroitement ajustés ; Von Nagel, au contraire, habile dessinateur de chevaux, aime mieux étudier le militaire au camp ou en manœuvres. Bechstein a varié à l'infini sur le thème des

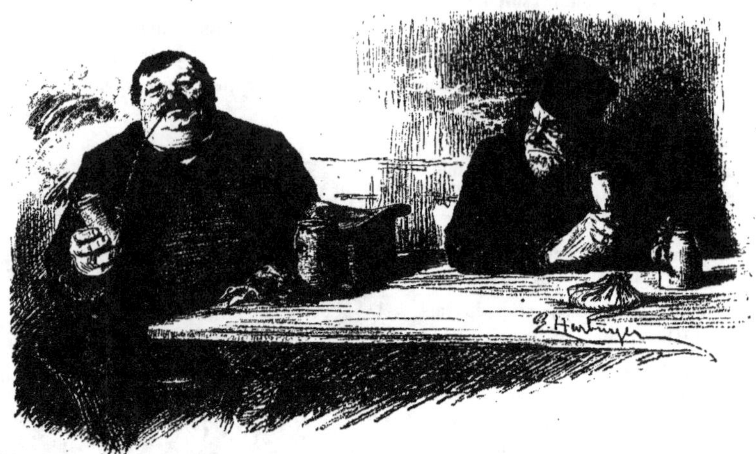

HARBURGER. — Scène de mœurs. (*Flieg. Blatt.*)

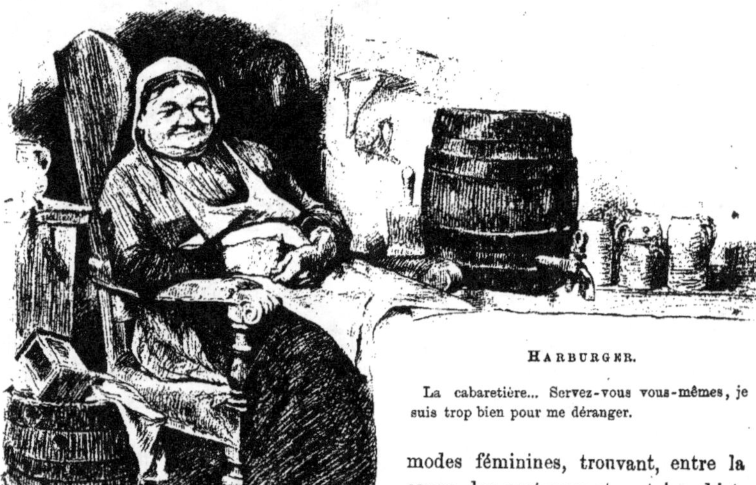

HARBURGER.

La cabaretière... Servez-vous vous-mêmes, je
suis trop bien pour me déranger.

modes féminines, tronvant, entre la
coupe des costumes et certains objets
d'utilité ou d'alimentation, des rapprochements assez divertissants.

Enfin Harburger, avec beaucoup
de réalité (on s'en convainc aisément pour peu qu'on se soit assis quelques instants

dans une brasserie de Munich), a dessiné largement de plantureux types de bourgeois, d'étudiants, et aussi de paysans. C'est également un peintre distingué, et ses intérieurs, ses tableaux de buveurs ont une saveur quasi-hollandaise.

Voilà, sommairement caractérisés, les principaux illustrateurs actuels de ce curieux et si varié recueil des *Fliegende Blätter*. Ils apportent tous une égale conscience à leur tâche, et aucun de leurs dessins n'est jamais bâclé. Pour y apporter tout ce soin et pour demeurer toujours de bonne compagnie, ils n'en sont pas moins de bons et gais compagnons, et leur rire n'en est pas moins sonore et communicatif. La leçon n'est pas à dédaigner.

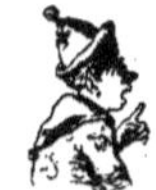

XXXVII

FIN DE LA CARICATURE ANGLAISE. — *LE PUNCH.*

Après avoir produit Hogarth, Rowlandson, Gillray et Cruikshank, la prodigieuse muse bouffonne de l'Angleterre semble s'être décidément reposée. On n'est plus drôle :

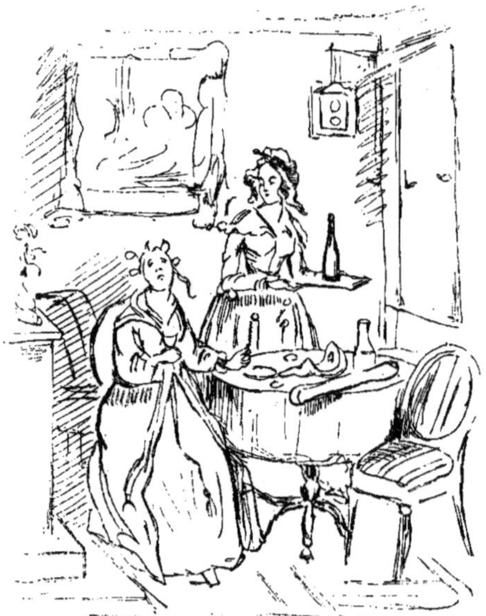

Les Vapeurs. — Croquis de JOHN LEECH.

la verve s'est amincie, rabougrie, gentlemanisée. Tout de suite après Cruikshank, le dernier représentant de la pirouette folle, de la facétie colossale, on ne trouve plus à mettre hors de pairs, que l'esprit ingénieux, le dessin menu, mais expressif, d'Hablot-Browne, autrement dit *Phiz,* qui crée définitivement, du premier coup, en réel physionomiste, les types de *M. Pickwick* et de ses compagnons ; cela complète, avec une forte saveur de terroir, les étonnantes conceptions de Dickens. Puis, la pointe légère, comme timide, malgré sa sûreté, de John Leech, qui est un souriant, mais qui ignore le rire clownesque, hanlonesque, qui désopile les rates et tord les côtes bien qu'il se rencontre des pays fort gais dans son histoire burlesque de l'Angleterre.

Le grand coupable dans cette affaire, c'est le principal journal caricaturesque de Londres, le célèbre *Punch.* Sans doute on y trouve beaucoup d'esprit, d'humour raffiné, de gaieté et d'entrain. Il suffit de dire que les adorables fantaisistes, les philosophes qui s'appellent Douglas-Jerrold et Thackeray ont collaboré à sa fondation...

Mais, franchement, la caricature anglaise n'avait pour nous de violentes séductions qu'autant qu'elle était audacieuse, cruelle, dévergondée, dépoitraillée. Jamais, dans cette bouffonnerie sans terme et sans frein, aucun peuple n'avait trouvé plus de puissance et de communicative folie. En perdant ces géniales qualités elle a beaucoup

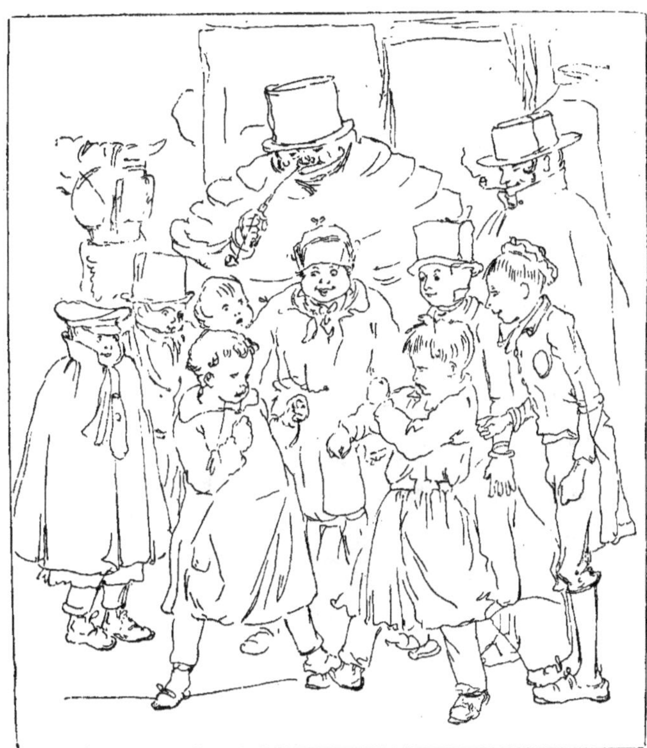

Croquis de JOHN LEECH pour les *Children of the mobility.*

perdu. Que nous importe qu'elle puisse circuler sans danger sur les tables des *drawing-rooms,* si elle ne nous désopile plus?

Il y a en revanche bien de l'humour ingénieux dans les albums fantaisistes de Caldecott et de Walter Crane, et c'est là plutôt que dans le journal qu'il faut chercher la succession des grands devanciers.

Il est vrai que ceux-là sont des artistes délicieux en qui s'est atténuée la grosse verve des Rowlandson et des Gillray, au point de n'être plus que du sourire, mais avec toutes les qualités d'invention, de gaieté ingénieuse et de délicate plaisanterie de la race.

Walter Crane semble être le premier des deux qui, renouvelant l'art de l'imagerie, l'a fait passer du placard colporté, violent, calculé pour faire vibrer les plus grosses cordes de la foule, à l'album tiré avec soin, au joli cahier d'estampes désigné d'avance à l'attention du bibliophile.

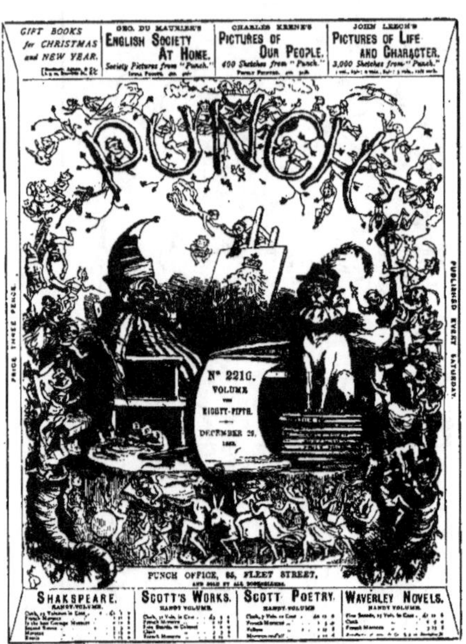

Couverture du Journal *Le Punch*.

Dans une brochurette en guise de catalogue pour une récente exposition de son œuvre, à Chicago, Walter Crane a pris le soin de classer lui-même son œuvre et d'en indiquer la genèse. Il la divise en livres d'images, travaux décoratifs et peintures proprement dites. Ce sont les premiers qui nous retiendront surtout ici.

Les premiers *Toy-Books* ou *Livres-Joujous* commencèrent à paraître en 1869, chez l'éditeur Evans, avec qui l'artiste était entré en relations en 1865. Le premier fut le *Fairy-Ship* ou le Vaisseau enchanté, dont M. J.-K. Huysmans a donné, ainsi que de divers autres albums, une description des plus colorées dans *l'Art moderne*. En 1870, *This little pig went to market* retraçait avec une verve charmante les aventures d'une famille de co-chons, grands et petits, qui a suggéré au même écrivain une page savoureuse.

Walter Crane raconte avec malice la fortune un peu hésitante, au début, de ses charmants albums. « Dans aucun temps, les livres de six pence pour les enfants n'ont pu être considérés comme une source de fortune pour les dessinateurs. Comme le petit marchand de l'histoire on pourrait dire : « J'ai perdu sur chaque « article, mais je me suis rattrapé sur la quantité. »

Puis ce sont des détails sur les exigences du public, qui voulait de la couleur pour son argent et qu'il fallait satisfaire tout en poursuivant ses propres recherches d'art. Jamais les albums n'étaient assez voyants, et ce trait-là est bien nature : « Il y avait alors, dit Walter Crane, une génération qui était avide de rouge Magenta et de vert émeraude. » Ce goût-là n'a pas, que nous sachions, passé de mode dans le public anglais.

C'est des albums de cette première période, — qui commence avec le *Fairy-Ship* en 1869 et finit avec la *Belle au bois dormant*, en 1876, — dont M. Huysmans s'est surtout occupé. Il en a dégagé la verve amusante en ce qu'elle a de foncièrement britannique.

Walter Crane, s'analysant lui-même avec une perspicacité que n'ont pas toujours les artistes dans leurs autobiographies, remarque que dans ses albums de la période suivante prédomina l'influence italienne. En effet, Boticelli est mis à contribution, très visiblement ; bien d'autres maîtres italiens fournissent de fréquentes réminiscences, un goût général dans la composition, mais Boticelli surtout.

Toutefois, ce qui conserve un charme personnel aux albums de Walter Crane, même sous cette évidente influence, c'est que la saveur acidulée du coloris est bien anglaise, et que sous ces peplums ce sont bien des *misses*, de blondes, robustes et souples *misses* qui viennent vers vous, ou se tiennent droites, perdues dans une contemplation de keepsakes. Sous les pourpoints et les collants d'un goût Renaissance, ce sont de jeunes et vigoureux joueurs de crickets. Le décor est rétrospectif, l'esprit est londonnien et de ce temps.

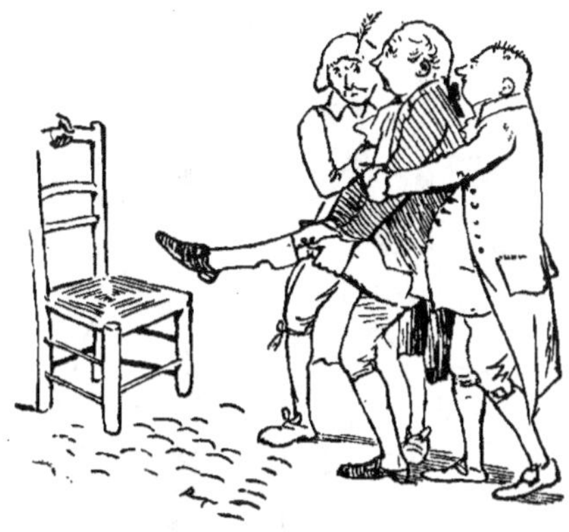

CALDECOTT. — Extrait de : *Elegy on a mad dog.*

Dans tout cela c'est bien plutôt le sourire que le rire qui règne. Le rire abondant et large ne se rencontre même point, à vrai dire, mais le sourire est perpétuel et d'une grande finesse.

Les trouvailles les plus heureuses à notre gré sont contenues dans les deux petits albums carrés *Baby's opéra* et *Baby's bouquet*. Ce sont deux recueils de chansons populaires, elles sont naïves et charmantes, avec des encadrements autour des airs notés, et de place en place des compositions de pages. Un troisième album complète la série : *Baby's own Esop*. Mais cet *Esope* est un caprice, un pastiche grec, agréable sans doute, qui prête peu même au simple sourire. Bergères aux grands chapeaux enrubannés, vieilles comiques, étonnements de bébés, coins d'intimité, échappées de vue sur une vie des champs agréablement poétisée, tout cela constitue le meilleur et le plus fin du talent de Walter Crane. Dans les tout premiers albums il avait inventé quelques monstres vraiment caricaturaux, tels que le *Nain jaune* et la vieille sorcière du même conte ; d'autres encore. Dans les derniers albums d'un coloriage beaucoup moins chargé, où les blancs sont largement prodigués, tels que *la Fête de Flore* et *la Reine de l'Été ou le tournoi du Lis et de la Rose*, l'artiste vise exclusivement au gracieux et au noble. Ce sont des costumeries florales qui, grâce à l'influence italienne, gardent peut-être plus de jeunesse que *les Fleurs animées* de notre Grandville. Pourtant le sentiment en est aussi efféminé et s'éloigne tout autant des robustes sources du rire.

Ce rire copieux et sain, cette gaieté communicative, devenus rares chez les peintres anglais de la deuxième partie de ce siècle,

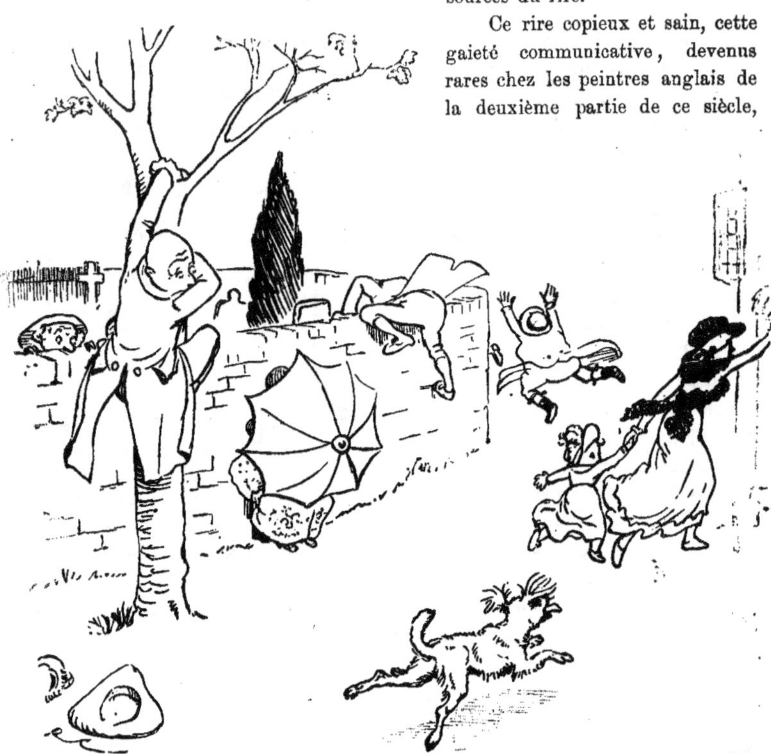

CALDECOTT. — Extrait de : *Elegy on a mad dog.*

se sont mieux conservés chez Caldecott. L'œuvre de Randolph Caldecott est beaucoup plus près de la vie que celle de Walter Crane. Bien que son invention aime fort le rétrospectif et qu'il ait une prédilection pour le pittoresque des défroques élégamment surannées, Caldecott a fait, de ses dessins, de ses illustrations pour les chansons d'enfants, d'exactes et plaisantes peintures des intimités anglaises et de la grasse nature des campagnes britanniques.

Avec lui, vous n'avez que l'embarras du choix, et chacun de ses albums, consacré la plupart du temps à tous les épisodes d'une seule chanson, présente la plus grande variété de sites, de scènes et de types. Caldecott est un paysagiste de premier ordre ; sous son crayon spirituel, les horizons fuient, les petites fermes et les cottages se découvrent parmi les haies ; les jardins avec leurs espaliers, les étangs avec leurs barbotages de canards, les grasses prairies avec leurs vaches et les jolies filles qui les mènent, tout cela vit et respire un juste et joyeux sentiment de nature. Le roussi des automnes, le cuivré des couchers de soleil, les hivers aux neiges à perte de vue, il sait également rendre cela par aussi peu de tons qu'il rend les horizons par peu de lignes. Qu'il dessine simplement au trait de bistre ou qu'il se serve de tons plats, ou bien de tons très légèrement rompus, à peine modelés, il demeure toujours un artiste exquis. Il a employé parallèlement les deux procédés dans tous ses albums, les croquis au trait alternant avec les pages en couleur, et c'est merveille de voir comment parfois

un seul mot pris dans un vers ouvre à son imagination toute une scène. Les personnages, dans les croquis, sont admirablement dans l'air, et c'est parfois merveille de voir galoper des cavaliers au loin, ou de discerner des commères sur le pas de leurs maisonnettes, tout là-bas.

Puis, quand il détaille, quand il montre ses héros dans leurs beaux costumes voyants, il atteint souvent l'excellent comique sans

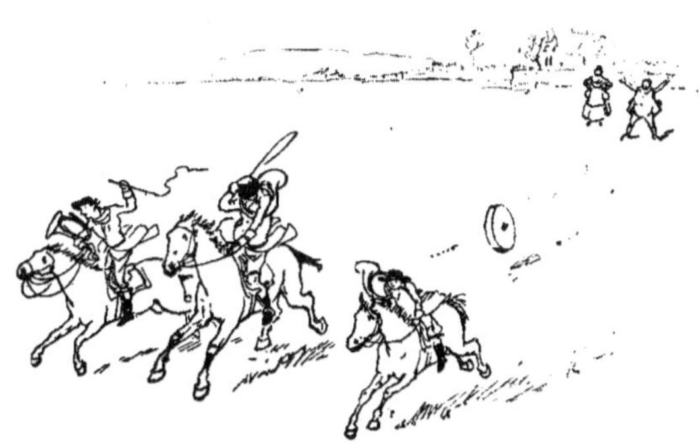

CALDECOTT. — Extrait de : *The Three jovial huntsmen.*

chercher autre chose que la simple bonne humeur. Son album de *John Gilpin* est, dans cet ordre d'idées, un de ses chefs-d'œuvre. Les chevauchées folles autant qu'involontaires de ce brave marchand de Londres, plus accoutumé au séjour derrière son comptoir qu'aux promenades mouvementées et aux ruades, sont imaginées de main de maître.

L'album intitulé *Three jovial huntsmen,* les Trois joyeux chasseurs, est aussi d'une grande force comique. Ces trois héros rencontrent à chaque pas les êtres les plus simples : des enfants qui jouent, des gardeuses de dindons, des amoureux, et c'est toujours pour eux prétexte à des ébahissements et à des commentaires inattendus ; après quoi ils se reprennent à galoper dans les gaies verdures des campagnes anglaises, nettes et crues.

La Maison que Jacques a bâtie, le Garçon de ferme., etc. sont encore de riches thèmes de paysages ; tandis que *la Grenouille qui voulait se marier, Chantez une chanson pour six pence, le Grand Panjandrum lui-même, le Chien enragé,* etc., sont au contraire plus propices aux scènes de comédie. *La Grenouille qui voulait se marier* nous montre de divertissants intérieurs, des intimités, une souris aimable et gentille régalant ses invités, le rat et la grenouille, d'un air de guitare. Dans tout cela règne une gaieté charmante, de bon aloi. Pourtant dans un de ses albums, *les Enfants perdus dans la forêt,* Caldecott rencontre au contraire le plus cruel accent du drame, et rien n'est lugubre comme la mort des parents dans leur palais, puis la mort des pauvres petits enfants parmi les feuilles rousses, dans la forêt cruellement déserte.

Mais la gaieté abonde, encore une fois, et cela n'est que l'exception. On la trouve, outre les albums de chansons dont nous venons de citer les principaux, dans les scènes de mœurs que Caldecott a croquées pour le *Graphic.* Ce sont encore des chasses, des réunions de voyageurs, des voyages sur le continent, des parties de campagne; tout cela gai d'observation, juste de croquage. On voit que nous nous trouvons en présence d'un véritable artiste, d'un humoriste excellent, et qu'avec Caldecott nous n'avons pas du moins trop à regretter la puissante verve de Rowlandson.

Ranger miss Kate Greenaway parmi les maîtres de l'art du rire, à la suite de cet artiste, serait peut-être forcer un peu

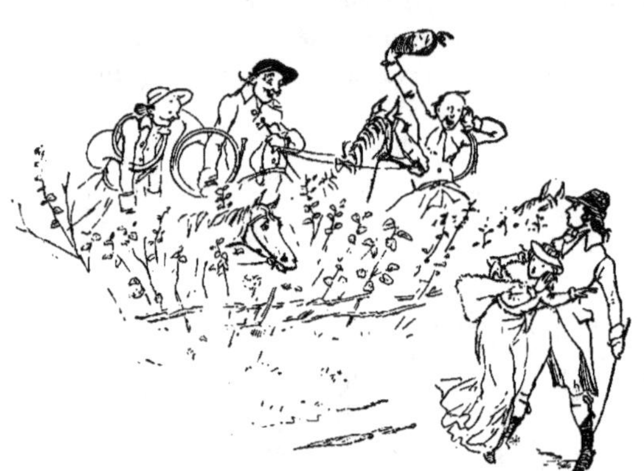

CALDECOTT. — Extrait de : *The Three jovial huntsmen.*

les classifications. Pourtant, elle est bien maîtresse en l'art du sourire, du joli sourire d'enfant ingénu et gaiement candide. Nous ne pouvons toutefois que la signaler ici, car la grâce domine dans les plus piquants de ses albums, *Mother goose, The Apple pie, A day in a child's life,* etc. Comme Caldecott, partant d'un style tout différent, moins large et moins osé, mais tout à fait gentil et mignon, Kate Greenaway est paysagiste, et ce serait dommage de n'avoir d'attention que pour les yeux bleus, les bouches rouges, les petits pieds et les grandes capotes de ses babies, pour négliger les maisonnettes, les forêts, les parterres pour rire où se déploient leurs graves aventures.

Si maintenant, après cette rapide esquisse des derniers véritables maîtres dans l'art du sourire et du rire en Angleterre, nous revenons au journal, nous trouverons plus de difficultés à nous étendre avec beaucoup d'enthousiasme. Le bon *Punch* est, en somme, un peu trop gentleman auprès de ses magnifiques aînés, et ses gaietés sont bien menues auprès de celles de Hogarth, de Rowlandson, de Gillray ou de Cruikshank. Puis il faut convenir que sa caricature courante, en dépit des efforts visibles, est fade ou sèche. Les grandes planches politiques de Tenniel n'ont que de la raideur incolore.

Quant à la peinture de mœurs, elle est représentée surtout par Du Maurier (né

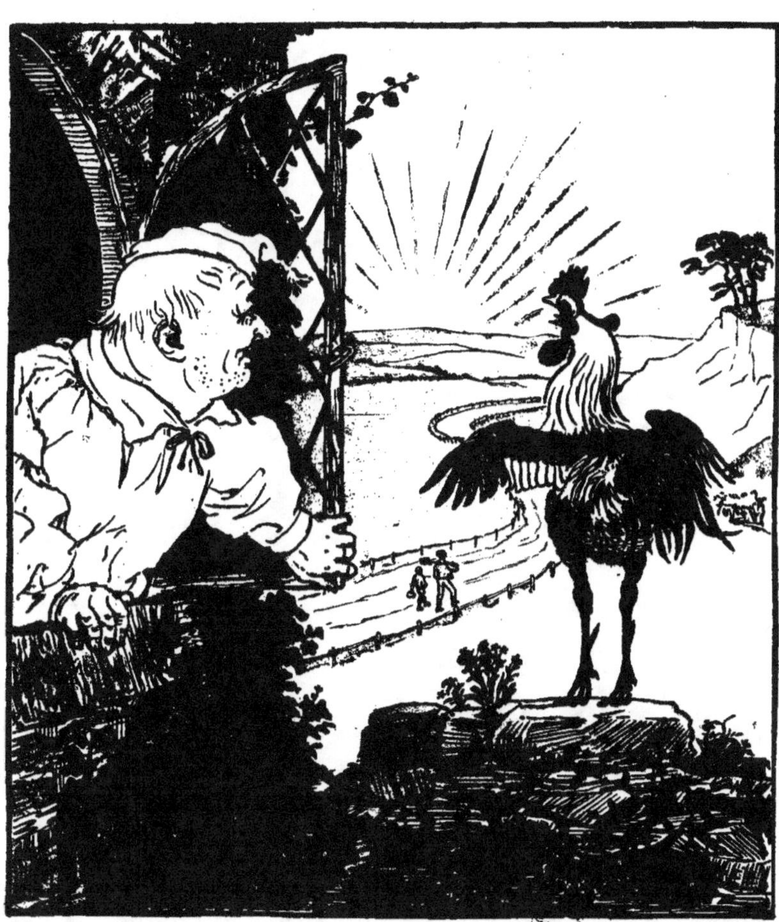

Page extraite de *The house that Jack built.*

en 1834, mort en 1892), Français d'origine, Anglais jusqu'aux moelles dans ses scènes d'intimité. C'est de la caricature pour jeunes filles, pour ces misses rougissantes et bien élevées de qui Byron disait qu'elles étaient bien gentilles, mais qu'elles « sentaient la tartine de beurre ». Du Maurier a multiplié dans ses intérieurs bien tenus des gentlemen corrects, au plastron éblouissant ; des ingénues très convenables, avec leur petit chignon, leur sourire à deux dents ; des mères pétries de *respectability*, et, par-ci par-là, des types de bourrus ou de gaffeurs très vaguement grotesques. Cela est charmant de finesse sans doute. Mais combien ne serait pas préférable un peu de l'invention drolatique d'antan ! Aussi, préférons-nous à la bonne

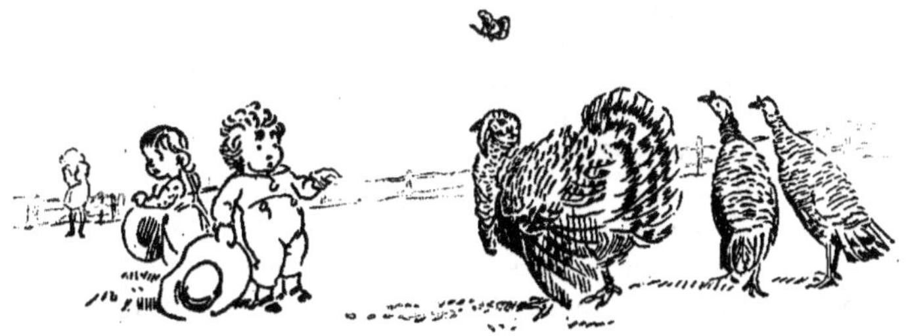

CALDECOTT. — Extrait de : *The Farmer's boy.*

tenue de Du Maurier l'imagination plus exubérante, le crayon plus heurté de Sambourne, par exemple.

Dans le même genre que Du Maurier, mais avec plus de finesse de touche, Charles Keene a également donné au *Punch* de nombreuses scènes de mœurs. Quelles que soient les qualités d'humour et d'ingéniosité des légendes, nous croyons qu'elles perdraient tout leur sel à la traduction, et que d'ailleurs elles sont trop locales pour rentrer dans notre étude de généralité du rire. Qu'il suffise d'en avoir signalé, aux esprits désireux de les étudier plus en détail, leur réel mérite artistique.

Regrettons que *Punch* soit plus homme du monde que clown, plus souriant que mordant. Mais ne disons tout de même pas trop de mal de ce respectable polichinelle, quoiqu'il soit, à notre gré, moins verveux que la piaillarde marionnette portant son nom, qui, par les rues, donne des représentations en plein air. *Punch* a été un généreux. Il a eu le courage, dans sa nation égoïste et pratique, de défendre la cause de l'humanité. Il a franchement satirisé les cruautés envers les Indiens, envers les Irlandais. Une planche, intitulée *la Justice pour l'Irlande*, représente une femme sourde, aveugle et paralysée. Lors de la guerre de 1870, il a hautement manifesté sa sympathie pour nos malheurs. C'est ainsi qu'il montra trois chiens féroces, excités par Guillaume, Bismarck et de Molke, aboyant contre Paris en flammes. Quand l'Alsace et la Lorraine nous furent enlevées, la France fut peinte sous la figure de Niobé perdant ses enfants. Ce sont là des dessins de Tenniel, et l'on voit que si son dessin est un peu composé et sec, l'artiste a du moins quelque chaleur de cœur.

Ce serait à avoir des remords de préférer à ces humoristes compatissants et dignes les si haineux, mais si désopilants bouffons du siècle dernier. Il y aurait encore, si l'on voulait faire un travail de simple documentation et de catalogue, bien des journaux comiques à citer en Angleterre : *Judy, Funny Folks* et un dernier venu, *Ally Sloper,* qui a créé un type, un fantoche bouffon, où l'on retrouve un peu de l'amusante outrance des caricaturistes britanniques du XVIIIe siècle. Mais comment analyser tout cela, et surtout à quoi bon? Ce sont des amusements purement locaux, matériaux probables, mais prématurés, pour l'hisoire des mœurs de ce temps, — de l'autre côté de la Manche.

De même, en Amérique, les nombreuses publications qui visent à l'humour ne sauraient nous fournir ici aucune matière à idées générales. D'ailleurs, par les échantillons qui nous en arrivent, il paraît difficile d'attribuer à *Judge,* à *Puck,* etc. un très grand caractère d'art. La politique fait le fond des compositions, et il serait au moins curieux de retrouver dans les allégories compliquées de cet art en enfance, des analogies avec notre très primitif *Revers du jeu des Suisses!*

Pourtant, on ne peut prononcer ce mot de caricature américaine, sans se représenter aussitôt ces estampes lithographiques, grossièrement enluminées et représentant des jeux de nègres : sports vélocipédiques, hippiques ou nautiques, parties de billard effroyablement mouvementées, boxes terribles; tout cela est gauche d'exécution, mais tellement violent, tellement clownesque, qu'il faut bien en éclater de rire, — comme à Guignol!

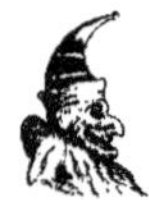

XXXVIII

LA CARICATURE POLITIQUE EN FRANCE SOUS LE SECOND EMPIRE, LA GUERRE, LA COMMUNE ET LA TROISIÈME RÉPUBLIQUE.

Nous nous sommes juré, dans ce livre tout consacré à la fantaisie et à la gaieté, d'éviter autant que possible ce qui a rapport à la politique. Nous avons reculé, autant que nous avons pu, le moment de parler de ces choses peu hautes ; nous voici bien forcés pourtant de résumer maintenant une quarantaine d'années de luttes vaines, de polémiques brutales. Avalons d'un coup la platitude des querelles déjà éteintes, et ne relevons que les points vraiment significatifs.

Après le coup d'Etat de décembre 1852, toute protestation écrite, parlée ou dessinée fut énergiquement réprimée. La caricature politique en fut réduite à s'occuper exclusivement des choses extérieures. Encore fallait-il qu'elle n'allât pas trop loin, et ne fût pas trop en désaccord avec les vues du gouvernement. Daumier et Cham furent les plus assidus et les plus saillants parmi les enregistreurs de ces actualités belliqueuses. Les ennemis, Cosaques, Autrichiens, Italiens, Chinois, sont poussés au grotesque. Le troupier français est au contraire une façon de héros loustic et infatigable. C'est un chauvinisme un peu étroit, une politique à courte vue ; on ne voit que les résultats des campagnes présentes, on ne s'avise pas d'en pronostiquer les conséquences.

Daumier pourtant, vers 1866, se met à prophétiser avec une extraordinaire clairvoyance, une énergie ardente, une philosophie d'une élévation singulière. Il dit les nuages noirs qui s'amoncellent sur l'Europe, les menaces des armements démesurés, la domination croissante de la Prusse, étranglant successivement et mettant sous ses pieds tous les États de l'Allemagne. Et un jour, dans un mouvement d'humanité indignée, il dresse, sur un champ de bataille jonché de morts à perte de vue, un personnage blême, osseux, au sourire hideusement ironique, et cette composition, aussi belle que le plus beau Goya, s'appelle le *Rêve de l'inventeur du fusil à aiguille*. Puis pendant l'exposition même de 1867, prétendue fête de la paix, qui n'était qu'un ballet, lever du rideau pour un drame, il annonce la guerre prochaine et certaine. Le dieu Mars, voyant à la porte du palais un écriteau lui interdisant l'entrée, murmure en haussant les épaules : « Bah! je ferai le grand tour! »

Pour la politique intérieure, très peu de chose à signaler. Anastasie, la censure vigilante, fait son office avec un zèle féroce. Tout ce que les caricaturistes peuvent faire, c'est de s'en prendre à elle d'une façon générale.

Pourtant, après les élections de 1868, les barrières craquent insensiblement. Le *Charivari*, toujours par le crayon de Daumier, montre, non sans une certaine joie, se réinstallant sur les bancs de la Chambre, des vieux de 1848 mêlés à quelques jeunes recrues. On sent qu'une exaltation bouillonne et qu'une circonstance inconnue peut la faire déborder.

La guerre fut cette terrible circonstance. Ce fut alors un déchaînement de cari-

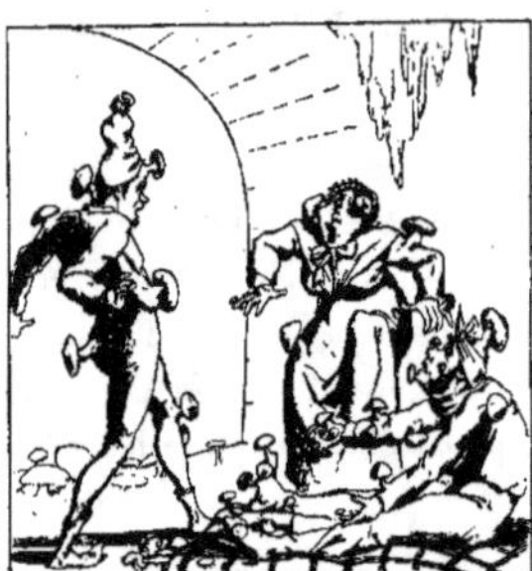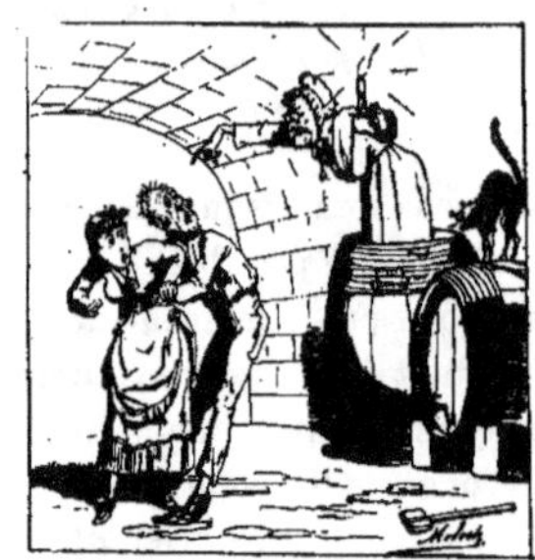

MOLOCH. — Extrait de *Paris dans les caves.*

catures, dont le rire avait quelque chose de dément. Il est impossible de feuilleter cela sans une réelle douleur ; quand ce n'est pas la vantardise, la fanfaronnade puérile, c'est l'insulte et l'ordure répandues sur le triste régime effondré. Si l'indignation avait été relevée de dignité ; si nous avions eu de vibrantes satires, de ces coups de cravache qui balafrent à jamais ; si, enfin, on n'avait pas été d'autant plus violent que la violence n'était plus périlleuse, alors on pourrait entrer dans quelque détail. Mais nous ne nous sentons pas le courage de signaler, parmi l'avalanche des placards contre « Badinguet » et sa famille, un seul qui se rachète par quelque mérite de dessin ou quelque curiosité d'arrangement. Les collectionneurs et les curieux trouveront souvent répétés, au bas des moins mauvais, les noms de Faustin ou de Moloch. Mais nous ne sommes pas encore en état de remuer froidement ces souvenirs...

Il faut remarquer que la lithographie de M. Edward Ancourt qui figure dans ce chapitre, *la Fin de la légende,* et qui est une des plus remarquables du recueil antinapoléonien, n'appartient pas à l'époque de la chute de Napoléon III. Elle lui est postérieure de deux ou trois ans au moins, et ne saurait, par conséquent, être taxée de manquer de générosité envers un vaincu. Elle parut au contraire vers 1872, au moment ou le parti bonapartiste redevenait puissant et remuant, et c'était alors de légitime polémique.

Deux planches politiques dominent tous les recueils d'une grande hauteur, et respirent une colère sereine : nous trouvons encore au bas la signature de notre grand Daumier. *L'Empire c'est la paix!* a écrit le maître au bas d'un affreux paysage de ruines et de massacres, où les tourbillons de fumée sortant des maisons rendent le ciel, bas et lourd, encore plus lugubre. Dans l'autre dessin, la foudre sillonne la nue et vient frapper un aigle qu'écrase déjà le livre vengeur des *Châtiments.* Cela est admirable, et sauve la caricature politique de cette triste époque : car cela n'insultait point, mais jugeait!

Nous passons sur les gaietés de la guerre et du siège (car ces choses eurent leurs gaietés), sur des lazzis que l'on trouva encore la force, parfois l'inconscience, de faire sur la disette, les chevaux rongés jusqu'aux os, les chats vendus au poids de l'or, le bombardement lui-même! Du moins on y peut voir la preuve de la vivace gaieté chevillée au corps de tout Français, la gouaillerie faubourienne qui n'abandonne pas le Parisien aux moments les plus

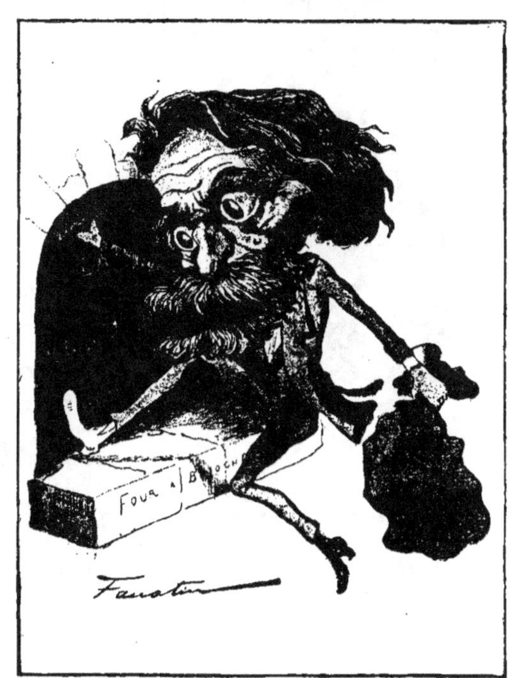

FAUSTIN. — Portrait-charge de Félix Pyat.

sombres. Une des plus amusantes séries est celle de *Paris dans les caves,* par Moloch, dont nous reproduisons, très réduites, deux compositions. Inutile de dire si les propriétaires, les femmes jalouses et les belles-mères étaient mises à contribution pour ces comédies souterraines.

Nous passons aussi volontairement sur les caricatures contre nos vainqueurs, et nous sommes sûrs qu'on nous approuve. Quant on croit avoir atteint au dernier excès des maux, à l'épuisement des privations et des humiliations, la lie définitive coule des calices.

La Commune a aussi son imagerie nombreuse. Ceux qui doivent écrire cette histoire auront à tenir compte de tous ces documents. Pour ces historiens, M. Quentin-

Bauchard a déjà dressé le catalogue aussi complet que possible des estampes de la Commune, barbouillages informes comme pièces un peu moins mauvaises, et jusqu'aux recueils obscènes. Nous laisserons, nous, tout cela jaunir dans les collections, car le rire est absent de presque toutes ces images ; elles sont plutôt lamentables, et pas une n'est réellement gaie. C'est du désespoir pur qui cherche à s'étourdir. Toutes ces choses sont tristes, et l'on conçoit trop bien que le claquement des dents, au moment d'une telle fièvre, ait été pris pour du rire. En tous les cas, si la Commune eut des jours gais, les dessinateurs ont manqué pour nous en conserver le souvenir. Une seule chose sera notée, car elle a aussi son triste enseignement. La Commune vaincue, des caricaturistes la bafouèrent; Cham et Bertall se distinguèrent dans cette peu généreuse répression à coups de porte-crayon. Quelque opinion que l'on puisse garder par devers soi, on ne peut nier que

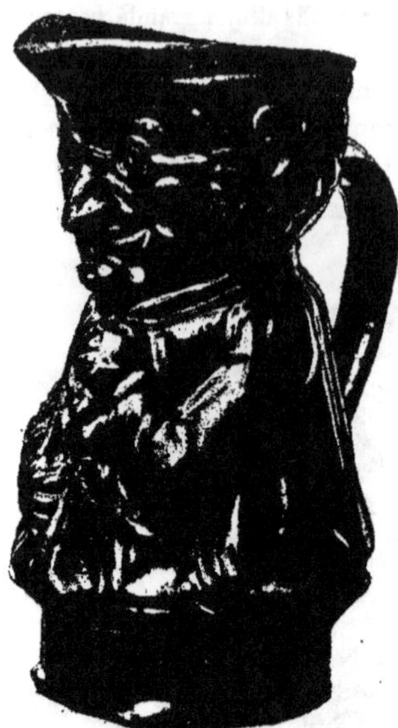

Thiers (pot à bière).

le silence eût mieux valu ; au moment où les vainqueurs doivent avoir eux-mêmes l'âme déchirée, une guerre civile ne relève pas de la caricature ; il est indigne de faire la charge de condamnés à mort.

Peu à peu le ciel s'éclaircit de nouveau : la mêlée politique continua d'être aussi confuse, aussi mouvementée ; mais elle fut moins sanglante. Puis la liberté introduisit de nouvelles mœurs caricaturales. Tout put être dit, et tout fut dit ; cela ôta toute force à la satire. La possibilité de tout dire nuit au mérite de bien dire, que seule la contrainte favorise. Tour à tour les ministères ont été attaqués et défendus au moyen des vieilles armes de Daumier et de Gill ; et il semble que, depuis dix-huit ans, il est grand temps d'en inventer d'autres.

Les hommes au pouvoir n'ont jamais été si caricaturés et, en somme, si peu atteints. Suc-

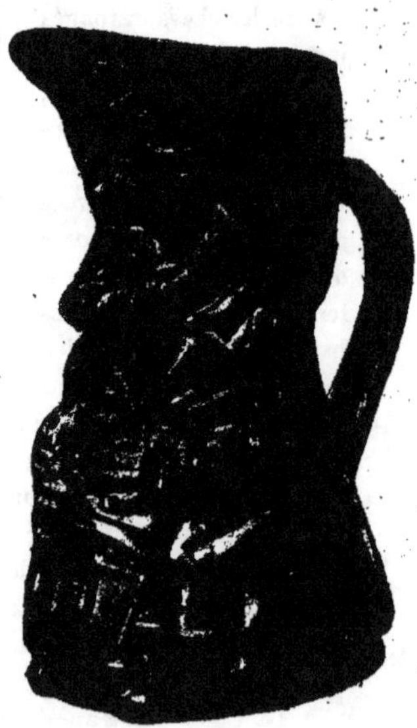

J. Favre (pot à bière).

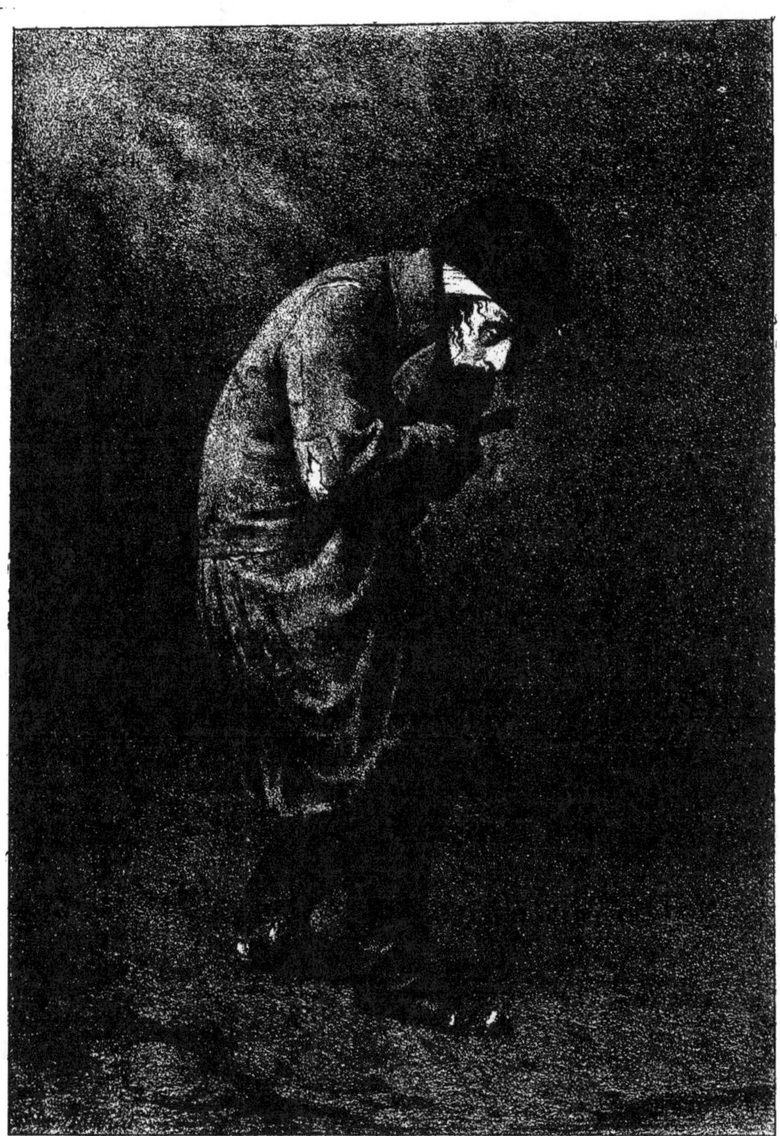

EDW. ANCOURT. — LA FIN DE LA LÉGENDE.

cessivement, pour ne citer que les principaux, MM. Thiers, Gambetta et Jules Ferry
ont été le sujet d'innombrables effigies, parfois fort comiques, mais qui ont bien
peu nui, semble-t-il, à leur situation. Ce sont armes trop émoussées, ou bien
nous vivons dans un temps où la liberté de la satire politique a émasculé la
satire dessinée. J. Blas, qui est mort cette année, avait certainement, dans le *Pilori,*
imaginé des caricatures bouffonnes dans leur extrême violence de conception et leur
sécheresse de pince-sans-rire. Il inventa des déformations de visages, de nez, de corps
qui ont dû faire rire les originaux tous les premiers, pourvu qu'ils fussent gens
d'esprit. Mais en quoi cela leur nuisit-il? On regardait aux kiosques, on souriait
ou on s'indignait, suivant son goût, et on passait.

Autre exemple plus décisif encore : la longue période du boulangisme a donné
l'essor à des milliers de charges. En est-il une seule qui puisse être citée comme une
œuvre d'art, ou même simplement comme une véritable et efficace satire? Cela ne
donne qu'un immense et fastidieux dossier. Aussi jugera-t-on ici inutile le soin d'étudier par le menu les divers caricaturistes politiques, productifs comme M. Alfred
Le Petit, corrects et ingénieux comme M. Gilbert Martin.

La caricature politique ne vaut que par l'émotion sincère qui donne au plus
vilain barbouillage une éloquence parfois brillante et qui décuple l'effet de l'œuvre
d'art. C'est cette émotion vibrante que nous avons étudiée avec la foule d'imagiers,
si peu soucieux d'art, de la première révolution, ou avec la pléïade, au contraire si
artiste, de la monarchie de Juillet. Il y a même plus; nous trouverions certainement
une force satirique dans les estampes de la guerre et de la Commune, que nous nous
sommes refusés à analyser, supérieure à toute la moyenne des caricatures publiées
depuis plus de quinze ans.

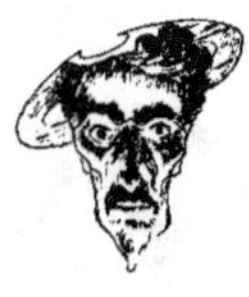

XXXIX

UN FLAMAND, FÉLICIEN ROPS. — LA CARICATURE
ET LE SATANISME.

S'il est peu de personnes qui connaissent l'œuvre de Félicien Rops, en revanche, il n'en est guère qui ne pourraient citer le quatrain de Théodore de Banville où il est question de ce maître.

On nous dispensera de le citer, bien qu'il soit le début obligé de tout portrait de l'artiste qu'on s'est complu à considérer comme un satanique. Si M. Rops est bizarre, c'est surtout pour les gens qui ont l'étonnement facile. Si jamais il n'a remporté le Grand Prix de Rome, cela n'a rien de surprenant non plus, car il y en a bien d'autres qui lui tiennent compagnie ou n'en feront pas plus mauvaise figure dans l'histoire de l'art, de notre siècle. Enfin, son talent est probablement haut comme la pyramide de Chéops ; mais pourquoi faire tort, peut-être, à ce talent, de quelques centimètres ?

M. Félicien Rops est-il un satanique ? Nous le tenons plutôt, nous, pour un satirique, ce qui est bien suffisant ; pour un curieux artiste, très épris de son métier de dessinateur et de graveur, ayant l'esprit raffiné et la distinction hautaine. C'est un peu par littérature que l'on a trouvé en lui un élément diabolique. Nous aimons mieux nous représenter les choses et les hommes plus simplement. Les plaisirs que nous procure leur œuvre ne sont pas moindres.

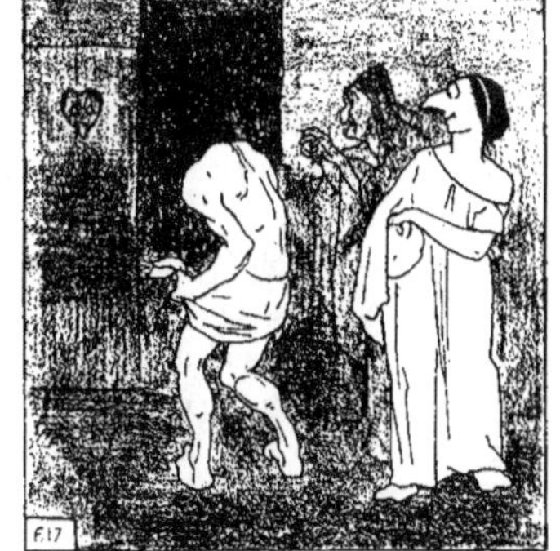

F. ROPS. — Parodie d'un tableau.
(*Uylenspiegel au salon.*)

Il y a d'abord tout une partie de son œuvre qui échappe à Satan. C'est celle où, à ses débuts, il a étudié attentivement la nature, s'est imprégné de fortes sensations rustiques et a rendu la paysanne avec une simplicité de moyens qui présentait plus d'une analogie avec le sentiment de Millet.

Il y a d'ailleurs dans sa paysanne, belle bête féminine, un peu d'inquiétude aux yeux ; elle est moins morne, plus troublante que celle de Millet, et, sans invraisemblance pourtant, elle nous achemine du Rops vériste au Rops satirique.

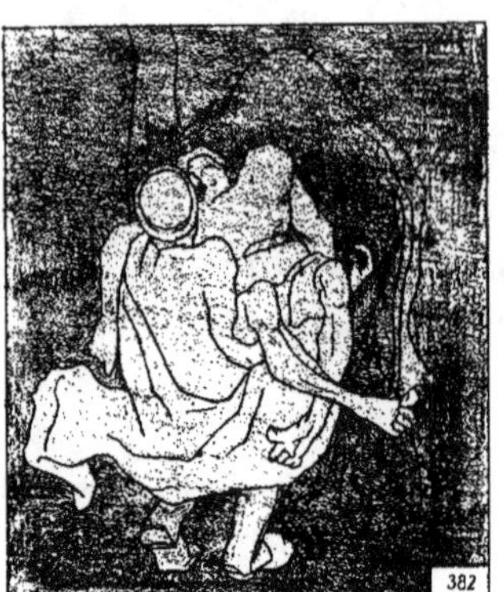

F. Rops. — Parodie d'un tableau.

Dans son œuvre de satire, il a vigoureusement fouaillé la *fille* de ce temps, la fille osseuse au regard à la fois fixe et brouillé d'alcoolique, à la mâchoire saillante, dont la puissance, inexplicable aux candides et aux sains, est faite de rouerie, de maigreur vannée, de laideur, de sottise et d'odeur d'égout. Puis aussi son compagnon, l'esquinté, le noceur à la lèvre pendante, qui, brusquement dépouillé du correct déguisement dont l'affubla le tailleur à la mode, apparaîtrait comme un reste d'homme, un squelette couvert de peau flasque, les membres grelottant et s'entre-choquant dans une fièvre de gâtisme.

Cela restera comme un document singulièrement révélateur de notre vie d'égoïsme et de basse jouissance, de l'affaiblissement des corps modernes et de la sûre atrophie des cerveaux. Mettez, si vous y tenez, que le tableau soit un peu poussé au noir, et que ce ne soit qu'une partie de notre contemporanéité. En tous les cas, cette partie-là n'est ni flattée, ni calomniée ; elle est portraiturée sans pitié, mais avec une admirable précision.

Reste le troisième peintre qui est en Félicien Rops : celui des luxures. Mais ce n'est que la conséquence logique des précédentes peintures ; c'est l'explication de ce que nous avons vu tout à l'heure ; ce sont les coulisses de cette débauche qui est reine ; c'est le poème de l'exaspération de la chair, qui se fait de plus en plus furieuse en devenant de moins en moins désirable ; plus elle est meurtrie et faisandée, et plus elle se cherche. Cela M. Rops l'a rendu en vives, en audacieuses images, sans rien gazer, et parfois amplifiant, dans la forme d'un Rabelais plein d'amertume. M. Huysmans, caractérisant admirablement toute cette partie de son œuvre, a dit

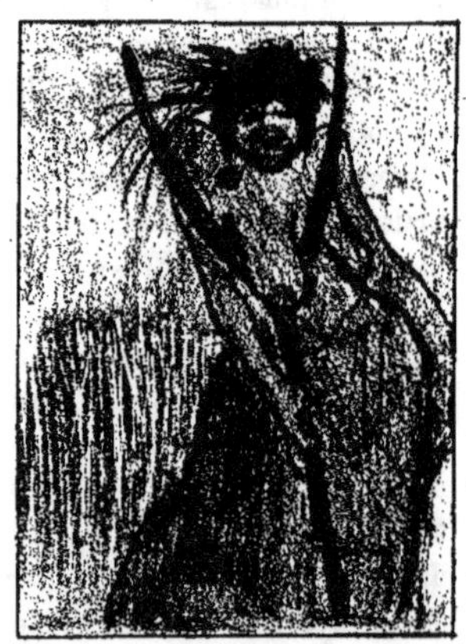

F. Rops. — Parodie d'un tableau.

que M. Rops, « avec une âme de primitif à rebours, a accompli l'œuvre inverse de Memling : il a pénétré, résumé le satanique en d'admirables planches qui sont comme inventions, comme symboles, comme art incisif et nerveux, vraiment uniques ».

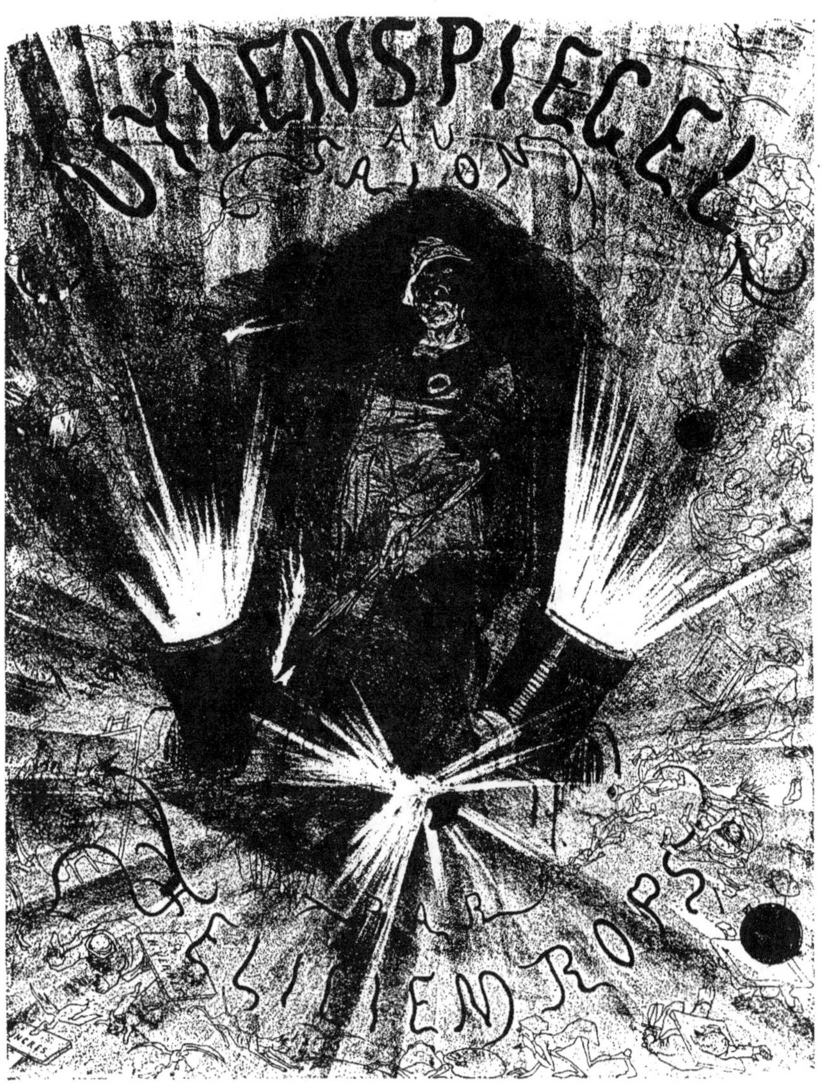

Fac-similé d'une Affiche annonçant une brochure parue a Bruxelles
(Collection de M. O. Uzanne).

Va donc pour le satanisme, puisque c'est décidément par ce mot d'apparence cabalistique qu'on désigne le Mal. On comprendra que, par sa nature même, l'œuvre de M. Rops soit peu répandue dans le public. D'abord, parce que cet artiste travaille

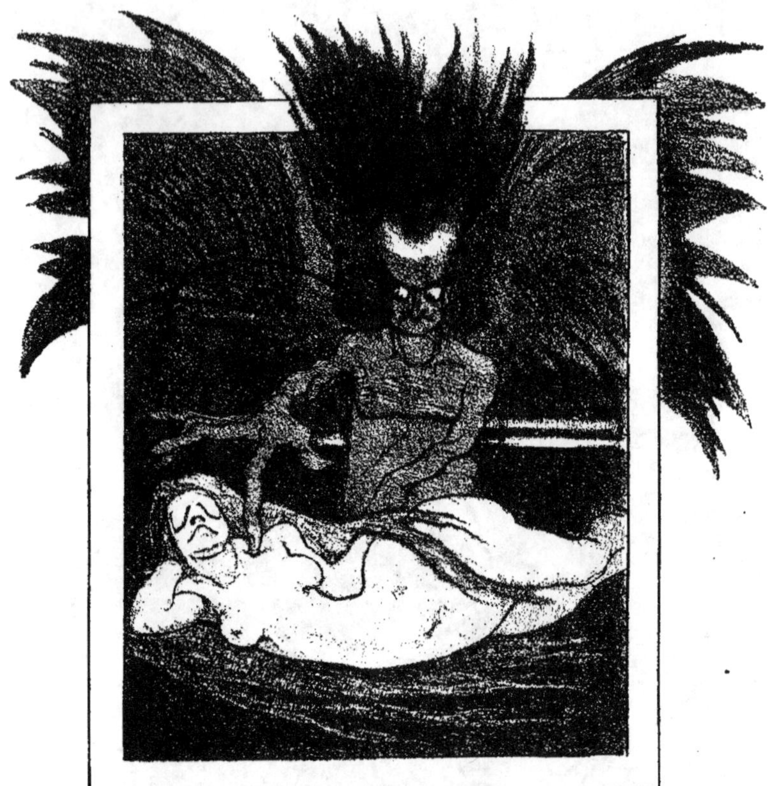

F. ROPS. — Une scène de magnétisme animal.

pour lui-même, et pour quelques-uns, et encore ! Puis, parce qu'il n'a jamais été d'usage de mettre les parfums précieux, délicats, aux perverses senteurs, dans des gros litres de verre commun, ou de verser les vins rares dans des cruches.

Quelle partie de son œuvre a pourtant valu à Félicien Rops, cette épithète de satanique, qui fait d'ailleurs fort bien et donne un cachet peu banal ? C'est qu'il a très énergiquement, et de façon inoubliable buriné la *démone,* cet espèce de symbole de la femme perverse, grande prêtresse de la sensualité, ce succube coquet qui déchiquête des cœurs et ingurgite des fortunes. Puis aussi le sceptique, le froid analyste à monocle, qui peut très bien passer pour une incarnation de Satan ; mais tous, tant que nous sommes, à ce compte nous pourrions bien avoir le pied un peu fourchu.

Toutes les conceptions graphiques où Rops a rendu cette idée dégagent (entre autres l'illustration superbe des *Diaboliques* de Barbey d'Aurevilly) une sorte de halo de glace et de mort.

Quelques mots encore sur les procédés, M. Rops a surtout adopté la pointe sèche et le vernis mou ; la première qui rend les délicatesses avec une légèreté sans pareille ; le second, dont il tire des effets brouillés, des tonalités lugubres, des atmosphères saturées d'humidité malsaine. Il a aussi donné quelques lithographies remarquables. Enfin, dans le genre purement caricatural, il faudra rappeler qu'il fonda divers journaux satiriques, entre autres l'*Uylenspiegel;* qu'il illustra de frontispices gravés maints ouvrages qu'il est bien inutile de rappeler aux collectionneurs et de signaler aux autres ; enfin qu'il éparpilla des charges (*A toi, Cabanel!*) et de bons croquis bouffons finement étudiés et récapitulés dans la revue l'*Art et l'Idée,* par M. Octave Uzanne.

C'est Rops qui, un des premiers, comme on le verra par la série de croquis bouffons illustrant ce chapitre, fit des parodies dessinées des salons de peinture. M. Rops est un causeur séduisant, un lettré de race ; sa très fine tête raconte expressivement l'ironie et la hauteur, et juste autant de malveillance qu'il en faut pour n'être pas dupe de son temps.

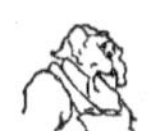

XL

ADOLPHE WILLETTE.

Willette a curieusement défini, au lendemain d'une période électorale particulièrement animée, la distinction de plus en plus tranchée qui s'est établie, dans la caricature moderne, entre le banal placard, la grosse charge politique, bâclée sans conviction, au hasard de l'actualité, et le dessin humoristique, vraiment inventé et délicat, où de véritables artistes ont pris le rire pour déguisement de leur émotion, ou pour véhicule de leurs ironies et de leurs colères.

Dans son journal *le Pierrot,* Willette écrivait ceci : « Ouf! enfin! ça y est! c'est fini! Pierrot, en sa qualité de rapin, ne s'intéressait guère qu'à la couleur des affiches ; mais ce qui le faisait enrager, c'était de voir, dans les kiosques à journaux, l'avalanche de saletés barbouillées de sirop de groseilles sous laquelle disparaissaient les dessins de Forain, Heidbrinck, Pille, Lunel, et du *Pierrot.* Telle une bouse de vache tombant sur une touffe de violettes. »

C'était vif, mais il faut reconnaître que la scission s'est faite à peu près complètement entre la fantaisie sur des thèmes de mœurs ou de rêve, et la satire courante nourrie exclusivement — et mal nourrie — de politique. Cette dernière semble d'ailleurs un genre fini, provisoirement tout au moins, une formule à l'agonie. C'est à elle qu'est plutôt restée l'appellation de caricature. Le malheur est que, pour l'autre, on n'a pas trouvé de nom satisfaisant. Nous nous en passerons, après tout, et nous nous contenterons de garder toute notre sympathie pour ce qui est, à notre gré, la véritable caricature, la caricature d'essence supérieure, c'est-à-dire le *dessin qui fait rire avec art.*

Willette est, en ce genre, un des plus importants, des plus originaux et des plus exquis. Nous citions à l'instant son journal le *Pierrot,* dont la collection sera considérée plus tard comme un des plus précieux miroirs des nerfs de ce siècle finissant. Là, Willette se trouve avec tous ses enthousiasmes, ses colères et ses soudaines gaietés d'enfant, en un mot, avec ce mélange de vibration et de gaminerie qui lui fait, dans l'art contemporain, une physionomie très attrayante.

A la première page, généralement, se trouvait un beau grand dessin de facture soignée, présentant une fine et ingénieuse allégorie de l'événement saillant de la semaine, de l'idée généreuse qui était dans l'air, la protestation d'actualité contre quelque volumineuse sottise, ou quelque crime d'accaparement et d'oppression.

On tournait le feuillet, et crac ! c'était sur la pantomime que le rideau se rele-

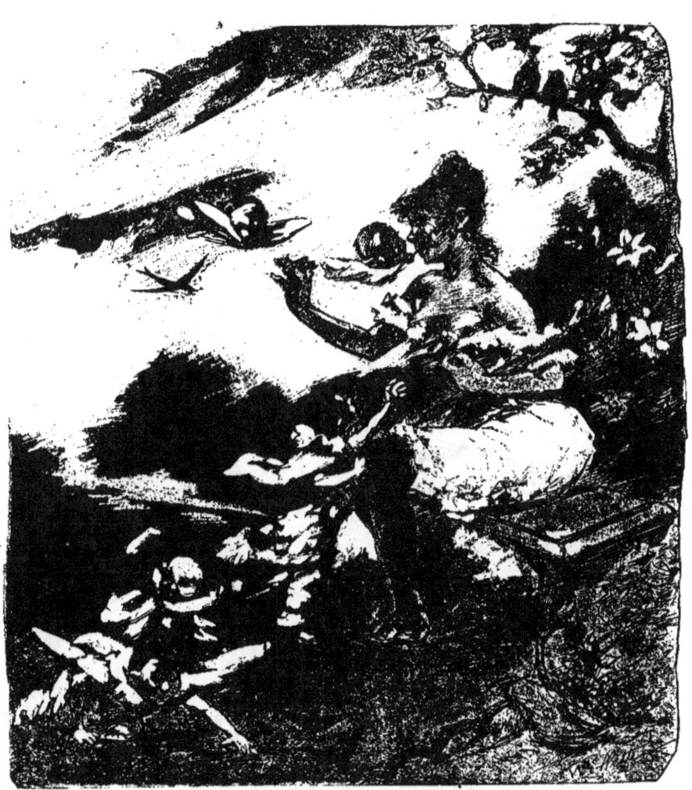

WILLETTE. — Les cerises (?).

vait. En croquis d'apparence sommaire et enfantine, mais dans lesquels l'œil artiste trouvait quantité de malices sous-entendues, et l'affirmation, pas si complètement dissimulée, d'une science très réelle, qui fait la bête, pour s'amuser, en ces croquis se suivant comme les tableaux précipités d'une scène de marionnettes, le dessinateur s'éjouissait de tout et de rien: un attendrissement comique sur lui-même, une mouche qui passait ce jour-là, ou un imbécile ; une pichenette à donner à un grotesque, qui

ne valait pas les honneurs d'une satire en règle ; une fantaisie tout inattendue sur
telle grosse niaiserie acclamée qui faisait courir les badauds ; mille choses enfin qui,

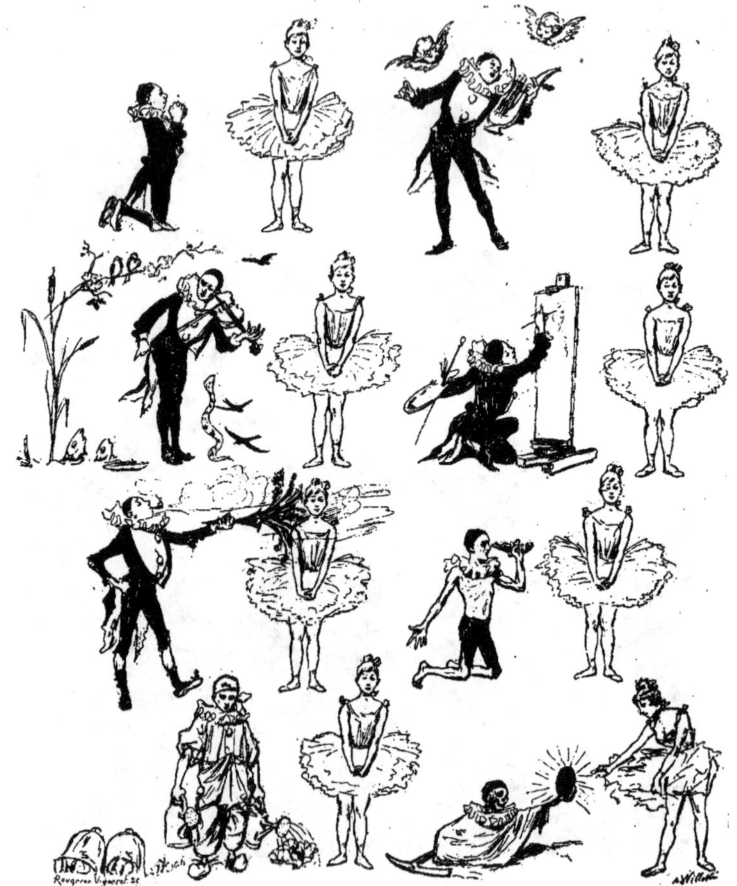

WILLETTE. — L'âge d'or.

faites pour sa propre joie, étaient les petits bénéfices de l'artiste, entre deux pénibles
coups de collier.

Son œuvre est considérable déjà, non seulement par la signification et la portée,
mais encore, en dépit des légendes qui tendraient à le représenter comme paresseux,
par l'étendue et la variété. Si l'on se reporte à tous les dessins qu'il a publiés dans

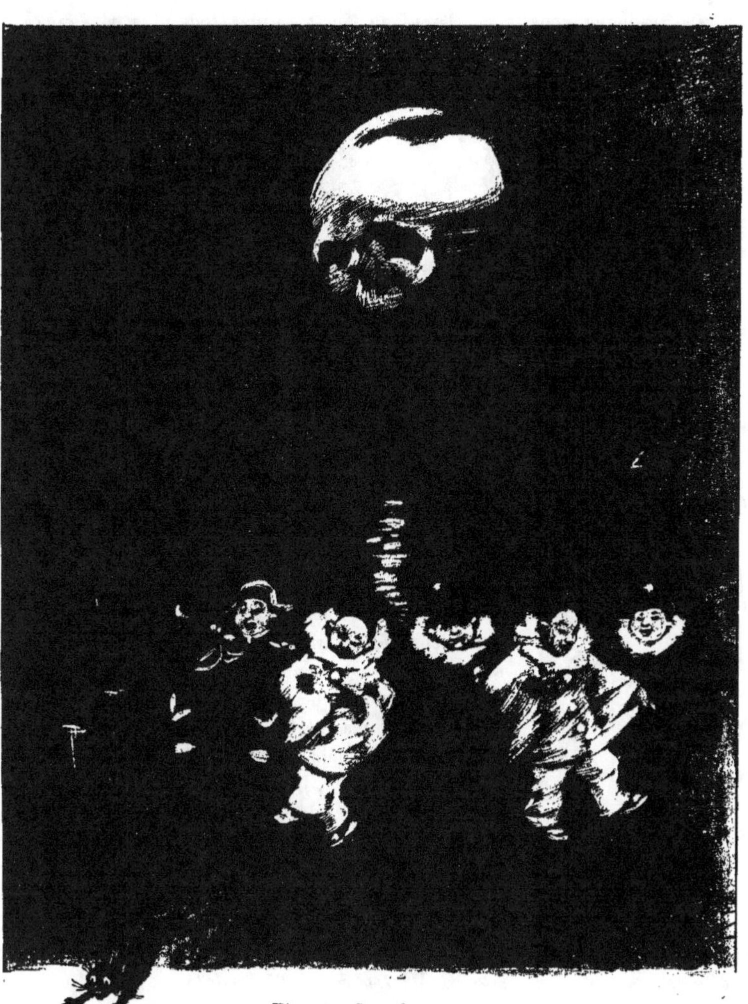

V'LA LE CHOLÉRA.

divers journaux et dans le sien propre, aux livres qu'il a illustrés, aux peintures et aux lithographies qu'il a exécutées, on conviendra que ce n'est pas une affirmation de complaisance.

Ce catalogue, nous le publierons un jour avec une étude plus développée sur l'artiste et son œuvre, car ici, il ne peut être question que d'une sommaire nomenclature et d'une rapide esquisse.

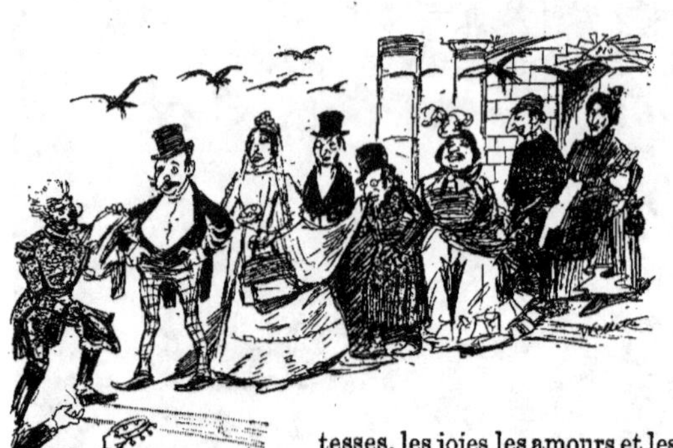

Les premiers dessins de Willette parurent dans *la France illustrée, la Jeune Garde, le Triboulet, la Grosse Caisse.* Mais c'est sa série d'histoires sans paroles, sur les tristesses, les joies les amours et les rêves du « Pauvre Pierrot! » qui, au *Chat noir,* attirèrent sur lui l'attention des raffinés, et en même temps, par leur émotion simple et neuve, charmèrent le grand public. Il donna aussi, dans les premières années, quelques dessins au *Panurge,* au *Petit national,* au *Père Duchêne.* Dans les œuvres de début, il s'en faut que tout soit d'une égale valeur; même dans certaines pages où s'affirmait déjà son amour de la grâce mutine, il n'était pas arrivé encore à cette supérieure élégance, à cette sensualité spiritualiste, qui sont les caractères de son dessin et de son inspiration. Mais dans *Pauvre Pierrot,* pourtant, que de trouvailles, que de philosophie gouailleuse et résignée!

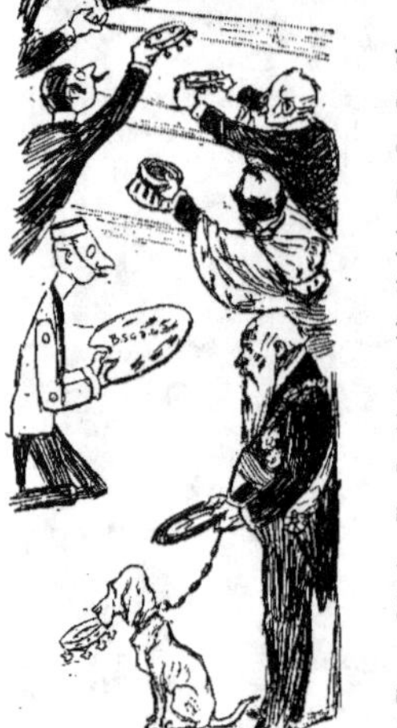

WILLETTE. — Le mariage de la fille de Rothschild.

Après sa collaboration au *Chat noir* (et il faudrait se garder d'omettre, bien qu'elles sortent de notre sujet, ses belles peintures décoratives, le *Parce Domine,* etc.; sa verrière du *Veau d'or,* un des rares vitraux significatifs que ce temps ait produits; enfin, les peintures de l'auberge du *Clou,* qui se rattachent à la même époque).

Willette illustra *le Courrier Français.* Il y chanta gaiement les événements, y célébra le vin, railla les sots; mais aussi rêva de belles pages de charité, d'amour et de colère. (*Le Mauvais larron, le Lys coupé, l'Irlande!*)

Puis on le vit, pour un temps trop court, son propre maître. *Le Pierrot* dura peu, guère plus d'une année. Ce fut un réel malheur pour l'art et, quelles que soient les causes qui s'acharnent à accabler un pareil artiste, on doit dire qu'elles sont criminelles. Pourtant, une dernière tentative, deux numéros isolés, permirent à Willette

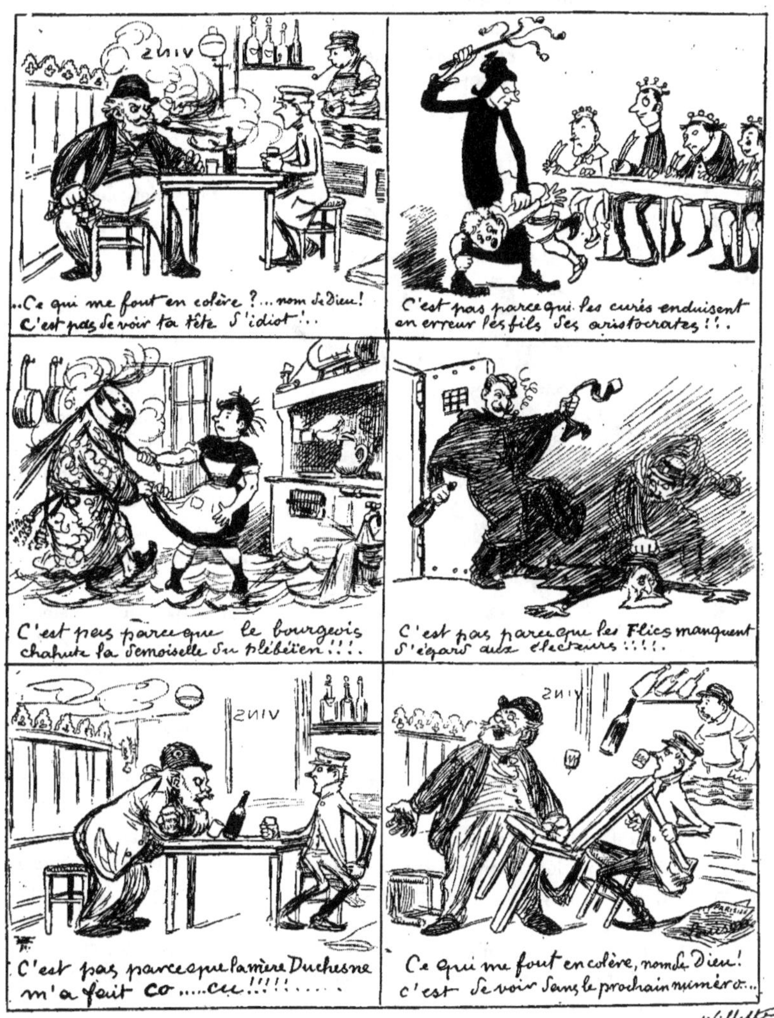

WILLETTE. — Un dessin du *Père Duchêne*.

de s'affirmer lithographe de premier ordre, après le coup d'essai de l'affiche de
l'Enfant prodigue, qui avait été un coup de maître. Il est rentré depuis quelque

temps au *Courrier français,* en attendant, ce que souhaitent tous ses amis, que *le Pierrot* renaisse définitivement de ses cendres.

Parmi les livres qu'il a illustrés, il faudra citer les jolies plaquettes *les Pierrots, Giboulées d'avril, le Petit chaperon bleu,* de Mélandri ; le roman des *Sœurs Hédouin,* par le même, avec une suite de bien plaisantes lithographies ; *les Nuits de Paris,* de Rodolphe Darzens ; *Farandole de pierrots* et *Dans un vitrail,* de Vitta ; *la Partition de l'Enfant prodigue,* une de ses plus belles et plus importantes séries ; les mélodies de Paul Delmet ; *la Sœur de Pierrot,* par l'auteur du présent essai ; les catalogues de l'exposition de la lithographie, etc., etc.

Nous ne faisons même pas figurer dans cette énumération les programmes, affiches, dessins publiés un peu partout, de façon intermittente, dans les suppléments du *Figaro* et de *l'Echo de Paris, le Troupier, le Boulevard, la Butte ;* enfin les importantes peintures telles que *le Portrait du colonel Willette, l'Enterrement de Pierrot, la Vierge au Rouet,* le plafond de *l'Ancien et du Nouveau régime,* etc., etc. On est libre, après cela, de continuer à se représenter Adolphe Willette comme un paresseux.

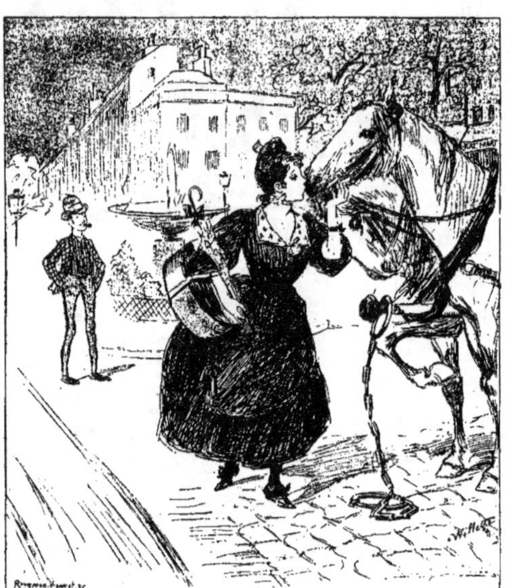

WILLETTE. — Mimi Pinson.

Maintenant, pour ceux qui attachent plus d'importance à la qualité qu'à la quantité, nous voulons tâcher d'analyser la philosophie subtile et la séduction nerveuse de son œuvre, si tant est que ces choses puissent s'analyser en si peu de pages.

Willette a traduit en symboles exquis les inquiétudes, les maladies vagues, les aspirations falottes, les tortures imaginaires, les amours lymphatiques, toute la plaintive lyre d'un temps et d'un milieu anémié et névrosé. Remarquons toutefois que c'est là surtout le caractère de la première partie de son œuvre, car on pourrait montrer qu'en ces dernières années, l'artiste a senti la vie de façon moins amère, et que son acheminement actuel est tout de vigoureuses colères et de robuste bonne humeur. Mais cette note pâlie, élégamment macabre des premières œuvres, était à donner, et Willette l'a donnée avec beaucoup de force et de charme.

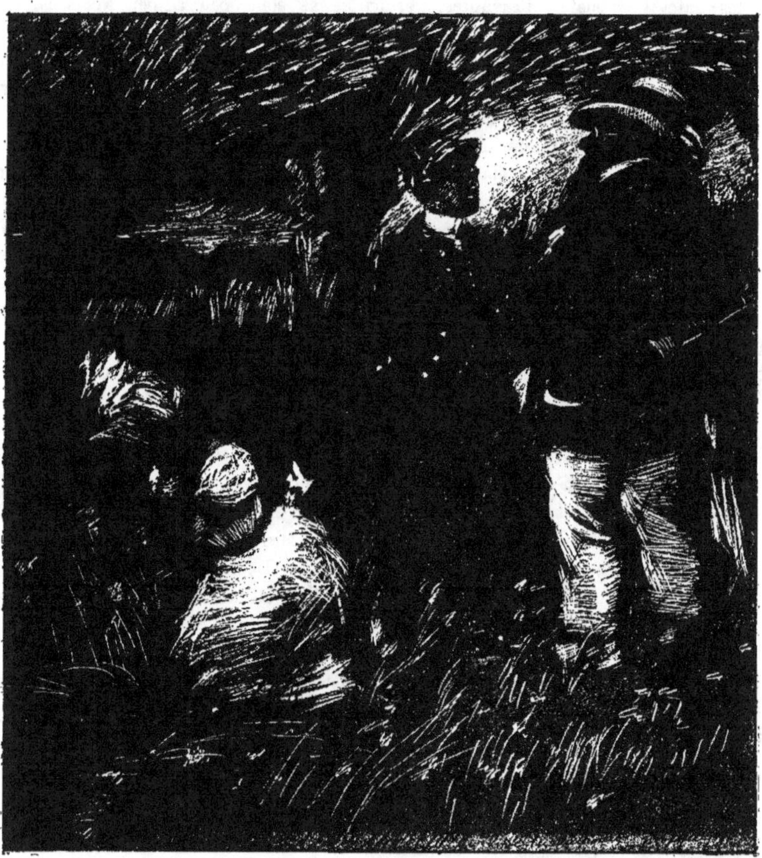

WILLETTE. — Vivent les vacances... Mossieu! (*Le Pierrot.*)

Comment un artiste aussi sensitif ne serait-il pas frappé de ce qui se passe parmi des générations ébranlées, du côté du passé, par une guerre terrible, tourmentées, du côté de l'avenir, par des problèmes inquiétants? A de telles époques, où peuvent trouver place les formidables goinfreries de gaieté du vieux Brenghel? Où le rire net et chantant de Jacques Callot? Où la brutalité puissante d'Hogarth?

Où le débordement clownesque de Rowlandson? Où la significative ganacherie de Monnier? Où le dandysme de Gavarni? Où la probité carrée, la puissance d'indignation, la solidité sculpturale de Daumier? Rien de tout cela n'est plus. Toutes ces gaietés robustes, bruyantes, vermeilles se sont peu à peu apaisées. Aux grotesques épiques et massifs, truculents de belle humeur et de santé, aux commères rebondies des kermesses, a succédé le couple du pâle Pierrot, tourmenté et monosyllabique, et de sa compagne, la petite créature falotte, maigrichonne, maladivement vicieuse, de nos trop grandes villes.

Willette a évoqué non des types réels, mais plutôt d'expressives résultantes. Il a dit, avec un singulier mélange de grâce et d'amertume qui n'appartient qu'à lui, les défaillances et les travers de ce temps, et son allégorie vaporeuse est peut-être plus saisissante encore et plus exacte que ne serait un brutal réalisme. Il fait comprendre tous ces appétits qui n'osent pas, tous ces rêves inassouvis de choses matérielles, en un mot toutes ces veules passions de dévoyés et de déclassés poussant lentement à une perdition sûre, comme dans son émouvant tableau *Parce, Domine!* au *Chat noir*, la foule énervée des Pierrots et des petites femmes malingres.

Avec quelles séductions Willette a interprété cette philosophie décourageante et désabusée, c'est ce qu'on ne saurait dire avec les mots. Jamais on n'a rien vu de comparable à la finesse du trait, à la délicatesse des contours. Les petites femmes de Willette ne sont peut-être pas *vraies* dans la stricte acception du mot ; mais celles des maîtres du XVIIIe siècle, celles de Watteau ou de Boucher, auxquelles on les a plus d'une fois comparées n'étaient pas non plus la vérité absolue : la comparaison avec les bonnes ménagères de Chardin le prouve. Cela n'empêche pas qu'elles nous donnent la sensation exacte de ce siècle charmant. De même les jolies créatures de Willette, avec leurs maigreurs trompeuses, le fouillis de leur déshabillé, leurs alternatives d'insensibilité, d'inconscience, — se rappeler la ravissante pantomime où, aussi inaccessible aux prières qu'aux menaces et aux efforts désespérés, la danseuse ne sourit à Pierrot que pour une pièce d'or péniblement extraite de la terre — cruautés suivies de soudains et bien étranges retours de charité, — la petite qui fait au vieux mendiant l'aumône de lui montrer sa jambe, le bon cœur de trottin qui embrasse sur le museau un pauvre cheval d'omnibus ; — toutes ces gentilles créatures, disons-nous, menues, irritantes, despotiques, rongées de fièvre, en disent plus long que bien des documents plus exacts, sur celles qui sont présentement plus responsables de notre idéal.

Willette a eu des idées d'une grâce et d'une profondeur uniques, avec leur pénétrante mélancolie : telle cette mignonne Montmartroise qui, comme les oiseaux, meurt les pattes en l'air ; ou d'une ironie cinglante à l'adresse de la femme : tel le dessin *le Sacré cœur, le voilà!* et c'est un louis d'or étincelant, à la place du cœur.

Il a aussi des traits de bonté rayonnante. On devine bien, quand il nous attendrit sur le sort de Pierrot, ses courses haletantes, ses désespoirs ou ses enthousiasmes à la vue d'une rose, que ce sont nos propres douleurs et nos propres exaltations qu'il traduit. Willette aime les faibles, les persécutés ; c'est en cela qu'il est le digne descendant de tous les grands et généreux satiriques : ainsi, il a trouvé pour flétrir

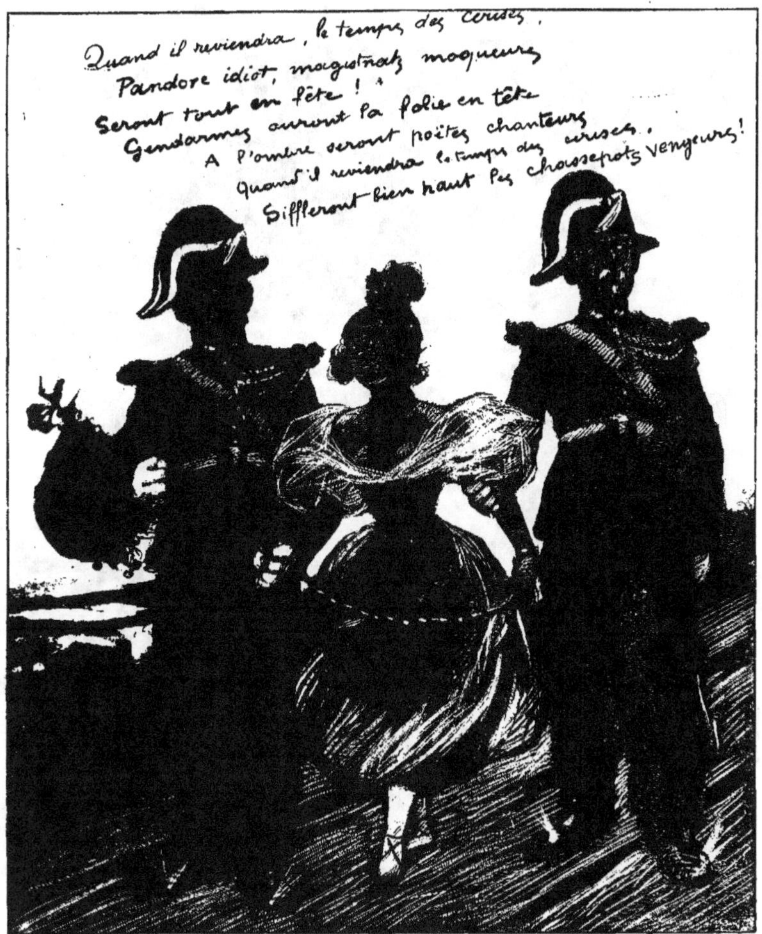

WILLETTE. — (A propos d'une condamnation du chansonnier J.-B. Clément.)

l'oppression de l'Irlande par les Anglais des accents de vibrante commisération ; par exemple cette vierge blonde, hâve, amaigrie, qui gratte le sol de ses pauvres mains décharnées pour en extraire quelques racines. Il a la haine vigoureuse de l'égoïsme,

de l'accaparement, de la sottise surtout, de la monstrueuse et épaisse sottise, étouffant
sous elle toute délicate aspiration. Toutefois, cette haine se traduit en conceptions
très enveloppées, d'un symbolisme si recherché, que, parfois, cela ne porte pas

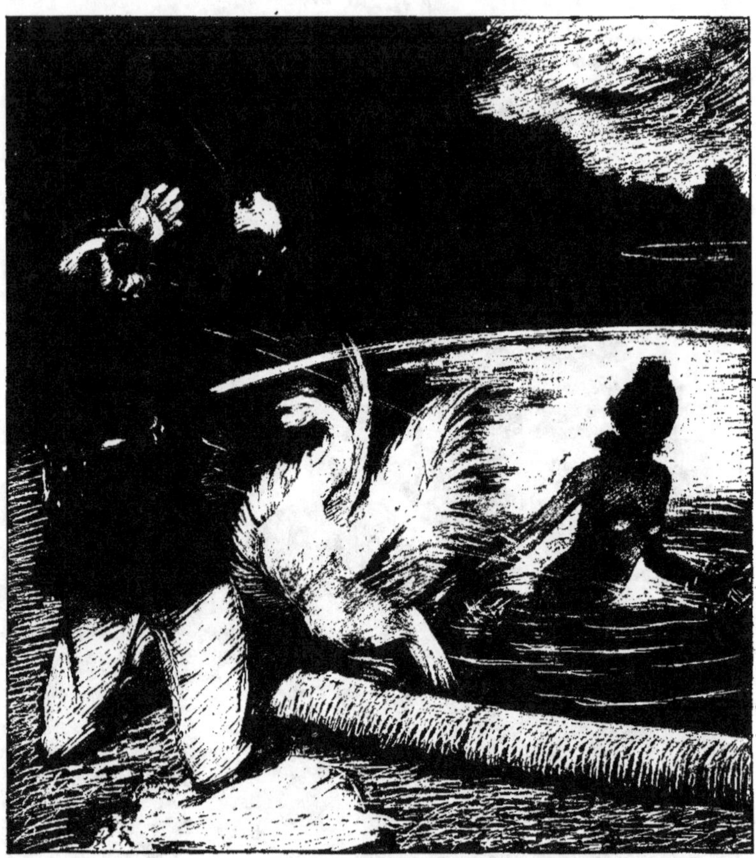

WILLETTE. — Flore au square. — Dans le bassin de l'empereur!
— Eh ben quoi! on fait sa Léda.

sur une foule peu fine, et n'est même pas toujours compris par ceux qui n'ont
qu'une culture un peu au-dessus de la moyenne. Willette est trop artiste! En être
réduit à faire ce reproche! Cela ne dit-il pas tout notre temps?

En tous les cas, il n'est personne qui ne soit accessible à la séduction de son
dessin. Lorsque, dans son journal *le Pierrot,* il nous peint *le Baiser de la rose,* avec

l'adoration extasiée des pierrots qui voltigent à l'entour, ou *le Chevalier Printemps,* tout pétri d'air et de lumière, mettant des feuilles nouvelles aux arbres rajeunis, tout le monde s'accorde à dire que rarement, à notre époque, a été évoqué quelque chose de plus tendre, de plus piquant et de plus suave.

C'est même dommage, pas vrai? de ranger parmi les caricaturistes un pareil poète. Pourtant, jusqu'à un certain point, les rêveuses espiègleries de Puck et toute la fantasmagorie shakespearienne ne relèvent-ils pas de l'art du rire, un rire atténué, ailé pour ainsi dire? et les Pierrots et les Roses féminisées de Willette n'ont-ils pas le droit de figurer dans ces féeries? Puis, si l'on veut rechercher dans son œuvre déjà considérable les pages nettement humoristiques ou caricaturales, les exemples ne manqueront pas. Ce sont, alors, comme nous l'avons dit, des croquis en quelques coups d'une plume plus appuyée, avec des simplifications comiques, des naïvetés voulues à faire pouffer de rire. Dans ce genre, ce que Willette a produit peut-être de plus gai, c'est la série de la vie de collège, avec la sévérité furieuse du pion, l'abrutissement systématique des petits internes; ou bien la *Grande colère du Père Duchêne,* dégringolant les escaliers dans un accès de fureur, continuant, dans la rue et au cabaret, à expectorer d'énormes jurons.

Enfin, il y a aussi dans Willette un caricaturiste politique, et ce n'est peut-être pas son moins curieux aspect. Willette n'est pas républicain, mais il a créé une petite Marianne si coquette, gentille à croquer, troussée en cantinière, et sa politique est tellement sentimentale que les poètes seuls pourraient considérer cela comme de la caricature de combat. Là encore, on retrouve Pierrot, avec toutes ses générosités, tous ses nerfs à fleur de peau, toutes ses illusions.

Il nous a plu fort d'étudier avec quelque détail entre les maîtres dans l'art du rire ce vaillant, ce sensible et cet enthousiaste, fût-il, comme on le dit, un rêveur. Car le rêve est encore, même pour les caricaturistes, la source d'inspiration la plus abondante ; et cela console de penser qu'aux époques où il semble le plus banni, il conserve de telles consolations pour les délicats.

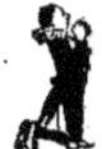

XLI

J.-L. FORAIN.

Ce philosophe impitoyable jusqu'au cynisme, cet observateur pince-sans-rire —
qui pince pour nous tandis que nous rions pour lui — exposa en mai 1891, boulevard Montmartre, le plus beau choix de ses dessins qui eût
jusqu'ici été vu. Le public connaissait ses débuts de *la Vie
moderne,* ses longues séries du *Courrier français,* la trop
courte publication de son propre journal *le Fifre,*
où il était si à l'aise. Mais cette exposition ainsi
que celle qu'il avait faite au salon du Champ de
Mars en 1890, aidèrent le public à le mieux
apprécier comme peintre, car ce n'est guère que
sur les originaux que l'on peut juger de la souplesse du contour, du cinglé du trait, de l'acuité
de l'expression. Fatalement les tirages de journaux, par suites des imperfections du clichage,
des exigences de livraison rapide empâtent
toujours un peu ces choses cursives, délicates
comme l'arabesque tracée par un Japonais
du bout le plus affilé de son pinceau. Les
contrastes s'en trouvent atténués. Le dessin perd un peu de
sa souplesse et de sa finesse, bien qu'il conserve l'originalité
de sa silhouette.

Si jamais Forain a sa statue, nous doutons qu'on puisse
écrire sur le socle : « A Forain, l'humanité reconnaissante ».
C'est qu'alors elle se serait amendée d'une façon bien inattendue. Sans doute, on doit savoir gré à ceux qui vous châtient
bien (ce qui n'est pas toujours une si bonne preuve qu'ils
vous aiment bien), mais on ne peut leur pardonner tout de
même certaines constatations par trop indiscrètes.

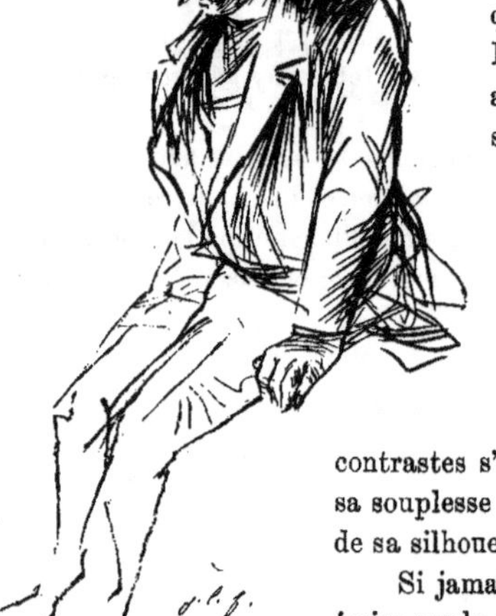

J.-L. FORAIN.
Croquis inédit.

Forain est ce terrible indiscret. Ce n'est pas une scène de comédie à dédaigner,

J.-L. FORAIN

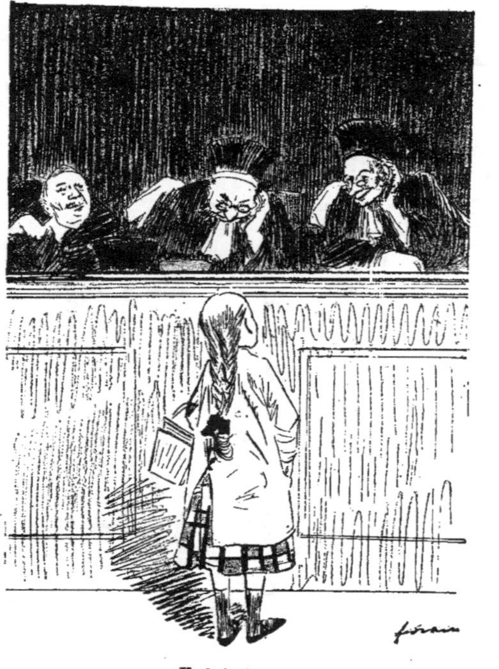

Un huis clos.

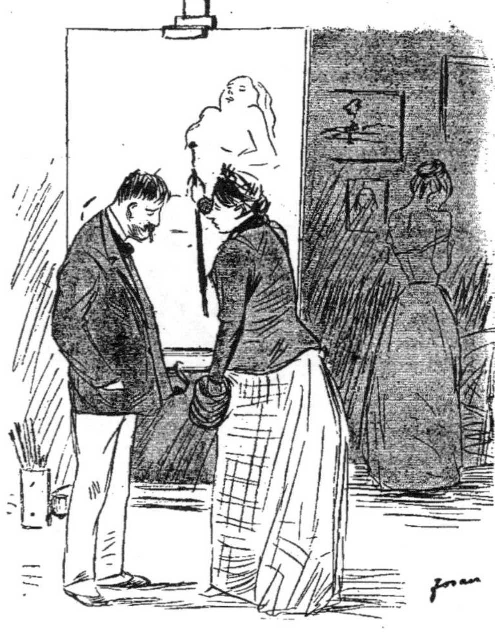

— Comment, c'est tout ce que tu as fait aujourd'hui? Tu n'as même pas touché au ciel !

que de le voir recherché et choyé précisément par ceux qu'il fouaille le plus cruellement, et qui d'ailleurs ne le choient que par peur (très justifiée) d'entrer tout vifs
dans sa galerie. Au reste, l'artiste a pris soin un jour de nous faire sa profession de
foi dans le premier numéro du *Fifre;* elle est fort explicite :

« Conter la vie de tous les jours, montrer les ridicules de certaines douleurs,

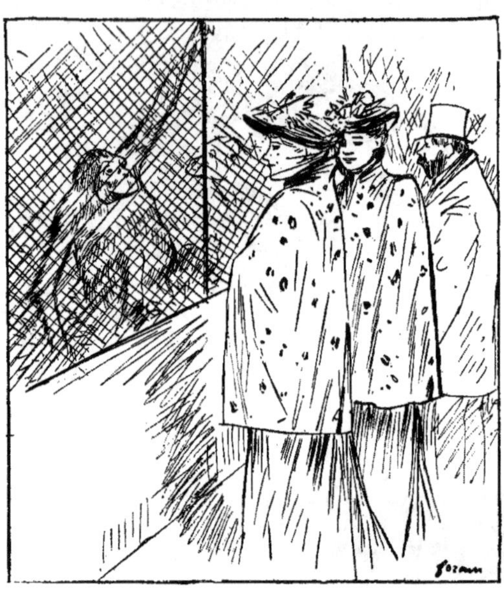

— C'est épatant, tu n'trouves pas? Y n'leur manque que d'l'argent!

la tristesse de bien des joies, et constater rudement quelquefois par quelle hypocrite
façon le Vice tend à se manifester en nous. C'est mon projet. Chercheur fantaisiste,
j'irai partout, m'efforçant de rendre d'un trait net et immédiat, aussi brièvement
que possible, les infortunes et les émotions ressenties.

« Toujours joyeuses, ironiques souvent, ces notes viseront les travers contemporains, sans s'attaquer aux contemporains eux-mêmes, mon avis étant que pour
être intéressant et curieux, il suffit largement à un artiste d'étudier son temps.

« Mon espérance est que *le Fifre,* compris de cette façon, pourra fournir chaque
année un album amusant pour tous, qui sera comme le memento d'un Parisien de
Paris. »

Forain a la dent dure, le regard dur, la voix dure, le sourire dur. Je ne connais
pas de portrait de lui qui me satisfasse. L'œil est tellement vif, le pli de la bouche

J.-L. FORAIN

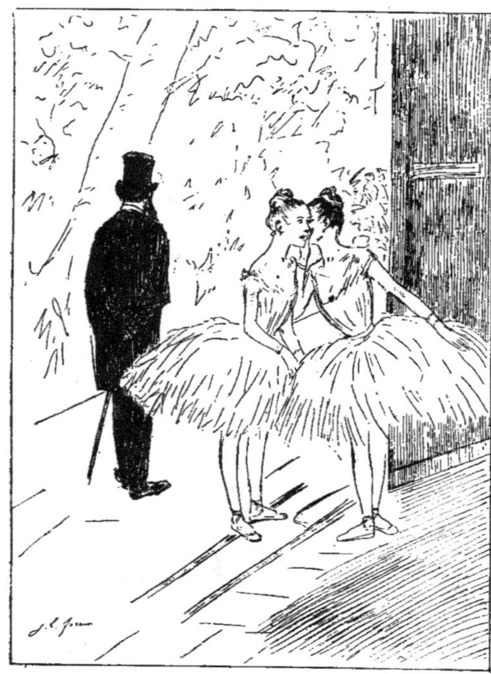

— C'est pas ta femme qui ferait ça?...

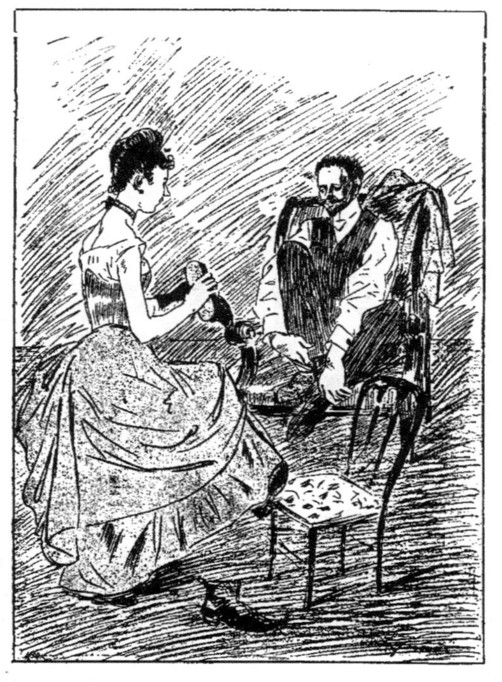

« ..... Rothschild ! ! ! »

tellement rosse que je ne sais pas si Forain lui-même s'attraperait. Il a le masque très mobile, mais aussi très impénétrable, comme ceux qui ont travaillé dans le cruel et le désillusionné, et qui n'ont pas travaillé de chic, entendez bien, mais qui ont exploré le grand collecteur des lâchetés, des turpitudes, et qui n'ont pas craint les éclaboussures.

Il n'est pas de ces esprits dans l'intimité desquels on entre aisément, mais de ceux qui réfléchissent les choses avec le poli compact du miroir d'acier. C'est pourquoi

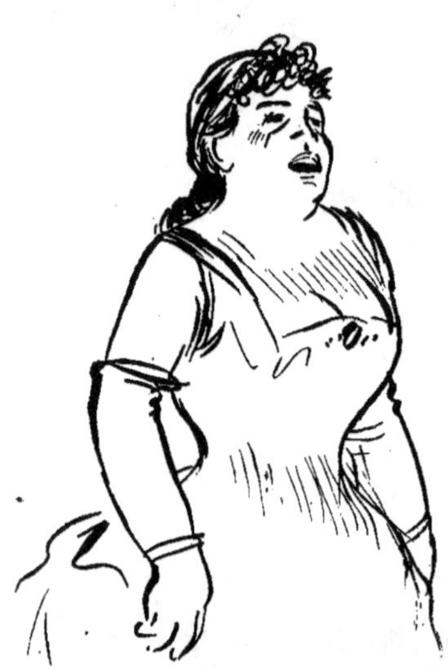

l'homme éloigne plutôt, une fois connu, ceux que l'artiste attire avec le plus de passion. Ce masque rigide et pourtant changeant dont je parle, revêt, au cours des conversations, des expressions fort opposées ; souvent une lassitude, un éreintement dégoûté et railleur ; le plus souvent une attention en garde, par habitude ; parfois, très rarement, par éclairs, pour les seuls yeux qui perçoivent les très fines nuances — on ne le croirait peut-être même pas — des traces de tendresse et de grâce. Tel un gavroche, gâté et cuirassé précocement par le sceptisme du trottoir, laisse voir, à de certains mots brutalement attendris, un revenez-y, un retour offensif du charme de l'enfant.

D'ailleurs si, pour avoir vu trop souvent Forain et l'avoir superficiellement jugé, comme l'on juge tout le monde dans les rencontres de la vie de Paris, on doutait de la valeur de cette indication que je viens de donner, on trouverait dans son œuvre même les preuves qu'elle n'est pas

trop indulgente. Seulement, s'il y a quelque pitié, ce sera plutôt aux humbles qu'elle sera réservée. Il y a des ménages d'ouvriers rudement indiqués mais délicatement observés : le père faisant danser son môme sur ses genoux, avec toutes sortes de précautions balourdes ; et, regardant la scène, la femme, gagnée par ce réveil des sentiments familiaux, s'écrie dans un éblouissement : « *Comme tu s'rais chouette si tu ne voulais plus boire !* »

Autre, qui parut dans *le Fifre*, au lendemain du congrès socialiste allemand : « *Eh bien, mon ami, on vient de s'occuper de vous à Berlin. — Mon Dieu oui, monsieur le baron, le roi de Prusse.* »

Celui-ci encore qui faisait la joie du bon et compatissant Willette : « *Projet d'éventail pour la femme d'un huissier* » et qui représente une chambre absolument nue, tandis qu'une femme, qui ne l'est pas moins, est assise sur son lit de fer, seul meuble qu'aient laissé ces officiers ministériels de bas étage qui sont les déménageurs de l'hôtel Drouot.

J.-L. FORAIN

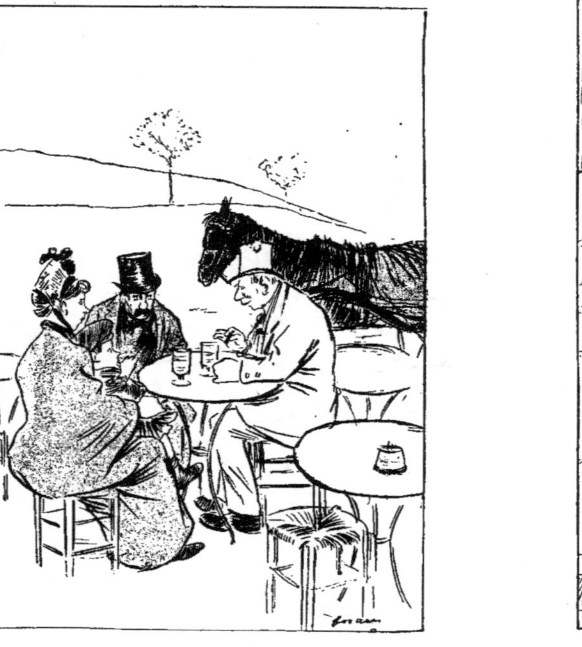

— Vous m'ner au Champ de Mars pour trente sous !... Tenez.
j'préfère vous payer un bock.

— Dites donc, c'est lourd les pavés?
— Oui, mon vieux, c'est plus lourd qu'un pot de chambre !

Ce n'est pas Forain apitoyé qu'on recherche et que l'on connaît généralement ; c'était une raison de plus pour l'indiquer. Mais pas trop. Ce qui domine encore dans son œuvre, et largement, c'est le Forain qui a regardé de si près les humaines misères morales qu'il semble les avoir épousées — un de ces ménages où l'on ne cesse de se dire des choses désagréables.

Voici les abominables, replets et inconscients *satisfaits;* les poussahs protec-

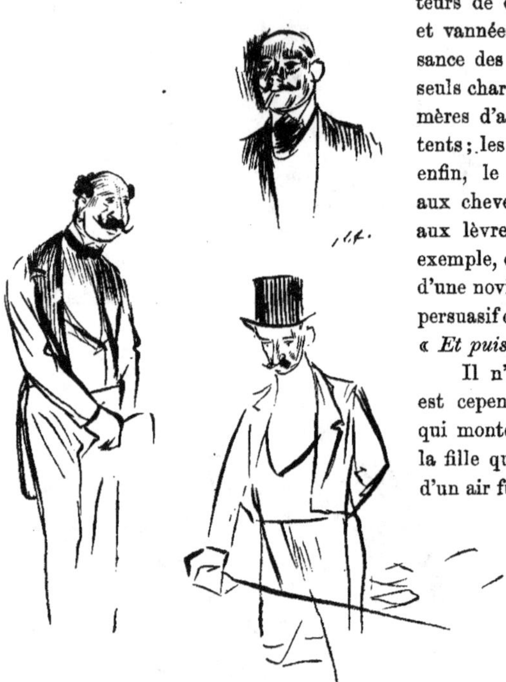

J.-L. FORAIN. — Croquis inédits.

teurs de danseuses; les filles osseuses et vannées, sûres pourtant de la puissance des angles qui constituent leurs seuls charmes ; les mères, les étonnantes mères d'actrices ; les gâteux ventripotents ; les noceurs efflanqués ; la goule enfin, le quatrième sexe, la femme aux cheveux courts, aux yeux fixes, aux lèvres mangeantes, celle-ci, par exemple, qui, se penchant vers l'oreille d'une novice, lui murmure de son plus persuasif contralto ce dernier argument : « *Et puis, c'est si laid un homme!* »

Il n'a rien de cornélien, mais il est cependant bien tragique, ce père qui monte l'escalier raboteux derrière la fille qui tient la chandelle, et se dit d'un air furieux et honteux : « *Comme ça me va bien, d'engueuler mon fils!* »

Scène de famille : « *Tu n'es pas honteux, à l'âge qu'a ta fille, d'aborder encore les modistes dans la rue de la Paix? — Mais j'obtiens seulement des rendez-vous auxquels je ne vais pas.* »

Certaines mamans, beaucoup plus atrocement réelles que la célèbre Mme Cardinal, encore trop idéalisée, ne sont pas ménagées ; celle-ci, entre autres, à sa fille qui examine des chapeaux à la réforme : « *Tu dis qu't'aimes ta mère et tu vas encore donner celui-là à ta bonne.* »

On n'en finirait pas d'ailleurs de citer les légendes de Forain. Elles font corps avec le dessin, et il semble que l'artiste les fasse jaillir infiniment variées, des personnages, limités pourtant, de sa comédie humaine. Elles se retrouvent, par douzaines, dans le petit volume de la *Comédie parisienne* auquel nous avons emprunté

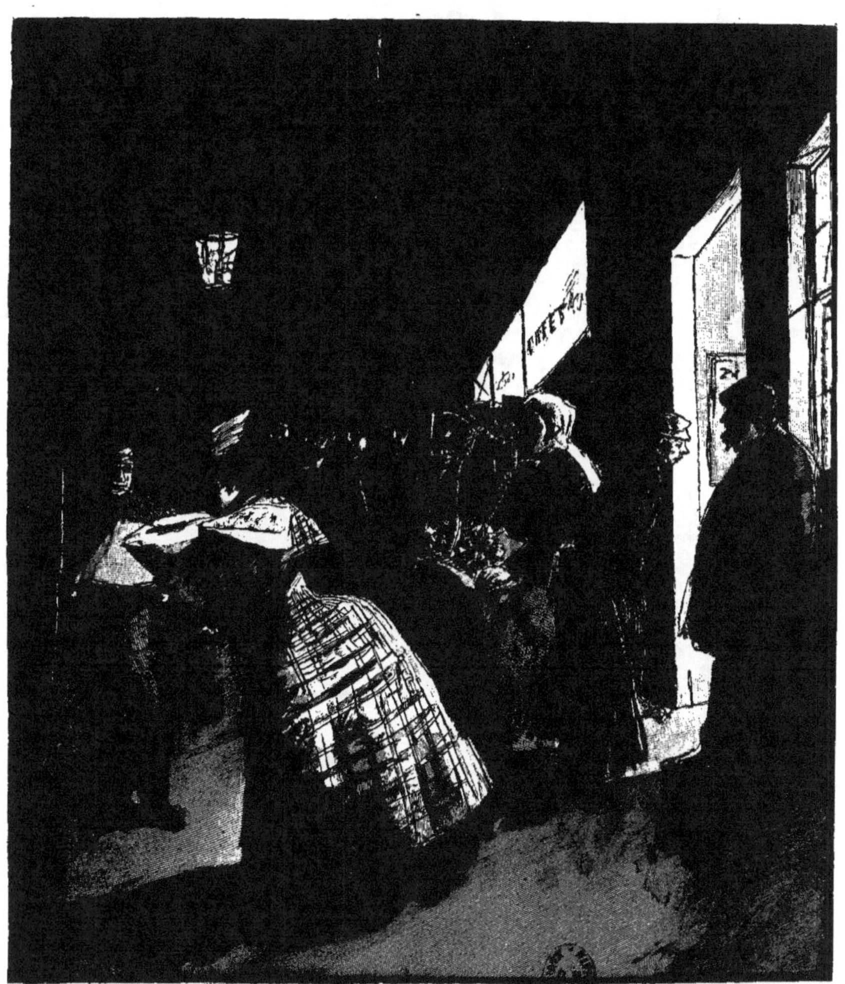

Au Café-Concert. — La sortie des artistes.

quelques-unes des gravures de ce chapitre, et où l'artiste a fait « réduire » les meilleurs de ses dessins du *Courrier Français,* du *Fifre,* du *Figaro* du samedi, de *l'Écho de Paris,* du *Journal amusant.*

Les satisfaits ; les fatigués, qui s'attirent cette ironique remarque : « *Tu ne vas pas encore me dire que c'est l'émotion* » ; les maris que la fille renvoie rudement chez leur femme, — et qui restent ; les parents qui cherchent à vaincre les répugnances de leur fille pour un mariage, pour cette excellente raison : « *Il a été à Mazas, c'est vrai, mais c'était pour banqueroute frauduleuse* » ; les artistes riches d'espérances et de sang-froid qui répondent à un propriétaire trop acharné à réclamer ses termes : « *Mais... vous ne pensez donc qu'à ça ?* » ; les mères trop complaisantes ; les filles osseuses, et leurs grasses confidentes ; les vieillards avides de retrouver quelques souvenirs de jeunesse et les jeunes gens connaissant, bien que l'expérience ne l'accompagne guère, une vieillesse précoce ; tout cela Forain l'a exprimé avec une vivacité sans analogue,

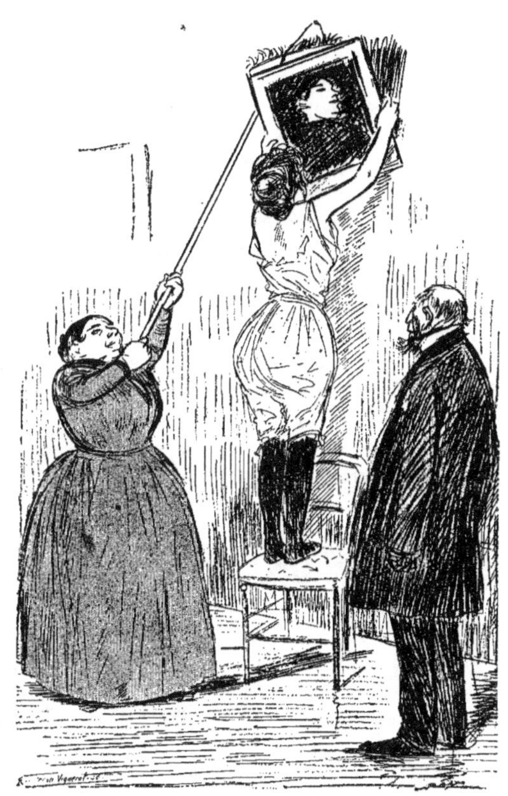

J.-L. FORAIN. — Oui, vieux matou, on va vous prouver qu'il n'y a pas que votre femme qu'a un Henner.

d'un dessin cursif, agile, d'une légende à l'emporte-pièce. Parfois, comme nous l'avons indiqué, il a un éclair de compassion, mais cela est si rare et dure si peu !

La plupart du temps sur ses légendes et ses dessins le spectateur demeure l'esprit révolté et attiré, l'amertume au palais, et garde au cœur une crispation inédite. Il suffira, pour finir, de citer la page qui représente assise sur un lit, les jambes pendantes, dont une nue, la fillette maigriotte qui, avec une candeur pourrie, une effroyable conscience professionnelle, pose cette simple question : « *Vous auriez peut-être mieux aimé ma mère?* » Ce sont choses qui, malgré leur terrible crudité, arrivent à nous paraître assez naturelles.

Gavarni auprès de cela est un peu berquinesque. Sa cruauté n'a jamais été aussi noire ; elle était souriante et pommadée. Forain n'a pas d'égal dans le déshabillement des corps anémiés et des âmes efflanquées.

Puis il y a encore une différence dans la méthode. On sait que Gavarni faisait d'abord ses légendes, puis leur adaptait un dessin. Or Forain à qui nous demandions un jour comment il procédait, nous répondit : « Il m'arrive quelquefois de trouver la légende d'abord, mais le plus souvent je fais mon dessin, *puis je l'écoute.* »

Nous n'avons pas beaucoup parlé du peintre proprement dit, bien qu'il se recommande par de rares mérites de prestesse, d'entente des attitudes, de coloris (témoins ses pastels et ses peintures, scènes de coulisses, de salons ou de turf). Mais il a fallu que dans cette rapide étude le philosophe passât le premier.

Pour l'artiste, il suffit de raconter que le Louvre fut sa première et seule école vraiment profitable, encore qu'il eût été depuis élève de Dumont, de Jaquesson de la Chevreuse et de Carpeaux. Le Louvre et (ceci est très significatif) *les Caprices* de Goya qui, feuilletés un jour par hasard au Cabinet des Estampes, lui inspirèrent le violent désir de trouver un langage expressif et rapide, tandis que la tournure de son esprit et les épreuves de la vie le poussaient à mesure qu'il conquérait ce langage, à le mettre au service de la satire.

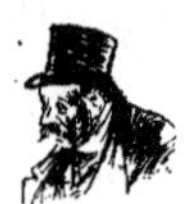

XLII

LA FIN DU SIÈCLE. — *LE CHAT NOIR ET LE COURRIER FRANÇAIS.*

BOUQUET DE CONTEMPORAINS.

LE LIVRE ET L'AFFICHE. — L'ÉNIGME.

On a beau dire et beau croire, on connaît mal son temps. A voir les choses et les gens tels qu'ils sont, on éprouve de grandes difficultés, pour ne pas dire une impossibilité absolue.

Comment croire que ceux qui viendront après nous sanctionneront nos emballements, nos haines, ou partageront nos indifférences? Nous-mêmes nous ne sentons plus aujourd'hui comme nous sentions hier, et tel qui nous divertit il y a dix ans, à présent nous laisse froids.

Le rire prend des rides. Il se conserve mal, quand il n'est que rire d'actualité. D'une année à l'autre, les événements paraissent à un tout autre point qu'ils semblèrent lorsqu'ils occupèrent bruyamment la galerie. Il faut plaindre les faiseurs de revues : lorsqu'ils épinglent avec joie un fait dont Paris a parlé quatre jours, et qui a presque mis les cervelles à l'envers, rempli les colonnes des journaux, ils songent d'avance à en faire le *clou* de leur pièce de fin d'année. Au moment de mettre en scène, ils s'aperçoivent que beaucoup de gens ne sauraient même plus ce que cela veut dire, et c'est déjà bien joli si cela fournit matière à un petit couplet.

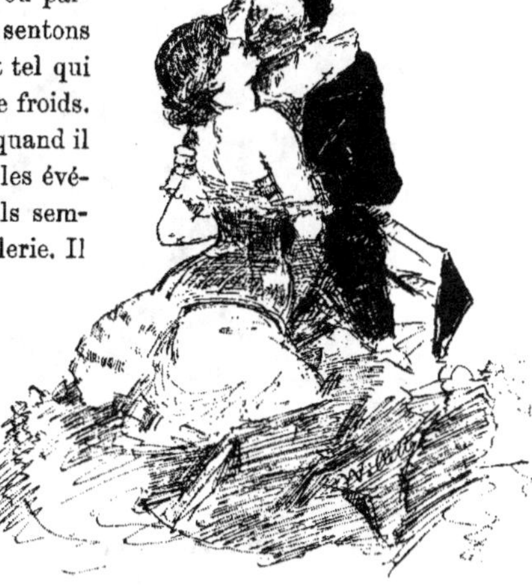

WILLETTE. — Page d'album du *Chat noir.*

Comment, dans ces chapitres finaux d'une revue qui embrasse tant d'époques et tant d'artistes divers, pourrions-nous tracer à coup sûr la place qui sera dévolue à tel ou tel qui obtient actuellement la plus grande faveur du public? Puis, de notre temps, le dessinateur humoriste compte tant de camarades que, même pour ceux qui viennent de disparaître, le jugement des morts est dangereux. Nous avons conscience que beaucoup de lecteurs trouveront notre appréciation de Cham trop sévère, trop sommaire celle de Gill, trop froide celle de Grévin. Et pourtant il nous semble aussi que plus tard on pourrait nous reprocher de les avoir trop vus avec des yeux de contemporain et d'avoir cédé à de grands entraînements d'indulgence.

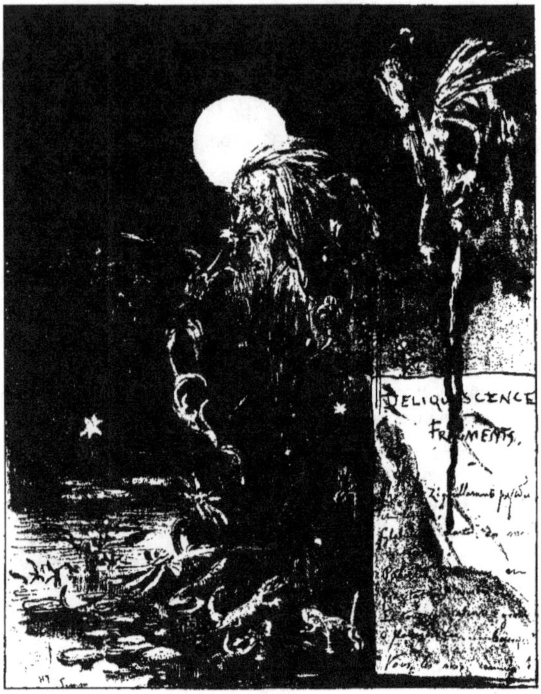

Il n'y aucun danger à détailler élogieusement l'œuvre de certains artistes vivants quand ils s'appellent Wilhelm Busch, en Allemagne, Willette, Forain en France. Leur succès n'est pas, en effet, une pure affaire de vogue ; et même le public les respecte « de confiance » plus peut-être qu'il ne sent réellement leurs rares mérites de conception et d'expression, sur lesquels se trouvent d'accord les suffrages de tous les délicats, — lorsque ceux-ci n'ont pas de personnelles raisons pour faire grise mine. De plus, leur évidente parenté avec

H. SOMM. — Page d'album du *Chat noir*.

tels maîtres consacrés se trouve, sans infirmer en rien leur absolue spontanéité, un garant de plus qu'on ne se trompe point en leur réservant une place exceptionnelle.

Beaucoup d'autres sans doute sont dignes de grandes sympathies et ont apporté dans l'immense production banale une note fraîche et neuve qui les a tout de suite mis en vue. Mais ce n'est point chose commode que de classer ceux-là mêmes dès à présent. Il faut laisser un peu les collections de journaux et les albums, tels que des vins, se clarifier et se filtrer, dans les bibliothèques. Quant au reste, on sera prié de ne considérer les brèves mentions qui vont suivre comme rien moins que des jugements définitifs, puisque beaucoup des artistes cités n'ont fait encore que de commencer leur œuvre, et que, ne faisant pas ici un travail de classement et d'inventaire, mais sim-

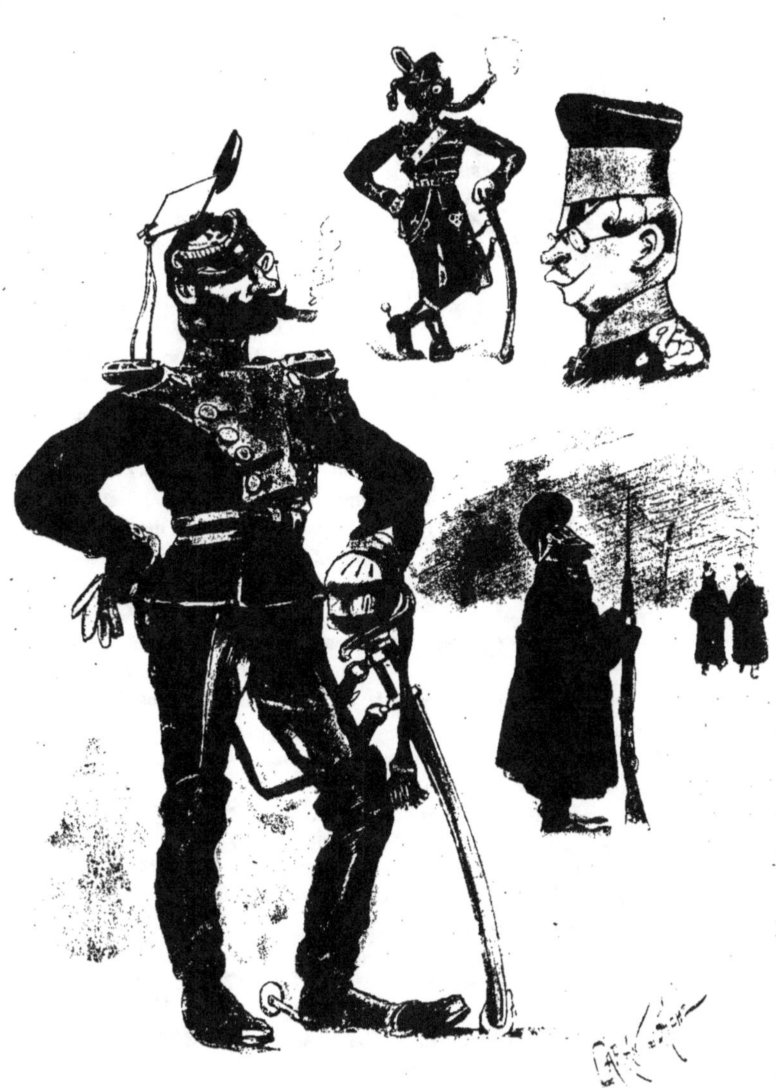

CARAN D'ACHE. — UNE PAGE D'ALBUM DU *CHAT NOIR*.

simplement écoutant nos personnelles préférences, nous savons d'avance qu'on nous reprochera beaucoup d'omissions.

Le propre de l'art humoristique, à Paris, en ces dernières années, a été de se montrer beaucoup moins l'esclave de la stricte actualité de mode ou de petits événements mais de rechercher davantage les généralités de fantaisie et de rêve. Cela semble lui assurer plus de chances de durée. Car s'il garde une saveur très accentuée de nos goûts, de nos travers, de nos ridicules ou de nos crédulités, il est encore plus philosophique qu'anecdotique, et par cela même se prépare une clientèle pour l'avenir. En même temps, par leur grande préoccupation de présenter leurs plus joyeuses inventions sous une forme très artiste, les humoristes d'aujourd'hui forcent dès maintenant le portefeuille des collectionneurs.

Les deux recueils qui ont apporté la note la plus neuve en ce sens et qui ont exercé la plus incontestable influence sur l'imagerie, en ces dernières années, sont *le Chat noir,* le premier en date, puis *le Courrier français.* Tous deux ont leur genre très tranché.

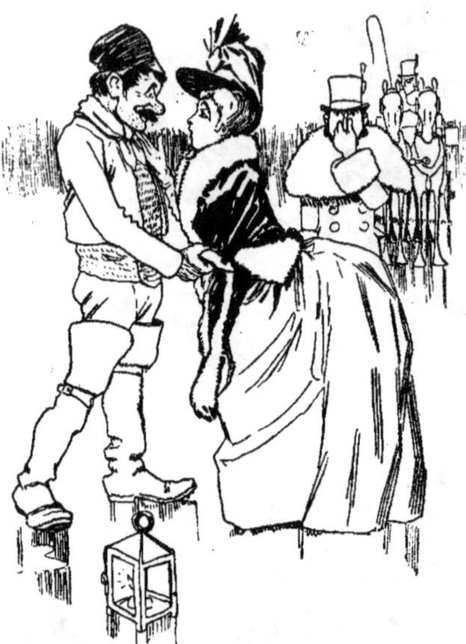

CARAN D'ACHE. — Croquis de *Fantasia.*

Le Chat noir a ses annalistes. Il n'y a donc pas lieu de lui consacrer ici une histoire en règle. A un moment où l'on aurait certainement fini par s'ennuyer faute de neuf et de mordant, il fit entendre, au milieu du fatras de la politique, un tintement de gaieté et un bariolage d'effrénée fantaisie. Ce fut, comme dans les drames au passage le plus noir, l'entrée de bohémiens qui vient empêcher les spectateurs de succomber à une morne dépression. En 1882, le sire Rodolphe Salis, gentilhomme cabaretier, seigneur de Chatnoirville en Vexin, fondait sur le boulevard Rochechouart son cabaret et son journal. Il recueillait, à vrai dire, les éléments un peu dispersés du petit groupe des *Hydropathes.* Mais ces très joyeux

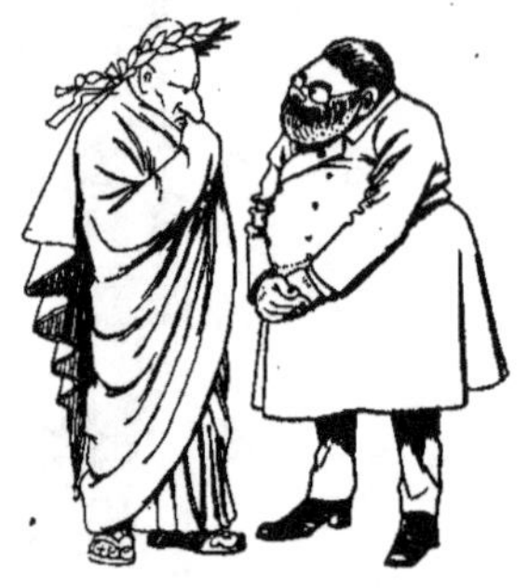

CARAN D'ACHE. — M. Sarcey et M. Maubant.

artistes ou poètes ne s'étaient fait connaître qu'en petit comité, dans un sous-sol.

Il fallut que désormais ils fussent présentés au grand jour, et que Montmartre fût proclamé capitale de Paris, et peu importait pour cela que les hérauts de cette proclamation fussent, en nombre, des transfuges de la rive gauche.

Le Chat noir devint rapidement le prototype du « cabaret artistique ». On y disait des vers et des chansons pleines d'insouciance et d'imprévu ; on y vendait des numéros du nouveau journal dont Henri Pille avait dessiné le titre, *ne varietur :* le chat couleur de ténèbres, faisant le gros dos et érigeant sa queue en panache, au pied

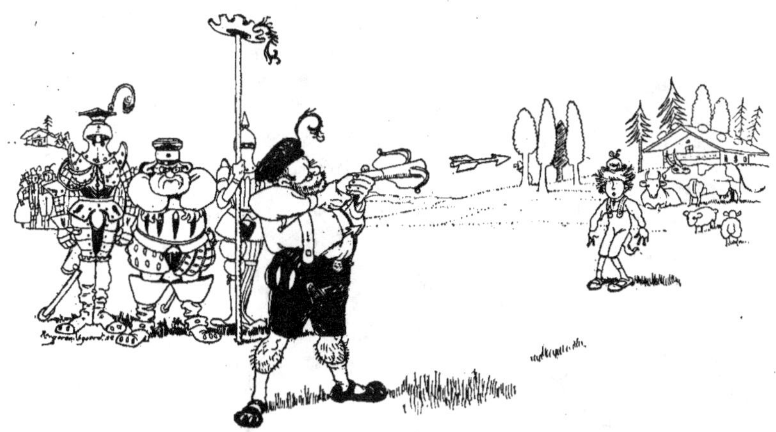

CARAN D'ACHE. — Guillaume Tell. (Extrait de *Fantasia*.)

du Moulin de la Galette. Willette publiait dans la feuille naissante quelques-uns de ses exquis poèmes de la vie de Pierrot : *Pierrot chez le bon Dieu,* le *Roman de la Rose, Bonheur passe richesse,* etc. ; puis de grandes fantaisies qui lui conquéraient d'emblée la sympathie de tous les raffinés par leur invention à la fois si tendre et si amère, et l'attention du reste du public par la nouveauté et l'originalité de leur forme : *V'là l'choléra! — Les Oiseaux meurent les pattes en l'air; — Entrée d'Henri V dans sa bonne ville de Paris.*

Caran d'Ache faisait ses débuts, et ses curieuses études militaires, à la fois réelles et drolatiques, rénovaient le genre, le débarrassant un peu du chauvinisme obligatoire.

On accordait de l'attention aux études d'animaux de Steinlen, et plus tard à sa curieuse série des « attaques nocturnes », où il commençait à enregistrer les études de boulevards extérieurs dont il a donné l'expression la plus réussie avec le volume typique des amères et pittoresques chansons de Bruant : *Dans la rue.*

Il est à propos de citer aussi, dans ce genre, ses dessins du *Mirliton,* le journal de Bruant et de la taverne que ce curieux poète et chanteur fonda dans le local même du *Chat noir,* alors que celui-ci se transporta en l'hostel de la rue de Laval.

On sait que Bruant, pour ne pas marcher dans les empreintes de son prédécesseur, rompit avec le ton Louis XIII et en croc : alors que le sire de Chatnoirville prodiguait à ses visiteurs les titres honorifiques, il accueillait les siens sur un ton plus que familier dont ils ne s'offensaient pas, au contraire.

Tout cela est de l'histoire, mais maintenant de l'histoire un peu connue ; aussi ne nous y appesantirons-nous pas davantage.

Cependant *le Chat noir* peu à peu devenait musée et théâtre. Le musée, c'étaient les compositions murales de Willette, sa verrière du *Veau d'or,* puis d'autres peintures encore, et les dessins originaux du journal, qui en formaient le principal noyau. Pour exprimer que l'art honoré en ce folâtre sanctuaire n'était pas précisément le même que celui qu'on révère au bout d'un pont bien connu, les garçons qui apportent les bocks étaient revêtus de l'habit à palmes vertes.

H. PILLE. — Les Puritains. (Extrait du *Courrier français.*)

Quant au théâtre, il a eu ce mérite de révéler un remarquable artiste, qui ne rentre qu'indirectement dans l'art que nous étudions ici, mais que nous ne saurions omettre : Henri Rivière. Guidé par un rare instinct de bon ouvrier et de metteur en scène, ainsi que par une imagination très vive, Rivière fit de l'*ombre chinoise* une œuvre d'art véritable.

Par l'emploi des découpures caractéristiques, des transparents aux tons délicats ou puissants, judicieusement combinés, il put produire les effets les plus intenses et les plus hallucinants. Sur le châssis exigu de ce petit théâtre apparurent des horizons vraiment grandioses de ciel, de mers et de plaines. Les arbres

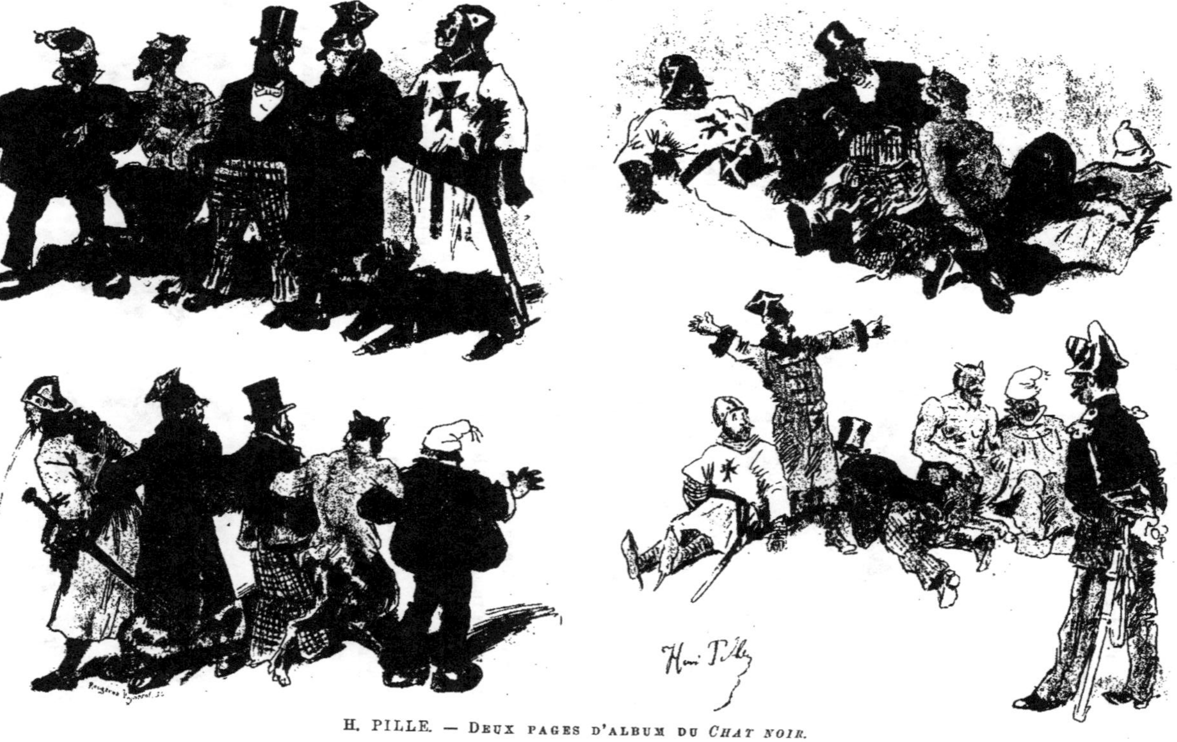

H. PILLE. — DEUX PAGES D'ALBUM DU CHAT NOIR.

furent agités par le vent ; les maisons s'arrangèrent en perspectives profondes ; les déserts s'endormirent sous les nuits étoilées ; et de *la Tentation de saint Antoine,* à *la Marche à l'Étoile,* de *Phryné* à *Ailleurs,* ce fut une série de grands succès ; jusqu'à ce que la réputation artistique de Rivière fût définitivement consacrée par l'exposition de ses gravures sur bois en couleur, où il avait pu rivaliser avec les maîtres de l'estampe au Japon.

C'est Rivière qui avait aussi mis en scène une des œuvres qui eurent le plus de retentissement au théâtre du *Chat noir : l'Épopée* de Caran d'Ache. Nous avons nommé déjà tout à l'heure ce dessinateur favori du public parisien : ses compositions ont dû leur succès à leur exécution précise et propre et à leur comique pince-sans-

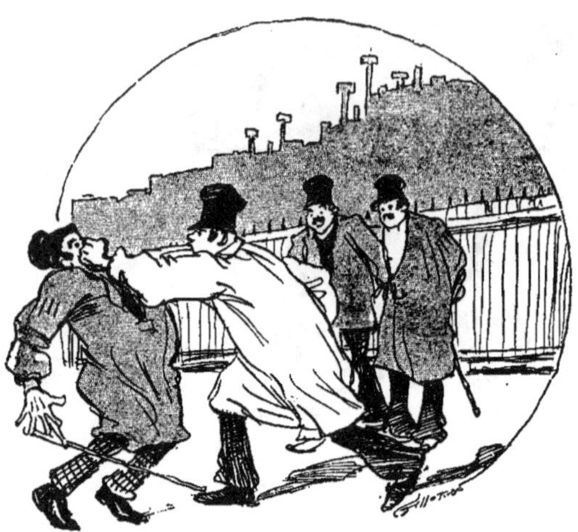

Steinlen. — A la Glacière. (Bruant.)

rire. C'est un mélange de raideur mondaine et de cabriole d'atelier ; ce sont de larges bouffonneries racontées avec le plus grand sérieux : toujours le saut de carpe par le clown en gants blancs.

Une parenté évidente sera constatée entre Oberländer et Caran d'Ache. Certainement celui-ci n'a pas dû ignorer, entre autres, les scènes d'animaux féroces de celui-là ; mais il a su apporter néanmoins beaucoup d'invention personnelle et donner à ses dessins un accent très français.

Caran d'Ache s'est surtout adonné aux scènes de la vie militaire, aux études des dernières modes et aux histoires de lions, de crocodiles et autres hôtes du désert ou du

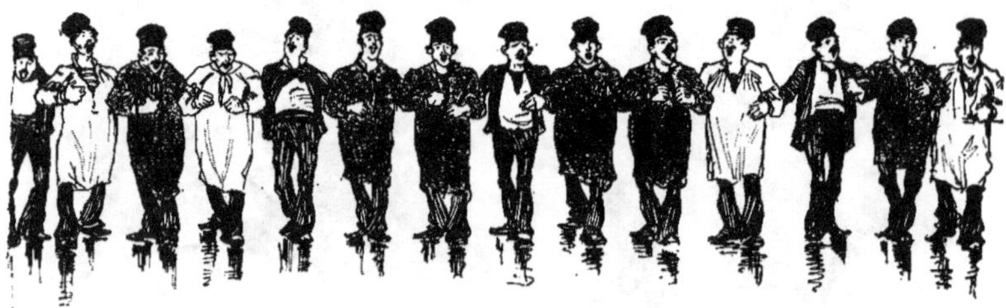

Steinlen. — La marche des « Dos ». (Bruant.)

Jardin des Plantes. Dans ses peintures de la vie élégante, on ne sait pas trop où commence la charge ou la prise au sérieux. De toute façon, c'est fort amusant. Parmi les séries qui sont demeurées les plus célèbres, il faut rappeler : *les Peintres chez eux,* sortes de plaisants pastiches en action; *les Soldats du siècle; les Petites, Physiologies* parisiennes d'Albert Millaud ; *les Gaietés de l'année* de Grosclaude, l'inépuisable chroniqueur qui, si nous avions à étudier ici l'art du rire dans la littérature contemporaine, occuperait certainement une des plus grandes places pour son étonnant à propos dans le renversant jeu de mots, son flegme

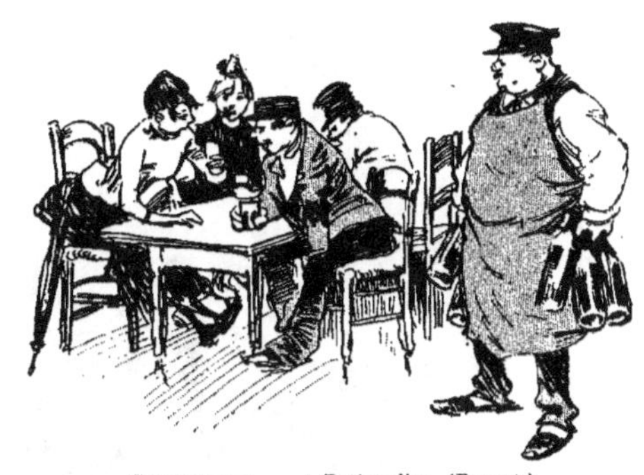

STEINLEN. — A Batignolles. (Bruant.)

dans l'analyse comiquement scientifique, et son appréciation toujours imprévue des événements de la semaine. (Le *Gil Blas,* la « Semaine comique » de l'*Éclair,* illustrée par Steinlen, etc.)

Les autres dessinateurs du *Chat noir* sont nombreux : Doës, Fernand Fau, E. Le Mouël, Saint-Maurice, Radiguet, Bombled, Godefroy, etc., etc., qui à tour de rôle inventent des « histoires sans paroles » qui ne le cèdent pas en fantaisie à la moyenne des plus divertissantes des *Fliegende Blatter.*

Mais peut-on quitter le *Chat noir* en ayant l'air d'ignorer les écrivains et les poètes qui, par le ton si imperturbablement ironique de leur esprit, par leur façon de raconter à froid les plus déconcertantes énormités, d'imaginer les situations les plus invraisemblables, ont puissamment contribué à donner au journal sa physionomie particulière? Il faut au moins dire que M. Alphonse Allais a été l'inventeur d'un genre d'histoires invraisemblablement sérieuses, qui font de lui, à notre gré, en observation dissimulée sous la fantaisie la plus imprévue, l'égal du célèbre humoriste américain Mark Twain. Quelques-uns de ses types semblent des personnages de Monnier, adaptés pour une pantomime de Hanlon.

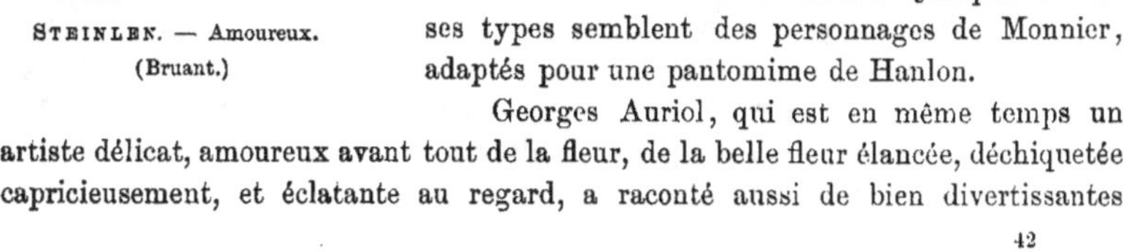

STEINLEN. — Amoureux.
(Bruant.)

Georges Auriol, qui est en même temps un artiste délicat, amoureux avant tout de la fleur, de la belle fleur élancée, déchiquetée capricieusement, et éclatante au regard, a raconté aussi de bien divertissantes

42

aventures, où il fait défiler des exotiques baragouinant de la façon la plus drôle, et
des ingénues à toute épreuve.

Enfin, au risque de faire de ceci une trop longue digression à l'image, peut-on,
en parlant du *Chat noir*, passer sous silence les chansons de Jules Jouy, macabres

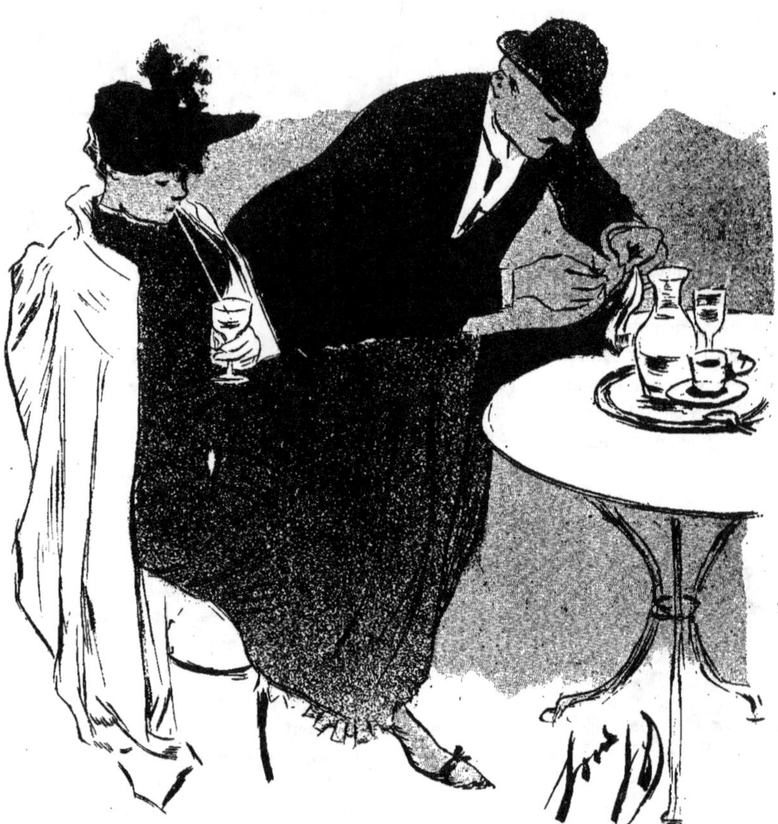

Dessin de LOUIS LEGRAND. (*Courrier français.*)

ou satiriques qui, avec un contraste plus accusé encore que la fameuse « sérénade » de
Don Juan, sont une plainte sous un accompagnement sautillant ; l'élégance supérieu-
rement insolente de Maurice Donnay ; la critique artistique, courageuse et sagace
de Félix Fénéon ; celle de Willy, pour les choses musicales, très juste sous les
énormes calembours ; enfin quelques fantaisies très réussies de Jacques Ferry, Franc-
Nohain, Raphaël Shoomard, etc. ?

Si nous voulions une transition du *Chat noir* au *Courrier français,* c'est encore
à la littérature que nous la demanderions, car si l'un possède Alphouse Allais, Jouy,

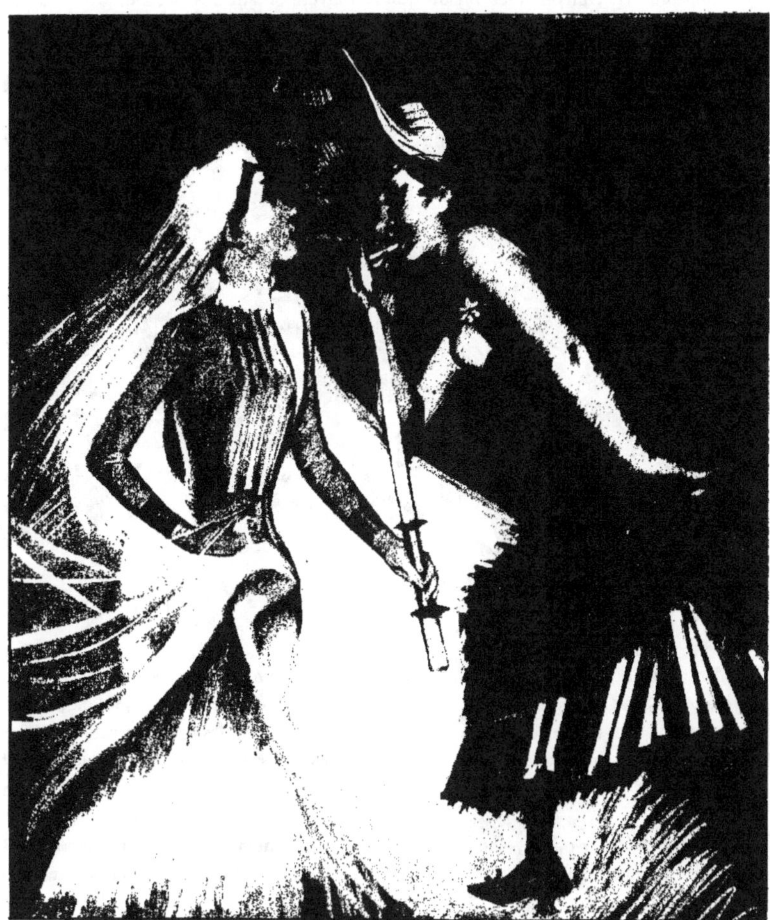

Louis Legrand. — *Sceptique et mystique.* (*Courrier français.*)

Auriol et Donnay, l'autre public les vers de Raoul Ponchon, et jamais, dans le
lyrisme bouffon, pareille verve et comparable rondeur ne sauraient être citées. Une
gazette rimée de Raoul Ponchon, c'est d'abord la tranquille audace du bon sens qui
ne recule point devant une courageuse vérité à lancer à la tête des prétentieux et des

encombrants. Puis c'est le plus surprenant choc de mots, de vers et de rimes qu'ait osé la poésie funambulesque, tout en conservant un tour aisé, libre et naturel.

Mais on va trouver avec raison que la digression sur les écrivains gais de ce temps est ou trop longue, ou trop incomplète, et il faut revenir aux dessinateurs.

Ce que nous avons dit de Willette nous dispense de revenir ici sur tout ce qu'il prodigua au *Courrier français* d'images gracieuses et fines, de pensées ingénieuses et courageuses. De même, Forain a été suffisamment étudié à part.

D'autres auraient mérité de longs chapitres aussi, mais comment le tenter sans

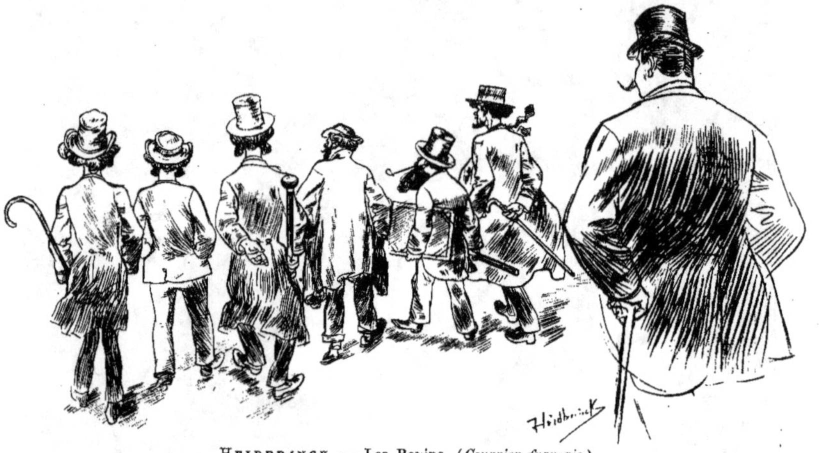

HEIDBRINCK. — Les Rapins. (*Courrier français.*)

faire craquer le cadre déjà si étroit que nous nous sommes imposé? Il est certain, par exemple, que l'on cataloguera les beaux dessins d'Henri Pille, qui sont de plantureuses et joyeuses évocations de la vie de jadis, parmi de belles architectures fouillées et refouillées, en des scènes de beuveries, de kermesses et de cortèges. Cela ressort sans contredit de « l'Art du rire », un rire paisible et savant de bon docteur ès oripeaux.

Le *Courrier français*, fondé et dirigé par M. Jules Roques, a fait également connaître des artistes au talent très original et qui nécessiteront plus tard des études plus développées, quand leur œuvre commencée se sera encore accrue.

Louis Legrand est un des plus marqués. Malgré leur curieuse philosophie, à la fois sensuelle et humanitaire, ses premiers dessins avaient paru d'une raideur un peu classique. Mais on put voir, lorsqu'ils furent exposés ensemble, que cela même leur constituait une écriture plus personnelle et moins guindée qu'on aurait pu croire. Élève et ami de Félicien Rops, Louis Legrand aime comme lui à aller pêcher les lies au fond des voluptés. Il montre l'envers de la fête et le lendemain des nuits de noce (ce qui ne veut pas dire des nuits nuptiales). Il rit à sa façon correcte et sardonique des vieux éreintés et des jeunes gardes ; dans la pucelle du ruisseau il devine et prédit la future dame du trottoir.

Parfois il tentera une escapade aux champs, et cette escapade ou bien n'ira pas plus loin que les fortifications dont elle se contentera, disant, comme Gervaise dans l'*Assommoir :* « On est bien ici, on se croirait à la campagne » ; ou bien, cherchant dans la nature l'idylle, n'y trouvera que la bestialité.

Il aura été également l'illustrateur de la « danse fin de siècle », dont le sagace auteur du grand catalogue de Rops a été le spirituel historiographe. Il y a un art incontestable dans ces dessins où Louis Legrand a étudié tous les exercices d'assouplissement et de dislocation auxquels il faut se livrer avant de figurer convenablement (façon de parler) dans un quadrille du Moulin-Rouge.

Enfin, ce qui achèvera de signaler M. Louis Legrand à l'attention des artistes,

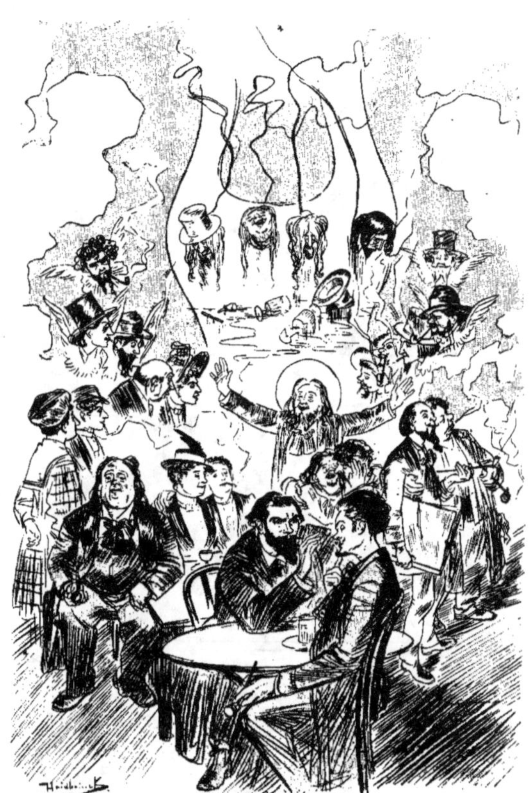

HEIDBRINCK. — Les Bohèmes. (*Courrier français.*)

c'est qu'il est aussi excellent graveur, et une de ses planches : une jeune mère qui porte un enfant dans ses bras, est une des bonnes estampes de ces dernières années.

Plus amère encore est la philosophie de M. Heidbrinck, car si M. Louis Legrand aime parfois à chanter la vie plantureuse, lui demeure presque toujours triste et inquiet. Ses compositions sont souvent d'un poète inspiré, mais c'est encore dans le creusé de certains types de rue et de misère, vendeurs de journaux, chan-

teurs de cours, rôdeuses de boulevards extérieurs, qu'il a lui-même affirmé sa personnalité qui au début oscilla un peu, influencée tantôt par Willette, tantôt par Raffaëlli.

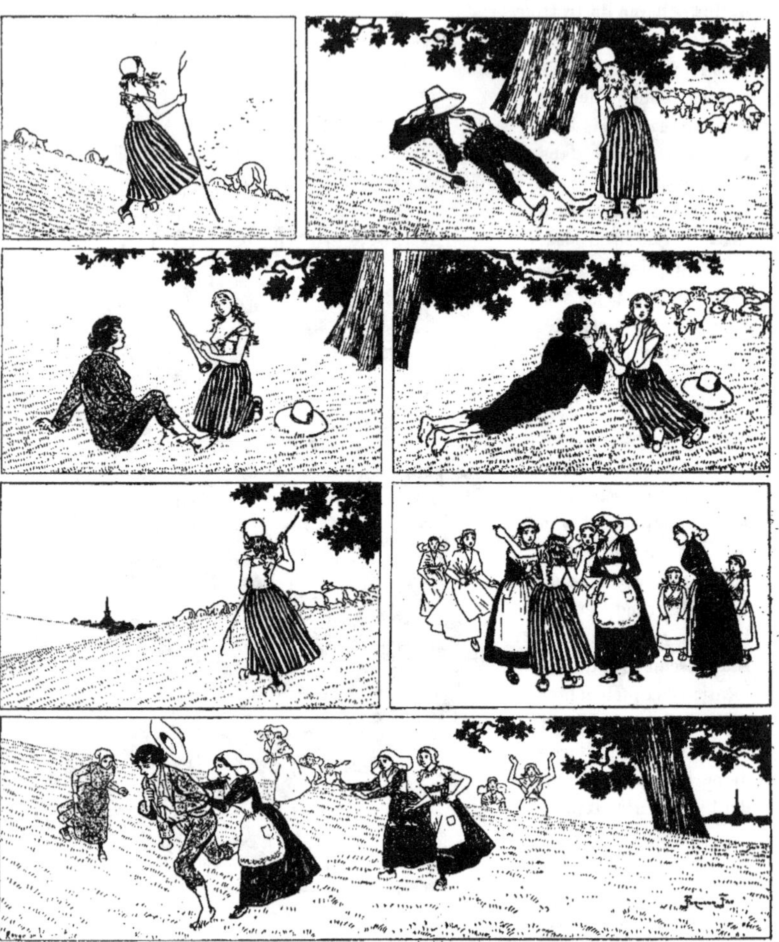

FERNAND FAU. — La leçon de flageolet. (*Chat noir.*)

On dira peut-être que tout cela n'est point précisément gai et l'on se deman-
dera en quoi cela se rapporte à l'art du rire. A cela il est aisé de répondre que
chaque époque rit à sa façon et que la nôtre a trouvé dans le macabre et le déshérité
quelques-unes de ses gaietés préférées ; puis on se rappellera que notre but était de

passer en revue tous les genres de rire, depuis le bruyant éclat des optimistes et des rabelaisiens, jusqu'au rire aux dents serrées des mécontents de la vie.

En ces derniers temps, M. Heidbrinck s'est consacré plus spécialement au

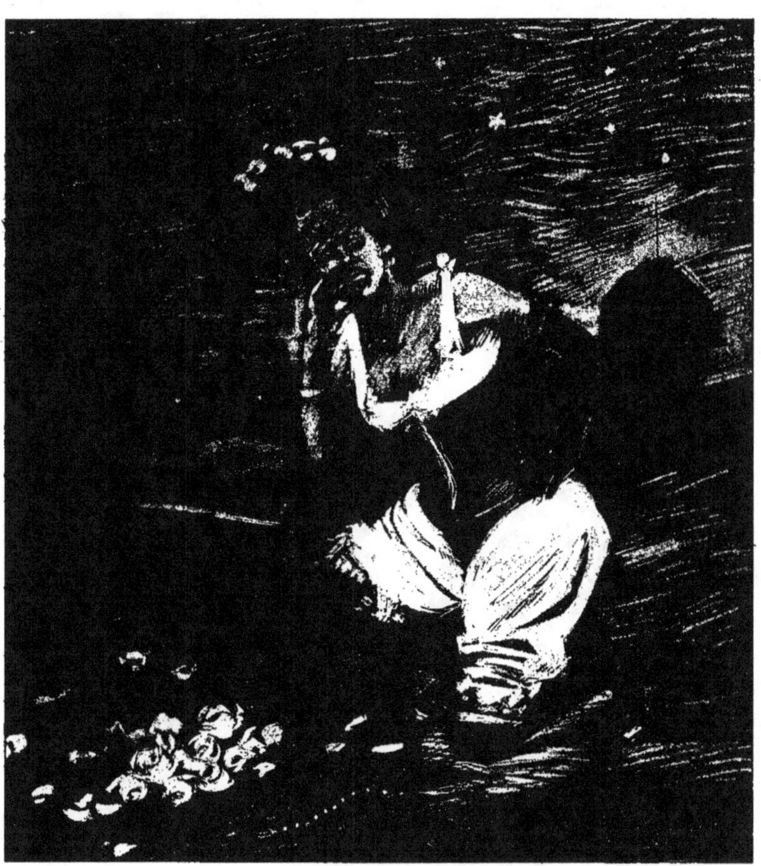

F. LUNEL. — Dessin du *Courrier français.*

portrait de contemporains, et il a affirmé en ce genre ses réelles qualités de précision et d'exactitude.

Enfin l'énumération des dessinateurs du *Courrier français* ne serait pas complète si nous omettions de signaler Lunel, un preste croqueur des paysages de

Paris et de la banlieue ; Uzès, qui eut des idées de vrai satirique; Faverot, qui a composé
des scénarios. bien bouffons pour les clowns et les Augustes; Rœdel, chez qui on
pourrait spécialement étudier l'humour de là Butte ; et enfin un des derniers venus,
G. de Feure, qui, frappé par le caractère de masculinisation dans l'allure et le

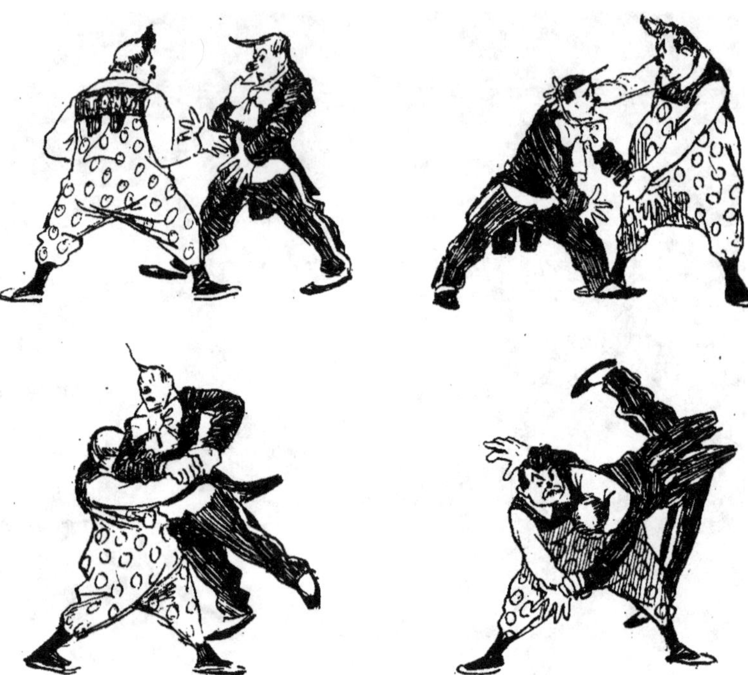

FAVEROT. — Auguste et le clown. (*Courrier français.*)

costume de certaines Montmartraises, a trouvé, pour exprimer leur rosserie énervée,
une écriture particulièrement élégante.

Si nous avions, au lieu de procéder par ordre d'originalité et de nouveauté
des recueils, suivi la chronologie, nous aurions dû nous tenir tout d'abord à jour
en ce qui concerne les journaux déjà étudiés et dont la fondation remonte avant 1870.
Mais ils ne nous auraient guère appris d'inédit.

Au *Journal amusant,* à part la collaboration de Forain, qui ne remonte qu'à peu
d'années, nous aurions retrouvé Stop, les marins de Paul Léonnec, les sporstmen de
Crafty et les paysans de Baric. Puis les actualités de Draner et d'Henriot, les études
de cavaliers de Josias ; enfin les provocantes élasticités des femmes de Mars, celui
des dessinateurs de l'*Amusant* qui a suscité le plus d'imitateurs à Vienne.

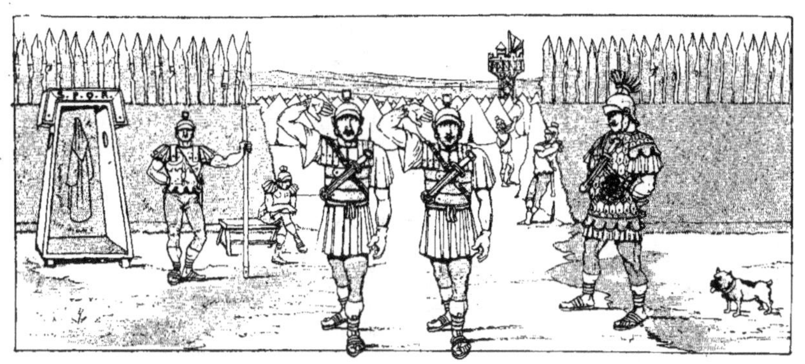

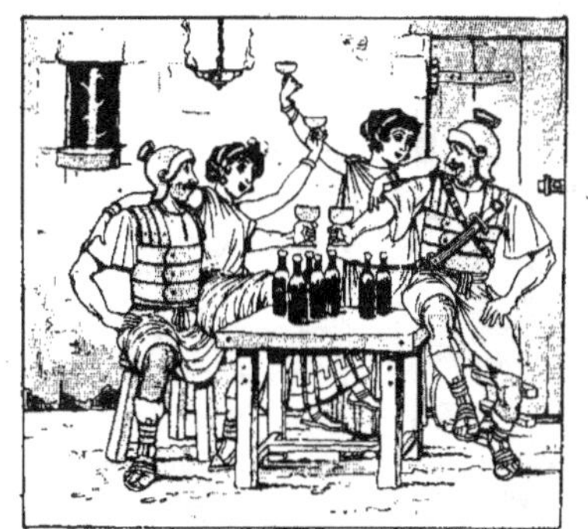

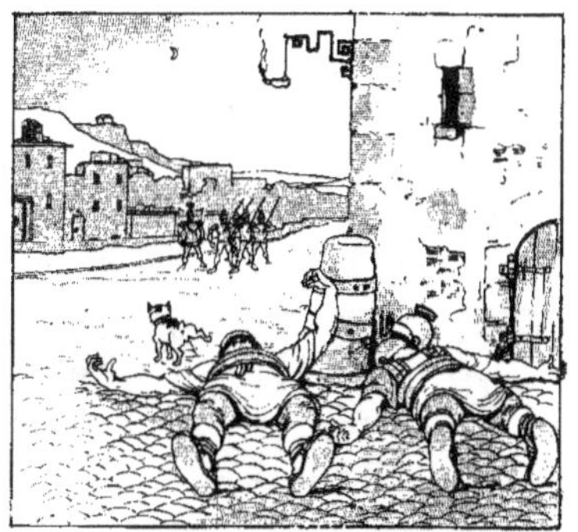

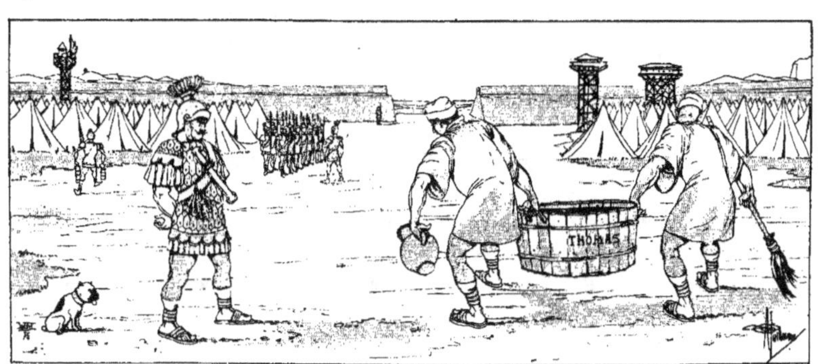

ALBERT GUILLAUME. — Une Bordée.

A *la Vie parisienne,* où le dessin ne fut pendant longtemps qu'un simple prétexte, l'accompagnement minimum des articles où l'illustration de la trouvaille excitante de la semaine, nous aurions signalé les spirituelles études de la vie maritime de Sahib, les modes de Gerbault et Valet ; puis noté l'entrée, également de fraîche date, de Forain.

Enfin, à *la Caricature,* nous aurions signalé surtout, parmi des colloborateurs tels que Bac, Godefroy, Le Mouël et Vogel qui ne manquent point d'invention, l'œuvre ingénieuse de Robida. Celui-ci, qu'on pourrait considérer comme le meilleur dessinateur de transition entre le genre du second empire et celui que nous venons d'étudier, mérite mieux qu'une sèche mention.

Voyageur et boulevardier, fantaisiste et érudit, dessinateur et écrivain, A. Robida laissera malgré la forte part d'interprétation personnelle, de très curieux documents sur ce temps. Son dessin, tout papillotant, tout en parafes quasi-calligraphiques, peut ne pas plaire à chacun ; quand on y regarde de près, on devient plus sensible aux qualités d'imagination et d'entrain. Robida n'a pas borné son étude à

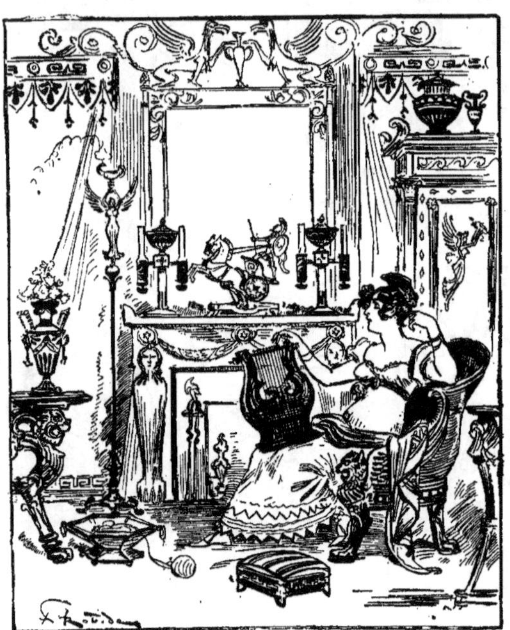

ROBIDA. — Extrait du *Journal d'un très vieux garçon.*
(Librairie illustrée.)

la vie et aux mœurs de la « grande horizontale », où il excelle ; il a aussi tenté toutes sortes de reconstitutions et de prédictions. Ses fantaisies sur le *Vingtième siècle* sont parfois des trouvailles d'une folie très vraisemblable et très amusante ; tandis que son illustration de Rabelais nous donne un xvie siècle très amusant et très érudit, mais, à notre gré, un peu trop menu, mince et tourmenté. En revanche, le *Voyage de M. Dumollet* est, comme pastiche de la Restauration, une fantaisie extrêmement réussie.

Comme ce n'est ni une histoire ni un catalogue détaillé que nous avons eu en vue, l'on n'attendra pas de nous les noms de tous les dessinateurs ni de tous les journaux pour rire, ni de longues réflexions sur ceux que nous pouvons avoir encore à citer.

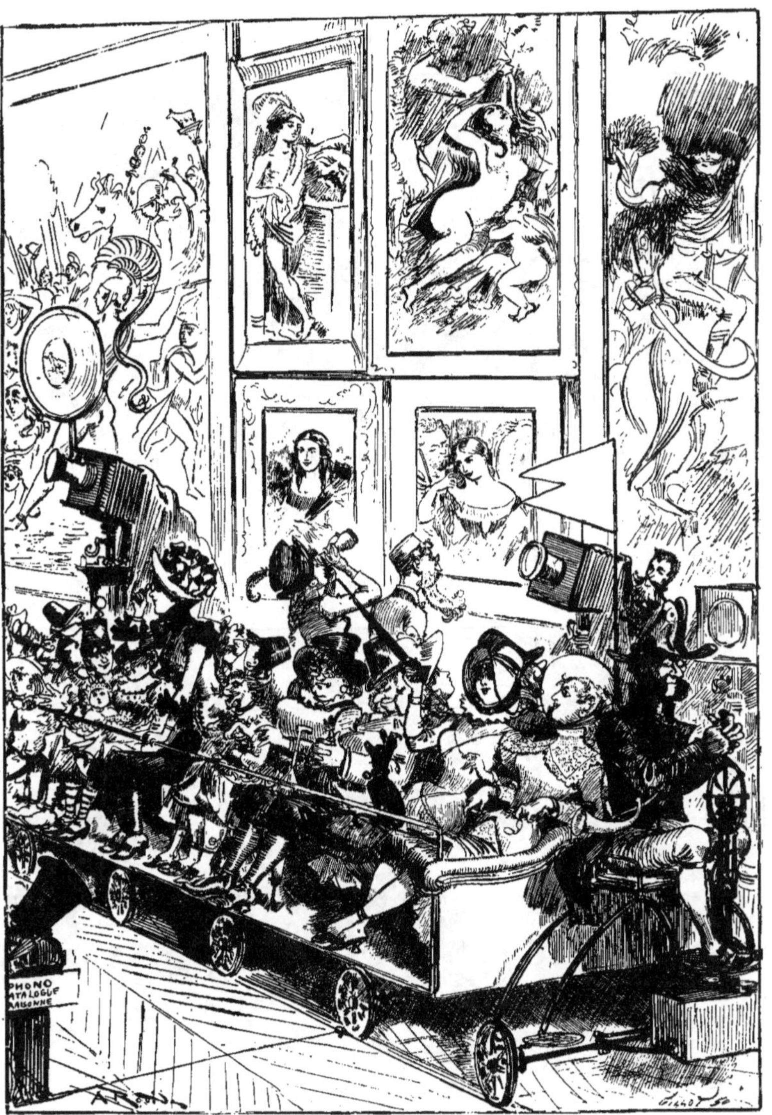

A. ROBIDA. — Le Vingtième siècle.
La grande galerie du Louvre. (Librairie illustrée.)

Après les recueils que nous avons étudiés, le *Gil Blas illustré,* avec les dessins

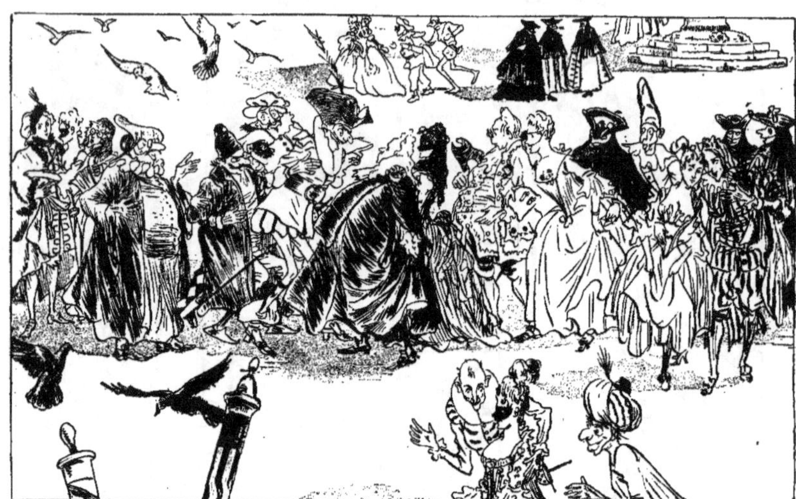

LOUIS MORIN. — Mascarade (*Les Amours de Gille*).

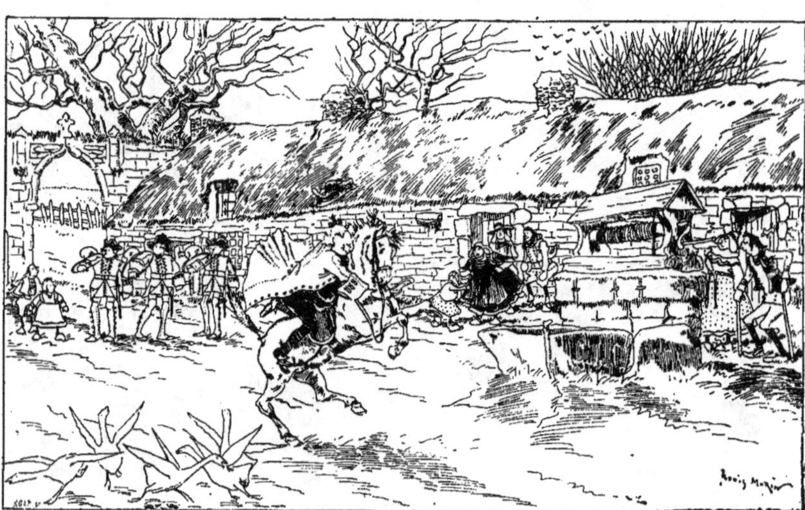

LOUIS MORIN. — Le Bailli à cheval (*Jeannik*).

de mœurs de Steinlen et les fantaisies pleines de bonne humeur d'Albert Guillaume

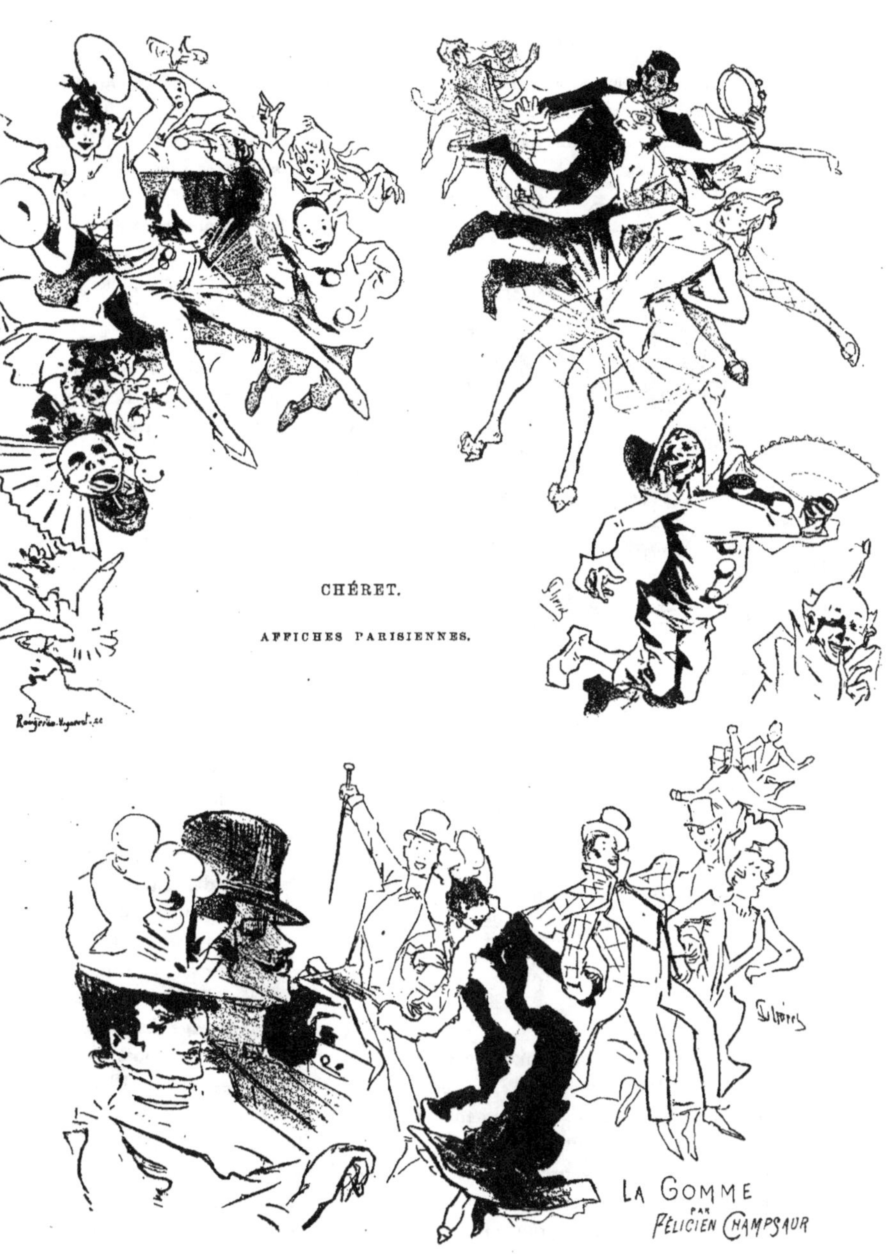

CHÉRET.

AFFICHES PARISIENNES.

qui a également à son actif divers albums divertissants, entre autres le *Law-tennis* et le *Repos à travers le âges;* le *Fin de siècle,* avec les compositions décolletées de M. Paul Balluriau, qui semblent un peu inspirées à la fois de Willette et de Chéret,

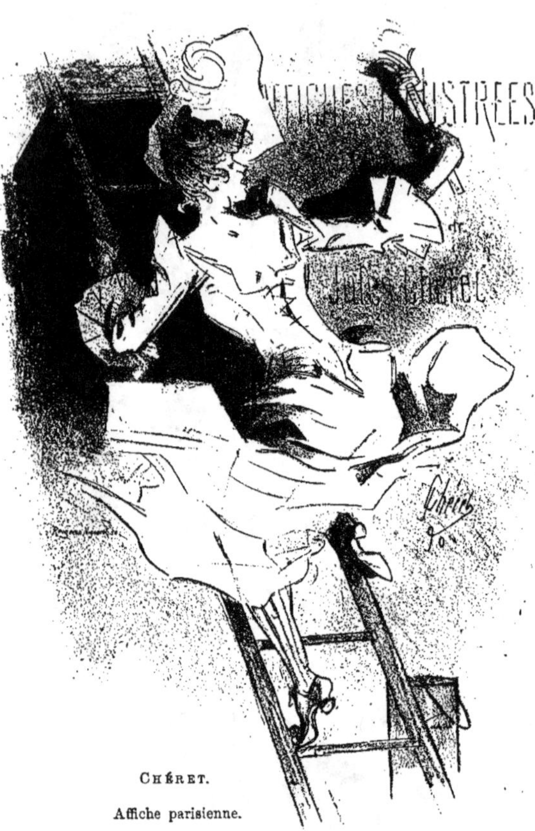

CHÉRET.

Affiche parisienne.

sont parmi les plus caractéristiques. D'autre part, dans les suppléments du *Figaro,* de *l'Écho de Paris,* dans le *Figaro illustré,* la *Revue illustrée,* paraissent sans cesse des dessins humoristiques qui seront à classer plus tard dans l'œuvre des principaux artistes étudiés plus haut.

Dans la caricature politique, l'accalmie des temps et l'indifférence du public ont fait que l'on ne citerait que difficilement beaucoup de pages vengeresses. On est quelque peu blasé sur les partis, et les luttes (dessinées tout au moins) semblent ne se continuer que pour la forme. Pépin, Moloch, Alfred Le Petit, des noms qui semblent déjà remonter très loin, signent encore des charges relatives à la politique intérieure et extérieure dans *le Grelot, la Cravache, la Diane;* Gilbert Martin fournit une grande page chaque semaine

au *Don Quichotte,* dans la manière de Gill. Enfin cette année est mort J. Blass, le principal illustrateur du *Pilori,* et Uzès a pris sa succession. J. Blass était un des derniers caricaturistes vraiment mordants ; mais son audace, s'attaquant violemment aux personnalités, se perdait un peu dans le vide, car c'est la répression seule qui donne à ce genre tout son tranchant. Nous croyons plus important de signaler dans quelle large mesure deux formes d'art, qui ont pris en ces dernières années une extension très grande et très spéciale, ont fait appel aux artistes du rire.

Nous parlons de la couverture ou de l'illustration du livre courant, puis de l'affiche.

Il nous faudrait faire aussi une étude spéciale de l'album et, en ce genre, d'un maître exquis, sinon du rire, du moins du sourire en ce qu'il a de pur et d'enfantin.

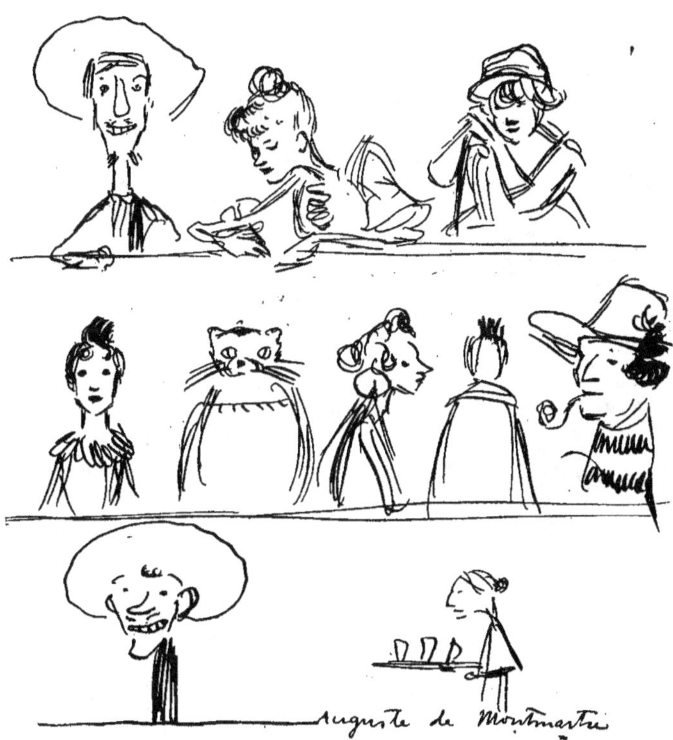

RŒDEL. — Croquis inédit : Une réunion d'amis. (A gauche en haut le dessinateur De Feure ; à droite au milieu, Adolphe Willette.)

C'est de Boutet de Monvel qu'il s'agit. Ses albums sont les seuls, avec ceux de Rivière, que nous puissions opposer réellement aux grands sketchistes anglais Caldecott et W. Crane. On a souvent rapproché Bontet de Monvel de Kate Greenaway, et ce rapprochement est à notre avis assez inexact. Les tempéraments sont différents autant que les procédés. Le dessin de Boutet de Monvel est plus sûr, plus précis, tout en demeurant non moins délicat. Le coloriage, moins accusé, ne s'obtient pas par les mêmes moyens matériels. Enfin le caractère de l'inspiration est aussi profondément français que celui de Kate est britannique; ce sont deux artistes charmants, mais qu'on ne saurait confondre.

Les *Vieilles chansons et rondes, la Civilité puérile et honnête, Nos enfants,* etc., sont d'excellentes œuvres d'art, pleines d'une gaieté et d'une grâce qui sentent la bonne compagnie.

Cela fait regretter vivement qu'à part très peu d'autres albums (*les Travaux d'Hercule,* de Coinchon; *Robert le Diable,* de Louis Morin; certains autres de Tinchant, de Pille, de Le Mouël et de Courboin), ce genre ne soit pas plus usité en France. Quelle exquise série, quelles collections délicates et gaies l'on pourrait faire en incitant nos meilleurs artistes à publier des albums!

Ne croit-on pas qu'au bout de quelques années l'on en formerait des bibliothèques aussi curieuses et aussi significatives que celles que produisent depuis des siècles les Japonais, et depuis une quarantaine d'années la Grande-Bretagne?

Malheureusement les essais en ce genre sont demeurés sans suite assidue. Faut-il en accuser la timidité des éditeurs ou l'indifférence du public? Probablement toutes les deux.

Il est fâcheux, en tout cas, que de tels talents ne se manifestent que sous la forme restreinte de couvertures de livres, ou d'accompagnement d'un texte développé.

Chéret fit des couvertures ravissantes de gaieté et de verve (*Entrée de clowns,* de Champsaur; *Paris qui rit,* de George Duval; *Scaramouche,* de Maurice Lefèvre, etc). Willette se retrouve ici également, et l'enveloppe qu'il a imaginée pour le présent livre est une des plus exquises et des plus entraînantes qu'on puisse citer dans la collection déjà très nombreuse de ces commodes enseignes que le volume moderne porte avec lui.

J. DE FEURE.
Pierrot assassin.

Nous avons cité les principales illustrations de livres que donnèrent Félicien Rops, Willette, Forain, Caran d'Ache, Robida, etc., ce qui nous dispensera d'y revenir. Mais il ne serait pas juste d'oublier deux illustrateurs des plus remarquables dans le genre fantaisiste et rétrospectif.

L'un est Daniel Vierge, avec *Don Pablo de Ségovie.*

Toutefois nous ne devrons pas oublier que ce livre si coloré eut pour grand-père, comme d'ailleurs beaucoup de livres illustrés de notre époque (bien qu'en art, la recherche de la paternité soit un peu fastidieuse), le *Gil Blas* de Jean Gigoux

H. LAUTREC

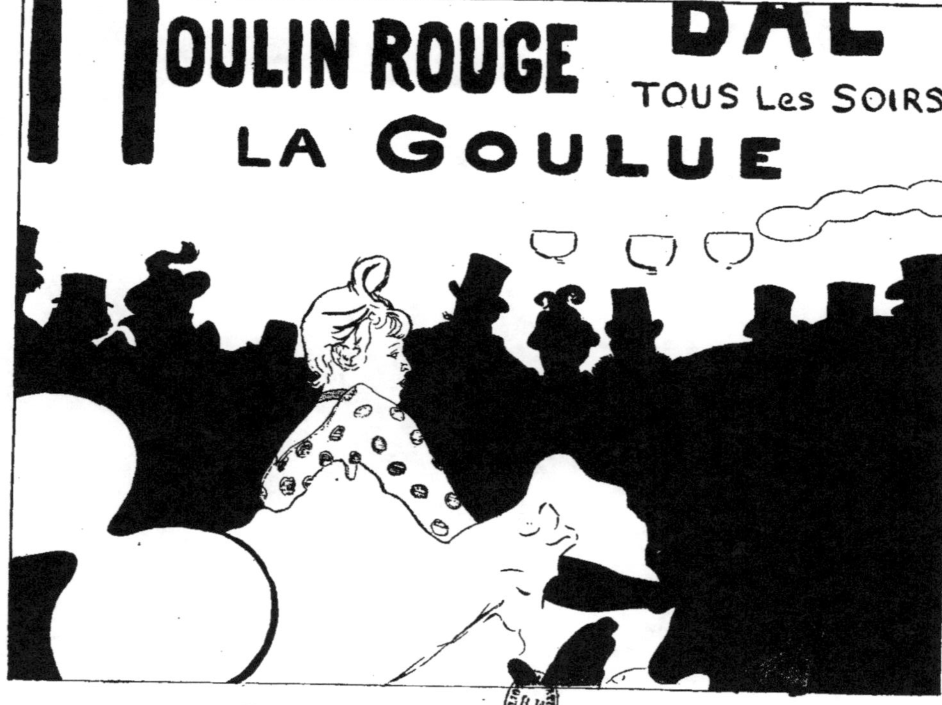

Fragment d'une affiche pour le Moulin-Rouge.

Un autre illustrateur des plus curieux est M. Louis Morin, un amoureux du bibelot et de la costumerie en tous les temps, mais particulièrement sous la Venise du XVIII° siècle, qui présente un élément inépuisable à son spirituel goût de contraste entre les femmes très pimpantes et les hommes très grotesques. Sans doute *les Amours de Gille* sont l'œuvre la plus réussie qu'ait imaginée sa plume élégante et finement fouilleuse d'artiste écrivain.

Mais combien d'autres époques ont fourni matière à sa verve : *Jeannik, le Cabaret du Puits-sans-Vin, Piképikékécomégram, Dansons la Capucine, Vieille Idylle,* etc., etc.

Les menus fantoches vont, viennent, babillent, jacassent, se trémoussent dans des milieux très exactement surannés. Le livre, la gravure, le pastel sont la triple manifestation de ces évocations mignonnes.

Nous avons, enfin, parlé de l'affiche. Jules Chéret, qui a donné à l'affiche illustrée en France son véritable et plus important essor, ne saurait être omis ici, bien qu'il ne se rattache à notre classification que par le sourire et la spirituelle élégance de sa composition. La gaieté est surtout dans les couleurs, mais notre langue, trop concise, emploie ce même mot de gaieté pour les joyeuses oppositions de tons sonores, pour les combinaisons imprévues de lignes, enfin pour les folles fugues de l'imagination.

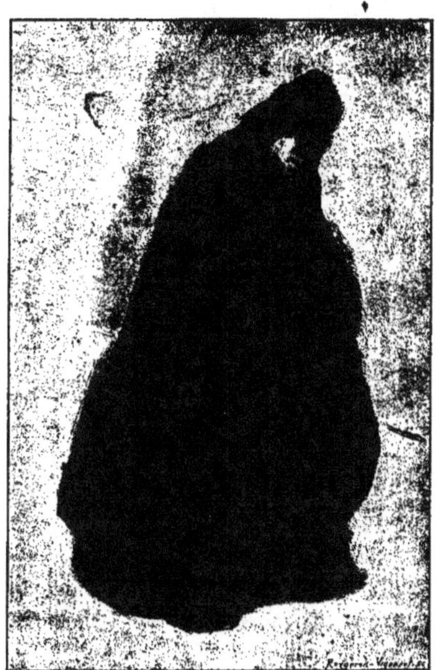

H.-G. IBELS. — La bonne dame.

C'est, de toute façon, l'annonce éclatante de ce qu'on qualifie la « vie joyeuse. » Comme l'a très bien exprimé M. Roger Marx, l'œuvre lithographié de Chéret apparaît comme « la chronique illustrée de l'époque, la documentation préparée aux historiens curieux du détail de nos mœurs. A ses affiches, il appartiendra de fixer les variations du costume et de la mode, de divulguer l'attrait féminin d'une mise en vente, l'accaparement de décembre par l'enfance et le jouet, de dire le roman à tapage et la gazette qui se fonde, la nouveauté d'un panorama ou d'une exposition ; à elles, d'initier à la vie artificielle du soir, aux amusements pimentés de nos veilles, aux patinages galants des skatings, aux clowneries des hippodromes et des cirques, au manège des éventails dans nos jardins d'été, aux œillades des divas lançant le mot leste ; à elles, de renseigner sur ces fêtes amoureuses, — bals masqués de

Tivoli ou de Valentino, descentes tournoyantes des Montagnes - Russes, cavalcades joyeuses du Moulin-Rouge, — qui donnent à la nuit parisienne la liesse d'un carnaval sans fin. »

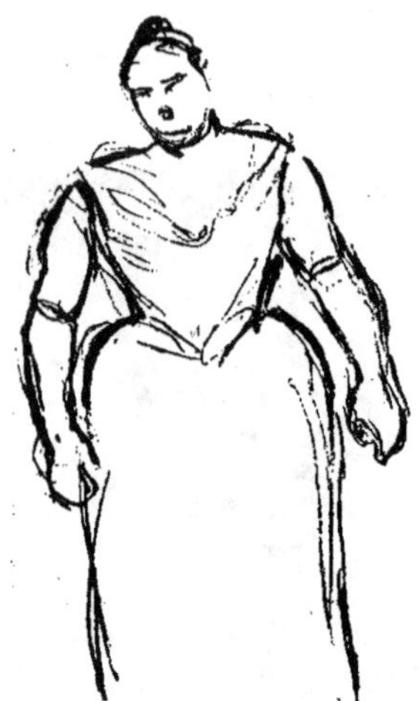

H.-G. IBELS. — Chanteuse.

M. de Toulouse-Lautrec, qui, après un pareil maître, a pu encore innover, mais en laissant à Chéret le rêve, pour étudier et pincer de près la réalité, est certainement le plus original afficheur qui ait surgi ces derniers temps.

On trouvera précieuses et rares les affiches que Willette a dessinées pour sa canditature antisémite, pour le Nouveau-Cirque, et pour la partition de *l'Enfant prodigue;* celle qu'un jeune peintre, M. Pierre Bonnard, a dessinée en originales arabesques pour *France-Champagne.* Enfin les collectionneurs plus soucieux de ne rien omettre dans leurs cartons que de n'y admettre que des œuvres d'art n'oublieront pas les affiches sensuelles de M. Choubrac, qui est un peu le Mars de la muraille. Mais les grands tableaux que M. de Toulouse-Lautrec arrangea pour la grande gloire de la *Goulue* et d'*Aristide Bruant* sont ceux qui ont le plus vigoureusement frappé le public et les artistes par leur très neuf caractère synthétique. C'étaient de véritables peintures de mœurs agrandies et jetées sur le mur, à l'usage du premier venu. Cette illustre chahuteuse, avec sa lèvre retroussée, son œil tristement gouailleur, son petit nez crochu de buse, puis ce vieux polichinelle en bourgeois, Valentin le désossé, lui faisant vis-à-vis avec des grâces cyniques, réjouissante et macabre caricature de plénipotentiaire qui a mal tourné, de fonctionnaire en épileptique rupture de rond-de-cuir, étaient d'un vrai peintre et d'un rieur tout à fait dans la note de ce temps, impitoyable et véridique.

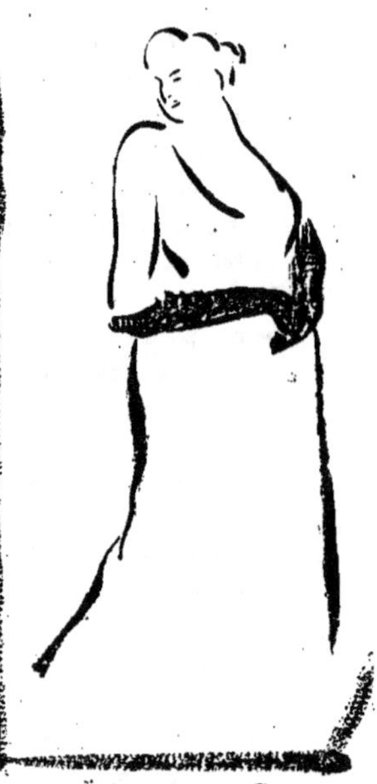

H.-G. IBELS. — Chanteuse.

M. de Toulouse-Lautrec s'est fait, comme un autre Outamaro, l'historiographe de nos maisons vertes. Seulement, comme il est esclave de la réalité, et que notre *Yoshiwara* diffère essentiellement de celui du gracieux

.peintre, M. Lautrec n'a pas précisément mis dans ses peintures le poétique senti-
mentalisme qui prévaut dans les albums d'Outamaro, — au contraire! Il importe
peu, d'ailleurs, puisqu'il l'a fait avec beaucoup d'art.

Enfin, un nouveau venu encore, M. Ibels, a su mettre dans diverses affiches et
couvertures de chansons (*Mévisto,* et les différents Pierrots que ce diseur a incarnés)
une réelle entente de silhouettes vivantes et simples. Dans certaines études du café-

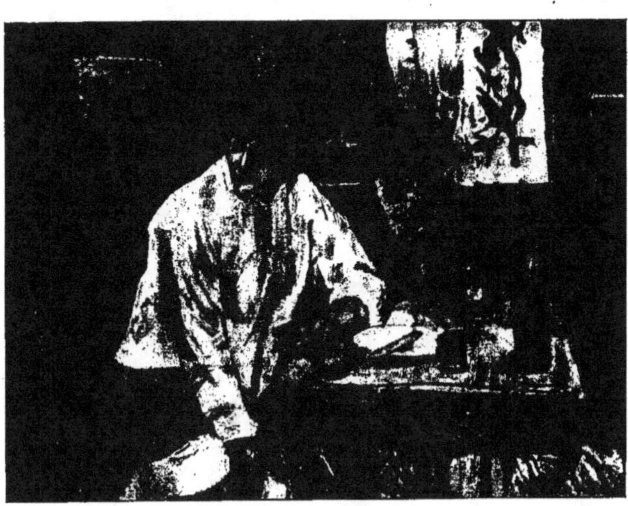

H. DE TOULOUSE-LAUTREC. — « A la mie. »

concert et de la rue, il a, comme on peut s'en convaincre par les croquis ci-joints,
donné les sérieuses promesses d'un observateur du geste vraiment comique : celui
du passant qui s'ignore.

D'autres labourent, que l'on ne connaît pas ou qu'on oublie ; d'autres viendront
que l'on ne saurait prévoir.

Mais il est temps de s'arrêter et de conclure, malgré le désir que nous aurions
de rester sans tirer une moralité, comme un pédant en chaire, de l'ample comédie
que nous venons de voir se dérouler.

De tout temps on a ri, et de tout temps on rira, même quand on en aura le
moins envie ; de tout temps des hommes, auxquels on ne rend pas assez de justice
et de reconnaissance, se rencontreront pour interpréter ou provoquer par des lignes
et des couleurs l'hilarité chez leurs contemporains.

Souvent, au bout de quelques dizaines — ou centaines — d'années, ce rire paraîtra refroidi et démodé. Il n'y aura que demi-mal quand on saura divertir les vivants autant que les morts s'amusèrent et amusèrent ceux de leur temps.

On a pu remarquer peut-être, sans que nous formulions cela d'une façon très précise, au cours de notre revue, que le rire est plus abondant, plus violent, *plus rire* enfin, dans les temps troublés ou sous les régimes oppresseurs que lorsque les sociétés sont trop à leur aise. Alors quand on a peu à souhaiter, peu à se fâcher, peu à combattre, le rire languit et s'anémie. Il devient délicat ou sournois, se réfugie dans le rêve ou se complaît au contraire dans l'étude quasi-chirurgicale du difforme et de l'exceptionnel.

Il se peut que nous traversions une de ces époques de détente ou de préparation. Quel sera le rire de demain? Terrible peut-être? Plus subtil encore?

Nous l'ignorons, et attendons.

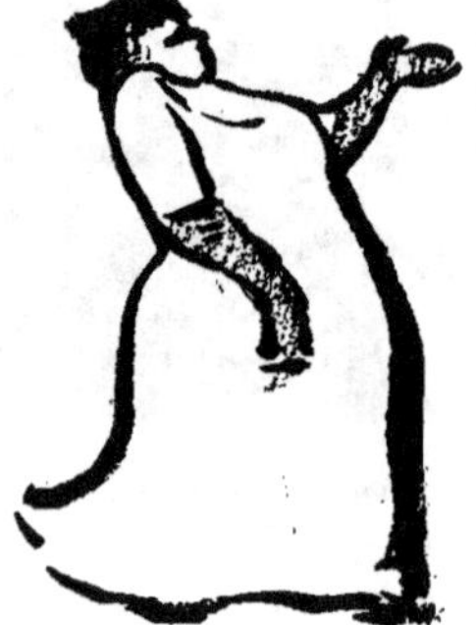

H.-G. IBELS. — Chanteuse.

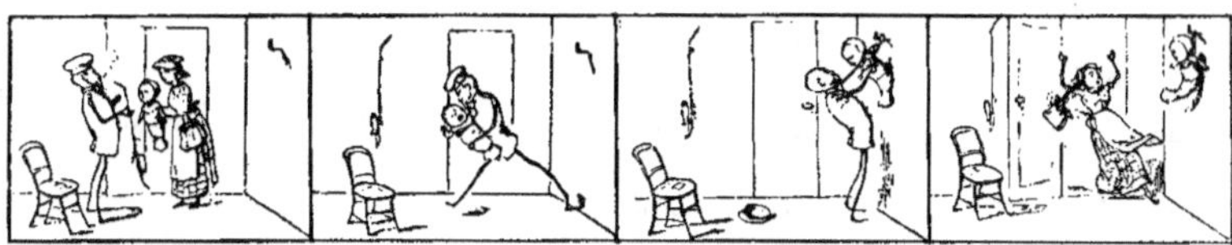

TABLE DES MATIÈRES

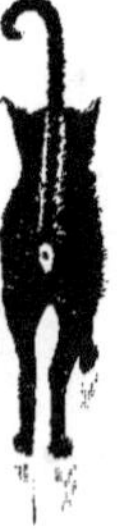

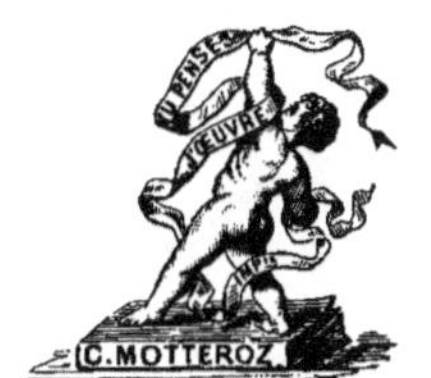
PENSE
ŒUVRE
C. MOTTEROZ